全国高等学校外语教师丛书·**理论指导系列**

外语学与教的心理学原理
（第二版）

张庆宗 著

Psychological Principles of
Foreign Language
Learning and Teaching
(Second Edition)

外语教学与研究出版社
FOREIGN LANGUAGE TEACHING AND RESEARCH PRESS
北京 BEIJING

图书在版编目（CIP）数据

外语学与教的心理学原理：第二版 = Psychological Principles of Foreign Language Learning and Teaching (Second Edition) / 张庆宗著. -- 2版. -- 北京：外语教学与研究出版社，2022.12
（全国高等学校外语教师丛书. 理论指导系列）
ISBN 978-7-5213-4251-2

Ⅰ. ①外… Ⅱ. ①张… Ⅲ. ①外语教学－教学心理学 Ⅳ. ①H09②G441

中国国家版本馆 CIP 数据核字 (2023) 第 004960 号

出 版 人　王　芳
项目负责　解碧琰
责任编辑　段长城
责任校对　陈　阳
封面设计　覃一彪　彩奇风
出版发行　外语教学与研究出版社
社　　址　北京市西三环北路 19 号（100089）
网　　址　https://www.fltrp.com
印　　刷　北京天泽润科贸有限公司
开　　本　650×980　1/16
印　　张　26
版　　次　2023 年 3 月第 2 版　2023 年 3 月第 1 次印刷
书　　号　ISBN 978-7-5213-4251-2
定　　价　103.90 元

如有图书采购需求，图书内容或印刷装订等问题，侵权、盗版书籍等线索，请拨打以下电话或关注官方服务号：
客服电话：400 898 7008
官方服务号：微信搜索并关注公众号"外研社官方服务号"
外研社购书网址：https://fltrp.tmall.com

物料号：342510001

目 录

总　序 ………………………………………………… 文秋芳 viii
前　言 ………………………………………………………… xi

第一章　学习和语言学习 ………………………………… 1
第一节　学习的定义和分类 …………………………… 1
一、学习的定义 ………………………………………… 1
二、学习的分类 ………………………………………… 2
第二节　学习理论 ……………………………………… 6
一、行为主义学习理论 ………………………………… 6
二、认知学习理论 ……………………………………… 12
三、建构主义学习理论 ………………………………… 20
四、人本主义学习理论 ………………………………… 25
第三节　语言学习 ……………………………………… 29
一、行为主义与语言学习 ……………………………… 29
二、认知流派与语言学习 ……………………………… 30
三、建构主义与语言学习 ……………………………… 32
四、人本主义与语言学习 ……………………………… 33

第二章　认知发展与语言发展 …………………………… 35
第一节　Piaget的认知发展观 ………………………… 35
一、认知发展的主要特征 ……………………………… 36
二、认知发展的基本概念 ……………………………… 38
三、影响认知发展的因素 ……………………………… 39

i

四、建构在认知发展中的作用 ……………………………41
　　五、认知发展的四个阶段 ……………………………………42
　　六、语言发展 ……………………………………………………44
　　七、Piaget的认知发展观对教育的影响 ………………46
第二节　Vygotsky的发展观 ……………………………………47
　　一、文化历史理论和心理发展观 ……………………………48
　　二、语言与发展 …………………………………………………50
　　三、教学与发展——最近发展区 ……………………………52
　　四、Vygotsky的发展观对教育的影响 …………………53
第三节　Piaget与Vygotsky认知发展理论之间的
　　　　　差异 …………………………………………………………56
　　一、研究视角 ……………………………………………………57
　　二、心理机制 ……………………………………………………58
　　三、学习、教育与发展 …………………………………………59
第四节　Piaget和Vygotsky的认知发展理论对外
　　　　　语教学的启示 ……………………………………………60
　　一、Piaget的认知发展理论对外语教学的启示 ……60
　　二、Vygotsky的认知发展理论对外语教学的启示 61

第三章　第一语言习得 ……………………………………………63
第一节　第一语言习得内容 ……………………………………63
　　一、语音习得 ……………………………………………………63
　　二、词汇习得 ……………………………………………………64
　　三、语法习得 ……………………………………………………65
第二节　影响第一语言习得的因素 ……………………………68

一、语言环境 ·· 68
　　　二、认知过程 ·· 70
　　　三、内在机制 ·· 71
　第三节　第一语言习得理论 ·································· 73
　　　一、行为主义的"刺激—反应"论 ························· 73
　　　二、认知发展论 ·· 74
　　　三、心灵主义的"内在论" ································ 76
　　　四、语言功能论 ·· 78

第四章　第二语言习得 ·· 80
　第一节　第二语言习得基本要素 ······························ 80
　　　一、语言输入 ·· 80
　　　二、互动 ··· 83
　　　三、语言输出 ·· 86
　第二节　第二语言学习者语言特征 ···························· 90
　　　一、对比分析 ·· 90
　　　二、中介语 ·· 96
　　　三、错误分析 ··· 103
　第三节　第二语言习得理论 ·································· 107
　　　一、认知论 ·· 108
　　　二、内在机制论 ··· 119
　　　三、环境论 ·· 122
　　　四、互动论 ·· 126

第五章　影响外语学习的个体差异因素 ····················· 134
　第一节　外语学习者的生理因素 ······························ 135

一、大脑与语言功能……………………………135
　　二、年龄…………………………………………136
第二节　外语学习者的认知因素…………………138
　　一、语言学能……………………………………138
　　二、学习风格……………………………………142
　　三、学习策略……………………………………154
第三节　外语学习者的情感因素…………………165
　　一、动机…………………………………………166
　　二、动机归因……………………………………179
　　三、自我概念……………………………………183
　　四、自我效能……………………………………187
　　五、自尊…………………………………………192
　　六、焦虑…………………………………………200
第四节　外语学习者的社会文化因素……………207
　　一、语言态度……………………………………208
　　二、文化适应……………………………………209
　　三、社会距离和心理距离………………………212

第六章　外语教师心理过程……………………214
第一节　教师认知…………………………………214
　　一、教师信念……………………………………215
　　二、教师角色……………………………………220
　　三、教师计划……………………………………223
　　四、教师课堂决策………………………………226
第二节　教师情感…………………………………228

一、教学效能感……………………………………228
　　二、教师期望………………………………………232
　　三、教师职业倦怠…………………………………239
第三节　外语课堂教学的组织和管理…………………243
　　一、外语课堂教学组织与实施……………………244
　　二、外语课堂教学管理……………………………247

第七章　外语教师专业成长……………………………249
第一节　教师专业发展…………………………………249
　　一、教师专业发展概述……………………………249
　　二、教师专业发展理论……………………………253
　　三、教师成长目标…………………………………259
第二节　外语教师的知识基础…………………………260
　　一、教师知识基础概述……………………………260
　　二、外语教师的知识基础和能力构成……………262
第三节　外语教师的语言观和语言教学观……………266
　　一、外语教师的语言观……………………………266
　　二、外语教师的语言教学观………………………271
第四节　外语教师专业教育模式………………………273
　　一、匠才/学徒模式…………………………………273
　　二、应用科学模式…………………………………273
　　三、反思性模式……………………………………275
第五节　外语教师研究能力培养………………………279
　　一、外语教师研究能力现状………………………279
　　二、外语教师研究能力培养………………………280

第六节　外语教师专业成长途径 ································· 292
　　一、理论学习 ··· 292
　　二、研究其他教师的经验 ··· 294
　　三、教师参与研究 ··· 296

第八章　语言知识和语言技能教学 ································· 299
第一节　语言知识教学 ·· 299
　　一、语音教学 ··· 299
　　二、词汇教学 ··· 302
　　三、语法教学 ··· 304
第二节　语言技能教学 ·· 306
　　一、听力教学 ··· 306
　　二、阅读教学 ··· 312
　　三、口语教学 ··· 317
　　四、写作教学 ··· 321

第九章　外语教学法流派述评 ··· 329
第一节　外语教学法——结构派 ··· 329
　　一、语法翻译法 ··· 330
　　二、直接教学法 ··· 331
　　三、听说教学法 ··· 332
　　四、视听教学法 ··· 334
　　五、认知教学法 ··· 335
第二节　外语教学法——功能派 ··· 336
　　一、交际教学法 ··· 336
　　二、活动教学法 ··· 338

第三节　外语教学法——人文派……340
　　一、全身反应法……340
　　二、沉默法……342
　　三、暗示法……343
　　四、社团语言学习法……344

第十章　语言测试和语言学习评价……347

第一节　语言测试……347
　　一、语言测试概述……347
　　二、语言测试的信度……351
　　三、语言测试的效度……352
　　四、语言测试设计……355
　　五、语言技能测试……358

第二节　语言学习评价……365
　　一、形成性评价……365
　　二、终结性评价……368
　　三、形成性评价与终结性评价的区别……368

参考文献……370

总 序

"全国高等学校外语教师丛书"是外语教学与研究出版社高等英语教育出版分社近期精心策划、隆重推出的系列丛书,包含理论指导、科研方法和教学研究三个子系列。本套丛书既包括学界专家精心挑选的国外引进著作,又有特邀国内学者执笔完成的"命题作文"。作为开放的系列丛书,该丛书还将根据外语教学与科研的发展不断增加新的专题,以便教师研修与提高。

笔者有幸参与了这套系列丛书的策划工作。在策划过程中,我们分析了高校英语教师面临的困难与挑战,考察了一线教师的需求,最终确立这套丛书选题的指导思想为:想外语教师所想,急外语教师所急,顺应广大教师的发展需求;确立这套丛书的写作特色为:突出科学性、可读性和操作性,做到举重若轻,条理清晰,例证丰富,深入浅出。

第一个子系列是"理论指导"。该系列力图为教师提供某学科或某领域的研究概貌,期盼读者能用较短的时间了解某领域的核心知识点与前沿研究课题。以《二语习得重点问题研究》一书为例。该书不求面面俱到,只求抓住二语习得研究领域中的热点、要点和富有争议的问题,动态展开叙述。每一章的写作以不同意见的争辩为出发点,对取向相左的理论、实证研究结果差异进行分析、梳理和评述,最后介绍或者展望国内外的最新发展趋势。全书阐述清晰,深入浅出,易读易懂。再比如《认知语言学与二语教学》一书,全书分为理论篇、教学篇与研究篇三个部分。理论篇阐述认知语言学视角下的语言观、教学观与学习观,以及与二语教学相关的认知语言学中的主要概念与理论;教学篇选用认知语言学领域比较成熟的理论,探讨应用到中国英语教学实践的可能性;教学研究篇包括国内外将认知语言学理论应用到教学实践中的研究综述、研究方法介绍以及对未来研究的展望。

第二个子系列是"科研方法"。该系列介绍了多种研究方法,通常是一本书介绍一种方法,例如问卷调查、个案研究、行动研究、有声思维、语料库研究、微变化研究和启动研究等。也有的书涉及多种方法,综合描述量化研究或者质化研究，例如：《应用语言学中的质性研究与分析》《应用语言学中的量化研究与分析》和《第二语言研究中的数据收集方法》等。凡入选本系列丛书的著作人，无论是国外著者还是国内著者，均有高度的读者意识，乐于为一线教师开展教学科研服务，力求做到帮助读者"排忧解难"。例如，澳大利亚安妮·伯恩斯教授撰写的《英语教学中的行动研究方法》一书，从一线教师的视角，讨论行动研究的各个环节，每章均有"反思时刻""行动时刻"等新颖形式设计。同时，全书运用了丰富例证来解释理论概念，便于读者理解、思考和消化所读内容。凡是应邀撰写研究方法系列的中国著作人均有博士学位，并对自己阐述的研究方法有着丰富的实践经验。他们有的运用了书中的研究方法完成了硕士、博士论文，有的是采用书中的研究方法从事过重大科研项目。以秦晓晴教授撰写的《外语教学问卷调查法》一书为例，该书著者将系统性与实用性有机结合，根据实施问卷调查法的流程，系统地介绍了问卷调查研究中问题的提出、问卷项目设计、问卷试测、问卷实施、问卷整理及数据准备、问卷评价以及问卷数据汇总及统计分析方法选择等环节。书中各个环节的描述都配有易于理解的研究实例。

第三个子系列是"教学研究"。该系列与前两个系列相比，有两点显著不同：第一，本系列侧重同步培养教师的教学能力与教学研究能力；第二，本系列所有著作的撰稿人主要为中国学者。有些著者虽然目前在海外工作和生活，但他们出国前曾在国内高校任教，也经常回国参与国内的教学与研究工作。本系列包括《英语听力教学与研究》《英语写作教学与研究》《英语阅读教学与研究》《英语口语教学与研究》《口译教学与研究》等。以《英语听力教学与研究》一书为例，著者王艳博士拥有十多年的听力教学经验，同时听力教学研究又是她博士论文的选题领域。《英语听力教学与研究》一书，浓缩了她多年来听力教学与听力教学研究的宝贵经验。全书分为两部分：教学篇与研究篇。教学篇中涉及了听力教学的各个重要环节以及学生在听力学习中可能碰到的困难与应对的办法，所选用的案例均来自著者课堂教学的真实活动。研究篇中既有著者的听力教学研究案例，也有著者从国内外文献中筛选出的符合中国国情的听力教学研究案例，综合在一起加以分析阐述。

第四个子系列是"课堂活动"。该系列汇集了各分册作者多年来的一线教学经验，旨在为教师提供具体、真实、具有较高借鉴价值的课堂活动案例，提高教师的课堂教学能力。该系列图书包括《英语阅读教学活动设计》《英语听力课堂活动设计》《英语合作式学习活动》等。以《英语阅读教学活动设计》一书为例，阅读教学是学生学习语言知识和教师培养学生思维的重要途径和载体，该书第一作者陈则航教授多年来致力于英语阅读教学研究，希望通过该书与读者分享如何进行具体的阅读教学活动设计，探讨如何在课堂教学中落实阅读教学理念。该书包括三个部分。第一部分介绍在阅读前、阅读中和阅读后这三个不同阶段教师可以设计的阅读教学活动，并且介绍了阅读测评的目的、原则和方式。第二部分探讨了如何通过阅读教学促进学生思维发展。第三部分展示了教师在阅读课堂中的真实教学案例，并对其进行了分析与点评，以期为改进阅读教学活动设计提供启示。

教育大计，教师为本。"全国高等学校外语教师丛书"内容全面，出版及时，必将成为高校教师提升自我教学能力、研究能力与合作能力的良师益友。笔者相信本套丛书的出版对高校外语教师个人专业能力的提高，对教师队伍整体素质的提高，必将起到积极的推动作用。

文秋芳

北京外国语大学中国外语教育研究中心

2011年7月3日

前 言

长期以来，外语教育理论界主要关注外语教学法方面的研究，侧重探讨外部教学因素，如外语课程设置、教材编写、教学方法的选择与运用等，立足于为外语教学制定规约性和指导性纲要，如对课程设置、教材编写作出明确规定，指导教师选择和运用有效组织课堂教学的方法等，但却忽视了对外语学习过程和教学过程的研究，忽视了外语学习者和教师的个体心理因素在外语学习和教学中的重要作用。

《外语学与教的心理学原理（第二版）》一书从学习心理学和教学心理学的视角论述了外语学习与教学的心理原理和过程，旨在使外语教师在充分了解认知与语言发展规律，外语学习理论，学习者生理特点、认知、社会情绪等个体差异，以及外语学习者与施教者的相互关系的基础上，不仅知道"教什么"（What）、"如何教"（How），而且知道"为什么要这样教"（Why）和"什么时候这样教"（When）；不仅要知其然而且还要知其所以然，不仅要注重目标和方法，而且还要注重原理和过程，从而增强外语学科教学的科学性和自觉性。同时，本书还探讨了外语教师心理，如教师的认知构成、情感要素和专业发展等方面的内容，对增强外语教师的自我认知意识、教学反思意识和专业成长意识有一定的参考价值。

在本书的编写过程中，作者力求全面、系统地介绍外语学习和外语教学理论以及相关的研究成果，并结合我国外语学习与教学的实际，提出一些可行性建议，力求使本书具有一定的针对性和实用性。本书可作为高等学校外语专业研究生以及外语教师培训的教材或参考书。

全书共分为两大部分，分别围绕外语学习心理学和外语教学心理学展开。第一部分关于外语学习心理，包括第一、二、三、四、五章，其中第三章（第一语言习得）和第四章（第二语言习得）是新增章节，第二部分关于外语教学心理，包括第六、七、八、九、十章。全书各章节内容均有不同程度的增补和修订。第一章论述了学习和语言学习。作者介绍了不同心理学流派（行为主义、认知流派、建构主义和人本主义）的学习理论，阐述了不同心理学流派学习理论对语言学习的影响。第二章论述了认知发展和语言发展之间的关系，重点介绍和比较了著名心理学家Piaget和Vygotsky提出的认知发展观和语言发展观，力图使读者了解语言发展与认知发展之间的关系，进一步认识语言习得的本质。第三章重点论述了第一语言习得内容，影响第一语言习得的要素和第一语言习得理论。在第一语言习得过程中，语言环境、认知过程和内在机制是影响第一语言习得的主要因素；第一语言习得理论有行为主义的"刺激—反应"论、认知发展论、心灵主义的"内在论"和语言功能论。第四章关于第二语言习得，主要论述了影响第二语言习得的基本因素，如语言输入、互动和语言输出，作者从对比分析、中介语和错误分析等方面讨论了第二语言学习者的语言特征，继而介绍了几种有影响的第二语言习得理论及其对外语学习和教学的启示。第五章较为全面地论述了外语学习者的个体差异因素对外语学习的影响，重点阐述了学习者的生理因素（大脑、年龄）、认知因素、情感因素和社会文化因素如何影响外语学习，旨在让学习者能够更好地了解自己、使教师能够更有针对性地帮助学习者充分发挥生理因素、认知因素、情感因素和社会文化因素在外语学习过程中的积极作用，克服和消除它们的负面影响。第六章论述了外语教师心理过程，重点论述了教师认知、教师情感以及外语教师如何有效地组织和管理课堂教学等话题。第七章关于外语教师专业成长与研究能力的培养，作者分别讨论了教师专业发展理论、教师成长目标、外语教师知识基础、语言观和语言教学观、外语教师专业教育模式、外语教师研究能力培养以及外语教师专业成长途径。第八章介绍了语言知识和语言技能的教学。在第九章作者根据行为主义心理学、认知心理学、人本主义心理学对外语教学的影响，将外语教学法划分为三大流派，分别是结构派、功能派和人文派，并对不同的外语教学流派逐一进行述评。第十章介绍了语言测试和语言学习评价的内容，重点讨论了语言测试的发展、语言测试的设计等问题。

最后，我想借此机会感谢外语教学与研究出版社的大力支持，使《外语学与教的心理学原理》一书在2011年出版后得到修订再版的机会，特别感谢外研社高等英语教育出版分社副社长段长城女士在该书付梓过程中给予的指导和付出的辛劳，也要特别感谢编辑汤婧，她扎实的专业功底和一丝不苟的敬业精神给我留下了深刻印象。由于本人水平有限，书中有不当或错误之处，恳请各位专家、同行和广大读者批评指正。

第一章　学习和语言学习

第一节　学习的定义和分类

一、学习的定义

在现实生活中，人们经常使用"学习"一词，也常常在潜移默化地学习。那么，到底什么是学习，学习又是如何发生的？纵观学习理论研究，发现虽然不同心理学流派、不同学者对学习有着不同的理解，但归纳起来，大致可以分为以下三类（施良方，2008）：(1) 学习是刺激—反应之间联结的加强（行为主义）；(2) 学习是指认知结构的改变（认知学派）；(3) 学习是自我概念的变化（人本主义）。这些定义从不同的视角揭示了学习的性质，为我们研究学习提供了不同的视角。综合以上观点，学习是指学习者因经验而引起的行为、能力和心理倾向方面比较持久的变化（Bower & Hilgard，1981）。这种变化不是因成熟、疾病或药物引起的，而且也不一定表现出外显的行为。由此，可以概括出学习具有以下特征：

第一，学习的发生是由于经验而引起的。这种经验包括外部环境刺激和个体的练习，更重要的是包括个体与环境之间复杂的交互作用，即个体通过某种活动来获得经验的过程。

第二，学习所引起的行为、能力和心理倾向的变化是持久的，而非短时的。

第三，不能简单地认为凡是行为的变化都意味着学习的存在。这是因为有机体的行为变化不仅可以由学习引起，还可以由本能、疲劳、药物等引起，由这些引起的行为变化不能称之为学习的行为变化。例如成熟虽然也能带来行为的长期变化，但与学习相比，它所带来的行为变化要慢得多，而且成熟往往需要与学习相互作用才能引起行为的变化。

第四，学习是一个广义的概念，不仅人类普遍具有学习能力，动物也存在着学习行为。学习不仅指知识、技能、策略等的学习，还包括态度、行为准则等的学习；既有学校的学习，也包括从出生以来就开始并持续终身的日常学习。

二、学习的分类

对学习进行分类，有助于揭示不同类型的学习规律，便于人们（尤其是教师）按照学习规律进行教学和指导学习。以下介绍几种主要的学习分类。

1. 按学习内容分类

从学习内容上看，学习可分为：(1) 知识的学习；(2) 技能的学习；(3) 道德品质、社会规范或行为习惯的学习。

2. 按学习结果分类

Robert M. Gagné(1985) 认为，学习可使学习者持久保持性情(dispositions)或能力倾向（capabilities）的变化。这种变化可以从学习前后行为表现的变化中推断出来。按学习的结果，Gagné 将学习分为五种类型：

1) 智慧技能的学习

智慧技能是指学习者运用概念符号与环境作用的能力，它是学校中最基本、最普遍的教育内容，包括基本的语言技能和高级的专业技能。智慧技能又称为过程知识，用于解决"怎么做"的问题，处理外界的符号和信息。Gagné 认为每一级智慧技能的学习要以低一级智慧技能的获得为前提，复杂的智慧技能是由许多简单的智慧技能组合而成。按不同的学习水平及其所包含的心理运算的复杂程度，Gagné 将智慧技能依次分为：辨别——定义概念——规则——高级规则（解决问题）等。(1) 辨别：指对一个或几个不同的刺激物作出不同反应的能力；(2) 定义概念：指用定义（句子或命题）表示事物及其性质和关系的能力；(3) 规则：指用语言符号揭示两个或多个概念之间的关系；(4) 高级规则：指由简单规则组合而成的、用来解决一个或一类问题的复杂规则。它是学习者在解决问题过程中思维的产物，表现为解决问题的方法，具有广泛的应用性。

2) 言语信息的学习

言语信息指有关事物的名称、实践、地点、定义以及特征描述等方面的事实性信息。言语信息的学习即学生掌握的是以言语信息传递的内容，或者学生的学习结果是以言语信息表达出来的。这一类学习通常是有组织的，即学习者得到的不是个别事实，而是根据一定教学目标所给予的有意义的知识，使信息学习和意义学习结合在一起，构成系统的知识。学校教育主要是通过言语信息把人类长期积累的知识意义传递下去。言语信息的复杂程度不同，Gagné 将它们区分为三类：(1) 命名，即给物体的类别以称呼；(2) 用简单命题（句子）表述事实；(3) 知识群，即各种命题和事实的聚合体。

言语信息的学习主要有三种功能：(1) 是进一步学习的必备条件；(2) 影响学生将来的职业和生活方式；(3) 有组织的言语信息是思维的工具。

3) 认知策略的学习

认知策略是学习者用来指导自己注意、学习、记忆和思维的能力。认知策略与智慧技能的不同在于智慧技能定向于学习者的外部环境，而认知策略则是学习者在应对外部环境过程中控制自己的"内部"行为。简单地说，认知策略是学习者用来"管理"自身学习过程的方式，主要对以下几个方面起调节作用：(1) 注意哪些特征；(2) 如何编码以便于提取；(3) 如何从事问题解决过程；(4) 怎样才有利于迁移。

4) 动作技能的学习

动作技能又称为运动技能，是指通过不断改善身体动作的质量（如敏捷、准确、有利和连贯等方面）而形成的整体动作模式，如体操、写字、绘图、操作仪器等技能，它也是能力的一个组成部分。动作技能的显著特点是：只有经过长期的练习，才能变得精确和连贯。

5) 态度的学习

态度是通过学习获得的内部状态，这种状态影响和调节一个人对某种事物、人物及事件所采取的行动。态度一般要经过相当长的时期才能逐渐形成或改变，而不是作为单一经验的结果突然发生的。学校的教育目标应该包括态度的培养，态度可以通过各学科的学习得到培养，但更多的是通过校内外活动和家庭得到培养。Gagné提出态度主要有三种：(1) 儿童对家庭和其他社会关系的认识；(2) 对某种活动所伴随的积极、喜爱的情感，如音乐、阅读、体育锻炼，等等；(3) 有关个人品德的某些方面，如热爱国家、关切社会需要和社会目标、尽公民义务的愿望等。

3. 按学习形式与性质分类

Ausubel（1994）根据学习进行的方式，将学习分成接受学习和发现学习；又根据学习材料与学习者原有知识的关系，将学习分为机械学习和有意义学习。这两个维度互不依赖，彼此独立。

Ausubel 认为，有意义学习是以符号为代表的新观念与学习者在认知结构中原有的适当观念建立起实质性的联系。Ausubel 将有意义学习进一步划分为：(1) 表征学习：包括记住事物的符号和符号所代表的个别事物，获得的是一种孤立的信息，是有意义学习的最简单形式。(2) 概念学习：指掌握同类事物的共同关键特征，是有意义学习的较高级形式。(3) 命题学习：在概念的基础上，进行命题学习。(4) 解决问题：在概念与命题学习的基础上，运用已有的概念与命题知识解决复杂问题。(5) 创造：创造是有意义学习的最高形式，在创造阶段，学习者不仅获得新的概念或命题，还可以获得解决问题的策略。

有意义学习有两个先决条件：(1) 学生表现出一种在新学内容与自己已有知识之间建立联系的倾向；(2) 学习内容对学生具有潜在意义，即能够与学生已有的知识结构联系起来。

在 Ausubel 看来，无论是接受学习还是发现学习，既有可能是机械的，也有可能是有意义的，这一切都取决于教师的教学方法和引导。

4. 按学习的意识水平分类

从学习意识水平来说，美国心理学家 Reber（1976）将学习分为内隐学习和外显学习。内隐学习是指有机体在与环境接触中不知不觉地获得一些经验并因之改变其事后某些行为的学习。例如中、高级外语学习者虽然可以凭借语感来判定一些句子不仅句法正确、用词准确，而且富有美感，但不一定能说清楚美感从何而来。外显学习指有意识地、明确需要付出心理努力并需按照规则作出反应的学习。在外显学习过程中，人们的学习行为受意识的控制、有明确目的、需注意资源、要作出一定的努力。

内隐学习与外显学习的区别在于：(1) 内隐学习是自动发生的，没有直接获得知识的目的；外显学习是有目的、需要意志努力才能实现的学习。(2) 内隐学习是相对稳定的，不易受到其他因素的影响；外显学习是易变的，会受到年龄、智力、情绪、个性、动机等因素的干扰，因而会有不同的学习效果。(3) 内隐学习是抽象的，外显学习是表层的。

5. 按教育目标的分类

Benjamin S. Bloom 等人（1956）根据学习结果把教育目标分为认知、情感和动作技能三大领域，每个领域的目标又由低级到高级分成若干层次，明确规定要达到该领域的教育目标需要实现哪些子目标，从而构成各领域的目标体系。由于 Bloom 的动作技能领域与外语学习关系不大，因而在此不作具体介绍。

认知领域内的教学目标可分为六类：知识、领会、运用、分析、综合和评价。这一目标分类在教学和考试中的具体含义是：(1) 知识指可以记忆的信息，包括具体的知识、抽象的概念和原理，培养学生对这些知识进行回忆或再认的能力。(2) 领会指能解释所学知识，包括转化、解释和推断所提示的教材，培养学生领会人际沟通信息的能力。(3) 运用指培养学生在不同情境中使用这些抽象概念的能力，包括概念原理、法则、理论等的使用。(4) 分析指区分和了解事物的内在联系，将习得的观念和概念分解成各种要素，包括因素、关系和组织原理的分析，培养学生将整体分解成各种要素的能力。(5) 综合指把各种因素和组成部分组合成一个整体，包括独特的信息沟通、操作计划和抽象关系的产生，培养学生处理因素、部分和片段等的关系以及产生新结构的能力。(6) 评价指为了特定目的，运用评估的标准，对资料和方法作出价值判断，包括按照内在证据和外部准则作出的价值判断，培养学生对资料和方法在质和量上作出正确判断的能力。

情感领域的教学目标包括五个主要类别：接受或注意、反应、价值评估、组织、性格化或价值的复合。

第二节　学习理论

学习理论试图解释学习的实质，例如学习的结果是什么，是外部行为发生变化还是心理结构发生变化？学习过程是怎样的，学习是如何实现的，怎样才能达到预期的学习效果？学习有哪些规律和条件，学习过程受哪些条件和因素影响，如何才能进行有效的学习？

长期以来，心理学家们在积极探讨学习实质的过程中，由于各自的哲学基础、学科背景和研究手段不同，对学习提出了不同的解释，形成了不同的学习理论。以下主要介绍几种影响较大的学习理论，它们分别是行为主义学习理论、认知学习理论、建构主义学习理论和人本主义学习理论。

一、行为主义学习理论

行为主义学习理论是20世纪初以来逐步形成的一种学习理论，代表人物有Edward L. Thorndike、Ivan P. Pavlov、Burrhus F. Skinner等。在很长的一段时间里，行为主义学习理论在学习领域中一直占据主导地位，后来逐渐被认知理论所取代。以下主要介绍Thorndike的联结主义理论、Pavlov的经典条件反射理论、Skinner的操作条件反射理论和Bandura的社会学习理论。

1. 联结主义理论

联结主义心理学是美国杰出的心理学家Thorndike通过一系列动物实验研究学习，进而提出的一种学习心理学理论。"联结"指实验动物对笼内情境的感觉与其反应动作的冲动之间形成的联系。该理论认为情境感觉和动作冲动反应之间形成的联结是学习的基础，揭示了动物的试误学习（trial-and-error learning）过程。20世纪上半叶，联结主义学习理论在美国一直占据统治地位。Thorndike认为，学习是刺激与反应（Stimulus-Response，S-R）之间建立联结的结果，这种联结是通过尝试错误逐渐建立起来的。问题情境中的动物总是试图达到一定的目的（如获得食物、到达目的地等）。它们能够从作出的众多反应中选择一个反应，然后获得某种结果。它们对刺激作出反应的次数越多，该反应与刺激的联结就变得越牢固。

Thorndike 对心理学的最大贡献是迷笼实验。在实验中，Thorndike 把一只饥饿的猫放在迷笼里，迷笼外放一盘食物。笼内设有一种可以打开门闩的装置，即绳子的一端连着门闩，另一端连着一块踏板。猫只要按下踏板，门就会自动开启。猫第一次被放入迷笼时，拼命挣扎，或咬或抓，或跑或跳，试图逃出迷笼。终于，它在挣扎中偶然碰到踏板，打开门闩，逃出笼外，吃到了食物。在下一轮的尝试中，猫仍然会在经过乱抓乱咬、乱跑乱跳的过程之后逃出迷笼吃到食物，不过所需时间可能会少一些。经过如此多次连续尝试，饿猫逃出迷笼所需的时间越来越少，由于无效动作逐渐减少，以至于到最后，猫几乎是一被放进迷笼里，就立即按下踏板、逃出迷笼、获得食物。也就是说，猫在试图逃出迷笼、获得食物的过程中，不断地进行试误，并最终在按下踏板逃出笼子和获得食物之间建立了联结。

通过这个实验，Thorndike 总结出三条学习定律：准备律、效果律和练习律。Thorndike（1913）认为，学习应遵循这三条重要的原则。(1) 准备律：指学习者在学习开始时的预备定势。在进入某种学习活动之前，如果学习者做好了与相应的学习活动相关的预备性反应（包括生理和心理的反应），学习者就能比较自如地掌握所要学习的内容。学习者在有准备的情况下被安排活动时就会感到满意；在有准备但没有被安排活动时则会感到烦恼；在没有准备但被强制安排活动时也会感到烦恼。(2) 练习律：指对一个已学会反应的重复练习将增加刺激—反应之间的联结，即 S-R 联结练习和使用得越多，就变得越强，反之，则会变得越弱。随后 Thorndike 修改了这一规律，因为他发现没有奖励的练习是无效的，联结只有通过有奖励的练习才能得到增强。(3) 效果律：如果一个动作跟随情境中一个满意的变化，在类似的情境中这个动作重复的可能性将增加，反之，如果跟随的是一个不满意的变化，这个行为重复的可能性将减少。可见一个人当前行为的后果对决定他未来的行为起着关键作用。在刺激与反应之间形成可改变的联结，给予满意的后果，联结就会增强，给予不满意的后果，联结就会减弱。

2. 经典条件反射理论

经典条件作用最早由苏联生理学家 Pavlov 提出。Pavlov 在 1900 年前后，研究狗的消化液分泌变化时，意外地发现消化液分泌量的变化与外在刺激的性质以及刺激出现的时间有着密切关系。以引起狗唾液分泌的食物为例，如果让饥饿的狗吃到食物，或将食物置于它的面前时，它就会增加唾液的分泌。Pavlov 在实验中还发现，如果有其他本来与唾液分泌毫无关系的中性刺激（如盛食物的器皿或送食物者的脚步声）与食物相伴或稍前出现多次，即使这种刺激以后单独出现，也会引起狗的唾液分泌。

经典条件反射是一个多步骤的过程。首先，要呈现一个无条件刺激 (unconditional stimulus，UCS)，由它引发无条件反应 (unconditional response，UCR)。在一项实验中，Pavlov 把一只饥饿的狗拴在一个装置上，向它呈现一个肉团 (UCS)，狗开始分泌唾液 (UCR)。若要使动物建立条件反射，需要在出现无条件刺激之前反复向其呈现一个中性刺激。Pavlov 经常用一个能发出嘀嗒声的节拍器作为中性刺激。实验刚开始时，节拍器的嘀嗒声并不会引起唾液分泌，但是当实验快结束时，狗在食物出现之前就开始分泌唾液，对发出嘀嗒声的节拍器作出了反应。这时节拍器变成了条件刺激 (conditional stimulus，CS)。将一个中性刺激与一个原本就能引起某种反应的刺激相结合，就能使动物学会对这一中性刺激作出反应。这就是经典性条件作用的基本内容。

Pavlov 认为学习是大脑皮层暂时性神经联系的形成、巩固与恢复的过程。所有的学习都是联系的形成，而联系的形成就是思想、思维和知识。Pavlov 利用条件反射对人和动物的高级神经活动作出了许多推测，发现了人和动物学习的基本机制。

3. 操作条件反射理论

在 Pavlov、Thorndike 等人研究的基础上，Skinner 提出了操作条件反射理论。Skinner（1938）把行为作为基本的研究对象，目的在于形成一种分析各种环境刺激功能的方法，以决定和预测有机体的行为。

Skinner 认为条件作用有两类：反应性条件作用和操作性条件作用。Pavlov 的经典性条件作用是刺激强化引起所需的反应，是反应性条件作用，重点在于刺激；而 Skinner 则强调先由操作引起反应然后再予以强化，重点在于反应。在操作性行为中，有机体是主动地作用于环境。根据操作性条件作用的原理，Skinner 设计了一种特殊的仪器，即一个阴暗的隔音箱，箱子里有一个开关，开关连接着箱外的一个记录系统，该系统用线条方式记录动物（白鼠）按杠杆（以此来获得食物）的次数与时间。这个箱子是 Skinner 专门为实验而设计的学习装置，又被称为"斯金纳箱"。箱子内部有一个操纵杆，饥饿的小白鼠只要按动操纵杆，就可以吃到一颗食丸。开始的时候小白鼠是在无意中按下操纵杆，吃到了食丸，但经过几次尝试后，小白鼠"发现"了按动操纵杆与吃到食丸之间的关系，于是小白鼠会不断地按动操纵杆，直到吃饱为止。在该箱中，动物可以反复作出操作性反应。Skinner 认为，先由动物作出操作反应，然后再受到强化，从而使受强化的操作反应的概率增加，这一现象就是操作性的条件反射。

强化是指通过某一事物增强某种行为的过程。在操作条件反射中，强化指正确反应后所给予的奖励（正强化）或免除的惩罚（负强化）。Skinner 认为强化是增加某个反应概率的手段，强化在塑造行为和保持行为中是不可缺少的。Skinner 区分了两种强化类型：积极强化（positive reinforcement）和消极强化（negative reinforcement）。强化物一般也分为两类，一类是积极强化物（positive reinforcer），指与反应相依随并能增强该反应的刺激物；消极强化物（negative reinforcer）指与反应相依随的刺激物从情境中被排除时，可增强该反应。

Skinner 通过实验观察发现不同的强化方式会引发白鼠不同的行为反应，其中连续强化引发白鼠启动操纵杆的行为最易形成，但这种强化方式所形成的行为反应也容易消退。而间隔强化比连续强化具有更持久的反应率和更低的消退率。

Skinner 在对动物研究的基础上，将有关成果推广运用到人类的学习活动中，主张在操作性条件反射和积极强化原理的基础上设计程序化教学，即将教材内容细分成很多小单元，并按照这些单元的逻辑关系将其顺序排列起来，构成由易到难的许多层次或小步子，让学生循序渐进，依次进行学习。在教学过程中，教师要积极应对学生作出的每一个反应，并对学生作出的正确反应予以适当的强化。Skinner 对强化类型、强化安排的研究完善了强化理论，使行为主义学习理论达到了巅峰，并被广泛应用于教育、工业管理、军事等领域。

4. 社会学习理论

社会学习理论是 Albert Bandura（1925—2021）将认知因素引入行为主义观点中所形成的一种新的学习理论，是行为主义学习理论的新发展。Bandura

提出社会学习理论来解释儿童是如何获得社会行为的,他认为儿童通过观察自己生活中重要人物的行为来习得社会行为,他们将这些观察以心理表象或其他符号表征的形式储存于大脑中,并用其帮助模仿行为。Bandura 沿用了行为主义的研究范式,同时也吸收了认知论的思想,因此,更加注意外界刺激对个体行为和内在心理过程的作用,强调思想与行为之间的交互作用。

1) 交互决定论

Bandura 认为,行为、认知和环境三者互为决定因素,相互影响。人的行为、认知等主体因素以及环境三者之间构成动态的交互决定关系,其中任何两个因素之间的双向互动关系的强度和模式,都随行为、个体、环境的不同而发生变化。个体的期待、信念、目标、意向、情绪等主体因素影响或决定着他的行为方式,而行为的内部反馈和外部结果反过来又部分地决定着他的思想、信念和情感反应等;环境状况作为行为的对象或现实条件决定着行为的方向和强度,而行为反过来也能够改变环境以适应人的需要;个体的人格特征、认知机能等是环境作用的产物,而环境的存在及其作用反过来又取决于主体的认知把握。

2) 自我调节论

Bandura 认为自我调节是个体的内在强化过程,是个体通过将自己对行为的计划和预期与行为的现实成果加以对比和评价,来调节自己行为的过程。Bandura 认为自我调节由三个过程组成:(1)自我观察过程:由于不同活动的衡量标准不尽相同,人们往往根据各种标准对自己的行为作出评价;(2)判断过程:人们在行动之前总为自己确定一个标准,并以之判断和评定自己的行为结果与所确立标准之间的差距,如果结果超过了标准,就会产生积极的自我评价,反之,则会产生消极的自我评价;(3)自我反应过程:个体对自己的某种行为作出评价,要么会产生自我肯定、自我满足、自信、自豪的体验,要么会产生自我否定、自我批评、自怨自艾的体验。

3) 自我效能原理

自我效能(self-efficacy)指"个体在执行某一行为操作之前对自己能够在什么水平上完成该行为活动所具有的信念、判断或主体自我把握与感受"

(Bandura，1977)。自我效能感深化到自我价值系统就形成了自我效能信念，在个体的后继行为与影响源之间发挥着中介作用，将影响行为的结果因素转化为先行因素，对人们的行为和成就有显著的促进作用。

Bandura 认为自我效能感是通过选择、思维、动机和身心反应等中介过程来实现其主体作用机制的。(1) 选择过程：一般而言，个体选择自以为能有效应付的环境，回避自感无法控制的环境，而这些环境因素反过来又会影响其行为技能和人格的发展。(2) 思维过程：自我效能通过思维过程对个体活动产生自我促进或自我阻碍的作用。(3) 动机过程：自我效能感通过思维过程发挥主体作用往往还带有动机的因素。(4) 身心反应过程：自我效能感决定个体的应激状态、焦虑反应和抑郁程度等身心反应过程。

Bandura 发现自我效能的形成依赖于以下四种信息源的影响：(1) 掌握性经验：成功会提高效能评估，而反复的失败会降低效能评估。(2) 替代性经验：当学习者看到与自己相当的示范者成功时，就会增强自我效能感。(3) 言语劝说：通过说服、建议、劝告、解释和自我指导来改变学习者的自我效能感。(4) 情绪反应和生理状态：强烈的激动情绪通常会妨碍行为的表现而降低自我效能感，积极的、稳定的情绪和生理状态会提高自我效能感。

综上所述，社会学习理论：(1) 强调观察学习在人的行为获得中的作用，认为人的多数行为是通过观察他人的行为而学得的；(2) 重视榜样的作用。榜样是否具有魅力、是否拥有奖赏、榜样行为的复杂程度、榜样行为的结果，以及榜样与观察者的人际关系等都将影响观察者的行为表现；(3) 强调自我调节作用。人的行为不仅受外界行为结果的影响，而且更重要的是受自我引发的行为结果的影响，即自我调节的影响。自我调节主要是通过设立目标、自我评价，从而引发动机机能来调节行为的；(4) 主张建立较强的自信心。一个人对自己应对各种情境能力的自信程度，对于他自身能动作用的发挥起着十分重要的作用，因为这将决定一个人是否愿意面对困难的情境、所能应对情境的困难程度以及面临困难情境的持久性。如果一个人对自己的能力有较高的预期，那么他在面临困难时往往会无所畏惧，愿意付出较大的努力，坚持较长的时间；如果一个人对自己的能力缺乏自信，则往往会产生焦虑情绪和回避行为。因此，要改变一个人的回避行为，帮其建立较强的自信心是十分必要的。

在行为主义发展到鼎盛时期时，行为主义学习理论受到来自认知学习理论的挑战，认知学习理论与行为主义学习理论展开了激烈的论争，最终以认知理论占上风而告终。

二、认知学习理论

认知学习理论是通过研究人的认知过程来探索学习规律的理论。主要观点包括：人是学习的主体；人类获取信息的过程是感知、注意、记忆、理解、问题解决的信息交换过程；人们对外界信息的感知、注意、理解是有选择性的；学习的质量取决于效果。认知学习理论认为学习过程不是简单地在强化条件下形成刺激与反应的联结，而是由有机体积极主动地形成新的完形或认知结构；学习不是通过练习与强化形成反应习惯，而是用顿悟与理解来获得期待；有机体当前的学习依赖于其原有的认知结构和当前的刺激情境，学习受主体的预期所引导，而不受习惯的支配。以下着重介绍 Jerome S. Bruner（1915—2016）的认知结构学习理论、Ausubel 的有意义学习理论和 Gagné 的信息加工学习理论。

1. 认知结构学习理论

Bruner 强调学习过程是一种积极的认知过程，学习的实质在于主动地形成认知结构，每一个知识的学习都要经过获得、转化和评价等三个认知过程。Bruner 非常重视人的主动性和已有经验的作用，重视学习的内在动机，提倡发现式学习。

1) 认知生长和表征理论

Bruner（1960）将智慧生长与认知生长作为同义语，将它们看作是形成表征系统的过程。他认为，智慧生长的主要目的是为学生提供一个现实世界的模式，学生可以借此解决生活中的一切问题。探讨智慧生长的一个最有用的概念是表征或表征系统，表征或表征系统是人们觉知和认识世界的一套规则。

Bruner 认为，在人类智慧生长期，有三种表征系统在起作用，这就是"动作性表征、映像性表征和符号性表征——即通过动作或行动、肖像或映像以及各种符号来认识事物。这三种表征系统的相互作用，是认识生长或智慧生长的核心"（Bruner，1973）。在他看来，人类是凭借这三种表征系统来认识世界的。

动作性表征（enactive representation）阶段相当于 Piaget 提出的感觉运动阶段，儿童通过作用于事物来学习和再现它们，以后通过合适的动作反应再现过去的事物。映像性表征（iconic representation）阶段相当于 Piaget 的前运算阶段的早期，儿童开始形成图像或表象，去表现他们在世界中所发现的事件。符号性表征（symbolic representation）阶段相当于 Piaget 的前运算阶段的后期，儿童能够通过符号再现他们的世界，其中语言是最重要的符号。

2）类别及其编码系统

在 Bruner 看来，认知结构是指人关于现实世界的内在编码系统。Bruner 认为，人类在适应环境时，先对周围的各种物体、事件和人物进行分类，再根据同一类别成员之间的关系而不是它们的独特性来对其作出反应，这说明人们是根据类别或分类系统与环境相互作用。人们如果要超越直接的感觉材料，那么所涉及的不仅仅是把感觉输入归入某一类别，并根据这一类别进行推理，而且还要根据其他相关的类别作出推理，这些相关的类别就构成了编码系统。编码系统是一组相互关联的、非具体性的类别，是人们对环境信息加以分组和组合的方式，是不断重组和变化的。编码系统的一个重要特征是对相关的类别作出层次结构的安排，较高级的类别比较一般化，较低级的类别比较具体化，例如水果和苹果、香蕉、橘子等类别。

在 Bruner 看来，学习就是类别及其编码系统的形成或改变，就是认知结构的形成或改变，是一个人将同类事物联系起来，并赋予它们意义的过程。为了帮助学生达到最佳的学习效果，教师提供新信息是十分必要的。但是，学生掌握这些信息本身并不是学习的目的，而是应该超越新信息，通过在大脑中形成或改变编码系统，才能获得更多的意义。

3）发现学习

发现学习是"以培养探究性思维方法为目标，利用基本教材使学生通过一定的发现步骤进行学习的一种方式。其主要特点是学习的主要内容必须由学生自我发现"（潘菽、荆其诚，1991）。Bruner 强调，发现是教育儿童的主要手段。发现不限于寻求人类尚未知晓的事物的行为，还包括用自己的头脑获得知识的一切形式。不论是儿童凭自己的力量所作出的发现，还是科学家的发现，就其实质而言，都是把现象重新组织或转换，使人能超越现象进行组合，获得新的领悟（高觉敷、叶浩生，2005）。

Bruner 在《教学论》(1966) 中指出，发现学习有以下四点作用：(1) 提高智力的潜力。学习者自己提出解决问题的探索模式，学习如何对信息进行转换和组织，使他能超越该信息。(2) 使外部奖励向内在动机转移。Bruner 认为，通过发现例子之间的关系来学习一个概念或原则，比直接给予学习者关于这一概念或原则的分析性描述，更能激发学生，从而使其在学习过程中得到较大满足。(3) 学会将来作出发现的最优方法和策略。如果某人具有有效发现过程的实践，他就能很好地学到如何去发现新的信息。(4) 帮助信息的保持和检索。按照一个人自己的认知结构组织起来的材料是最有希望在其记忆中"自由出入"的材料。

Bruner 认为学习、了解一般的原理固然重要，但更重要的是培养一种态度，即探索新情境的态度，作出假设、推测关系、应用自己的能力以解决新问题或发现新事物的态度。Bruner 认为，教育工作者的任务是把知识转换成一种适应学习者的发展阶段，以表征系统发展顺序作为教学设计的模式，让学习者发现和学习。

2. 有意义学习理论

Ausubel 对教育心理学最重要的贡献在于提出了有意义学习（meaningful learning）这一概念。有意义学习的外部条件是学习材料本身具有逻辑意义，能够为学习者所理解。有意义学习的外部条件是：(1) 学习者头脑中必须具有同化新知识的认知结构；(2) 学习者必须具有学习新知识的愿望；(3) 学习者必须积极主动地使新知识与认知结构中的现有知识相互作用。

1) 有意义学习的类型

Ausubel 提出，有意义学习过程的实质，就是符号所代表的新知识与学习者认知结构中已有的观念建立起实质性的联系。在他看来，学习者的学习如果要有价值的话，应该尽可能地有意义。

Ausubel（1994）将有意义学习分为以下四种类型：

(1) 表征学习：学习各种符号的意义。表征学习的心理机制是符号和它们所代表的事物或观念在学习者认知结构中建立了相应的等值关系。例如"狗"这个符号对初生儿童来说是完全无意义的，在儿童多次同狗打交道的过程中，儿童的长辈或其他年长儿童多次指着狗（实物）说"狗"，儿童逐渐学会用"狗"（语音）代表他们实际见到的狗。因此，"狗"这个声音符号对某个儿童来说就获得了意义，也就是说，"狗"这个声音符号引起的认知内容和实际的狗所引起的认知内容是大致相同的，同为狗的表象。

（2）概念学习：是掌握同类事物的共同关键特征。同类事物的关键特征既可以由学习者自己从大量同类事物的不同例证中独立发现，也可以用定义的方式直接向学习者呈现。例如学习"三角形"这一概念，就是掌握三角形有三个角和三条相连接的边这两个共同的关键特征，而与它的大小、形状、颜色等特征无关。如果"三角形"这个符号对某个学习者来说，已经具有这种一般意义，那么它就成为一个概念，进而成为代表概念的名词。

（3）命题学习：命题学习的任务是要了解该句子（命题）所表述的意义。命题是以句子的形式表达的，可以分为两类：一类是非概括性命题，只表示两个以上的特殊事物之间的关系，例如"五星红旗是中华人民共和国的国旗"。这个句子里的"五星红旗"代表一个特殊事物，"中华人民共和国的国旗"也是一个特殊对象的名称。这个命题只陈述了一个具体事实。另一类命题表示若干事物或性质之间的关系，这类命题叫概括性陈述，是学习若干概念之间的关系。如"圆的直径是其半径的两倍"。这里的"圆""直径"和"半径"可以代表任何圆及其直径和半径，这里的倍数关系是一个普遍的关系。Ausubel 认为，新学的命题与学生已有命题之间的关系有下位、上位、组合三种类型的关系。

（4）发现学习：指学习内容不是以定论的方式呈现给学生的，而是要求学生在将最终结果并入认知结构之前，先要从事某些心理活动，如对学习内容进行重新排列、重新组织或转换。发现学习还涉及其他学习类型，如运用、问题解决、创造等。

2）有意义学习的心理机制

Ausubel 认为，同化是有意义学习的心理机制。同化理论的核心是：学生能否习得新信息，主要取决于他们认知结构中已有的有关概念。意义学习是通过新信息与学生认知结构中已有的相关概念相互作用才得以发生的。这种相互作用的结果导致了新旧知识的意义发生同化。

同化以三种不同的方式增强知识的保持：（1）通过把已有的有关概念作为固定点，从而使它们成为认知结构中高度稳定的、精确的观念，同时，又使新知识也可以分享这种稳定性，获得新的意义；(2) 由于在贮存阶段，新知识与已有概念一直保持着实质性的联系，因而，这些起固定作用的概念可以防止新知识受以往知识、目前的经验和将来遇到的类似概念的干扰；(3) 由于新知识贮存在与认知结构中有关概念的相互关系中，这就使得信息提取成为一种较有条理的过程，较少带有任意性。

3) 有意义学习的组织原则

有意义学习应遵循以下组织原则：(1) 逐渐分化原则：学生首先应该学习最一般的、包摄性最广的观念，然后根据具体细节对它们逐渐加以分化。Ausubel 认为，这种呈现教学内容的顺序，不仅与人类习得认知内容的自然顺序相一致，而且也与人类认知结构中表征、组织和贮存知识的方式相吻合。他由此提出两个基本的假设：

假设 1：学生从已知的包摄性较广的整体知识中掌握分化的部分，比从已知的分化部分中掌握整体知识难度要低些。这就是说，下位学习比上位学习更容易些。

假设 2：学生认知结构中对各门学科内容的组织，是按包摄性水平组成的。包摄最广的观念在这个结构中占据最高层次，下面依包摄性程度下降而逐渐递减。

(2) 整合协调原则：是指如何对学生认知结构中现有要素重新组合，也是在意义学习中发生的认知结构逐渐分化的一种形式。整合协调主要表现在上位学习和组合学习中。

4) 学习中的动机因素

Ausubel 认为，动机的作用和重要性取决于学习的类型和学生的发展水平。Ausubel 主要关注的是成就动机，即学生试图获取好成绩的倾向。Ausubel 认为成就动机主要由三方面的内驱力构成：(1) 认知内驱力：在学习活动中，认知内驱力指向学习任务本身（为了获得知识），是一种重要和稳定的动机；(2) 自我提高内驱力：是指个体凭借自己的学业成绩而获得相应的地位和威望的需要。它不直接指向知识和学习任务本身，而是把学业成绩看成是赢得地位和自尊的根源；(3) 附属内驱力：是为了保持教师、家长或集体的赞许和认可，而表现出要把学习或工作做好的一种需要。这种动机特征在年幼儿童的学习活动中比较突出，表现为追求良好的成绩，目的是为了得到赞扬和认可。

5) 有意义学习的教学策略——"先行组织者"

Ausubel 有意义学习理论的核心思想是，有意义学习必须以学习者原有的认知结构为基础。为了促进学习的有效迁移，Ausubel 提出了"先行组织者"（advance organizer）教学策略。根据 Ausubel 的解释，学生面对新的学习任务时，如果原有认知结构中缺少同化新知识的适当的上位观念，或原有观念不够清晰或巩固，则有必要设计一个先于学习材料呈现之前呈现的一个引导性材料，这种引导性材料被称为先行组织者。先行组织者教学策略就是在向学生传授新知识之前，先给学生呈现一个短暂的、具有概括性和引导性的说明。这一引导性材料用简单、清晰和概括的语言介绍新知识的内容和特点，并说明它与哪些已有知识有关系、有什么样的关系，能清晰地与认知结构中原有的观念和新的学习任务关联起来，在新旧概念/知识之间搭起一座桥梁。先行组织者既可以是在抽象性、概括性上高于学习材料的材料，也可以是在抽象性、概括性上低于学习材料的具体概念。

Ausubel 认为，先行组织者不仅能够帮助学习者学习新知识，而且还可以帮助其保持知识。具体表现在以下几个方面：(1) 能够将学习者的注意力集中在将要学习的新知识中的重点部分；(2) 突出强调新知识与已有知识之间的关系，为新知识提供一种框架；(3) 能够帮助学习者回忆起与新知识相关的已有知识，以便更好地建立起联系。

3. 信息加工学习理论

信息加工学习理论是指认知心理学家把人看作是信息加工的机制，把认知看作是对信息的加工。用计算机来类比人的认知加工过程，从信息的接收、存储和提取的流程来分析学习的认知过程。

1) 信息加工模式

现代信息加工心理学家将人类的学习过程看成是信息加工过程，运用计算机处理信息的过程来说明人类的学习和信息加工过程，提出了各种学习与记忆的信息加工过程模式，其中 Gagné（引自邵瑞珍，1997）提出的学习记忆模式最具代表性（见图 1.1）。

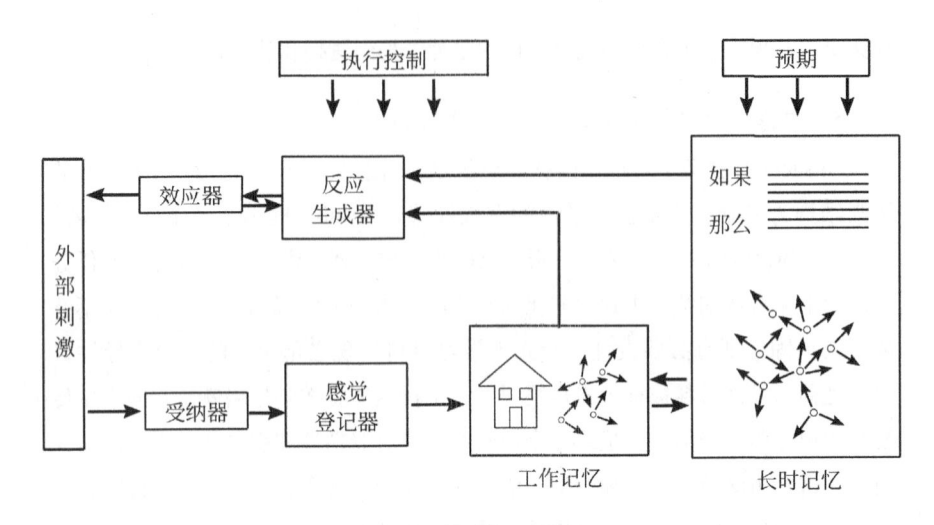

```
                    执行控制              预期
                      ↓↓                  ↓↓
        ┌──────┐   ┌──────┐          ┌─────────┐
    ←───│效应器│←──│反应  │←─────────│如果      │
        └──────┘   │生成器│          │         │
  外                └──────┘          │那么      │
  部                    ↑              └─────────┘
  刺                    │                   ↕
  激                    │              ┌─────────┐
        ┌──────┐   ┌──────┐   ┌──────┐│  ↖↑↗    │
    ───→│受纳器│──→│感觉  │──→│ 🏠  │↔│  ←○→    │
        └──────┘   │登记器│   │      ││  ↙↓↘    │
                    └──────┘   └──────┘└─────────┘
                                 工作记忆      长时记忆
```

图 1.1　信息加工模式

　　Gagné 将学习过程看作是加工系统、执行控制系统和预期三个系统协同活动的过程。(1) 加工系统：又称操作系统，包括信息的接收部分。首先，来自环境的刺激作用于受纳器，受纳器将接收到的信息传递至感觉登记器（sensory register）。在这一时段，绝大多数信息未能受到注意，只有一小部分信息被注意、选择而进入工作记忆（working memory）（又称为短时记忆，short-term memory）进行加工。在这一阶段，注意是信息进入工作记忆的关键条件。工作记忆对信息的贮存时间很短，并且贮存容量极其有限。Miller (1956) 的实验表明，人的短时记忆容量为 7 ± 2 个信息单位。与工作记忆（短时记忆）相比，长时记忆（long-term memory）对信息保留的时间长，且贮存容量大。只有不断地对信息进行复述（rehearsal），信息才能从工作记忆（短时记忆）进入到长时记忆中。在这个阶段，复述是信息从工作记忆（短时记忆）进入到长时记忆的关键条件。对提取存贮在长时记忆中的信息构成"反应发生"的基础。反应发生器对反应序列进行组织并指引反应器。对学习活动来说，主要的反应器是书写中的手臂及发音器官。(2) 执行控制系统：该系统不与任何一个操作成分直接相连，它对整个加工系统进行调节和控制，与人们的元认知有直接的关系。执行控制系统负责对感觉系统的调节，使之选择适当的信息予以注意；指导工作记忆中的信息加工方式的选择，如利用复述策略维持短时记忆中的信息；对工作记忆和长时记忆中的表征形式的选择，如用双重编码策略保存信息；

对长时记忆中的知识的提取线索的选择；对解决任务的计划的执行予以监控等。
(3) 预期：是信息加工过程的动机系统，对加工过程起定向作用，影响学习者的努力程度和注意力集中程度。如果学习者对达到预定目标有强烈愿望，即处在较高水平的动机状态，他就能集中注意力，专心学习，选择行之有效的学习策略。学习目标的实现使学习者感到满足、愉快，获得成就感，使其增强学习信心，更加努力地投入到下一个学习活动。

2) 信息加工的过程

信息加工过程可以分为三个阶段：注意刺激、刺激编码、信息的贮存与提取。

第一阶段：注意刺激。学习者从环境中接受刺激从而激活受纳器，受纳器将刺激转换成神经信息。最初这一信息进入感觉登记器，来自各种感觉器官的信息或多或少以完整的形式被登记，信息在这里保持只保存 1 秒左右或几分之一秒的时间。这种感觉表征成分必须成为注意的对象才能持续较长一段时间，而其余成分则会消失掉并且不再对神经系统产生影响。记录于感觉登记的"画面"不会久留，信息在这里转换成刺激模式，这一过程叫选择性知觉。选择性知觉有赖于学习者注意到感觉登记器中内容的某些特征而忽略另外一些特征的能力。特征知觉形成进入到工作记忆中的一种新的输入。

第二阶段：刺激编码。被转换的信息紧接着进入工作记忆，信息在这里停留的时间有限，一般认为约 20 秒。工作记忆中的储存有两种形式：(1) 听觉形式，即信息是学习者从内部听到的；(2) 发音形式，即学习者"听到他们自己的陈述"的信息。工作记忆的容量是有限的，即对许多孤立的信息单位来说，工作记忆的容量平均为 7 ± 2 个单位。一旦超过这一容量，随着新信息贮存的增加，旧信息就会被"挤压出去"。

要使信息保留在长时记忆中，就需要进一步加工。这种加工被称为编码。在工作记忆中以知觉方式存在的信息这时转换成概念形式或有意义的形式。概念的意义是已知的，同时可以正确地与学习者所处的环境相联系。被贮存的信息以多种方式加以组织而非简单地被搜集起来。编码是信息进入长时记忆的特征，进入长时记忆中的编码材料的主要特征是语义的或按意义组织的。编码主要有两种策略：维持性复述（maintenance rehearsal）和精加工复述（elaborative rehearsal）。维持性复述只是重复要记忆的信息，例如背诵课文。精加工复述要以某种方式转换信息，可以（1）改变信息，以便将它与已贮存的信息联系起来；（2）用另一种符号来替代它；（3）增加其他一些信息以便记忆。

第三阶段：信息的贮存与提取。在长时记忆中，信息以编码形式贮存。长时记忆中的贮存是永久性的，并且随着时间流逝不会消失。然而贮存的信息可能会因若干原因而不能提取出来，如新旧记忆内容之间的干扰阻碍贮存信息的提取。一般认为，提取过程需要某些线索，这些线索可通过外部情境或学习者（从其他记忆源）提供。在搜索过程中，线索与已习得的内容相比较或"相联系"，当查找的内容"被确认"，才能被提取出来。通常被提取的信息回到工作记忆中，此时习得的材料变得易于被学习者利用，既可以与其他新的输入材料（即新的编码材料）相结合，也可以激活反应发生器，转化为外显行为。而对于熟练的自动化反应，信息可以直接从长时记忆流向反应发生器。

3) 信息加工学习原理

信息加工学习原理主要被概括为：（1）信息流是行为的基础。信息加工理论的实质是探讨有机体内部的信息流。（2）人类加工信息的能量是有限的。研究表明，长时记忆贮存信息的能量是无限的，而短时记忆一次只能加工 7 ± 2 个信息单位。（3）记忆取决于信息编码。编码是一个涉及觉察信息、从信息中提取一种或多种分类特征，并对此形成相应的记忆痕迹的过程。信息编码的方式对以后提取该信息的能力有很大影响。（4）回忆部分取决于提取线索。对贮存的信息进行适当编码，仅仅是问题的一半，如果没有适当的提取信息的线索作为补充，人们是难以回想起某一事件的。

三、建构主义学习理论

建构主义是认知主义的进一步发展。早期的认知学习观主要解释如何使客观知识结构与个体相互作用而内化为认知结构，而建构主义更加关注学习者如何以原有的经验、心理结构和信念为基础来建构知识，主张学习者个体是主动的学习者、是知识的建构者。世界是客观存在的，但是对世界的理解和赋予意义却是由每一个个体自己决定的,人们以自己的经验为基础来解释现实、建构现实。个体在进行学习的时候,大脑并不是空空如也,而是基于先前的生活经验保存着自己特有的认知图式,在学习过程中,通过与外界环境的相互作用,建构新的认知图式。知识通过语言、文字等表现出来,但并不是任何学习者都能够理解或有同样的理解,真正的理解是学习者根据自己的经验背景建构起来的。同时,人的大脑也并不是被动地学习和记录输入的信息,它总是建构对输入信息的解释,主动地选择一些信息,忽视另一些信息。建构主义强调学习的主动性、社会性和情境性。

与行为主义学习理论相比,认知学习的过程是一种质的变化、一种主动建构的过程,而不是被动的刺激反应模式的建立。建构主义的主要代表人物有Piaget、Vygotsky等人,以下主要介绍Piaget的认知建构主义、Vygotsky的社会建构主义以及当代建构主义学习理论的主要观点。

1. Piaget 和认知建构主义学习理论

Piaget认为,发展就是个体与环境不断地相互作用中的一种建构过程,其内部的心理结构是不断变化的。为了说明这种内部的心理结构是如何变化的,Piaget首先引出了图式(schema)的概念。图式是指个体对世界的知觉理解和思考的方式,也可以把它看作是心理活动的框架或组织结构。图式是认知结构的起点和核心,图式的形成和变化是认知发展的实质。认知发展受三个过程的影响:同化、顺应和平衡。

同化(assimilation)是指学习个体对刺激输入的过滤或改变过程。也就是说个体在感受刺激时,把它们纳入头脑中原有的图式之内,使其成为自身的一部分。

顺应(accommodation)是指学习者调节自己的内部结构以适应特定刺激情境的过程。当学习者遇到不能用原有图式来同化新的刺激时,便要对原有图式加以修改或重建,以适应环境。同化是认知结构数量的扩充,而顺应则是认知结构性质的改变。就其本质而言,同化主要指个体对环境的作用,顺应主要指环境对个体的作用。

平衡(equilibration)是指学习者个体通过自我调节机制使认知发展从一个平衡状态向另一个平衡状态过渡的过程。认知个体通过同化与顺应这两个过程达到与周围环境的平衡：当个体遇到新的刺激时，总是试图用原有图式去同化，若获得成功，便获得暂时的平衡。如果用原有图式无法同化环境刺激时，个体便会作出顺应，即调节原有图式或重建新图式，直至达到认识上新的平衡。个体的认知结构通过同化与顺应过程逐步建构起来，并在"平衡——不平衡——新的平衡"的循环中得到不断的丰富、提高和发展。

在 Piaget 看来，学习是个体与环境交互作用的结果，是一种能动建构的过程。学习的结果，不只是对某种特定刺激作出某种特定反应，也包括在头脑中重建认知图式。

2. Vygotsky 和社会建构主义学习理论

Vygotsky 发展了 Piaget 的认知建构主义学习理论，提出了社会建构主义独特的知识观、学生观和学习观。

1) 知识来源于社会的意义建构

社会建构主义认为，知识是在人类社会范围里，通过个体间的相互作用及其自身的认知过程而建构的，是一种意义的建构。同时强调，知识的获得不仅仅是个体自己主动建构的过程，更注重社会性的客观知识对个体主观知识建构的过程中介，更重视社会的微观和宏观背景与自我的内部建构、信仰和认知之间的相互作用，并视它们为不可分离的、循环发生的、彼此促进的、统一的社会过程。

2) 学习者应在社会情境中积极地相互作用

学习者具有主体性和能动性，是以原有知识经验为背景，用自己的方式建构对于事物的理解的主动学习者。由于经验背景的差异，学习者对意义的理解常常各不相同。对此，社会建构主义认为：社会情境是学习者认知与发展的重要资源，要求学习者带着不同的先前经验，进入所处的文化和社会情境（可以构建一个"学习共同体"）进行互动，通过学习者之间的合作和交流，互相启发、互相补充，增进对知识的理解。在学习者之间相互作用的过程中，认知工具、语言符号、教师、年长的或更有经验的学习者起着非常重要的作用。因为认知工具的类型与性质及语言媒介的程度决定着学习者发展的方式和速度，且教师、年长者和有经验者在学习者最近发展区内将提供更多的帮助和指导。

3) 学习是知识的社会协商

社会建构主义的学习是通过协商过程共享对象、事件和观念的意义的。社会协商是社会建构主义解释学习过程的一个重要概念，即个体通过与社会之间的互动、中介、转化以建构、发展知识来实现学习的目的。具体包括：(1) 学习条件方面：首先，社会建构主义注重学习的主体作用，强调学生的主观能动性，突出学生先前经验的意义。其次，关注知识所赖以产生的社会情境。知识的建构不仅依靠新信息与学习者头脑中的已有信息相互作用，而且需要学习者与相应社会情境的相互作用。第三，强调"学习共同体""学习者共同体"的作用，提倡师徒式的传授以及学生之间的相互交流、讨论与学习。(2) 学习过程方面：社会建构主义认为，学习是学习者根据自己的知识背景，在他人协助下，在社会情境中主动建构自己的意义学习过程。在学习过程中特别强调个体的社会协商和在协商中的发展，也把个体的持续发展作为学习的一个重要结果。

社会建构主义学习理论的三个主张不是各自独立的，而是相互依存、有机地统一在一起的，始终有一个主导思想贯穿其中。这个主导思想是：承认社会性的客观知识存在并且可以被认知，个体通过与社会的协商（主、客体间的互动），充分利用符号、语言、活动等中介，主动建构自己的意义学习，获得持续发展。

3. 当今建构主义学习理论的基本观点

建构主义学习理论的基本内容可从学习的含义（即"什么是学习"）、学习的方法（即"如何进行学习"）和教学的含义这三个方面进行说明。

1) 学习的含义

学习是学习者主动地建构内部心理表征的过程。建构主义认为，知识不是通过教师传授得到的，而是学习者在一定的情境即社会文化背景下，借助其他人（包括教师和学习伙伴）的帮助，利用必要的学习资料，通过意义建构的方式而获得，因此建构主义学习理论认为情境、协作、会话和意义建构是学习环境中的四大要素。（1）情境：学习环境中的情境必须有利于学习者对所学内容的意义建构。（2）协作：协作应该贯穿于整个学习活动过程中，教师与学生之间的协作以及学生与学生之间的协作，对学习资料的收集与分析、假设的提出与验证、学习进程的自我反馈、学习结果的评价以及意义的最终建构都有十分重要的作用。（3）会话：交流是协作过程中最基本的方式或环节，协作学习的过程就是交流的过程，在这个过程中，每个学习者的想法都为整个学习群体所共享。交流是推进每个学习者学习进程的一种至关重要的手段。（4）意义建构：意义建构是教学过程的最终目标，建构的意义指事物的性质、规律以及事物之间的内在联系。在学习过程中帮助学生建构意义就是帮助学生对当前学习的内容所反映事物的性质、规律以及该事物与其他事物之间的内在联系达到较深刻的理解。

建构包含两方面的含义：（1）对新信息的理解是通过运用已有经验，超越所提供的信息而建构的。（2）从记忆系统中所提取的信息本身，也要按具体情况进行建构，而不单是提取。建构不仅是对新信息的意义进行建构，同时也包含对原有经验进行改造和重组。

2）学习的方法

建构主义提倡在教师指导下的、以学生为中心的学习，也就是说，既强调学习者的认知主体作用，又不忽视教师的指导作用，教师是意义建构的帮助者、促进者，而不是知识的传授者与灌输者。学生是信息加工的主体，是意义的主动建构者，而不是外部刺激的被动接受者和被灌输的对象。学生要成为意义的主动建构者，就要求学生在学习过程中从以下几个方面发挥主体作用：在学习过程中运用探索法、发现法去建构知识的意义；在建构意义过程中学生要主动去搜集并分析有关的信息和资料，对所学习的问题提出各种假设并努力加以验证；要把当前学习内容所反映的事物尽量和自己已知的事物联系起来，并对这种联系加以认真的思考。

教师要想成为学生建构意义的帮助者，需要在教学过程中从以下几个方面发挥指导作用：激发学生的学习兴趣和学习动机；通过创设符合教学内容要求的情境和提示新旧知识之间联系的线索，帮助学生建构当前所学知识的意义；为了使意义建构更有效，教师应在可能的条件下组织合作学习（开展讨论与交流），并对合作学习过程进行引导使之朝有利于意义建构的方向发展。合作学习是建构学习的有效方式之一。学习者以自己的方式建构对事物理解，不同人看到的是事物的不同方面，但是，通过学习者的合作可以使理解变得更加丰富和全面。

3) 教学的含义

由于知识的动态性和相对性特征以及学习的建构过程，教学不再是传递客观和确定的现成知识，而是激发学生原有的相关知识和经验，促进知识和经验的"生长"，促进学生的知识建构活动，以促成知识和经验的重新组织、转换和改造。

教学要为学生创设理想的学习情境，激发学生的分析、推理等高级的思维活动，同时为学生提供丰富的信息源、处理信息的工具以及适当的帮助和支持，促进他们自身建构意义和解决问题的能力。基于建构主义的观点，研究者提出了许多新的教学思路，如情境性教学、支架式教学以及合作学习等。这些教学模式对语言教学实践也产生了巨大的影响。

四、人本主义学习理论

人本主义学习理论的主要代表人物是 Abraham H. Maslow 和 Carl R. Rogers。人本主义主张研究整体的人，反对把人分割为各种要素。Rogers 提出全人教育（holistic education）的理念，指出全人教育是以促进学生认知素质、情意素质全面发展和自我实现为教学目标的教育。在 Rogers 的教育理想中，他想培养的是"躯体、心智、情感、心力融为一体"的人，即既用情感方式思考又用认知方式行事的知情合一的"完人"（holistic person）或者"功能完善者"（fully functioning person）。全人教育首先是人之为人的教育，其次是传授知识的教育，最后是和谐发展心智以形成健全人格的教育。

人本主义学习理论强调人的潜能、个性与创造性的发展，强调以自我实现、自我选择和健康人格作为追求的目标。人本主义学习理论强调人的自主性、整体性和独特性，重视学习者的意愿、情感、需要和价值观，认为学习是个人自主发起的，使个人整体投入其中并产生全面变化的活动，学生内在的思维和情感活动极为重要；个人对学习的投入不仅涉及认知方面，还涉及情感、行为和个性等方面；学习不单对认知领域产生影响，而且对行为、态度和情感等多方面产生作用。真正的学习经验能使学习者发现自己独特的品质，发现自己作为一个人的特征和意义。从这个意义上说，真正的学习是个体通过学习成为一个完善的人的过程。

1. 学习的实质

人本主义心理学认为，学习的实质是个人潜能的充分发展，是自我的发展和人格的发展。他们反对行为主义的学习观，认为学习不是刺激与反应之间的机械联结，而是一个有意义的心理过程。学习的本质在于内在学习和有意义的学习。Maslow 指出，学习是依靠学习者的内驱力充分开发其潜能、达到自我实现的学习，是一种自觉、主动、具有创造性的学习模式。Rogers 则提出学习是有意义的心理过程。意义学习是指所学的知识能够引起变化、全面地深入到人格和人的行动之中的学习。学习的实质大致可以概括为：

（1）学习即理解。个体的学习是一个心理过程，是个体对知觉的解释。具有不同经验的两个人在知觉同一事物时，往往会出现不一致的反应。

（2）学习即潜能的发挥。人类具有学习的自然倾向和学习的内在潜能，人类的学习是一种自发的、有目的的、有选择的学习过程。

（3）学习即"形成"。人本主义特别强调学习方法的学习和掌握，强调在学习过程中获得知识和经验。最好的学习是学会如何进行学习。

（4）学习即"综合变化"。学习是一种使个体的行为、态度、个性以及未来行动选择发生重大变化的活动。

2. 学习动机

人本主义心理学十分重视对动机的研究。人本主义心理学的动机论以 Maslow（1968）的"需要层次论"为基础，认为人的需要分为七个等级：生理的需要、安全的需要、归属与爱的需要、尊重的需要、求知与理解的需要、审美的需要和自我实现的需要。其中前四种为缺失性需要，后三种为成长性需要。"自我实现"是最高层次的需要，是人类将自身潜在的东西变成现实的基本倾向。有"自我实现"需要的人总是致力于他们认为重要的工作和学习，而且他们工作、学习与休息、娱乐之间的界限变得模糊了。对他们来说，工作和学习都是充满乐趣的。

Maslow 认为人们进行学习就是为了追求自我实现，自我实现是一种重要的学习动机。Rogers 指出每个学生都有天生的、潜在的学习能力。

3. 学习的原则

（1）对学习的渴望。对世界充满好奇心是人的天性，这种好奇心反映在学习活动中便是学生对学习的渴望。Rogers 认为，在合适的条件下，每个人所具有的学习、发现丰富的知识与经验的潜能和愿望都是能够被释放出来的。

（2）觉察学习的意义。一个人只会有意义地学习他认为能保持或增强与自我有关的事情。当学生察觉到学习内容与他自己的某一目的相关时，意义学习便发生了。

（3）自我防御。自我概念指一个人对自己的信念、价值观和基本态度。当学生的自我概念在学习中遭到怀疑时，他往往会采取一种防御态势。

（4）无压力学习。学习环境应该是一种相互理解、相互支持，没有等级评分，鼓励自我评价的环境。

（5）做中学。让学生直接面对和体验实际问题，如社会、伦理、哲学、个人和研究等方面的问题，做中学是促进学习的最有效的方式之一。

（6）参与学习。只有当学生主动自发、全身心地参与到学习中时，才会产生良好的学习效果。

（7）自我评价学习。要使儿童成为一个独立自主的人，首先要让他学会评价自己的学习表现。

4. 促进学习的方法

（1）构建真实的问题情境。如果要使学生全身心地投入学习活动，希望学生成为一个自由和负责的个体，就必须让学生面临对他们个人有意义的或有关的现实问题。

（2）提供丰富的学习资源。Rogers 曾指出，在提供学习资源时，除了书籍、杂志和实验室设备之外，人力资源——即可能有助于学生学习和学生感兴趣的人也是不可忽视的。

(3) 使用学生契约。契约允许学生在课程规定的范围内制定目标、规划他们自己想做的事情，并确定最终评价的标准。

(4) 利用社区资源。利用社区的学习资源是学生自由学习的另一个途径。

(5) 同伴教学。同伴教学是 Rogers 倡导的促进学习的一种有效方式，它对学生双方都有好处。

(6) 分组学习。把学生分成两组：自我指导组和传统学习组，学生可以自由地选择和进、出学习小组。

(7) 探究训练。是一种参与性和体验性的学习和科学探究。

(8) 程序教学。编制使用合理、使用恰当的程序有助于学生直接体验到满足感、掌握知识内容、理解学习过程以及增强自信心，让学生感受到任何内容都是可以学会的。

(8) 交友小组。交友小组是有利于形成有意义学习气氛的一种重要方式。

(9) 自我评价。只有当学习者自己决定评价准则、学习目的时，他才是真正地学习，才会真正地对自己的学习负责。

5. 建立感情型的师生关系，开展以学生为中心的教学

建立良好师生关系的因素主要有：

(1) 真诚。师生之间应以诚相待，将自己的思想和情感坦率地表露出来。

(2) 接受。师生应该接受对方的情感和观点。

(3) 理解。情感是认知的动力，人的学习积极性是由"情感反射"推动的。如果教师能真诚地对待学生、理解学生，就能促使学生发挥自己的潜能，提高学习效率。

由于学生具有学习潜能并具备"自我实现"的动机，因此，教师不是教学生怎样学，而是提供学习手段，由学生自己决定怎样学。"教师的基本任务是要允许学生学习，满足他们自己的好奇心"（Rogers, 1969）。教师不应以"指导者"而应以"参与者""促进者"的身份置于学生中间，为其提供各种学习资源，创造一种促进学习的氛围，让学生知道如何学习。

第三节　语言学习

一、行为主义与语言学习

在行为主义心理学看来，语言是人类行为的一个重要组成部分。在操作条件反射理论的基础上，行为主义心理学代表人物 Skinner 提出了著名的言语行为理论。在《言语行为》(*Verbal Behavior*)（1957）一书中，Skinner 指出，有效的语言行为是对刺激物作出的正确反应。当某一个反应被强化时，它便被保持下来，成为一种习惯。同样，语言学习也是一种习惯，是经过模仿、积极强化和不断重复而形成的。在语言学习过程中，外部影响是内因发生变化的主要因素，语言行为和语言习惯受外部语言刺激的影响而发生变化。

20 世纪五六十年代的语言学习和语言教学深受行为主义学习理论的影响，反映在外语教学上就是使用听说法、视听法和采用句型操练为主的教学模式，目的是让语言学习者对目的语进行大量的重复和操练，达到"刺激—反应"的效果，最终帮助他们形成语言习惯，塑造言语行为。反复操练一直被看作是语言学习的一个重要且有效的手段，尤其在外语学习初级阶段被广泛地应用。

迁移（transfer）、干扰（interference）和过度概括判断（overgeneralization）是影响外语学习的几个重要因素。迁移指将学会了的行为从一种情境转移至另一种情境。迁移包括正迁移（positive transfer）和负迁移（negative transfer，也叫干扰）。正迁移指在一种情境中学会了的东西有助于在另一种情境中进行学习。负迁移则指在一种情境中所学的东西干扰在另一情境中进行的学习。

行为主义学习理论认为，当母语习惯有助于习得第二语言习惯时，即当母语与目的语有相同的形式时，正迁移就发生了。当一个母语是英语的人学习法语主—动—宾句型"这只狗吃肉"时，英语句型（The dog eats the meat.）可以直接迁移为法语句子（Le chien mange la viande.）。但如果我们将宾语"肉"改成代词"它"时，迁移就不可能发生。尽管英语句型依然不变（The dog eats it.），但在法语句型中，要将宾语提至动词前（Le chien la mange.）。当学习者生搬硬套母语的模式或规则而产生不符合目的语规则的用法时，负迁移或干扰就发生了。

干扰在第二语言学习过程中经常发生，要消除干扰，必须克服母语的影响、克服母语与第二语言之间的差异所带来的影响。受行为主义心理学的影响，结构主义语言学家提出了著名的"对比分析假设"(The Contrastive Analysis Hypothesis)，假设学习一门新语言的主要困难来自第一语言的干扰，认为通过对母语和第二语言的语音、词汇和语法系统进行分析与比较，可以预测学习者在第二语言学习过程中可能遇到的难点和可能出现的错误，为课程设置、教材编写、有效地组织课堂教学提供理论依据，以便教师预先帮助学习者克服干扰，形成正确的语言习惯。然而，外语研究和外语教学实践证明，母语和第二语言项目并非一一对应，目前还没有一个成熟的、实用的语言学工具能让语言学家对母语和第二语言中的语言项目进行逐个对比。其次，"对比分析假设"并不能准确预测错误出现的地方，何时何地出现错误有一定的必然性，但很大程度上具有偶然性。再者，母语和第二语言项目之间的差异(difference)只是语言形式的不同，并不能代表心理学意义上的难度(difficulty)。

概括判断(generalization)是人类学习的一个重要策略，指所有学习共有的一个过程，包括通过对具体样例的观察形成一般规则或原理。例如当学习者见到英语单词 book—books 和 dog—dogs，就可能会作出概括判断，英语的复数概念通过在可数名词词尾添加 s 形成。但过度概括判断是学习者将语言项目的语法规则的运用推及到不应有的范围，通常的做法是将不规则的词或结构规则化。例如用 mans 代替 man 的复数 men，用 goed、breaked 代替 go、break 的过去式 went、broke 等。过度概括判断是第二语言学习中常有的现象。

Skinner 的语言观和语言学习观对外语学习和教学产生了深远的影响，模仿、练习和强化等手段在外语学习和教学中得到了广泛的应用。然而，人们逐渐发现，Skinner 的言语行为理论无法解释人类习得语言的潜能、语言的发展、语言的抽象性、语义等问题，因此，对行为主义的学习理论产生了质疑，尤其是 Skinner 的言语行为理论受到来自美国著名语言学家 Chomsky 的批评。人们开始寻求其他理论和途径来解释言语行为。

二、认知流派与语言学习

认知心理学流派取代了行为主义，对语言学习作出了新的解释。认知是心理过程的一部分，是信息加工过程中的最高阶段。认知活动最本质的特点是利用知识来指导人们当前的注意和行为，它涉及信息的获取和表征并转换为知识、知识的记忆（存贮和提取）、运用知识进行推理等心理活动。认知流派认为，语言学习是人类认识世界的一部分，因此，应将它放在整个人脑认识事物的框架中加以考察与分析。

以 Piaget 为代表的认知流派认为，认知发展是语言发展的基础，语言发展是认知发展的一个有机组成部分，语言能力是个体认知能力的一个方面，是主体与客体相互作用的产物。语言是伴随着认知发展而发展的，认知结构发展到一定阶段，才出现语言。语言发展受制于认知发展，例如当一个儿童掌握了大小、比较的概念之后，才有可能说出以下句子：This car is bigger than that one. 同时，语言的产生对认知能力的发展起很大的促进作用。一方面，有了语言，人们可以交流思想、信息；另一方面，语言能帮助人们更好地思维和认知新事物。可见，语言既是一种认知活动，又是以认知为基础的。

Piaget 认为儿童认知发展经历了几个不同的发展阶段。这几个发展阶段分别是：感觉运动阶段、前运算阶段、具体运算阶段、形式运算阶段。每一个发展阶段均有一个独特的、基础的认知结构，所有儿童都遵循这样的发展顺序。语言在感觉运动阶段的最后几个月才出现，儿童将获得许多符号功能，如象征性游戏、初期绘画等。同时，语言功能也是一种符号功能，是儿童获得许多符号功能中的一种特殊功能。前运算阶段的儿童处于自我中心言语阶段，缺乏倾听能力，没有信息和意念的交流，随后发展到能用言语进行社会交流。在具体运算阶段，儿童逐渐具有言语理解能力，能够理解、解决具体问题。在形式运算阶段，青少年的语言表达超越了具体事物，除了表达现实性以外，还具有表达可能性的语言能力。

Vygotsky 则认为儿童的语言发展在认知发展中起着重要作用，语言的发展带动认知的发展。他相信，拥有高度语言发展的人，可以完成那些文盲所不能完成的复杂任务，这是因为人们在学习语言时，不仅在学习词语，同时还在学习与这些词语相连的思想。因此，语言是儿童用以认识与理解世界的一种中介工具，即一种思维工具。

语言作为儿童与他人进行社会交往的工具，具有交际功能。成年人以及同伴在文化传递过程中起着重要作用。成年人通常进行解释，给予指导，提供反馈并引导交流。而同伴则在游戏与课堂情境中，通过对话来促进儿童之间的合作。儿童可以通过与更有能力的人一起进行有意义的活动来学习，通过活动进行对话，在个体之间相互交流思想，个体便得以发展。

语言在儿童智力行为的形成中起着指导和调节的作用，语言的发展是在社会文化历史环境中实现的。Vygotsky 认为"自言自语式"的外在言语是个人言语内化的先兆，是内部言语的开端。个人言语是引导个体思维与行为的自我谈话，在自我调控的发展中起重要作用。随着儿童的成熟，这种喃喃自语逐渐发展为耳语、口唇动作、内部言语和思维，从而完成内化过程。具体的发展顺序为：外在社会言语→个体的外部言语→自我中心言语→内部言语。

认知心理学主张语言是受规则支配的创造性活动，语言学习是掌握规则、构建意义，而不是形成习惯。语言学习是一个认知过程，涉及词汇提取、语法规则的选择等步骤，要求学习者对所学语言结构提出假设，作出判断，并根据新的语言输入来验证假设是否正确。语言学习是在对目的语不断进行预测、提出假设、验证、纠错过程中进行的。在学习的每一个阶段，学习者所掌握的是既不同于他的母语，又不同于目的语的中介语。在学习者取得进步之后，他的中介语就会距离目的语更近一步。在学习过程中，出现错误是难免的，不过错误往往解释了外语学习过程的本质，错误分析也为有效地进行外语教学提供了一定的依据。

认知心理学强调有意义的学习，强调要在理解语言知识和规则的基础上操练外语，从而获得语言能力，主张在第二语言教学中发挥学习者的智力作用，通过有意识地学习语音、词汇、语法知识，理解、发现、掌握语言规则，并能从听、说、读、写等方面全面地、创造性地运用语言。

三、建构主义与语言学习

建构主义是认知学习理论的一个重要分支，该理论认为个体在与周围环境相互作用过程中逐步建构起关于外部世界的认识，从而使自身认知结构得以充实和发展。个体与环境相互作用涉及两个基本过程：同化与顺应。同化是指个体把外界刺激所提供的信息整合到自己原有认知结构内的过程。顺应是认知结构因外部刺激的影响而发生变化。同化是认知结构数量的扩充，而顺应是认知结构性质的改变。建构主义认为,知识并非是对客观现实的准确表征,它只是一种合理的假设或解释。知识的学习并非是学习者对客观世界的被动反映,而是学习者在一定的学习环境中利用各种支持和资源进行能动选择、主动建构的过程。

建构主义提倡的是教师指导下的、以学生为中心的学习。强调学生对知识的主动探索、主动发现和对所学知识意义的主动建构。由于学习是在一定的情境即社会文化背景下,借助其他人的帮助即通过人际间的协作活动而实现的意义建构过程,因此建构主义学习理论认为"情境""协作""会话"和"意义建构"是学习环境中的四大要素或四大属性。

外语学习过程是新信息的摄入和组织过程,也是知识的建构过程。学习者原有的知识对新知识的吸收会产生一定的影响,为了更有效地吸收新知识,学习者要对原有知识/认知结构进行重组。学习者选择、习得、建构和综合新的语言知识实际上就是一个运用学习策略的过程。这就要求教师在学生的认知活动过程中提供必要的认知支持。认知支持指教师在学生的认知活动管理方面提供适当的帮助,主要包括学习策略训练和拓展学习风格等。

建构主义学习理论的兴起为外语教育教学实践带来了深刻的变化。建构主义学习理论认为在外语学习过程中,教师是语言学习的设计者、组织者和指导者;学习者是语言知识的建构者和实践者,是学习的主体。学习者主动选择、同化、顺应输入的信息,使新输入的语言材料与已有的信息相互作用,重新建构,形成新的语言结构;学习方式是以合作—互动为原理而形成的会话和讨论过程,强调师生互动、生生互动;教学过程应由学生的质疑、分析、综合、概括等一系列的认知活动组成,目的在于帮助学生掌握外语学习的策略和方法,让学生不断感受认知的挑战,从而激发其思维主动建构当前所学知识的意义。

四、人本主义与语言学习

以 Rogers 为代表的人本主义心理学家和教育学家提出学生中心论的教育思想,认为在教育过程中,教师一方面要突出情感的地位和作用,解决情感问题,统一学生的认知与情感,形成一种以情感作为教学活动的基本动力的新教学模式。另一方面,现实世界千变万化,教师只有帮助学生掌握学习方法,学会学习，增强学习者主体意识和自主学习能力，促进学习者身心健康地成长，学生在未来才有可能积极地适应不断变化的现实世界。简言之，人是教育的中心，也是教育的目的，教学必须服务于全人的发展，这是人本主义教育理论的核心。全人发展指个体认知、情感、态度和技能的综合和谐发展。

  人本主义学习理论为实现全人的教育，从教学环境、教学过程、教学评价这三个方面对教学活动提出了以下要求：首先，教学环境要对学生的认知形成一定的挑战，但应该保持轻松、愉快、自由、支持的学习氛围，促进学生积极情感的培养和形成，克服消极情感，从而提高认知效果及情感升华，促进人的全面发展。其次，在教学过程中，教师是指导者、组织者、学习合作者，学生自主地选择学习内容、学习策略和学习进展，教学内容具有针对性和个人意义，从而保证了学生自由地发挥其认知和情感潜力，提高认识世界和自我认识能力。最后，教学评价不应只是传统的对学生已学知识的检验，教师也不应只以考试分数来评价学生。学生应该成为教学评价的主体，通过对已学知识的反思来进行评价，并且还要对自己的情感状态进行主观的描述、解释和说明。

  认知和情感是人的全面发展不可或缺的两个方面，在语言学习过程中二者也是相辅相成的。语言学习主要通过认知过程来实现，但解决情感问题有助于提高语言学习效果。消极情感如焦虑、害怕、羞涩等都会影响学习潜力的正常发挥；积极情感如自尊、自信、动机等能创造有利于学习的心理状态。语言学家Krashen的"情感过滤"假说说明了语言学习者的动机、自信心以及焦虑程度等情感因素与语言学习的关系。Krashen指出：如果学习者动机水平高、自信心强、焦虑程度低，即他们的情感过滤程度低，那么他们的语言输入量就大，并且输入效果好。相反，缺乏动机、自信心弱、焦虑程度高的语言学习者的情感过滤程度高，语言输入量小，输入效果就差。因此，在学生的情感活动管理方面教师应给予必要的情感支持，帮助学生建立自信心，调动积极情感因素的作用，帮助学生克服消极情感因素的影响。

思考题：
1. 了解学习的定义和分类对认识语言学习有什么意义？
2. 概述不同心理学流派对语言学习的解释。

第二章 认知发展与语言发展

认知发展与语言发展之间的关系实际上就是思维与言语之间的关系，这个领域里的两个代表人物是 Piaget 和 Vygotsky，他们对儿童发展的研究在教育界和心理学界产生了巨大和深远的影响。虽然 Piaget 和 Vygotsky 都研究儿童的认知发展，但他们的研究视角不同。

Piaget 认为，认知发展是一个建构的过程，是个体在与环境不断相互作用中实现的。认知发展的本质和原因是主体通过动作对客体的适应（adaptation），是主体和客体相互作用的结果。智力既不是起源于先天的成熟，也不是起源于后天的经验，而是起源于主体的动作。这种动作的本质是主体对客体的适应。

Vygotsky 认为，发展是指心理的发展。所谓心理的发展就是指一个人的心理（从出生到成年）是在环境与教育的影响下，在低级心理机能的基础上，逐渐向高级心理机能转化的过程。

第一节 Piaget 的认知发展观

Jean Piaget 是瑞士心理学家、生物学家和哲学家，是当代行为科学发展领域最有影响力的人物之一，他创建了迄今为止最完善的认知发展理论。Piaget 于 1896 年出生在瑞士的纳沙泰尔，10 岁时发表了第一篇生物学科学论文，21 岁之前已发表学术论文二十余篇。Piaget 最初接受的是生物学方面的训练，之后，他对哲学产生了浓厚的兴趣，认为生物学和哲学的融合是通向认识论的捷径，进而对儿童思维的发生与发展产生兴趣，遂转向心理学，在日后的儿童智慧研究中仍经常采用生物学的概念，如同化、顺应和适应等（1952a，1952b）。

Piaget 一生所探求的是知识的起源，即"发生认识论"（genetic epistemology），尤其关注人是如何获得知识的。Piaget 在其早期工作中，试图通过研究儿童的言语表述思维来洞察儿童的逻辑。他用一种自由询问法，即"临床法"，研究儿童关于日常现象、因果关系和道德问题的推理。Piaget早期著作中的一个主要思想是，儿童早期的思维是以自我为中心的，后来逐渐被社会化的、逻辑的思维所取代。幼儿的自我中心主义表现为无法区分自己的观点和别人的观点，经验与成人的影响都不是其获得逻辑思维的充分条件。相反，Piaget用儿童想与同龄儿童交往的欲望和需要来解释儿童自我中心主义的消逝。

20世纪20年代末和30年代初，Piaget对自己的孩子进行了大量的观察，这些观察和研究为他创立儿童心理发展理论提供了重要的基础。Piaget认为婴儿积极而又自发地探究周围环境，他们将事物"同化"进自己的动作模式，同时又不得不使这些模式"顺应"于外部世界的要求。在与环境相互作用的过程中，儿童的先天反射和行为模式得到了改变、分化和互相协调。动作模式的组织化产生了"动作的逻辑"。

由于婴儿研究证明动作逻辑的存在，从而促使Piaget修改他早期认为逻辑思维起源于儿童早、中期的观点。逻辑思维的获得并不是儿童之间言语上相互作用的结果，而是儿童的动作逻辑在新的心理层次上重建的结果。为此，Piaget将认知发展划分成几个阶段，每个阶段都以儿童的认知结构和环境之间的动态平衡为特征。

一、认知发展的主要特征

Piaget认为，认知发展的机能——适应和组织是不变的，而它的结构——图式则处于不断的分化与整合过程中，认知发展是机能不变与结构变化的统一体。为了更好地理解Piaget的认知理论，首先要了解认知发展的主要特征。

1. 相对性

认知发展的一个主要特征是相对性（relativity）。任何阶段的认知发展都是相对于原有知识和原有认知结构的。任何新信息都不能直接被感知，也不能直接添加到我们的记忆中去，而是在原有知识和原有认知结构的基础上被感知、被理解，并且因原有知识的存在而获得意义。

2. 功能性

认知发展的另一个主要特征是功能性（functional）。人类要生存，就必须获得知识以了解自然、改造自然，让大自然造福于人类，并与自然和谐相处。认知发展对人类提出两大功能性要求：适应性和组织性。适应性指人们认知结构中对外部世界的表征必须与现实相一致；组织性指人们认知结构中对外部世界的表征必须有机地整合、组织在相关的、前后一致的结构中。

3. 辩证性

所有的认知发展都源于同化和顺应这一对辩证（dialectical）统一体，同化与顺应指外界知识与记忆中原有知识相结合的过程。同化就是将外界元素整合于一个正在形成或已形成的认知结构之中。当一个人在环境中遇到了新经验，并且把这个经验看作和他已经具有的身体或心理动作完全一样或非常相似的时候，同化就发生了。

然而，有时人们会发现，在环境、经验和现有的任何一个图式之间，并不存在良好的对应关系。在这种情形下，要么根本不能理解这一经验，要么就被迫改变现有的认知结构，形成某些适合新经验的新结构。后者这种对认知结构以增补、提炼并使之更加复杂的创立新认知结构的过程就称为顺应。同化和顺应在认知发展过程中相互依存。

4. 内在性

每一个个体都有认知发展的需求，这种需求是一种内在的（intrinsic）诉求。儿童与生俱来具有较大的学习潜力，他们会自然地摄取外界的新信息。如果外界新信息与他们原有知识相差太大，他们就无法接受这些新的信息，也就没有任何认知发展。当外界新信息与他们原有的知识非常相似时，他们能够接受这些新信息，但不会改变认知结构。只有当儿童同化比他们原有知识略为复杂的新信息时，才会带来认知发展。

5. 阶段性

认知发展的最后一个特点是阶段性（stages）。Piaget 认为，阶段出现的先后顺序固定不变，不能跨越，也不能颠倒；认知发展经历不变的、恒常的顺序。所有的儿童都遵循这样的发展顺序，因而阶段具有普遍性。每一阶段都有其独特的认知结构，标志着一定阶段的年龄特征，这些相对稳定的结构决定儿童行为的一般特点。认知结构的发展是一个连续构建的过程，每一阶段都是前面阶段的延伸，是在新水平上对前面阶段进行改组而形成的新系统。

二、认知发展的基本概念

Piaget 认为，随着儿童年龄的增长，其认知发展涉及图式、同化、顺应和平衡四个方面。

1. 图式

图式实质上是一种心理结构，是能帮助人们知觉、组织、获得和利用信息的认知结构。图式具有对客体信息进行整理、归类、改造和创造的功能，以使主体有效地适应环境。认知结构的建构是通过同化和顺应两种方式进行的。

Piaget 把图式看作是包括动作结构和运算结构在内的从经验到概念的中介，是主体内部的一种动态的、可变的认知结构。图式在认识过程中发挥着不可替代的重要作用，即能过滤、筛选、整理外界刺激，使之成为有条理的整体性认识，从而建立新的图式。

2. 同化和顺应

同化是指对所获得的信息进行转换，使它符合现有的认识方式，是主体将环境中的信息纳入并整合到已有的认知结构的过程。同化的过程是主体过滤、改造外界刺激的过程，同化加强并丰富原有的认知结构。同化使图式得到量的变化。

顺应指的是外部环境发生变化，而原有的认知结构无法同化新环境提供的信息时所引起的认知结构发生重组与改造的过程。当主体的图式不能适应客体的要求时，就要改变原有的图式，或创造新的图式，以适应环境的需要。顺应使图式得到质的改变。

根据 Piaget 的观点，在认识过程中，同化是把环境因素纳入主体已有的图式之中，以丰富和加强主体的动作，引起图式力量的变化。顺应则是主体的图式不能同化客体，必须建立新图式或调整原有图式，引起图式质的变化，使主体适应环境。Piaget 对同化和顺应进行了高度概括：刺激输入的过滤或改变叫作同化；内部图式的改变以适应现实，叫作顺应。

3. 平衡

平衡是指不断成熟的内部组织和外部组织的相互作用，是心理发展中最重要的因素，在认知发展中起决定性的因素。平衡是主体发展的心理动力，是主体的主动发展趋势，体现了主体的一种能动性，具有定向性的特点（指朝着一定的方向发展）。平衡是一个动态的过程，是不断成熟的内部组织和外部环境的相互作用，实现着儿童认知结构的不断变化和发展。Piaget 认为，儿童一出生就是环境的主动探索者，他们通过对客体的操作，积极地建构新知识，通过同化和顺应的相互作用达到符合环境需求的动态平衡状态。Piaget 认为主体与环境的平衡是适应的实质。

三、影响认知发展的因素

Piaget 认为认知发展遵循一个固定不变的连续性的过程，并且受到一些因素的影响，影响认知发展的因素主要有成熟、物理环境、社会环境和平衡等。

1. 成熟

成熟指机体的成长，特别是神经系统组织的生长和内分泌系统的发育成熟为认知发展提供了生理基础。儿童的某些行为模式的出现依赖于一定的躯体结构和神经系统的技能。生理上的成熟为儿童的某些认知活动提供了必要的条件，但是成熟本身并不能使儿童获得认知方面的发展。

2. 物理环境

物理环境因素指个体在与物体的相互作用中所获得的经验。Piaget 将经验分为两类：一类是物理经验，指个体作用于物体，获得物体的特性；另一类是逻辑数理经验，指个体作用于物体，旨在理解动作间相互协调的结果。物理经验是通过一种简单的抽象过程从客体本身引发的。例如儿童通过视觉、听觉、触觉可以发现物体的颜色、重量，或者发现在其他条件相同的情况下，重量随着体积的增加而增加等知识。物理经验的特点是它来源于物体本身，它的性质是客观存在的。逻辑数理经验产生于主体对客体所施加的动作及其协调。例如具体运算阶段儿童获得了逻辑思维能力，能从经验中发现一组物体的总和与这组物体中各个成分的空间排列的位置无关，与计数的先后次序也无关。在 Piaget 看来，知识来源于动作（动作起着组织或协调作用），而非来源于物体。Piaget 认为，物理环境是影响儿童发展的一个重要因素，但它不起决定性作用。

3. 社会环境

社会性的相互作用因素构成社会环境，社会环境主要包括社会生活、文化教育、语言、交往等社会约定性知识。这种知识是从文化中发展起来的，是儿童在与他人交往中建构起来的。社会环境对儿童发展的影响是显而易见的，儿童发展的阶段随着儿童所受文化教育的社会环境的差别而加速或推迟。

社会经验指在社会环境中人与人之间的相互作用和社会文化的传递。Piaget 认为，人与人之间的思想交流（社会交往）对发展儿童的社会经验具有重要的作用，尤其可以帮助儿童形成和获得没有实际对象的一类概念，如"诚实"等。儿童在构建和证实这类概念时，必须依赖于社会的相互作用——和同伴、父母以及其他成人的交往。发生在课堂内的事件大多是学生与学生、学生与教师之间的交往活动，这样儿童便获得了大量的社会经验，这些经验在认知发展中起着很重要的作用。但在 Piaget 看来，社会环境中的因素在儿童认知发展中并不起决定作用，而只是促进或延缓儿童的认知发展。

4. 平衡

在 Piaget 看来，平衡作用是个体在自身不断成熟的内部组织与环境相互作用过程中的一种自我调节，它在影响认知发展的各种因素中起着最重要的作用，它使成熟、物理环境和社会环境等因素的作用协调起来，成为一个统一的、不相矛盾的整体。当个体的认知图式不能同化新的知识经验时，心理不平衡状态便产生了。每当个体经历一次由不平衡到新的平衡时，其认知结构就会发生一次新的改变。认知结构的改变使个体能够吸收容纳更多新的知识经验，从而促使其认知水平得到发展和提高。Piaget 认为，新结构或新知识的形成实际上是一种建构过程。

四、建构在认知发展中的作用

Piaget 认为发展是一种建构过程，是个体在与环境不断的相互作用中实现的。建构使内部心理结构不断发生变化，这种变化不是简单的量的变化，而是涉及思维过程的质的变化。所有的生物包括人与周围环境的作用中都有适应和建构的倾向。

Piaget 认为，儿童发展在很大程度上依赖儿童对周围环境的操纵以及与周围环境的积极互动，个体与环境相互作用的建构过程促进了其内部心理结构的不断变化。Piaget 用图式来描述认知结构。Piaget 对图式的定义是"一个有组织的、可重复的行为或思维模式"，指人在认识周围世界的过程中形成的独特的认知结构。初生婴儿有吮吸、哭、视、听、手抓等行为图式，随着年龄的增长和机能的成熟，在与环境的相互作用中，儿童通过同化、顺应及平衡的作用，使图式不断得到改造。例如较大婴儿的行为图式会发展为一系列动作，如视听、抓握等。

个体对环境的适应机能包括同化和顺应。一方面，由于环境的影响，生物有机体的行为会产生适应性的变化；另一方面，这种适应性的变化不是消极被动的过程，而是一种内部结构积极建构的过程。同化是将外部元素整合到一个正在形成或已经形成的结构中。例如当学会抓握的婴儿看见床上的玩具时，会反复使用抓握的动作去获得玩具。当婴儿独自一个人，而玩具又较远，他看得见、但手够不着时，仍然会用抓握的动作试图得到玩具。顺应指同化性的图式或结构受到他所同化元素的影响而发生的改变，也就是改变主体动作或认知结构来适应客观变化、处理新的信息。例如当同一个婴儿为了得到远处的玩具，在反复抓握的动作中，偶尔抓到床单一拉，玩具便从远处来到近处，自此以后这个婴儿就会用这个动作来得到玩具，这个过程就是顺应。

当已有图式不能解决面临的问题情境时，就产生了不平衡状态，于是个体就会很自然地试图通过各种方式来调整这种不平衡。Piaget 认为，心理发展就是个体通过同化和顺应而达到平衡的过程，个体也正是在平衡与不平衡的交替中不断建构和完善其认知结构，实现认知发展的。

五、认知发展的四个阶段

Piaget 认为儿童认知发展是分阶段进行的，儿童的认知发展由几个不同的阶段组成。这几个发展阶段分别是：感觉运动阶段（sensorimotor stage）、前运算阶段（preoperational stage）、具体运算阶段（concrete operational stage）和形式运算阶段（formal operational stage）。当儿童从第一阶段发展到最后阶段，他们便从完全以自我为中心、对其所处的环境没有任何实际知识的婴儿，变成能熟练地运用逻辑和语言、能理智地应对环境，并能更现实地理解客观世界是如何运行的青少年。

1. 感觉运动阶段（0—2岁）

这一阶段的认知活动主要是儿童通过探索感知觉与运动之间的关系来获得动作经验，在这些活动中形成了一些低级的行为图式，以此来适应外部环境和进一步探索外界环境。其中手的抓取和嘴的吮吸是他们探索周围世界的主要手段。从出生到2岁这一时期，儿童的认知能力是逐渐发展起来的，一般会从对事物的被动反应发展到主动的探究。例如从只是抓住成人放在手里的物体到自己伸手去拿物体；其认识事物的顺序是从认识自己的身体到探究外界事物；儿童大约在9—12个月获得客体永久性（object permanence），即儿童逐渐意识到客体（物体或人）是作为独立实体而存在的，即使客体从视野中消失，儿童不能知觉到客体的存在，但仍旧可以意识到该客体依然存在，而在此之前，儿童往往认为不在眼前的事物和人就不存在了（即 out of sight, out of mind），并且不再去寻找。客体永久性是后续认知活动的基础。

2. 前运算阶段（2—7岁）

前运算阶段的儿童已具有符号功能（手势、标记、表象、语词），符号功能使他们从具体动作中逐渐摆脱出来，他们的认知活动已经不只是局限于对当下直接感知的环境施以动作了，而是开始凭借象征性格式在大脑中进行"表象性思维"，能运用语言或较为抽象的符号来表达他们经历过的事物。但是由于处在这一阶段的儿童的心理表象还只是物的图像，并不是内化的动作格式，他们还没有很好地掌握概念的概括性和一般性，因而无法进行真正符合逻辑的推理。

这个阶段儿童的认知活动的特点是：(1) 具体现实性（realism）。他们借助表象进行思维，但还不能进行抽象的运算思维；他们还不能很好地把自己与外部世界区分开来，认为外界的一切事物都是有生命的。这个阶段的儿童具有泛灵论（animism）倾向。(2) 自我中心性（egocentrism）。他们认为其他所有人都应该跟自己有相同的感受，别人眼中的世界和他们所看到的一样，以为世界是为他们而存在的，具体表现为不为他人着想，一切以自我为中心。(3) 不可逆性（irreversibility）。本阶段儿童的思维具有只能前推，不能后退的不可逆性。(4) 刻板性（centering）。表现为只注意事物的某一方面而往往忽略其他的方面，与思维的不可逆性和刻板性等特点相联系，儿童尚未获得物体守恒（conservation）概念。守恒是指物体不论其形态如何变化，质量是恒定不变的，但本阶段儿童由于受直觉、知觉活动的影响，还不能认识到这一点。

3. 具体运算阶段（7—11岁）

具体运算阶段的儿童开始接受系统的学校教育，他们的认知结构开始得到重组和改造，他们能凭借具体事物或从具体事物中获得的表象进行逻辑思维。这个阶段儿童的认知特点是非自我中心的，他们能采纳他人的观点，他们的知觉已非中心化，能注意到转移。他们的语言具有社会性和交际性。儿童思维活动出现了守恒性和可逆性（reversibility）等重要特点，并产生了序列（seriation）运算和分类（classification）运算图式，因果关系、空间、时间以及速度概念等发展得更加完善。思维活动出现了真正的运算，第一次达到思维不再受知觉支配，而是能够通过逻辑运算解决具体问题的水平。但这个阶段儿童的思维仍需要具体事物的支持，他们还不能进行抽象的思维。他们在形成概念、发现问题和解决问题时都需要与他们熟悉的物体或场景联系起来。因此，Piaget 认为，这一年龄段的儿童应多接受事实性的、技能性的训练。此外，本阶段的儿童虽然已经能够理解原则和规则，但在实际生活中却只能刻板地遵守规则，不敢擅自改变。

4. 形式运算阶段（11—16岁）

形式运算阶段的青少年经过不断的同化、顺应、平衡，在旧的具体运算结构的基础上逐步出现新的运算结构，这就是与成人思维接近的、达到成熟的形式运算。形式运算是一种可以在大脑中将形式和内容分开，离开具体事物，根据假设来进行的逻辑推理思维。本阶段的青少年一般不再受他们直接看到或听到的事物的局限，也不受眼前事物的限制，超越了对具体可感知事物的依赖，使形式从内容中解脱出来，能想象问题的各种情况——过去、现在或将来，并且设想各种因素在不同情况下按逻辑可能发生的事件。本阶段青少年的思维是以命题形式进行的，并能发现命题之间的关系；能够根据逻辑推理，以归纳或演绎的方式来解决问题；能理解符号的意义、隐喻和直喻，能作一定的概括，其思维发展水平已接近成人的水平。本阶段的青少年不再刻板地恪守规则，并且常常由于规则与事实不符而违反规则或违抗师长。

到了心理发展的最后阶段，青少年能拥有一切成人所具备的逻辑运算形式。此后，在青少年时期和成人时期所增长的经验（不断地进行同化和顺应）使图式得以补充并变得更为复杂，所以成人时期的思想要比青少年时期的思想更为成熟、更不带有自我中心遗留下来的痕迹。

六、语言发展

Piaget 认为，认知发展是语言发展的基础，语言能力是儿童认知能力的一个方面，儿童在与客体相互作用中不断形成和发展的认知能力是语言发展的基础，语言是主体与客体相互作用的产物。儿童的语言结构随着认知发展而不断得到重塑。

感知运动阶段是儿童语言发生的准备阶段，这个阶段的儿童只有行为动作图式，还不具备表象和运算的智慧。他们只能靠动作和感知觉来协调组织经验，探索和适应外部环境。在感知运动末期，儿童已逐渐获得许多符号功能，如象征性游戏、初期绘画等，而语言是儿童获得许多符号功能中的一种特殊功能。

前运算阶段是儿童语言和思维快速发展的关键时期，儿童在感知运动阶段获得的感觉运用行为模式，在这个阶段已经内化为表象或形象模式，符号认知结构得以形成，以心理意象为代表的符号功能开始发展并逐渐成熟。处于前运算阶段的儿童缺乏倾听能力，处于自我中心言语（egocentric speech）阶段。自我言语是伴随儿童正在做某件事时发出的持续不断的口头注释，而不是一种和他人进行交流的工具。逐渐地，儿童开始在他人面前说话，但却没有太多的信息和意念的交流，随后发展到能用言语进行社会交流，至此，具有思想交换特征的真正意义上的交流才正式开始。Piaget认为，这一过程并不是突然发生的，而是随着儿童认知能力的发展逐渐发生的。

具体运算阶段是儿童语言发展的重大转折期。这个阶段儿童的认知结构已发生了重组，思维具有一定的弹性，可以逆转，儿童的语言逐渐从"自我中心"向"非自我中心"发展，他们能在大脑中运用意象、符号对具体的事物进行思维活动，已经形成了"类别"的概念。儿童逐渐具有言语理解能力和表达能力，能够运用语言理解和解决具体问题。

形式运算阶段是青少年语言素质全面建构期。在这个阶段，他们的认知结构发展已经比较成熟，思维已超越了对具体事物的依赖，能将形式与内容分开，能用语言或符号进行抽象的逻辑思维。他们的语言表达超越了具体事物，能够表达抽象的道理。除了具有表达现实性的语言能力，还具有表达可能性的语言能力。在这个阶段，青少年的思维是以命题的形式进行的，能发现命题之间的关系，还能以归纳或演绎方式来解决问题，作出概括。表2.1是处于不同认知阶段儿童的认知特征和语言功能。

表 2.1 Piaget 关于语言发展和认知发展的阶段特征

阶段	认知特征	语言特征
感觉运动时期（0—2岁）	1) 自我中心 2) 通过感觉和运动获取外部信息	语言在该阶段最后几个月才出现
前运算时期（2—7岁）	1) 符号性活动增多 2) 出现表象性思维	1) 自我中心言语 2) 社会性言语
具体运算时期（7—11岁）	1) 可逆性 2) 守恒性 3) 序列运算图式 4) 分类运算图式	1) 具有言语理解能力 2) 理解、解决具体问题
形式运算时期（11—16岁）	1) 发展了逻辑数学结构 2) 具有假设演绎推理能力	1) 语言超越了具体事物 2) 除了表达现实性，还具有表达可能性的语言能力

七、Piaget 的认知发展观对教育的影响

Piaget 的认知发展理论在教育教学实践方面具有重要的参考价值。

1. 好的教育是促进儿童内部积极主动建构的过程

新的认知发展是建立在原有认知结构基础之上的。Piaget 强调认知发展的累积性，教学要建立在学生已了解的知识之上，教师创设或提供的教学情境应该既引起学生的认知不平衡，又不过分超越学生原有的认知水平和知识经验。当学生在学习中出现错误或体会到认知冲突时，他们会重新思考对问题的理解，只有这样，学生才能将新知识与原有知识整合起来，改变认知结构，从而获得认知发展。

2. 好的教育应当适合儿童当前的发展阶段

教师在组织教学时，要充分考虑到儿童现有的认知发展水平。通过大量的观察和实验，Piaget 证实了儿童的思维方式不仅有别于成年人，而且婴儿、幼

儿、儿童、青少年在发展过程中的各个阶段的思维方式也不相同。课程设置要遵循儿童认知发展的顺序，循序渐进。从感觉运动阶段到前运算阶段，再经具体运算阶段到形式运算阶段，各阶段思维方式的改变，不是由浅及深、由简单到复杂的改变，而是在思维方式上有根本的差异。儿童不是身心（心智、认知）发展都已完成，只需填充知识的"小大人"，而是身心都需要发展和完善的个体。因此，成人在向儿童提供知识时，一定要适合儿童的思维方式和发展水平，否则很难取得预期的教学效果。

3. 好的教育要认识到儿童在认知发展过程中存在个体差异

每一个个体的认知发展水平和原有知识经验都有很大的差异，因此，在实施教学过程中，教师要根据学生不同的认知发展水平实施教学，保证教学内容与学生的认知水平相匹配，针对个体差异实施个别化教学，做到因材施教。Piaget认为，面对问题情境时，儿童之所以犯错误，一是他不了解问题的性质，不知道如何思维去解决问题，二是他虽然了解问题的性质，但他对问题的看法与成人不同。实施个别化教学，教师尽量与儿童进行面对面的沟通，不能仅根据儿童的行为表现来给予表扬或批评，而要让他用自己的话说出他对问题的看法以及解答问题时的思维过程，帮助他找出正确或错误的原因。

第二节　Vygotsky 的发展观

提出认知发展理论的另一位代表人物是苏联心理学家 Lev S. Vygotsky。Vygotsky 早年学习法律、哲学，后转向心理学领域，在发展心理学、教育心理学和精神病理学等方面展开了一系列研究，提出了社会文化历史学说。该学说认为，在人类历史过程中形成的物质文化和精神文化对人的心理发展有着至关重要的作用。人的一切高级心理过程，包括言语、思维、逻辑记忆、注意等，都是借助语言在活动中得到发展。

Vygotsky（1962，1978）的研究主要基于以下两种观点：首先，他认为只有在儿童所经历的历史和文化背景下来理解儿童的发展才有意义。其次，他认为发展依赖于随着个体成长而形成的符号系统。这种符号系统是文化历史所创造的，用于帮助人们思维、交流以及解决问题，如语言、写作系统、计算系统等。

一、文化历史理论和心理发展观

Vygotsky 从种系和个体发展的角度分析了心理发展的实质，提出了文化历史发展理论，说明人的高级心理机能的社会历史发生问题，用"社会交互作用"（social interaction）解释儿童的认知发展。Vygotsky 认为，人的一切高级心理过程，包括言语、思维、逻辑记忆等都是在活动中发展和借助语言实现的。Vygotsky 的文化历史理论包括 3 个相互关联的论点，它们分别是活动论、符号中介论和内化论。

1. 活动论

Vygotsky 早在 20 世纪 20 年代就注意到活动在高级心理机能形成中的重要作用，认识到意识与活动的统一性，即意识不是与世隔绝、与活动分离的内部封闭系统，活动是意识的客观表现。基于马克思的活动观点，Vygotsky 提出人的心理受劳动活动制约。人的活动是集体活动（社会活动），以劳动为基础的社会生活也制约着人的心理基本机构。个体的心理发展起源于个体所参与的社会文化活动。个体主要的观念、概念、对世界的观点以及沟通方式都是由文化造成的，都是通过参与该文化下的活动形成的。

Vygotsky 心理发展理论的社会文化取向把儿童与成人、儿童与同伴之间的共同活动视为儿童发展的社会源泉。儿童是通过参与与有更多知识的人的共同活动进行"做中学"的。因为活动驱动了对话，在对话中思想自然而然地发生变化，发展也因而相应发生。Vygotsky 在强调个体活动是人的心理与意识发展的重要基础的同时，明确指出儿童与同伴、儿童与成人之间的共同活动不仅是儿童发展的重要因素，更是儿童发展的重要源泉。儿童的认知发展更多地依赖于周围人们的帮助，儿童的知识、思想、态度、价值观都是在与他人的交往中发展起来的。儿童高级心理机能的形成正是这一活动中介的结果。

2. 符号中介论

Vygotsky 从活动论引出工具中介论，强调人的心理活动与劳动活动都是以工具为中介的。在社会活动和生产过程中，人类创造了两种工具。一种是物质生产工具，如简单的衣具、弓箭等，它们是人类器官技能的延伸，但是物质工具本身不属于心理领域，不能进入心理结构，这导致人类心理出现另一种工具——语言和符号系统。生产工具指向外部，引起客体的变化；语言符号系统则指向内部，影响人的心理结构和行为。

Vygotsky 将人的心理机能分为两种：一种是低级的心理机能，是个体早期以直接的方式与外界相互作用时表现出来的特征，如简单知觉、无意注意、自然记忆等，是生物进化的结果；另一种是高级的心理机能，是以工具（词语或符号）为中介的心理机能，如类别知觉、逻辑记忆、抽象思维、有意注意等，是历史发展的结果。前者具有自然的、直接的形式，而后者则具有社会的、间接的形式。区别人与动物最根本的东西就是工具和符号。人所特有的高级心理机能是以社会文化的产物——符号为中介的。在个体心理发展过程中，这两种心理机能是融合在一起的。人类的文化则随着人自身的发展而增长和变化，并对人的一切产生越来越强大的影响。正是通过工具的运用和符号的中介，人才有可能实现从低级心理机能向高级心理机能的转化。

在 Vygotsky 看来，儿童自出生以来就处在特定的社会环境的影响之中，就是社会的实体，他的高级心理机能是在学习和运用语言符号的过程中，逐步在低级心理机能的基础上发展起来的。

3. 内化论

Vygotsky 以符号中介论为基础提出了内化论。Vygotsky 认为人的心理发展遵循两大客观规律：第一个客观规律是人所特有的、被中介的心理机能不是从内部自发产生的，而是只能产生于人们的协同活动和人与人的交往之中。第二个客观规律是人所特有的、新的心理过程结构最初必须在人的外部活动中形成，随后才可能转移至内部，成为人的内部心理过程的结构。

在 Vygotsky 看来，在儿童的发展中，"所有的高级心理机能都两次登台：第一次是作为集体活动、社会活动，即作为心理间的机能；第二次是作为个体活动,作为儿童的内部思维方式,作为内部心理机能"(Vygotsky,1978)。显然,这种从社会的、集体的、合作的活动向个体的、独立的活动形式的转换,从外部的、心理间的活动形式向内部的心理过程的转化,就是人的心理发展的一般机制——"内化"机制。人的思维与智力是在活动中发展起来的,是各种活动、社会性相互作用不断内化的结果。

在内化过程中,自我中心言语起着至关重要的作用。Vygotsky认为,自我中心言语是由外部言语向内部言语转化的一种过渡形式,是由言语的交际技能向言语的自我调节机能转化的一种过渡形式。儿童起初是倾听他人并与他人交流,然后借助这些言语帮助自己解决问题。当年幼的儿童面临困难任务时,往往会自言自语,用言语指导自己的行为。随着儿童的不断成熟,自言自语逐渐变为不出声的内部言语,但它仍然起着十分重要的作用,并始终伴随着儿童完成具有一定难度的任务。

对于儿童心理发展,Vygotsky强调有三点原因:

首先,儿童心理发展是受社会文化、历史发展以及社会规律制约的结果。在社会文化环境的影响下,在物质生产活动中,在与他人的交往中,儿童逐渐发展起新的行为系统(高级心理机能)。

其次,儿童心理发展是儿童在与成人交往过程中,掌握了能对高级心理机能起中介作用的工具——语言符号的结果。一旦掌握了这种心理工具,就为低级心理机能向高级心理机能转化提供了可能。

最后,儿童心理发展是高级心理机能本身不断内化的结果。Vygotsky认为,儿童早期的心理活动是直接的、随意的、低级的、自然的心理机能,只有掌握语言这个工具以后,才能转化为间接的、不随意的、高级的、社会历史的心理机能。所有高级的、社会历史的心理活动形式,首先都是作为外部活动的形式,而后内化为在大脑中进行的内部活动。

二、语言与发展

1. 语言的特性和功能

在Vygotsky看来,语言具有以下特性和功能:

(1) 语言是发展的媒介和思维的工具。Vygotsky 认为语言在儿童认知发展中起关键作用。他相信，拥有高度语言发展的人，可以完成那些文盲所不能完成的复杂任务，这是因为人们在学习语言时，不仅在学习词语，同时还在学习与这些单词相联结的思想。语言具有社会历史的根源，它最初在人们的共同活动中形成，之后变成个体心理的工具。因此，语言是儿童用以认识和理解世界的一种中介工具，即一种思维工具。

(2) 语言是社会交往与活动的工具。成年人以及同伴在文化传递过程中起着重要作用。成年人进行解释，给予指导，提供反馈并引导交流。而同伴则在游戏与课堂情境中，通过对话来促进儿童之间的合作。儿童可以通过与更有能力的人一起进行有意义的活动来学习，通过活动进行对话，在个体之间相互交流思想，个体便得以发展。

(3) 语言是自我调控与反思的工具。Vygotsky 认为"自言自语式"的外在言语是个人言语内化的先兆，也是内部言语的开端。个人言语是引导个体思维与行为的自我谈话，在自我调控的发展中起重要作用。随着儿童的成熟，这种喃喃自语逐渐发展为耳语、口唇动作、内部言语和思维，从而完成内化过程。内化指个体将在社会环境中吸收的知识转化到心理结构中的过程。语言的具体发展顺序为：外在社会言语→个体外部言语→自我中心言语→内部言语。

2. 语言发展阶段

Vygotsky 将语言发展过程分为四个阶段：

(1) 原始或自然阶段（preintellectual speech）。这一阶段与思维发展中的前语言和语言发展中的前智力相一致。这时语言的运作是以原始形式出现的，因为他们是在行为的原始水平上逐步形成的。

(2) 朴素的心理阶段（naive psychology）。这个阶段在儿童的语言发展中是非常明确的，具体表现是，儿童在尚未理解语法形式和结构所表示的逻辑运作之前已经能正确使用若干言语。例如儿童在尚未真正懂得原因、条件、时间等关系之前就会用"因为""如果""当……时候""但是"等词语。

(3) 外部符号阶段（egocentric speech）。随着朴素的心理经验的不断积累，儿童进入了第三阶段，其特征是有了外部符号，即用作解决内在问题的一种辅助手段的外部运作。该阶段的具体表现有儿童拨弄自己的手指来数数，采用一定的辅助记忆手段来帮助记忆，等等。在语言发展过程中，这个阶段的特点是以自我为中心的言语。

（4）内部生长阶段（inner speech）。该阶段是内部的、无声的言语阶段。然而，当内部语言用来为外部语言做准备时（例如在仔细考虑即将要作的讲座时），内部言语在形式上可能接近于外部言语，或者甚至完全变得像外部言语。

三、教学与发展——最近发展区

在说明教学与发展的关系时，Vygotsky 提出了"最近发展区"（Zone of Proximal Development，ZPD）的重要概念。最近发展区指儿童认知发展的实际水平与认知发展的潜在水平之间的距离。前者由独立解决问题能力所决定，后者由在成年人的指导下或与其他能力强的同龄人合作解决问题能力所决定。最近发展区代表认知发展的潜力。

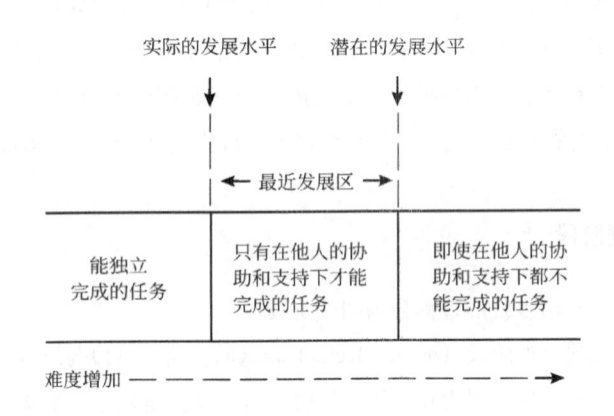

图 2.1 最近发展区示意图

Vygotsky 认为，教学必须要考虑儿童已达到的水平并要走在儿童发展的前面。因此，在确定儿童发展水平及其教学时，必须考虑儿童的两种发展水平，即现有发展水平（existed developmental level）和解决问题的水平（level of problem solving）。最近发展区的教学为儿童提供了发展的可能性，教和学的相互作用刺激了发展，社会和教育对发展起主导作用。在 Vygotsky 看来，教学

"可以定义为人为的发展"，教学可以带动发展。教学决定着智力的发展，这种决定作用既表现在智力发展的内容、水平和智力活动的特点上，也表现在智力发展的速度上。

如何发挥教学的最大作用，Vygotsky 强调了学习的最佳时期（optimal learning period）。如果错过了学习某一技能的最佳年龄，从发展的观点来看都是不利的，它会造成儿童智力发展的障碍。因此，开展教学必须以儿童成熟为前提，将教学建立在尚未形成的心理机能的基础上，走在心理机能形成的前面。

在教学实践中，最近发展区理论能够直接运用于解决儿童智力发展的诊断问题，它既可以测试儿童智力发展的现有水平，又可以测试儿童智力发展的潜在水平。

教学的作用表现在两方面，它一方面可以决定儿童智力发展的水平、速度等，使最近发展区变为现实，另一方面教学也创造着新的最近发展区。儿童的两种发展水平之间的差距是动态的。随着时间的推移，一些之前不能完成的任务逐渐被儿童掌握，取而代之的是更加复杂、难度更大的任务。有一点需要注意的是：虽然具有挑战性的任务非常重要，但是那些不可能完成的任务——即使在他人的帮助和引导下仍不能完成的任务，对学生来说是毫无益处的。因此，在教育教学实践中，如果教师从教学内容和教学方法上都能考虑儿童现有的发展水平，并且能根据儿童的最近发展区给儿童提出更高的发展要求，让教学走在儿童的现有发展水平的前面，落在最近发展区内，就会带动儿童的发展。

四、Vygotsky 的发展观对教育的影响

Vygotsky 的认知发展理论对教学有着极其深远的意义和影响，主要表现在以下几个方面：

1. 教学是一个相互作用的交往过程

根据最近发展区的观点，教师必须给学生提供最近发展区内难度适宜的学习任务，并促使学生完成学习任务。但由于最近发展区是一个动态的区域，需要教师通过与学生的相互作用不断获得学生发展的反馈。交互式教学

(reciprocal teaching) 体现了最近发展区的这种相互作用。根据 Vygotsky 的理论，教学必须是在知识经验存在着差异的人们之间进行，即有某种经验的人（如教师）与准备学习这种知识经验的人（如学生）之间的交往。学生学习的必要条件是在适当水平内的教学和有一定指导的社会环境，教师和学生之间的相互作用、相互交往是学习的重要因素。

教师可以在教学活动中运用各种教学策略来帮助学生解决问题，帮助学生通过与其他学生交往进行学习，设计各种教学活动，创设教师与学生、学生与学生进行学习与交往的情景。在 Vygotsky 学说影响下的建构主义教学流派将教学看作是一种交往的过程。在教学中，师生之间、生生之间通过交往达到沟通、交流和协调，从而共同完成教学目标。除了课堂学习之外，学生还能在交往中学会合作和共同生活。

2. 学生是知识学习的主动建构者

Vygotsky 认为，心理发展是一个量变与质变相结合的过程，是由结构的改变，到最终形成新质的意识系统的过程。Vygotsky 强调内部心理结构，认为新知识必须在原有知识的基础上建构。认知发展的过程是一个内在结构连续组织、再组织的过程，在新水平上整合新信息和原有知识以形成新的认知结构。

任何学习都发生在一定的情境中，它包括学习者经验、所处的社会文化系统、课堂中教师和同伴的相互作用等，这些背景从不同的途径影响学习的过程和结果。学生对某一领域的背景知识知道得越多，那么他通过学习能掌握的新的知识就越多。

Vygotsky 认为学生的学习过程是一个从被动变主动、从客体变为主体的过程，即在教师的指导下，学生发现问题，解决问题，逐渐过渡到学生能独立发现问题、解决问题、监控学习过程、建构知识的过程。虽然知识是个体主动建构的，但是这种建构不是随意的任意建构，而是需要与他人磋商并达成一致来不断地加以调整和修正，并且不可避免地受到当时社会文化因素的影响。也就是说，学习是一个文化参与的过程，学习者只有参与某一学习共同体的实践活动，才能内化有关的知识。

3. "支架式"教学模式

美国教育心理学家 Bruner 根据 Vygotsky 的最近发展区理论提出了"支架式教学"(scaffolding teaching)的教育模式。Scaffolding 本意是建筑行业中人们使用的脚手架,被 Bruner 用来形象地说明一种教学的模式:在教学过程中,教师引导教学的进行,给学生提供适当的指导和支持,使学生更好地掌握、建构和内化所学的知识技能,从而使他们进行更高水平的认知活动。支架式教学重视学生在教师指导下的发现活动,强调教师的指导应逐渐减少,最终使学生达到独立发现的程度。

提供教学支架的目的就是让学生借助支架建构出一个稳定的理解,最终能够独立完成任务,帮助他们顺利通过最近发展区,不停顿地把学生的智力从一个水平提升到另一个新的、更高的水平,真正做到让教学走在发展的前面,从而使学生获得最新的发展。教师所提供的教学支架应充分考虑到学生的需要:当学生需要更多的帮助时,教师就进一步提供"支架";当学生不需要帮助时,教师就撤掉"支架",以便学生能独自完成任务。

在运用支架式教学时,要保证提供的支架一直处于学生的最近发展区之内,在学生能力有所发展的时候,随着学生认知发展的变化不断进行调整。为了更好地形成学习者的认知冲突,实现有效教学,教学支架既不能太难,也不能太容易。Bruner 提出支架式教学的本质在于以最近发展区作为教师介入的空间,为儿童的学习提供支持,促使儿童主动而有效地学习。

支架式教学通常由以下几个环节组成:(1)搭建支架:围绕当前的学习主题,按"最近发展区"的要求建立概念框架。(2)进入情境:将学生引入一定的问题情境(概念框架中的某个节点)。(3)独立探索:让学生独立探索。教师先启发引导,然后适时给予提示,最后放手让学生自己探索。(4)协作学习:进行小组协商、讨论。通过小组讨论,在共享集体思维成果的基础上对当前所学概念有一个比较全面、正确的理解,最终完成对所学知识的意义建构。(5)效果评价:对学习效果的评价包括学生个人的自我评价和学习小组对个人的学习评价,评价内容包括三个方面:自主学习能力;对小组协作学习所作出的贡献;是否完成对所学知识的建构。

4. Vygotsky 理论对合作学习的指导作用

Vygotsky 认为，学生的学习包含若干水平：在最低水平时，学生可以独立学习，能够很容易地理解意义；在最高水平时，由于任务难度大大超出了儿童的能力，因此即使有精心设计的教学，学生也难以完成学习任务。但在教师的指导下或者和优秀的同伴合作时，他们就能够胜任学习任务。

合作学习强调同伴交往在完成任务时的作用。在合作学习的模式下，学生会有意识地模仿专家或同伴的行为来思考和完成具体的任务。根据最近发展区理论，教师应该为学生布置那些只有在别人帮助下才能完成的任务。一般情况下，这种帮助来自能力更强的同伴，教师要尽量组织、安排不同能力水平的学生进行合作学习。接受能力较强的同伴的指导是促进儿童在最近发展区内发展的最有效的方式之一。但能力相当的学生之间也可以通过合作来克服困难、完成任务，因为在合作中，每一位小组成员都为小组学习作出了贡献。

第三节　Piaget 与 Vygotsky 认知发展理论之间的差异

尽管 Piaget 和 Vygotsky 都研究儿童发展，但由于他们之间存在着许多深层次的差异，如 Piaget 的理论倡导自由主义，而 Vygotsky 的理论倾向于社会主义；Piaget 的研究具有生物学的倾向，而 Vygotsky 的研究方法表现出明显的社会文化取向；Piaget 深受哲学家诸如柏拉图、笛卡尔和康德的影响，Vygotsky 则深受马克思、恩格斯、列宁思想的影响；Piaget 在哲学观上是一位多元论者，受到许多哲学观点的影响，他的态度是兼收并蓄，为我所用，而 Vygotsky 是一位一元论者，坚持马克思主义哲学即辩证唯物主义，并以此贯穿其整个认识论。这些深层次的差异导致了他们对儿童发展作出了不同解释。

以下从研究视角、心理机制、语言的产生与语言功能及学习、教育与发展等几个方面对 Piaget 和 Vygotsky 的发展理论逐一进行比较。

一、研究视角

Piaget 和 Vygotsky 是从不同视角来研究儿童的认知发展的。Piaget 终生所关注的目标是人类知识的获得和观念的发展，他通过研究儿童认知发展来探索知识的起源和性质。

Piaget 较为关注儿童的先天心理特质，认为儿童认知发展经历了几个不同的发展阶段：感觉运动阶段、前运算阶段、具体运算阶段和形式运算阶段。每一个发展阶段均有其独特的、基础的认知结构，所有儿童都遵循这样的发展顺序，并且，认知发展阶段序列具有跨文化的普遍适用性。认知发展阶段标志着心理生活发展出逐渐复杂的智能和概念系统，表明事件的一种必然结果正在发生，同时每一相继的事件都建立在前一事件之上，并且也是后续活动的必要先决条件。当儿童从第一阶段发展到最后阶段，他们便从完全以自我为中心、对其所处的环境没有任何实际知识的婴儿，变成能熟练地运用逻辑和语言、能理智地应对环境，并能更现实地理解客观世界如何运行的青少年。Piaget 的发展阶段论指出，在儿童认知发展各阶段的转化过程中，儿童的整个认知结构和系统发生了转变。发展阶段论为不同阶段的儿童教学提供了可靠的心理依据。

Piaget 更多地关注儿童自身如何利用已有图式去进一步建构更高级的图式，强调个体自身内部发展的阶段和方向。Piaget 将个体作为基本的关注点，认为发展开始于无差别的前自我状态，然后逐渐向社会化发展，儿童"自我中心"的减弱与相应的"社会中心"的提升就是最有力的证明。Piaget 强调儿童的探索性学习对其发展的影响，在他看来，儿童就像一个"小科学家"，在已形成的认知结构的基础上，积极探索外部世界，主动构建对外部世界的认识。在这个过程中，社会因素或人际之间的因素对儿童的个体发展只产生一些间接的影响。

Vygotsky 认为，个体的发展是由原始的、社会的、人际之间的层面向个性化、人格化层面的转化，发展不是朝向社会化，而是朝向社会机能的个体化。Vygotsky 所关注的是儿童如何成为高级文化共同体的成员，关注社会文化历史因素如何在儿童已有心理结构上进一步促进其心理结构的发展，强调儿童外部的社会文化规律对发展的作用。Vygotsky 注重探究外部世界和个体内部心理过程的二元关系,他明确指出,儿童的认知发展是儿童与他人进行社会交往的结果。决定发展过程的不是儿童的内部因素,而是儿童的心理过程和外部社会文化相互渗透、相互作用的结果。Vygotsky坚信儿童的发展源于社会、人际关系和文化,外部的影响是中心,贯穿于发展变化的全过程。

Vygotsky通过对概念形成和发展的研究,提出儿童以不同的方法建构词汇概念的一系列发展阶段。Vygotsky认为要理解这一系列发展阶段的传递,不能从广泛的、普遍的角度,而要从地域性的变化加以理解。发展阶段的本质可以理解为是以地域为背景、以活动为基础的。

二、心理机制

Piaget认为在人类发展过程中,认知结构发展的动力是平衡化。平衡是实现儿童认知结构不断变化和发展的力量,同化和顺应是达到平衡的一对重要的辩证因素。同化指个体将外界刺激所提供的信息整合到自己原有认知结构内的过程;顺应指个体的认知结构因外部刺激的影响而发生改变的过程。同化是认知结构数量的扩充(量变),而顺应则是认知结构性质的改变(质变)。认知个体通过同化和顺应这两种形式来达到与周围环境的平衡。在Piaget看来,平衡在影响认知发展的各种因素中起着最重要的作用,它使成熟、经验和社会环境等因素的作用协调起来,成为一个一贯的、不相矛盾的整体。社会因素或人际之间的因素对儿童个体的发展仅能产生一些间接的影响,社会因素通过创造认知冲突而发挥作用,从外部对儿童的认知系统产生"干扰",从而产生认知冲突,引起不平衡状态,进而达到新的平衡。儿童在平衡与不平衡的交替中不断建构并完善其认知结构,实现认知发展。

Vygotsky将心理机能分为低级心理机能和高级心理机能,在个体心理发展过程中,这两种心理机能是融合在一起的。Vygotsky认为儿童出生以来就处在其周围特定的社会环境的影响之中,在学习和运用语言符号的过程中,他的高级心理机能逐步在低级心理机能的基础上发展起来。

Vygotsky将外部的社会文化现象视为认知发展的信息来源,将社会交往作为心理发展的重要介质。Vygotsky认为,人的思维与智力是在活动中发展起来的,是各种活动、社会性相互作用和不断内化的结果。儿童的认知发展由外化而逐渐内化,由出生时的自然人逐渐变成社会人,成为一个符合社会文化要求的成员。儿童的认知发展更多地依赖于周围人们的帮助,儿童的知识、思想、态度、价值观都是在与他人的交往中发展起来的。Vygotsky 认为儿童心理发展是受社会文化、历史发展以及社会规律制约的结果,是儿童在与成人交往过程中,掌握了能对高级心理机能起中介作用的工具——语言符号的结果,是高级心理机能本身不断内化的结果。

三、学习、教育与发展

Piaget 认为儿童的认知发展是经过同化、顺应最终达到新的平衡的结果,只有当儿童的认知图式发展到一定阶段后,才能为他下一步的学习提供了可能性,儿童不可能有超出发展水平的学习,发展是学习的必要前提,发展先于学习。Piaget 的认知发展理论对基础教育阶段的教学而言,理论上的启发性要大于方法上的实用性。Piaget 之所以研究儿童的认知行为,其目的只是探究儿童在自然情境中认知周围事物的心理过程。Piaget 从未强调他的理论是教学理论,因此,他并没有考虑教育的手段与目的等问题。

Piaget 认为,儿童的认知发展是以已有的认知结构为基础的,并以已有图式与环境相互作用而产生的认知需要为动力,因此,在教学过程中,既要考虑儿童在年龄上的发展,又要考虑儿童学习知识的心理历程。教师创设或提供的教学情境应该是既能引起学生的认知不平衡,又不过分超越学生已有的认知水平和知识经验。

Vygotsky 则认为学习是生理过程与社会交往过程相互作用的结果。他提出的"最近发展区"指儿童独立解决问题的实际发展水平与在成人指导下或在有能力的同伴合作中解决问题的潜在发展水平之间的差距,该概念说明了儿童在现有水平基础上,经过努力可以达到一种新的发展状态。Vygotsky 指出:"好"的学习是先于发展的学习,先于发展的学习可以促进发展。

Vygotsky 在阐述教学与发展的问题时,明确提出一个著名的命题——"教学必须走在发展的前面,促进学生的发展,这样的教学才是好的教学"。因此,教学必须考虑儿童已达到的水平并要走到儿童发展的前面。教学设计通常要考虑儿童的两种发展水平,一种是儿童现有的发展水平;另一种是指在有指导的情况下借助成人的帮助可以达到的解决问题的水平，或是借助于他人的启发帮助可以达到的较高水平。最近发展区的教学为学生提供了发展的可能性，教和学的相互作用刺激了发展，社会和教育对发展起主导作用。教学的作用表现在两个方面，它一方面可以决定儿童发展的内容、水平、速度等，另一方面也创造着最近发展区。这充分体现了 Vygotsky 强调教学在儿童发展中的主导性和决定性作用，揭示了教学的本质特征不在于"训练""强化"已形成的内部心理机能，而在于激发、形成目前还不存在的心理机能，同时更突出了同伴和成人对儿童发展的引导与帮助。

Piaget 与 Vygotsky 作为同一时代的两位发展心理学家，尽管在研究取向、关注重点等方面存在着明显差异，但这绝不意味着两位大师的理论是水火不容、非此即彼的关系，相反，他们从不同角度关注了同一个问题，即儿童发展。两者都认为，儿童发展存在着彼此交织的两个方面（个体和社会），缺少任何一方都不可能完整地理解发展。两种理论研究都自觉或不自觉地使用了辩证法，这一共性构成了两种理论的方法论基础。研究对象与研究方法的通约决定了两种理论在研究过程和具体观点方面存在多处交叉与重合。

第四节　Piaget 和 Vygotsky 的认知发展理论对外语教学的启示

Piaget 和 Vygotsky 关于儿童认知发展和语言发展的理论在教育界意义深远，对外语教学具有一定的启示。

一、Piaget 的认知发展理论对外语教学的启示

Piaget 认为，语言在感觉运动阶段的最后几个月才出现，前运算阶段的儿童处于自我中心言语阶段。在具体运算阶段，儿童逐渐具有言语理解能力，能够理解、解决具体问题。在形式运算阶段，青少年的语言表达超越了具体事物，除了表达现实性，还具有表达可能性的语言能力。

Piaget 认为认知发展是语言发展的基础，儿童的语言发展是认知发展的一个有机组成部分，语言能力是儿童认知能力的一个方面，也是主体与客体相互

作用的产物。语言是伴随着认知发展而发展的，认知结构发展到一定阶段，才出现语言。自我中心言语反映的是不成熟的思维形式，社会化言语反映的是发展程度更高的思维形式。

因此，在外语教学中，教师要充分考虑学生的认知能力和现有的认知水平，做到因材施教。语言教学材料要控制在学生的认知范围内，不能超出学生现有的认知水平。特别是在对儿童进行外语教学时，尤其要注意儿童的认知能力和理解水平。例如在儿童习得客体永久性之前，习得的词汇只需与当前的情境和事物有关；在儿童习得客体永久性之后，即使某一客体从儿童的视野中消失，儿童依旧知道该客体仍然存在，于是开始使用词汇来指代一些并不在眼前的人、物体和事件。儿童的认知发展是语言发展的基础。

二、Vygotsky 的认知发展理论对外语教学的启示

Vygotsky 将语言发展过程分为四个阶段：原始或自然阶段、朴素的心理阶段、外部符号阶段和内部生长阶段。

Vygotsky 认为，语言是发展的媒介与思维的工具，是社会交往与活动的工具，是自我调控与反思的工具。Vygotsky 认为儿童的语言发展在认知发展中起着重要作用，语言的发展带动认知的发展。语言作为儿童与他人进行社会交往的工具，具有交际功能，在儿童智力行为的形成过程中起着指导和调节的作用，语言的发展是在社会文化历史环境中实现的。

Vygotsky 的认知发展理论对外语教学有两点启示：其一，在外语教学中，提倡"合作式学习"。合作式学习是一种自主的团体行为，在合作学习的活动中，学生既是主体又是客体。每个学生在交往学习的过程中发挥个体的潜在能力，积极参与学习活动并付出最大的努力。通过合作式学习，同学们相互信任、相互配合、协同学习，共同应对和解决学习中出现的难题，以获取最大的学习成效；其二，在开展教学之前，外语教师可以通过"需求分析"（needs analysis）等手段了解学生现有的认知水平、知识结构和发展潜能。教师的教学活动要在学生的"最近发展区"内展开，对学生的认知形成挑战，促进学生的认知发展。

思考题：

1. Piaget 的认知发展理论对教育产生了什么影响？
2. 论述认知发展与语言发展的关系。
3. 最近发展区有什么教育意义？

第三章　第一语言习得

第一语言习得指儿童母语学习和发展的过程。在这个过程中，儿童主要习得语音、词汇、语法以及语用方面的内容。虽然在语言习得的过程中，不同儿童之间存在着一些个体差异，但他们语言习得的顺序是相对稳定的。一般说来，儿童在6个月时开始咿呀学语，1岁左右进入独词句阶段，1岁半进入双词话语阶段，2岁左右习得屈折变化，25个月左右习得疑问句和否定句，10岁左右接近或达到成人水平。

第一语言的习得过程也是儿童社会化的过程，在这个过程中，儿童的认知、情感和语言都得到不断的发展。

第一节　第一语言习得内容

儿童第一语言习得主要包括三方面的内容：语音习得、词汇习得和语法习得。

一、语音习得

语音习得过程包括两个方面，一个是言语听辨（speech perception），一个是言语产出（speech production）。言语听辨总是先于言语产出，这是因为儿童在胚胎发育至7个月左右时已经具备了一定的听的能力，而出生后的婴幼儿的口腔通道和发音器官与成人相比，有很大的不同，要经过长时间的生长发育之后，才能学会正确的发音。再者，儿童在产出语言之前，必须先要接收大量、有效的语言输入，才能有语言的产出。语言输入是语言产出的前提和条件。

新出生的婴幼儿表现出对母亲声音的偏好，这可能与儿童在胎儿时期更多地听到母亲的声音有关。2—4个月大的婴儿能分辨出带有不同情绪的声音，如生气、安慰、高兴的声音等，并且，能够将母语和非母语的声音区分开来。绝大多数婴儿在接近1岁时，已经能听懂一些单词的意思了。

婴儿一出生就会啼哭。从严格意义上来说，啼哭并不是语言，婴儿只是用哭声来表达自己的诉求，并且哭声的含义随着婴儿的长大逐渐变得复杂起来，从满足简单的生理需要发展到表达复杂的情感需求。虽然啼哭不是语言，但却是语言发生的预兆，同时，啼哭能够增强婴儿的肺部力量，调节呼吸节奏，为后续的发声、言语的产出做好准备。1—7个月大的婴儿可以发出各种不同的喔啊的声音（cooing sounds），这个阶段的发声主要停留在几个元音上。到了7个月左右，婴儿开始进入咿呀学语（babbling sounds）阶段，可以连续发出一连串的、重叠的声音，例如"bababa"，这些声音大都具有"辅音＋元音"的基本音节结构。有趣的是：当周围人对婴儿咿咿呀呀的声音作出回应时，会进一步增强他们发音的愿望，他们会乐此不疲、不断地有节奏、有语调地加以重复、模仿某些声音。咿呀学语非常接近母语，已经具有母语的一些语调轮廓特征。儿童在咿呀学语阶段所发出的各种声音会逐步缩小范围，仅有儿童在周围环境中听到他人发出的那些声音被巩固下来。

二、词汇习得

幼儿大约在1岁左右开始说出第一个词，这些单词一般限于命名、物体和物质（如Mama、car、water等），大多表达他们能接触到的具体的人和物体。命名是儿童逐步掌握单词及其意义的关键语言练习，用于命名的单词通常出现在所有文化中儿童的早期语言发展体系。在最初阶段，新单词以每周3—5个的频率出现在儿童的话语中。1岁半的时候，幼儿的词汇习得以令人惊讶的速度发展，研究人员把这个阶段命名为爆炸阶段，因为在这个阶段他们以极快的速度学习新词，特别是物体的名称。这个时候，幼儿能够说出大约50个单词，但能够理解250个单词，理解词汇的数量远远大于他们产出的词汇数量。到了2岁的时候，大约能说出200个单词。Nelson（1973）对儿童词汇习得进行了研究，发现他们最初习得的10个单词均属于动物、事物、玩具这三个范畴。等到他们习得了50个词的时候，词汇范畴扩大至人体的器官、衣服、家庭用品、运输工具、人物等方面。在后续的词汇习得和发展中，儿童的词汇量不仅有了大幅度的增加，词汇的类别也在不断地扩大。在某些时候，儿童对某个词义外延的理解会扩大；而在另一些时候，儿童对某个词义外延的理解也可能会缩小。

儿童词义的习得一般按照由具体到抽象的顺序进行。对于抽象意义的掌握，儿童一方面借助于该意义与具体事物或经历的联系，另一方面，比喻类语言的使用也有助于他们对抽象意义的掌握。

儿童词汇的获得过程主要有以下三个阶段：在第一批词汇的基础上，继续习得在某些场合限定性很强的词；已习得的词语开始摆脱场合限制性，获得了初步概括的意义；开始掌握一些具有概括性和指代性功能的名词和非名词性词语。

三、语法习得

儿童语法的习得主要经历以下几个阶段：独词句（holophrase）、双词话语（two-word utterance）、连接语法（connective grammar）、递归语法（recursive grammar）和语篇（discourse）。

儿童在一岁左右，开始习得独词句。独词句始于儿童的命名活动，是儿童用一个单词表达成人一般需要用一个句子才能表达的交际手段。独词句是在儿童还不能驾驭句子，但又有进行交际的强烈愿望时出现的。在这个阶段，儿童常用单个的词来表达较为复杂的思想。独词句中的单词起到一个句子的作用，例如他们可能会使用"water"一词来表达"I want some water."（我想喝水。）的意思。同一个词在不同环境里，伴以不同的感情和动作，往往有不同的含义：如"Mama"可以表示"This is Mama."（这是妈妈。）"I want Mama."（我要妈妈。）"Mama, I am hungry."（妈妈，我饿了。）等。

在独词句阶段，儿童使用的约半数以上的单词是具体名词，用来表达以下含义：食物、身体部位、衣服、交通工具、玩具、家庭用品和动物等。由于独词句包含许多语义和语用信息，因此，儿童在大量使用分解其成分，并逐步发展出词句、语法的概念。

在儿童习得客体永久性之前，儿童所习得和使用的词都属于"当时当地词"（here and now words），在习得客体永久性之后，儿童已具备在大脑中保持客体——人或物体记忆的能力，即使这些人或物没有在当时当地出现，儿童仍然知道他们的存在。与此相应，儿童的语言中出现了"allgone"和"more"这样的用语，可以根据语境表示不同的含义，如"牛奶没有了，还要喝牛奶！""饼干吃完了，还要吃饼干！"等。

独词句的使用需要依赖具体的语境。以下例子说明儿童在具体语境中如何使用单个词语来表达各种不同的语义关系。

表 3.1 独词句中的语义关系（Greenfield & Smith, 1976）

语义关系	例句	语境
进行命名	Dada	看见爸爸
表达愿望	Mama	哼哼唧唧地看着牛奶
表达施事者	Dada	听到有人进来
说明某一动作	Down	坐下来或从某处下来
说明物体状态	Down	刚把东西扔下来
说明与某物体相关的事物	Cracker	指着放饼干的房间
说明所有者	Lauren	看见 Lauren 的空床
说明地点	Box	将蜡笔放进盒子里

到了 2 岁左右，儿童的语言发展进入双词话语阶段，他们开始说出包含两、三个词的话语。双词话语阶段与 Piaget 提出的认知发展的前运算阶段几乎是同时发生的。在认知发展的前运算阶段，儿童已具有符号功能（手势、标记、表象、语词），能运用语言或较为抽象的符号来表达他们经历过的事物，但是这个阶段儿童缺乏倾听能力，仍然处于自我中心言语阶段。自我中心言语是伴随儿童正在做某一件事情时持续不断的解释，而不是一种与他人进行交流的工具。逐渐地，儿童在他人面前开始说话，但最初没有太多的信息和信念的交流，随后才发展到能用言语进行社会性交流。

双词话语的功能多样化，词与词之间的语义关系比较复杂，是成人完整句子的缩写，词与词之间的顺序与成人正常话语中的词序非常接近，如"baby cries"等。双词话语保留了主要的意义部分，但少见功能词（如介词、助动词、冠词等），就像以往发电报时人们为了省钱去掉功能词一样，因此，双词话语又叫作电报式话语（telegraphic utterance），例如"all gone ball"（The ball has gone.),"Daddy chair"(That is Daddy's chair.),"there cow"(There is a cow.),"Mummy sock"(This is Mummy's sock.)等。双词话语中词语的组合主要是靠语义关系,不同于目的语的语法。儿童应用双词话语来表达物体的出现、消失和位移,指出物体的特征以及它们的所有者,评论正在做事或看东西的人,要求得到或拒绝某样东西或某项活动,对人、物和地点等进行提问等。

双词话语一般由两部分组成:一部分是轴心词(pivot),另一部分是开放性词(open word),两个部分共同构成双词话语,这就是轴心语法(pivot grammars)。轴心语法只能解释部分儿童的部分话语。研究表明,儿童认识到词与词之间有一定的意义关系,如拥有者和拥有物之间的关系,他们逐渐学会用词序或词尾变化来表达这种关系,如"mummy sock",而不是"sock mummy"。双词话语的出现标志着儿童的话语能力发展有了一个较大的飞跃:即他们能够用单一的话语表达更多的交际意图。

连接语法指在双词话语之后,儿童话语中出现了一些连接单词的语法标志,如动词的曲折变化、连词和助动词等。在这个阶段,儿童开始接触语法的语素和语言的约定俗成的特性,不过他们的话语往往会偏离成人的话语。然而,这种偏离是有规律的,他们倾向于把语言系统规则化(regularization),例如说英语的儿童常常会对英语的屈折变化进行过度概括,把不规则动词的过去式说成"breaked""goed",或者把不规则的复数名词说成"foots""mouses""sheeps"等。

在递归语法阶段,儿童发展出使用不同类型句子的能力,以儿童话语开始出现否定句、疑问句、被动句和复杂句为标志。英语的否定句和疑问句比陈述句的习得难度大,儿童通常要经过相当长的时间才能掌握否定词、疑问词、助动词以及倒装等用法。以习得否定句为例。否定句的习得通常分为以下三个阶段:第一个阶段(1—2岁),儿童直接将否定词放在句子外部,如"no go movies""no sit down""no mummy do it";第二个阶段(2岁—3岁半),儿童将否定词直接放在句子中,如"I no like it""I no want book";第三个阶段(3岁半—4岁),儿童开始使用不同的助动词来构建否定句,如"You can't have this.""I don't have money.""I'm not sad now."。否定句和疑问句的出现标志着儿童语言意识的觉醒,即儿童不但能够使用语法,而且还可以觉察到语言是有语法系统的。在这个阶段,他们有正确的表达方式,也有错误的表达方式,如

3岁的儿童在说话时会不时地停下来改正自己的错误，或是改正其他同伴的错误。到了4—5岁时，儿童具有了元语言技能（metalinguistic skills），会根据自己的标准来判断语言是否正确。从连接语法到递归语法的发展是儿童语言习得过程中一个质的飞跃。

从两三岁开始，儿童逐渐开始发展语篇功能：学会讲故事、参与谈话等。随后，他们会逐渐使用更多的连贯手段，学习新的文体，调整自己的话语以适应不同的听者，向别人提出请求并予以说明。到入学时儿童已具备了相当的交际技巧，并且掌握了各种不同的语言风格。

儿童掌握的语法形式越多，对外在世界各类现象和事物之间的关系的认识也就越多，如事物之间的空间关系、先后顺序和因果关联等。语法的掌握过程也是儿童发展思维的过程。

第二节　影响第一语言习得的因素

要保证儿童第一语言习得顺利完成，必须要满足一些条件。这些条件分为必要条件和充分条件，它们分别是语言环境（linguistic environment）、认知过程（cognitive processes）和内在机制（innate mechanisms）。语言环境决定语言输入的数量和质量，认知过程指儿童对语言信息进行处理的心理机制，内在机制是儿童习得语言的先天准备。以上三个条件相辅相成，缺一不可。

一、语言环境

语言环境在语言习得中是必不可少的条件之一，人们常常会围绕以下问题来探讨语言环境在语言习得中的作用。语言习得是否需要语言输入？语言输入是否必须发生在特定的时段之内？什么样的语言输入更有助于儿童的语言习得？通过介绍以下两个案例（野孩和在极度封闭环境中长大的孩子）来回答以上三个问题。

野孩是指那些在野外长大的孩子。时间追溯至1797年，在法国南部，有农民发现一个赤身裸体的男孩在丛林中奔跑，找寻土豆和坚果，随后这个男孩被一群猎人找到并带回到文明世界。由于这个孩子是在法国阿伟龙省（Aveyron）被发现的，所以人们称他为"Wild Boy of Aveyron"，在相关文献中，该孩子的名字叫 Victor。Victor 被发现时，大概有十二三岁。尽管他听力正常，会发出一些声音，但是完全不会说话。尽管很多研究者对能否恢复 Victor 的语言能力表示怀疑，但 Victor 仍然引起了一位法国年轻医生 Itard 的关注。在接下来的五年内，Itard 医生对 Victor 进行了强化训练，主要集中在语言训练和行为矫正方面。总的来说，Victor 的语言进步得十分缓慢。虽然有人认为是 Itard 医生的培训方法有问题，但更多的人认为 Victor 已经过了语言习得的关键期（Carroll，2008）。

文献中记载最详细的、在极度封闭环境中长大的孩子叫 Genie。在这里我们不妨了解一下 Genie 的家庭背景。尽管 Genie 的父亲坚决不同意生养孩子，可是 Genie 的母亲还是接二连三地怀孕。在其怀孕期间，遭到丈夫的残暴殴打，甚至威胁要杀了她。Genie 前面的两个孩子出生后都不幸夭折，第三个孩子被奶奶带回自己的家才勉强活下来。在这种背景下，Genie 出生了，除了身体发育有些问题之外，医生认为 Genie 可能还存在一定程度的智力障碍。医生的诊断成为 Genie 的父亲虐待、无视她的最好理由。Genie 的父亲从她 20 个月起就将其强行关到后院的一个小屋子里，并阻止她的母亲和其他家人去探望。白天 Genie 被固定在坐便椅上，除了手脚之外，身体的其他部位都不能活动。晚上，Genie 被放在一个睡袋里——另一个刑具里，睡袋是她父亲亲手设计的，Genie 躺在睡袋里动弹不得，然后她又被放到一个四周和顶部都覆盖有金属丝网的婴儿床上。Genie 就这样在这个小房间里度过了无数个日日夜夜，直到十三岁半才得到解救。在被囚禁期间，Genie 几乎接触不到任何语言输入，她父亲不跟她说话，只要她发出声音，就会遭到父亲的殴打，于是，她学会了压抑所有的发声。

当 Genie 被解救时，身体处于严重营养不良的状态，并且既没有任何社交能力，也没有任何语言能力。在经过一段时间的语言辅导之后，Genie 取得了一些进步，但在语音、语义、语法等方面的进步并不均衡。到了 18 岁时，Genie 才慢慢地学会说一些很短的句子，但只有最低限度的语法能力。她说的话具有英语语序，能造出双词话语来表示所有关系、从属关系、主谓关系；但是她说的话语基本上没有句法：没有助动词、疑问词、代词，问句也不倒装。

不过在辨认脸孔、判断部分和整体、识别型式，即发挥大脑右半球功能方面，Genie并不亚于任何正常的小孩（Carroll, 2008）。

以上两个案例较好地回答了第一和第二个问题，即语言习得不仅需要语言输入，而且要求语言输入必须发生在特定的时间段之内。同时也说明儿童一旦错过了语言习得的关键期，就会给语言习得带来许多问题和麻烦。不仅如此，语言环境在语言习得中也是不可或缺的，是语言习得的必要条件。

第三个问题是：什么样的语言输入更有助于儿童的语言习得？大量研究表明，儿向语（motherese, child-directed speech）在一定程度上对语言习得起着促进作用。儿向语是成人在与儿童交谈时使用的一种特殊的语言形式，具有以下特征：(1) 直接性和具体性。儿童所接受的语言都是那些能够直接在周围环境中感受到的具体事物，而不是抽象的事物。(2) 合乎语法性。一般来说，成人对儿童说的话都比较符合语法规则。(3) 句子简短。(4) 用词简单。(5) 语调、语气和重音的使用比较夸张。儿向语能够使儿童保持兴趣，让他们注意到成人说话的内容，从而帮助他们发展语言能力。成人同儿童交谈的话题，多是即时即景的，只有在儿童的认知语言得到一定的发展之后，成人才会同儿童交谈过去已经发生的或未来将要发生的事件。

儿向语假设认为成人对语言作出的调整与儿童语言发展之间存在着一定的关系，即调整之后的语言特征有助于儿童的语言发展。

二、认知过程

尽管我们在前面的例证中看到了语言环境的重要性，但是语言环境不足以解释语言习得。要能充分利用语言输入，儿童还必须具备一定的认知先决条件。此处用一个简单的类比予以说明，假设学生选修了一门哲学课程，老师不仅准备充分，课也讲得好，并认真为学生答疑。尽管以上这些特征都对学生有利，但仍然不能保证学生一定能取得理想的学习效果。因为，哲学课尤其要求学生具有抽象思维的能力、撰写具有分析性论文的能力，即使老师的课讲得再好，如果缺乏这些能力，那么学生还是会遇到许多困难。同理，在儿童语言习得中，只有当儿童有能力充分利用语言输入信息时，语言环境才能真正起作用。

Slobin（1973，1985）曾提出儿童语言运用能力的一系列认知操作原则。操作原则指儿童偏好的吸收和处理信息的方式，是儿童从语言体验中获益的认知先决条件。以下表格展示了儿童习得语法的操作原则，如儿童必须记住单词出现顺序与其意义之间的关系。处于双词话语阶段的儿童已经获得了某些语法知识，而操作原则能使他们意识到词序的重要性。

表 3.2 儿童使用的操作原则

A	注意词尾
B	单词的语音形式可以被系统地改变
C	注意单词和词素的顺序
D	避免打乱和重组语言单位
E	内在语义关系要明白清晰地表示出来
F	避免特例
G	语法标记应该具有语义含义

Piaget 把儿童 0—2 岁阶段叫作感觉运动期。在这个阶段，儿童主要运用感知运动图式获取信息。在感觉运动期的后期，儿童习得了客体永久性，也就是说，即使某一客体从儿童的视野中消失，儿童依旧知道该客体仍然存在，并且该客体可以独立于自己的行为和知觉而存在或运动。儿童大约在 9—12 个月时会获得客体永久性，而在此之前，儿童往往会认为不在眼前的客体（人和物体）就不存在了，并且不再去寻找。客体永恒性是后续认知活动的基础。该特性与儿童语言习得有着密切的关系。儿童在习得客体永久性之前所习得的词汇只与当前的情境、事物有关；在习得客体永久性之后，儿童便开始使用词汇来指代一些并不在眼前的客体。

三、内在机制

Chomsky 认为语言是先天的、具有生物学基础的、相对独立的一种能力，这种与生俱来的能力叫作"语言习得机制"（Language Acquisition Device，LAD）。学习语言不是对环境的刺激所作出的反应，而是人们根据大脑中有限的规则创造出无限句子的过程。针对 Skinner 指出的语言是大量模仿练习、习惯养成的结果，Chomsky 提出刺激贫乏论（Argument for Poverty of Stimulus），认为环境并没有为儿童提供足够的语言刺激，如果没有语言习得机制，儿童就不可能习得复杂的语言系统。语言习得机制包含所有自然语言中的普遍现象，能够解析这种普遍现象的一套原则和规则系统就构成了普遍语法（Universal Grammar）。普遍语法是人类特有的、是遗传所赋予的、与生俱来的一套普遍语言规则。

Chomsky 提出的普遍语法理论，也称为原则与参数理论。普遍语法不仅包括一套普遍原则，还包含一系列参数。普遍语法参数是一组设置在普遍语法广义原则上的句法选项，使语言呈现出多样性。例如毗邻参数中涉及严毗邻和松毗邻，就可以部分体现不同语言的内在特征。根据毗邻参数，英语是一种严毗邻的语言，动词和直接宾语之间不能有其他短语插入；而法语却是一种松毗邻的语言，动词和直接宾语之间可以插入其他成分。当儿童习得严毗邻结构或松毗邻结构时，将利用他们大脑中的参数与语言输入进行比对，通过归纳总结习得某一句式。普遍语法参数的设置是人类语言呈现多样化的系统，揭示不同语言间的共性特征。

Bickerton（1981，1983，1984，1999）提出语言生物程序假说（Language Bioprogram Hypothesis）来说明语言内在机制在语言习得中的作用。Bickerton 认为儿童具有与生俱来的内在语法能力，在语言输入不充分的情况下，该内在语法能力起到补偿作用，可以使儿童习得某一种语言。这种能力就像一种语言后备系统。为了更好地理解这种语言的内在机制，下面用皮钦语（pidgin）和克里奥语（creole）来予以说明。

皮钦语指来自不同语言背景的人在密切接触时产生的一种辅助性语言（Bickerton，1984）。这种情况常常发生在接触的早期，有些国家和政府以低廉的价格从其他国家输入一些劳工来为他们工作，这些外来劳工在劳作时，由于语言不通而无法沟通交流，于是他们逐渐开始使用一种在该地区语言基础上简化而来的语言形式，使他们之间能勉强地进行一些简单的沟通和交流。皮钦语不是任何人的本族语，它只是一种接触语言。皮钦语非常粗浅和原始：词汇量小，既没有固定的句法和词序，也没有复杂语句和从句，甚至一个句子中往往没有动词。从语言学的角度看，皮钦语只是语言发展的一个早期阶段，是在没有共同语言而又急于进行交流的人群中间产生的一种混合语言，是不同语言人群联系沟通的语言。

当皮钦语进一步发展、成为移民后代的母语时，就出现了完整的文法，进而形成稳定的克里奥语。克里奥语指移民的后代习得皮钦语、并将皮钦语作为自己母语的一种混合语。由于这些移民的后代很难接触到主流语言，因此他们把皮钦语作为主要的语言输入。尽管语言刺激极度贫乏，语言输入极其不充分，但是这些移民后代习得的克里奥语还是相当复杂的。克里奥语有固定的词序和复杂的句式，能区分定冠词和不定冠词，有着类似于其他语言的结构规则。

克里奥语的习得充分说明了儿童具有语言内在机制，该机制使他们能够在语言输入不充分的情况下习得一种语言。

第三节 第一语言习得理论

不同的心理学流派和语言学流派从不同视角对第一语言习得作出解释，其中比较具有代表性的理论有行为主义的"刺激—反应"论、心灵主义的"内在论"、认知发展论和语言功能论等。

一、行为主义的"刺激—反应"论

行为主义心理学认为可以用"刺激—反应"论来解释人类的一切行为，语言作为人类行为的一个重要组成部分也不例外。当个体的某一个反应得到强化时，该反应便被保持下来，成为一种习惯。同样，语言学习也是一种习惯，可以通过模仿、积极强化和不断重复而形成，学习语言的过程就是形成语言习惯的过程。行为主义心理学代表人物 Skinner 在《言语行为》（1957）一书中指出，语言是一种行为，可以通过外部行为的表现来观察。语言不是先天拥有而是后天习得的。有效的语言行为是个体对刺激物作出的正确反应。在语言学习过程中，外部影响是内因发生变化的主要因素，语言行为和语言习惯受外部语言刺激的影响而发生变化。

Skinner 的言语行为理论基于他提出来的操作性条件作用学说。操作性条件作用是操作—强化的过程，强调的是跟随操作后的强化（即刺激）。在 Skinner 设计的箱子里，白鼠经过多次试误，便建立起按压操纵杆和可以吃到食丸之间的联系，随后，它便会不断按压操纵杆，直到吃饱为止。同样，当儿童说出一句话时，如果他得到反馈和强化（来自他人的赞许和肯定），那么这个句子就会习得并保持下来，逐渐养成说这句话的习惯。例如当儿童说"要喝牛奶"时，家长便会给他一些牛奶（强化物），如此反复多次之后，"要喝牛奶"这个句子就习得了。

20世纪50、60年代的语言学习和语言教学深受行为主义学习理论的影响，反映在外语教学中，教师使用听说法、视听法和采用句型操练为主的教学模式，目的是让语言学习者对目的语进行大量的重复和操练，达到"刺激—反应"的效果，最终帮助他们形成语言习惯，塑造言语行为。反复操练一直被看作是语言学习的一个重要的、有效的手段，尤其在外语学习初级阶段被广泛地应用。同时，行为主义对外语教材编写也产生了一定的影响，当时的外语教材中有大量的句型操练（pattern drills），旨在让语言学习者反复练习，直到形成语言习惯。

Skinner的语言观和语言学习观对语言学习和教学产生了深远的影响，模仿、练习和强化等手段在语言学习和教学中得到了广泛的应用。然而，人们逐渐对行为主义的学习理论产生了质疑，Skinner的行为主义学习理论尤其受到来自美国语言学家Chomsky的批评和挑战。Chomsky提出刺激贫乏论（The Poverty of Stimulus Argument）指出儿童的语言习得只有语言刺激是远远不够的，特别是在现实生活中存在着语言刺激贫乏现象。也就是说，成人不可能为儿童示范每一个句子，儿童也不可能通过模仿来学会说每一句话。成人也并不总是对儿童说出的话进行强化，即使有强化，也是针对话语的内容而较少关注话语的形式和结构。Chomsky认为行为主义学习理论不能解释儿童言语行为中的创造性，仅仅靠"刺激—反应"并不能培养出语言的交际能力。

二、认知发展论

20世纪50年代中期认知心理学流派取代了行为主义，对学习以及语言学习作出了新的解释。认知是心理过程的一部分，是信息加工过程中的最高阶段。认知活动最本质的特点是利用知识来指导人们当前的注意和行为，它涉及信息的获取和表征、信息转换为知识、知识的记忆（存储和提取）、运用知识进行推理等心理活动。认知流派认为，语言学习是人类认识世界的一部分，因此,应该将它放在整个人脑认识事物的框架中加以考察与分析。

以 Piaget 为代表的认知流派认为,认知发展是语言发展的基础,语言发展是认知发展的一个有机组成部分,语言能力是个体认知能力的一个方面,是主体与客体相互作用的产物。语言是伴随着认知发展而发展的,认知结构发展到一定阶段,才出现语言。语言发展受制于认知发展,同时,语言的产生对认知能力的发展起很大的促进作用。一方面,有了语言,人们可以交流思想、信息;另一方面,语言能帮助人们更好地思维和认知新事物。可见,语言既是一种认知活动,同时又以认知为基础。

Piaget 认为儿童认知发展经历了几个不同的发展阶段。这几个发展阶段分别是:感觉运动阶段、前运算阶段、具体运算阶段和形式运算阶段。每一个发展阶段均有一个独特的、基础的认知结构,所有儿童都遵循这样的发展顺序。语言在感觉运动阶段的最后几个月才出现,除了习得语言之外,儿童还将获得其他许多符号功能,如象征性游戏、绘画等。语言功能也是一种符号功能,是儿童获得的许多符号功能中的一种特殊功能。前运算阶段初期的儿童处于自我中心言语阶段,缺乏倾听能力,没有信息和意念的交流,随后发展到能用社会言语(social speech)进行交流。在具体运算阶段,儿童逐渐具有言语理解能力,能够理解、解决具体问题。在形式运算阶段,青少年的语言表达超越了具体事物,除了表达现实性以外,还具有表达可能性的语言能力。

Vygotsky 则认为儿童的语言发展在认知发展中起着重要作用,语言的发展带动认知的发展,语言在儿童认知发展中起关键作用。语言是儿童用以认识与理解世界的一种中介工具,是一种思维工具。

语言作为儿童与他人进行社会交往的工具,具有交际功能。成年人以及同伴在儿童的社会交往过程中起着重要作用。成年人通常进行解释,给予指导,提供反馈并引导交流。而同伴则在游戏与课堂情境中,通过对话来促进儿童之间的合作。儿童可以通过与比自身更有能力的人一起进行有意义的活动来学习,通过活动进行对话,在个体之间相互交流思想,个体便得到发展。

语言在儿童智力行为的形成中起着指导和调节的作用,语言的发展是在社会文化历史环境中实现的。Vygotsky 认为"自言自语式"的外在言语是个人言语内化的先兆,是内部言语的开端。个人言语是引导个体思维与行为的自我谈话,在自我调控的发展中起重要作用。随着儿童的成熟,喃喃自语逐渐发展为内部语言和思维。

总之，认知科学认为人的语言能力从属于人的一般认知能力，语言能力跟一般认知能力没有本质上的差别，语言能力的发展跟一般认知能力的发展有着极为密切的联系。认知心理学主张语言是受规则支配的创造性活动，语言学习是掌握规则、构建意义，而不是形成习惯。语言学习是一个认知过程，涉及词汇提取、选择语法规则等步骤，要求学习者对所学语言结构提出假设，作出判断，并根据新的语言输入证明假设的正确与否。语言学习是在不断对目的语进行预测、提出假设、验证、纠错过程中进行的。在学习的每一个阶段，学习者所掌握的是既不同于他的母语，又不同于目的语的中介语。在学习者取得进步之后，他的中介语就会距离目的语更进一步。在学习过程中，出现错误是难免的，错误往往揭示了外语学习过程的本质，错误分析为有效地进行外语教学提供了一定的依据。

认知心理学强调有意义的学习，强调要在理解语言知识和规则的基础上操练外语，从而获得语言能力，主张在第二语言教学中发挥学习者的智力作用，通过有意识地学习语音、词汇、语法知识来理解、发现、掌握语言规则，并能从听、说、读、写等方面全面地、创造性地运用语言。

认知发展论解释语言习得的不足之处在于以下三个方面：其一，认知发展论并不是专门用于解释儿童语言习得问题的；其二，语言发展受诸多因素影响，只强调认知一个方面的作用是片面的；其三，认知发展论只强调认知能力对语言能力的影响，但忽略了语言能力对认知发展的影响。

三、心灵主义的"内在论"

20世纪50年代，Chomsky开始对行为主义学习理论产生了质疑，认为Skinner的言语行为理论无法解释人类习得语言的潜能、语言发展、语言的抽象性和语义等问题。Chomsky在对语言进行深刻的哲学思考的基础上创建了生成语言学派，着重探讨语言的本质问题，对语言的心理属性进行了深入的探讨，使理性主义重新回归到语言研究中的主导地位。Chomsky认为学习语言不是对环境的刺激所作出的反应，而是人类大脑根据有限的规则创造出无限句子的过程。语言是先天的、具有生物学基础的、相对独立的一种能力，这种能力表现为人类大脑中与生俱来的"语言习得机制",语言习得机制包括人类语言的普遍蓝本,如语言类别、句法层次结构、语法制约等内容。这些内容是无法从儿童语言经验中归纳总结出来的。语言习得机制促使人类能够生成语法、生成语句,生成能力是语言学习最重要的一个特点。在 Chomsky 看来,环境并没有为儿童提供足够的语言刺激,如果没有语言习得机制,儿童就不可能习得那么复杂的语言系统。语言习得机制包含所有自然语言中的普遍现象,能够解析这种普遍现象的一套原则和规则系统就构成了普遍语法。普遍语法是人类特有的、是遗传所赋予的、人类天生就具有的一套普遍语言规则。

Chomsky 的转换生成语法则强调语言的普遍性(linguistic universals)。Chomsky 认为,尽管各种语言在表层结构(surface structure)上不同,但他们的深层结构(deep structure)非常相似,人类习得语言的过程也基本上相同。

Chomsky 区分了语言能力(linguistic competence)和语言表现(linguistic performance)这两个概念。语言能力指理想的母语使用者具有的关于语法规则的知识,是不能直接观察到的。这种语言知识使人们能够理解并说出语句,包括说出那些从没有听说过的句子。语言表现指个人对语言的实际运用。一个人的语言知识不同于他用这种知识来遣词造句和理解句子的方式。人们在某些场合对语言的实际运用,由于受心理、生理和社会等因素的影响而发生偏离语法规则的现象,不一定能真实地反映他们的语言能力。

普遍语法理论认为人类的语言由一些共同的语言规则构成,这些规则包括原则(principles)和参数(parameters)。原则指比较抽象的语法规则,适用于所有语言。参数指因语言不同所产生的差异,主要根据具体的语言数据来定值。Chomsky 一方面强调作为原则系统的普遍语法是人类共有的、先验地存在于人脑中的,另一方面他也承认后天经验在形成语言能力过程中的作用。他明确指出,人类说话能力的形成一部分归因于天赋观念,一部分归因于后天的语言接触(language exposure),而且这种天赋的语言习得能力只有在后天的语言接触的激活下才能体现出来,先天和后天的相互作用才能形成语言能力。Chomsky 认为,学习一种语言就是学习个别语法、将普遍语法的原则应用于某一具体语言的过程。

心灵主义的"内在论"强调儿童语言习得具有较强的系统性。在习得的任何阶段,儿童根据语言输入对语言作出各种假设,并在言语产出时验证这些假设。在儿童语言发展过程中，这些假设不断被修正、重塑，甚至摒弃。

"内在论"的不足之处主要体现在以下三个方面：其一，存在于人脑中的语言习得机制只是一种假说，是思辨的结果，很难通过实验来证明；其二，Chomsky 将语言习得机制与人类的其他功能分开，认为语言能力与智力没有直接联系；其三，"内在论"对社会环境的作用估计不足。语言体系由社会约定俗成，儿童离开社会环境，即使有语言习得机制，也无法识别和应用第一语言的语法规则。

四、语言功能论

语言功能论的代表人物是著名语言学家 M. A. K. Halliday。语言功能论是从语言交际功能的角度研究语言发展的。儿童语言习得是为了学会如何表达意思，如何用语言做事、进行交际。对儿童来说，掌握语言结构固然重要，但更重要的是掌握语言的语义体系和语用体系。Halliday（2008）认为儿童学习语言最基本的任务就是建构一个由语音、词汇语法和语义组成的三层系统，语言是形式和意义统一起来的符号系统。然而，Halliday 认为，只从语言结构的角度探讨儿童语言习得，并不能解释为什么儿童能掌握成人的语言体系以及儿童的语言体系如何过渡到成人的语言体系。儿童语言习得过程不仅是认识世界并与世界进行交往的过程，也是学习如何通过使用语言来表达各种意义的过程，更是不断社会化的过程。

成人与儿童语言的根本区别在于成人能在抽象、间接的情景中使用语言，因此，儿童学习语言实际上就是学习如何脱离间接的语境，通过使用语言实现各种交际目的。儿童的语言体系中先有意义体系，然后借助成人语言，由简单语言发展为复杂语言，并在交际过程中不断得到完善，最后逐渐向成人语言体系接近直至吻合。Halliday 认为，儿童语言的发展从一开始就是通过说话实现某种目的的产物。一个孩子出生之后，不仅需要先逐步认识周围的人和事物，还需要学会与周围的人交往，既要满足物质上的需求，也要满足精神上的需要。

Halliday（2008）将儿童语言习得过程分为三个阶段：第一个阶段是原型语言（protolanguage）阶段，第二阶段是原型语言阶段到成人语言的过渡阶段（transition），第三阶段是学习成人语言阶段（adult language）。原型语言的符号是儿童自己创造出来的,每一个声音都有其独特的功能。Halliday 认为原型语言是儿童在不断适应外部环境并与之互动的过程中发明创造的,表明儿童认识世界的本能和将自我纳入母语社会的需求。原型语言有两个特点:第一,每个声音或每句"话"只发挥一种功能,第二,每种语言只有声音和意义两个层次,而成人语言除了语音和意义之外,还有词汇—语法这个中间层次。当儿童语言向成人语言过渡时,将经历一个过渡阶段。当儿童进入过渡阶段,开始使用真正意义上的词语,并学习语法和对话,尝试使用成人语言三层系统(即语音、词汇语法和语义层)来代替自己的两层系统(内容与表达)。过渡阶段的语言(transitional language)不同于原型语言,每个语音或每句话都能同时发挥两三种功能。掌握全部语言功能是向成人语言系统转变的充分必要条件。当进入成人语言阶段时,语言便有了语义、词汇—语法和语音三个层次。语言功能论从语言交际功能的视角来说明第一语言习得的过程,注重阐述儿童对语言意义和功能的掌握。在该理论的影响下,产生了功能法教学流派。

以上四种有关第一语言习得理论可以归纳为:行为主义的刺激—反应论认为后天环境的外部因素决定一切,儿童必须通过大量的练习、模仿和强化才能习得语言;认知论认为语言习得是先天与后天相互作用的结果,语言能力是认知能力的一部分,语言发展是伴随着认知发展而发展起来的;先天论认为儿童先天的语言习得机制决定一切,大脑中的普遍语法使儿童具有生成语法、生成句子的能力;功能论将第一语言习得看作是语义体系掌握的过程,是儿童掌握不同语言方式来表达各种功能的过程。

综合以上不同观点,可以得出以下结论:(1)儿童第一语言习得是先天语言习得能力和后天环境作用的结果。语言习得既需要语言规则的内化,又需要大量语言输入,并通过模仿、操练养成语言习惯;(2)儿童的语言能力是认知能力的一部分,与儿童的认知发展相适应;(3)儿童语言的习得既包括语言结构的习得,也包括语言功能的习得;(4)儿童语言习得是在交际中实现的。

思考题:

1. 简要论述第一语言习得的过程。
2. 影响第一语言习得的主要因素有哪些?
3. 行为主义的"刺激—反应"论是如何解释第一语言习得的?

第四章 第二语言习得

第二语言习得研究作为一门独立学科，起源于20世纪60年代末、70年代初，以Corder于1967年发表的经典论文《学习者错误的意义》("The Significance of Learners' Errors")为标志。第二语言习得研究探讨学习者的第二语言特征及发展变化，考察学习者的共性特征和个体差异，并分析影响第二语言习得的内外部因素。在此基础上，研究者从不同的视角提出了不同的第二语言习得理论，这些理论加深了人们对语言本质、语言环境、语言习得心理机制的认识，在很大程度上也影响了人们对外语教学本质的认识，对语言教师和外语学习者有着重要的指导意义。本章将从第二语言习得基本要素、第二语言学习者语言特征以及第二语言习得理论这三个方面展开论述。其中第二语言习得的基本要素包括：语言输入、互动和语言输出。第二语言学习者语言特征研究涉及对比分析、中介语和错误分析。第二语言习得理论主要归纳为：认知论、内在机制论、环境论和互动论。

第一节 第二语言习得基本要素

在第二语言习得中，语言输入、互动和语言输出是三个不可或缺的要素。输入与互动假说突出语言输入和互动在语言学习中的重要地位，在语言互动中学习者接受可理解性的输入，通过意义协商来理解输入，有利于语言形式的学习和内化。语言输出在语言习得中也占据着重要地位。如果只有输入，没有输出，学习者就不能在实践中运用语言，也就不可能真正习得语言。

一、语言输入

1. 语言输入的含义

语言输入指学习者获得的任何语言信息。这些信息可以是听觉的，也可以是视觉的；可以是书面形式，也可以是口头形式。在语言互动中，输入主要是听觉的、口头的。儿向语是第一语言学习中最重要的语言输入。儿向语是一种专门说给幼儿听的语言，语言的内容和形式（所用的词句、语调、语速等）都需适应幼儿的语言能力和认识能力、理解能力和接受能力。

在第二语言学习研究中，外国人话语（foreigner talk）也是一个热门话题。外国人话语是母语使用者对语言学习者使用的一种简化的目的语。Larsen-Freeman & Long（2000）详细总结了外国人话语的语言和会话特征：（1）语音：发音清晰，语速较慢，音调夸张，多用重音和停顿，多用完整形式而避免使用缩略语；（2）词法和句法：多用完整语句，少用复杂话语，话语简短，多用基本语序、语言关系的显性标记、现在时和一般疑问句；（3）语义：多用语义关系的显性标记，限制词汇量，少用习语，多用名词、动词、系动词及内容词，少用语义模糊的词等；（4）内容：话题狭窄并具有可预见性，选择即时即景的话题，对话题不作深入探讨；（5）会话结构：话题变换比较频繁，接受话题的转换，通过提问引发新话题，重复自己或对方的话，检验对方是否理解谈话内容，检验自己是否理解对方的话语、请求说话者说明其话语内容，多用问答结构、分解话题。

外国人话语促进学习者第二语言的学习和发展，主要表现在：（1）促进交际。这是外国人话语的主要功能，因为语言和会话结构调整可以简化语言形式，促进学习者对学习内容的理解；（2）可以间接或直接地表明说话者的态度；（3）可以间接地教授目的语（Ellis，2013）。

尽管第二语言学习中并不总有母语使用者的帮助，但外国人话语不是获得第二语言输入的唯一方式。在中国，课堂教学是英语学习的主要形式，而教师并非都是英语母语使用者。课内和课外互动通常是在学习者之间或学习者与教师之间进行的。外语学习环境和二语习得环境存在着诸多差异，因此，要结合实际的外语学习环境，有针对性地为外语学习者提供有效的语言输入。在中国外语学习情境下，有意识地通过各种听力、阅读以及多媒体等方法和渠道获得丰富的语言输入是语言习得的重要途径。

2. 输入假说

语言输入假说是 Krashen（1985）语言习得理论的核心部分。输入假说认为，语言习得的唯一途径是理解信息或接受可理解性输入（comprehensible input），可理解性输入是语言学习的必要条件。学习者按照自然顺序，通过接触到可理解性语言输入，即略高于他现有语言水平的第二语言结构（如语音、词汇、构词和句法），从而习得第二语言。Krashen 用"i+1"公式来表示可理解性输入，其中"i"代表学习者现有的语言水平，"1"代表略高于学习者现有语言水平的语言材料。学习者通过语言或非语言语境、对世界的认知、已有的语言知识，还有课堂教学中教师使用的教具、翻译和解释来理解新的语言材料。

Krashen 认为要促成语言习得成功必须具备两个基本条件：一是学习者要具有充足的可理解性语言输入；二是学习者自身要具有语言习得机制（language acquisition faculty），二者缺一不可。输入是关键的环境因素，同时，语言习得还受语言习得机制的制约，并不是所有可理解性输入都可以进入语言习得机制。

Krashen 认为，理想的输入应具备以下几个特点：(1) 可理解性 (comprehensible)：可理解性输入的语言材料是语言习得的必要条件；(2) 趣味性和相关性（interesting and relevant）：语言输入应该是相互关联的、有趣的，输入的语言材料趣味性越强、相关性越大，学习者就越能在不知不觉中习得语言；(3) 未按语法顺序安排（not grammatically sequenced）：语言输入是在自然环境下进行的、注重意义的语言交际，而不是按照语法顺序安排的。如果目的是"习得"而不是"学习"，那么按语法顺序安排的教学不仅没有必要，而且不可取；(4) 足够的输入量：要习得新的语言系统，需要为学习者提供足够多的语言输入。

Krashen (1983) 指出输入转变为吸收（intake）需要经过三个阶段：(1) 学习者接触到略高于自己现有语言水平的可理解性输入——"i+1"，并理解其意义；(2) 学习者注意到新的语言材料不同于自己已经习得的中介语规则；(3) 学习者接触更多的"i+1"语言材料，但无须过多，达到习得的最低要求即可。

可理解性输入是语言习得的必要条件。但有大量的可理解性输入并不等于学习者就可以学好目的语，第二语言习得还受许多情感心理的影响，语言输入必须先经过情感过滤才能进入语言习得机制，进而才有可能变成语言吸收。Krashen (1985) 认为影响语言习得的情感因素主要有：动机、自信心和焦虑程度。如果学习者有强烈的学习动机，充满自信，保持适度的焦虑水平，就容易理解更多的语言输入，并通过语言习得机制的作用将输入转化为吸收。

二、互动

1. 互动的含义

互动指学习者试图与母语使用者、教师或其他语言学习者进行交流（Ellis，2013）。这种互动也称为协商互动或意义协商。Wagner-Gough & Hatch（1975）指出会话在二语发展中起着重要作用，认为语言学习源自如何开展对话和如何进行交流，会话互动是获得可理解性输入的重要方式和语言输出的重要手段。

互动可以分为认知互动和社会文化互动。认知互动强调学习者内在的语言信息处理能力和创造性，以及语言环境中的输入和意义协商的作用。在语言互动中学习者接受可理解性输入，或者通过意义协商来理解语言输入，有利于学习和内化语言形式。社会文化互动认为语言互动不仅是内部学习机制的输入来源，互动本身也是学习过程。社会文化互动强调文化的主导作用，认为语言学习的过程就是社会化的过程。语言是社会互动和活动的媒介，语言的学习通过社会互动得以实现。语言是思维发展的工具，也是思维的工具，语言的使用让思维成为可能。

下面的例子是英语母语使用者（NS）与第二语言学习者（NNS）之间的一段对话。对母语使用者的话语"glasses"，学习者开始好像没有理解。母语使用者重复了该词并对其进行了解释，但学习者还是有些困惑，母语使用者继续释义，学习者才明白该单词的意义。在这个过程中，二人不断地进行交流、协商意义，最终学习者理解了该词语的意义（Mackey，1999）。

NS: There's there's a a pair of reading glasses above the plant.
NNS: A what?
NS: Glasses reading glasses glasses to see the newspaper?
NNS: Glassi?
NS: You wear them to see with, if you can't see. Reading glasses.
NNS: Ahh ahh glasses to read you say reading glasses.
NS: Yeah.

互动调整有三种表现形式：检验自己的理解是否正确（confirmation check），检验对方是否理解了自己的话语（comprehension check），请求说话者说明其话语内容（clarification check）。以下三个例子分别说明了这三种情况。

(1) NNS1: I have bought a laptop. It is fantastic!

　　NNS2: *A laptop?*

(2) NNS1: I went to Shangri-La a week ago. *Do you know Shangri-La?*

　　NNS2: Yeah, only a little.

(3) NNS1：I read an article on cloning. It is amazing!

　　NNS2：*Cloning? I have no idea about that.*

可以看出，互动中的反馈可以让学习者注意到正确的语言形式。互动反馈是在交际过程中通过语言会话调整和意义协商给予学习者的反馈（Gass，2003）。互动反馈主要有两种：重述（recast）和引导（elicitation）。重述表示教师或他人重新表述学习者的语言，使其更加近似目的语的语言形式。引导指教师或他人不直接纠正学习者的语言错误，而是引导学习者重新表述语言形式。这两种反馈都可以促进第二语言学习，特别是在交际教学课堂中。重述可能引起学习者注意到自己的语言表达与目的语形式之间的差异，从而改正错误的表达形式（Long & Robinson，1998）。重述将目的语形式语境化，学习者是在理解了信息之后注意到语言形式的不同，这有助于他们学习正确的语言形式来表达意义（Long，2007）。引导为学习者提供自我修正的机会，促进语言形式从长时记忆中提取，同时有利于学习者检验和修正自己关于目的语的假设（Lyster & Ranta，1997）。下面分别是重述和引导的例子。

(1) Student: I go to Beijing last month.

　　Teacher: *Yes, you went to Beijing last month.*

　　Student: went to Beijing.

(2) Student: After a day of hard work, she was tiring.

　　Teacher: I am sorry, *she was...?*

　　Student: Oh, she was tired.

2. 互动假说

Long（1981）将可理解性话语、输出以及会话的作用综合在一起，提出了互动假说（Interaction Hypothesis），对语言习得过程作出进一步的解释和研究。互动假说经历了不同的发展阶段。早期互动假说认为输入是语言习得的必要但非充分条件。除了语言输入，会话参与也是必需的，因为对话交流中话语调整不仅可以提高输入理解，而且更有利于语言的习得。互动假说主要涉及一种特定的互动活动——意义协商。意义协商可以帮助学习者理解输入，解决交际障碍。通过意义协商，学习者可以理解新的语言材料，这些可理解性的新信息有可能成为语言吸收（Larsen-Freeman & Long，2000）。

但是早期互动假说存在着一些缺陷。首先，假说认为互动式调整的语言输入相较于预先调整的输入能更有效地促进理解，但是实证研究并不完全支持这一观点；其次，假说认为理解促进习得，但是对语言材料意义的理解不能保证语言规则的习得，因为对语言材料意义的理解在很大程度上依赖于非语境、个人常识等；最后，假说认为互动式调整输入特别有益于习得的发生，但研究证明（Gass & Varonis，1994）预先调整语言输入也能有效促进理解，进而促进习得的发生。

Long（1996）进一步发展了互动假说，将输入、互动和输出等概念纳入互动假说，认为学习者的内在能力（internal capacities）也是二语习得过程的一部分。修改后的互动假说认为，对二语习得起促进作用的互动类型包括获得可理解性输入的机会、提供二语形式的反馈、产出调整后的输出机会，会话互动过程中获得的反馈能促进中介语的发展。与此同时，修改后的互动假说还关注选择性注意和负面反馈在语言习得中的作用。选择性注意是信息处理的前提条件。大脑的信息处理能力有限，学习者很难同时关注到意义和形式。为了合理有效地利用认知资源、降低认知负荷，学习者在意义协商的过程中，将注意力转向那些产生交际障碍的语言形式。在意义协商中，对方会提供正面反馈让学习者注意到目的语的正确形式。在某些情况下，学习者也会接受负面反馈。负面反馈是对学习者产生的不标准语言形式的反应，主要有两种表现形式：检验自己的理解是否正确，请求说话者说明其话语内容。负面反馈有助于学习者意识到自己的语言表达与目的语之间的差距，有利于语言规则的习得。

三、语言输出

1. 输出的含义

输出是第二语言学习者的语言产出,可以是口头形式,也可以是书面形式。针对 Krashen 提出的可理解性输入,Swain 认为可理解性输出(comprehensible output)是语言习得过程中不可或缺的关键环节,是提高学习者语言能力的重要因素。在 Swain 看来,语言输入是语言习得的必要条件,但不是充分条件。学习者要成功地习得语言,仅仅靠语言输入是不够的,还要迫使他们进行大量的语言输出练习(pushed output)。Swain 主张学习者需要强制性地传递信息,信息不仅要传达出来,而且还要传达得恰到好处、连贯得体。

学习者可以通过参与结对练习、小组讨论的方式来尝试运用所学语言,除此之外,还可以使用目的语来写故事、日记、作文、读书报告、课程论文等,这些活动都可以促进学习者第二语言的书面表达。只有通过输出的语言实践活动,学习者的语言能力才会不断得到提高。

2. 输出假说

Swain(1985)提出的输出假说(The Output Hypothesis),是对输入假说的批评和补充。Swain 认为第二语言学习者不仅需要接触大量的可理解性输入,更需要产出可理解性输出。语言输出对学习者达到较高语言水平起重要作用,有助于提高语言表达的流利性、准确性和得体性。学习者必须不断地练习口语和写作,才能更加自信地运用第二语言。

语言的输入和输出涉及不同的认知过程。输入时,学习者的重点放在对意义的理解上;相比之下输出的过程要复杂得多,输出迫使学习者注意语言形式,特别是当交际受阻时,交际双方必须通过意义协商来传递信息。意义协商意味着说话者必须使用准确、恰当、连贯的语言完整地表达自己的意愿,而不仅仅是满足于让话语中的信息被理解。

输出假说的提出源于 20 世纪 70 年代在加拿大推行的法语沉浸式教学。从 20 世纪 70 年代开始,加拿大对部分说英语的学生进行法语沉浸式教学。法语作为学校的教学语言,其目的是既要学生掌握所学科目的知识,又要达到较高的法语水平。在这种教学环境中,学生可以得到十分丰富的可理解输入。为了调查沉浸式教学效果,Swain(1985)进行了一项大规模的双语能力发展过程的比较研究,研究对象6年级沉浸班学生和6年级母语为法语的学生的语言能力。结果显示,沉浸班学生的听力和阅读能力与以法语为母语的学生不相上下,但他们的语言输出能力,即说、写的能力却逊色不少,即使是高年级的学生,他们的词汇、句法和话语方式与地道的法语仍然有一定的距离。经过深入研究,Swain发现沉浸班的学生虽然在课堂上用法语交流,但法语输出长度非常有限,几乎半数的话语长度仅为1—2个单词,或1个短语。在语言能力有限的情况下,沉浸班的学生借助各种交流手段,设法让老师和同学理解自己,但并没有要求自己进一步提高语言表达能力。Swain认为该现象主要是因为学生缺乏来自课堂或社会要求他们充分利用现有语言资源的压力,缺乏语言输出的练习,仅仅是停留在简单的理解和被理解的程度上,既没有最大限度地运用他们的语言资源,也没有充分发挥自己的语言能力,以提高语言输出的可理解性和准确性。

Swain(1993)界定了语言输出的四大功能:

1)输出能引起学习者对目的语的注意

输出发挥作用的重要前提是学习者必须有足够的认知资源来完成对语言形式和语言意义的注意。注意是学习者对信息进行有效加工的一个必要条件,也是将语言学习中的输入转化成吸收的充分必要条件。学习者在进行语言输出时,既要注意语言的意义,又要注意语言的形式。对语言形式的关注至关重要,如果没有对语言形式进行有意识的关注,就不可能让学习者对自己的语言进行分析。Swain认为,学习者在进行表达时往往会注意到,他们想要表达的意义与能够表达的意义之间存在着差距,这种差距使他们意识到自己还欠缺目的语知识。当学习者认识到自身的语言问题时,既会重新评价自己的中介语能力,也会在以后的输入中更加关注有关的语言特征,进而加强对相关输入信息的处理,由此激活内在的认知过程,从而促进语言习得。

由于语言意义和形式都在竞争学习者在信息加工过程中有限的注意力,因而对于未达到一定程度的学习者来说,他们没有足够的认知资源去分析输出的语言形式问题,不能保证既交流思想,又能准确无误地运用语言。只有当学习者的第二语言能力发展到一定程度时,他们的注意力才能同时兼顾形式和意义,才能提高语言产出的准确性,促进对语言知识的内化。

2）输出能对目的语进行假设检验

第二语言学习被认为是一个对目的语不断作出假设,并对假设不断检验和修订的过程。输出为学习者提供了检验的机会,学习者尝试用各种方式表达自己的意图,并检验对目的语的假设是否正确。假设检验的前提是互动和反馈,互动可以是学习者和本族语者之间的互动,也可以是学习者和老师之间或学习者和同伴之间的互动;反馈的作用在于学习者可以得知他的话语是否正确、是否被理解。当听话者表明他没有完全理解说话者的意思,要求对方进一步解释或明确他的本意时,这种反馈会给学习者提供机会来修订他最初的输出,尝试新的结构和形式,开发中介语资源,使输出具有可理解性。反馈的方式可以是证实询问或者澄清请求,态度可以是含蓄的、也可以是直截了当地纠正。通过反馈,学习者摒弃不正确的假设,重新形成正确的假设。

3）元语言功能

元语言指学习者所具有的"关于语言"的知识总和,即通过反思和分析语言所得到的关于语言的形式、结构和语言系统方面的知识。Swain 强调,当学习者反思自己的目的语用法时,输出就具有元语言功能(metalinguisitic function)。学习者可以利用一切资源获取对输入信息的理解,如自下而上和自上而下的方法,这样学习者即使没有注意到输入的语言形式,也能达到一定的理解。也就是说,学习者在对输入信息进行理解的过程中,语码实际上或多或少被忽略了,而在输出语言时,学习者不可能像在理解过程中那样去依靠外部线索和常识,他们必须进行构想,进行句法加工。正是通过语法编码使学习者更加清楚他们能用目的语表达什么、不能表达什么。所以,输出让学习者更多地参与句法认知处理,从而控制和内化语言知识。

语言输出的元语言功能并不意味着语言学习回到传统的语法学习中去。语言学习可以在语言交际中进行:学习者用目的语进行交谈,交谈的对象是目的语本身,可以是一个单词、一个语言结构等。交际的过程是学习者意义协商的过程,交际的内容是目的语语言形式及其所表达的意义,学习者用目的语进行意义协商,并同时聚焦目的语的语言形式。在交际过程中,语言能力较高的学习者可以为语言能力较低者提供正确的语言形式,这种合作性对话的元语言为语言交际提供了一种支架,可以帮助学习者提高语言能力和发展中介语。Swain 引用了 Gass & Varonis(1994)研究的一个例子来说明:

HIROKO: A man is uh drinking c-coffee or tea uh with the saucer of the uh uh coffee set is uh in his uh knee.

IZUMI: In him knee.

HIROKO: Uh on his knee.

IZUMI: Yeah.

HIROKO: On his knee.

IZUMI: So sorry. On his knee.

4）增强流利性

语言输出能提高表达的流利性。学习者越频繁地使用某一语言，就越能获得该语言的流利性。流利性是从语言的控制处理（controlled processing）发展到自动化处理（automatic processing）的结果，是自动化处理的标志。在信息处理过程中，某些认知过程需要大量的时间和大量的工作记忆容量，而另一些认识过程是常规的、自动化的，只需要较少的时间和工作记忆容量。当某种输入形式与某种输出形式之间有着一致的、规律性的连接时，这种过程即转变为自动化过程。因此，输出与语法之间一致的、规律性的成功映射即可触发处理的自动化，进而提高表达的流利性。在某一层次达到流利性可以使学习者的注意力资源用于更高一个层次上的信息加工。Swain 认为语言输出为学习者提供机会使用其语言资源进行有意义的操练，使学习者在语言使用中，加强已存储的知识，培养语言处理自动化能力，从而增强表达的流利性。

Swain & Lapkin（1995）根据大量的实验结果，建立了下列语言输出和第二语言学习模式（图 4.1）：

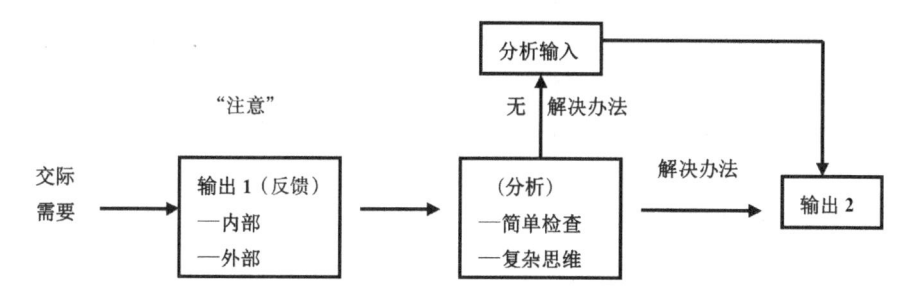

图 4.1 语言输出和第二语言学习模式

图 4.1 显示，一旦说话者用目的语进行交流，即为输出 1，这时的输出可能在语法结构、措辞等方面还不够准确、恰当，但是如果来自内部和外部的反馈引起说话者的注意，他就会分析所用的语言形式（例如进行反思等），所得的分析结果有二：一是找到了可行的方案。这时说话者产出的语言可能具有相对的完整性，此为输出 2（代表说话者的中介语最高水平）；二是没有找到可行的方案，即说话者在其中介语中没有找到相应的语言形式来完成交际。在以后的学习中，他将会特别注意类似语言输入，补充和完善自己的中介语系统。该模式分离出了两种意义不同的习得：（1）内化新的语言形式；（2）加强已内化语言形式的自动性。

第二节 第二语言学习者语言特征

第二语言习得研究的另一个重要话题是探究第二语言学习者的语言规律和特征。这一节将重点介绍和阐述对比分析假说、中介语、错误分析等议题。对比分析假说的立足点是：不同语言之间存在的差异是语言学习的难点所在。对比分析假说主张通过分析学习者的母语与其将要或正在学习的第二语言在结构上的差异，来确定两者之间的异同之处，从而预测学习者在学习第二语言时有可能出现的错误。中介语指在第二语言习得的过程中，学习者通过运用一定的学习策略，在目的语输入的基础上形成的一种既不同于其第一语言也不同于目的语，随着学习的进展向目的语逐渐过渡的动态的语言系统。学习者通过试误的手段来验证对目的语的假设，从而不断地完善他们的中介语体系，使之逐步接近目的语体系。错误分析指对第二语言学习者的错误进行分析和研究，通过识别错误、描述错误、解释错误产生的原因、评估错误等一系列步骤，有针对性地提出纠正错误的办法，从而增强学习者的语言学习效果。

一、对比分析

在第二语言学习中，对初学者来说，最大的障碍是来自第一语言的干扰，因为第一语言和第二语言之间存在着相似性和差异性，相似的语言形式似乎有利于他们第二语言的学习，而不同的语言结构则阻碍语言学习。例如日语的词汇和语法与汉语有很多相似甚至相同的地方，日语中的一些字与汉字写法相同或相似，因此对于初学日语的中国学生来说，学日语似乎相对容易一些。但中国学生学习英语就不同了。英语属印欧语系，是语调语言；汉语属汉藏语系，是声调语言，二者之间无论是语音、词汇，还是句法都相差甚远。中国的英语学习者首先就会遇到语音、语调的问题。英语的辅音和元音与汉语拼音之间存在很多细微的差别，初学者往往很难把握这些差别。除了语音之外，二者在词汇和句法层面也存在着不同。在英、汉两种语言中很多词汇没有对等的表达，而且一些词汇尽管英语和汉语中的意义相似，但在搭配、感情色彩等方面也各不相同。英语词汇形态学中的屈折变化更是让很多学习者一筹莫展。在句法层面，英语多用形合，汉语多用意合。在语篇结构方面，很多学习者深受汉语写作范式的影响。

由此看来，学习者的第一语言对第二语言学习有着不可低估的影响。为了解释说明这一现象，Lado（1957）提出了对比分析假说。Lado认为对某两种语言（第一语言和第二语言）进行系统的对比分析，找出两者之间的异同之处，有助于使第二语言教学更富有成效。因为通过对学习者母语和目的语的对比研究，可以发现两种语言共享的语言形式，这些语言形式有助于学习者学习目的语，与此同时，还可以找出两种语言中独特的语言形式，这些语言形式可能会给学习者造成一定的困难，因此，教师在教学中要格外注意，有的放矢地帮助学习者解决语言学习难题。只有这样，才能减少或避免学习者出现语言错误。

1. 对比分析假说的理论基础

对比分析假说的心理学理论基础源于行为主义的"刺激—反应"理论和迁移理论，语言学理论基础来自结构主义语言学。

行为主义的"刺激—反应"理论认为学习是刺激与反应连接的形成，是习惯养成的过程，是不断试误直至正确的过程。为了养成正确的习惯，必须要进行大量的练习。操练决定连接的强度，不练习则会导致已有连接的减弱甚至遗忘。没有强化的练习是无效的，连接只有通过强化才能得到增强，强化的作用不可忽视。强化一般分为正强化和负强化。正强化增强正确的连接，负强化消除错误的连接，以达到避免错误的目的。第二语言习得也是通过刺激、反应、强化而形成正确语言习惯的过程。模仿、强化和练习是形成新语言习惯的重要条件。

迁移（transfer）是一种学习对另一种学习的影响，指在一种情境中获得的技能、知识或态度对另一种情境中技能、知识或态度的获得的影响。迁移分为两种：正迁移（positive transfer）和负迁移（negative transfer）。正迁移指一种学习对另一种学习产生积极的促进作用；负迁移指一种学习对另一种学习起阻碍作用。Lado认为母语与目的语相似的地方能够促进目的语的学习，有差异地方则会阻碍目的语的学习。差异越大，学习难度就越大。这种现有语言知识对新的语言学习产生影响的现象被称为语言迁移。第一语言与目的语的相似之处可以产生正迁移，而不同之处则产生负迁移，负迁移也被称为干扰（interference）。

母语对目的语产生的正迁移表现在多个方面（Odlin，2001）：(1) 母语与目的语词汇的相似性能较快地提高阅读理解能力；(2) 母语与目的语文字系统的相似性可以帮助学习者更好地学习目的语的阅读和写作；(3) 母语与目的语结构的相似性有助于目的语语法的学习。母语与目的语之间的差异会对目的语学习产生干扰，表现为过低输出（underproduction）、过高输出（overproduction）、输出错误（production errors）和误解（misinterpretation）等。如果目的语中的语言结构与母语的结构大相径庭，学习者就会尽量避免使用这些结构，从而造成过低输出。需要注意的是，某种语言结构的过高输出可能是由另一种语言结构的过低输出导致的。例如在英语写作中，中国的英语学习者较少使用复杂句型，因而导致过多使用简单句型，即复杂句型的过低输出导致了简单句型的过高输出。另外，学习者会较多使用母语中与目的语相似的语言结构。学习者还可能用母语形式代替目的语形式，可能将母语直译成目的语，造成输出错误。交际中产生的误解可能是由于母语与目的语之间不同的语音、语法以及文化价值观念造成的。

结构主义语言学将语言的结构或系统作为研究对象，把语言看成是一种音义结合的符号系统，语言可以分解、拆散成小的片段或单位，这些分解的小单位可以用科学的方式来描写、对比、重新组合成为一个整体。结构主义语言学认为语言学家的任务就是描述人类的语言，并且指出这些语言的结构特点。结构主义语言学强调对语言结构进行客观的、静态的描写，对语言的研究集中于语言形式方面，而不是意义方面。正是因为有了这种对语言结构细致的静态描述，不同语言之间的共时对比才有了物质基础。共时的语言对比分析研究是美国描写语言学的传统，深深地影响了语言学习的研究，被称为对比分析假说的理论基础。Lado 认为，那些在教学中将目的语与学习者的母语进行对比的教师能够更清楚地了解学习者的困难，从而增强他们的教学效果。

2. 对比分析假说的观点

Lado 的《跨文化语言学》（1957）是第一部探讨具体的对比分析方法的著作，是对比分析方法成熟的标志。对比分析假说盛行于 20 世纪 50、60 年代，在语言教学中得到广泛的运用。Fries（1945）认为，最有效的语言教材就是那些基于学习者的母语与目的语科学对比的材料（引自 Larsen-Freeman & Long，2000）。从 60 年代起，由于认知心理学和转换生成语法的兴起和发展，以行为主义心理学为基础的对比分析假说遭到质疑。人们在语言教学实践中发现，学习者的母语和目的语相似的形式也会给学习者造成混淆，存在差异的地方并不一定是学习困难的地方。随后，对比分析假说逐渐被错误分析所代替。到了 80 年代，研究者们重新评价和审视对比分析假说对语言教学的贡献。

虽然对比分析假说的发展几经周折，但研究者们的主张仍未能完全达成一致。对比分析假说有三种不同的说法：强势说、弱势说、温和说。

Fries（1945）和 Lado（1957）是"强势说"的代表。Fries 主张对学习者的目的语进行科学客观的描述，并与学习者的母语进行比较。在第二语言习得中，学习者在很大程度上依赖已经掌握的母语，经常将母语的语言形式、意义以及与母语相联系的文化迁移到第二语言习得中去。第二语言学习者在学习过程中遇到的最大障碍就是母语与目的语之间的差异。学习外语的难易程度取决于母语与目的语的异同。差异越大，困难就越大；差异越小，困难就越小。Lado 主张把学习者要学的语言和他们的母语进行系统化的比较，可以预测可能引起困难的语言项目和学习者可能犯的错误。Lado 在《跨文化语言学》一书中系统阐述了语音、语法、词汇、文字和文化等方面的对比方法和具体步骤。人们可以利用这些预测来决定外语课程和教材中哪些项目应该进行特殊处理；对一些特殊的项目，可以利用强化手段（如重复和操练）来克服母语干扰，建立新习惯。

对比分析"强势说"对当时的外语教学产生了深刻的影响,外语教材的编写主要基于学习者的母语和目的语的对比分析。对比分析通常包括四个程序(Whitman,1970):(1)描写:语言学家或教师运用形式语法对学习者的母语和目的语进行描写;(2)选取一些特定的语言形式如词项、结构来进行比较;(3)对比两种语言体系,明确二者之间的关系;(4)预测目的语学习的难度。

难度预测可以参照难度等级层次(hierarchy of difficulty)(Prator,1967,引自 Brown,2014)。难度等级层次将语法等级分成六种不同的难度范畴,适用于分析语言的语法和音位特征。以下是从易到难的顺序排列的六种难度范畴:

0级——迁移(transfer):两种语言中没有不同或对比。第二语言学习者可以比较容易地将母语中的语音、结构和词汇迁移到目的语中去。

1级——结合(coalescence):母语中的两个项目结合成目的语中的一个项目。

2级——分化不足(underdifferentiation):母语中的某个项目在目的语中不存在。

3级——全新诠释(reinterpretation):母语中的某个项目在目的语中以新的形式和分布出现。

4级——过度分化(overdifferentiation):目的语中某一个全新的项目与母语几乎没有相似性,需要加强练习。

5级——分裂(split):母语中的一个项目变成目的语中的两个或以上的项目,要求学习者重新区分它们之间的差异。

对比分析"强势说"强调母语与目的语之间的差异,理由是这些差异构成了目的语学习的难点,这为外语教学和教材编写提供了一定的参考:注重语言间的差异,突出重点难点,避免错误,提高语言的准确性。但是"强势说"认为语言间的差异就是学习难点,而教学实践证明并非如此,有差异的地方不一定就是学习的难点。"强势说"过分强调了对比分析假说的预测力。另外,对比分析"强势说"要求语言研究者或教师掌握一整套有关语言普遍性的知识,对语言的句法、语义和音位加以全面充分的描写(Whitman,1970),这种要求显然是不现实的。

针对"强势说"的不足,Wardhaugh(1970)提出对比分析"弱式说"。"弱式说"不再声称对第二语言学习难度等级进行预测,但仍然强调语际之间存在干扰的副作用,而认为语际干扰的确存在,会给学习者造成一定的学习困难。与"强势说"预测错误不同,"弱势说"强调在错误出现后对错误进行分析和解释。当学习者出现语言错误后,教师帮助学习者找出错误产生的根源。

Oller & Ziahosseiny(1970)在拼写错误研究的基础上,提出了对比分析"温和说",认为对比分析应该建立在人类语言学习特性的基础上,而不是建立在两种语言对比的基础上,这样才具有解释力。Oller & Ziahosseiny(1970:186)指出:"依据所感知到的两种语言间的相似和相异之处,对该两种语言的具体和抽象的语言模式进行分门别类才是学习的基础。无论是一个语言系统内部还是在多个语言系统之间,只要这些模式存在形式上或意义上的细微差别,就会产生混淆。"可以说,第二语言学习中最大的困难存在于两种语言之间和语言内部的最微妙差别。对比分析"温和说"强调人类学习的一般特性。人们容易忽略事物间的细微差别,而对显著性差别却记忆犹新,然而显著差别并不一定导致较大的学习困难。"温和说"兼顾了语际错误(interlingual errors)和语内错误(intralingual errors)。与语言之间的差异相比,语言内部的形式之间的差异虽然显得微不足道,但却可能会对学习者造成更大的学习困难。

3. 对比分析假说的评价

对比分析假说自问世以来就与外语教学紧密地联系在一起,对第二语言学习的研究和外语教学的发展产生了很大影响:(1)对比分析假说形成了一套独特的研究方法和程序:描述、选择、对比和预测。(2)对比分析可以为语言教学提供必要的信息,预测教学中可能产生的困难,有利于教师更有效地制订教学大纲、设计课程和编写教材,以增强教学效果。

对比分析假说也存在以下不足之处:(1)对比分析假说只是单纯从两种语言本身进行对比,预测不一定准确。学习者在第二语言学习过程中往往没有遇到对比分析所预测到的困难,而遇到的一些困难却是对比分析没有预见到的。(2)对比分析假说强调母语迁移的作用。但不是所有的语言错误都来自母语的干扰,更大的干扰往往来自语言内部。特别是随着学习者的第二语言知识不断增长,已经获得的第二语言知识就会干扰新的第二语言知识的学习。(3)对比分析的内容主要集中在语音、词汇和语法层面,语义、语用和语篇方面的对比分析略显不足。(4) 对比分析假说简单地将"差异"等同于"困难"。"差异"是两种语言之间存在的不同之处，属于语言学范畴；而"困难"指人们对某一事物的难易程度的心理感知，属于心理学范畴。将"差异"与"困难"之间简单直接画等号，缺乏认知依据，夸大了对比分析假说的预测力。

二、中介语

20世纪60年代末期，研究者和语言教师逐渐认识到第二语言学习是一个创造性地构建语言知识体系的过程，这些知识包括关于语言的一般知识、母语知识、有限的目的语知识，关于生活、人类和宇宙的知识等（Brown, 2014）。学习者在语言学习过程中，积极地构建目的语知识和规则体系，并通过试误和检验假设，不断地完善他们的语言体系，使之逐步接近目的语体系。

关于学习者的第二语言体系有多种说法：过渡能力（transitional competence）(Corder, 1967)，近似系统（approximate system）(Nemser, 1971)，个人方言（idiosyncratic dialect）(Corder, 1971)，中介语（interlanguage）(Selinker, 1972)。过渡能力指学习者尚未达到目的语能力的外语能力。近似系统指的是学习者的语言体系接近目的语体系。个人方言强调学习者的语言是学习者个体独特的语言系统。中介语的英语原文 Interlanguage 一词由 Selinker 于1969年在《语言迁移》论文中首次使用。1972年，他在《中介语》论文中对中介语概念进行了阐述，确立了中介语在第二语言习得研究中的地位。尽管不同的学者使用的名称不同，但都表达了同样的观点：即第二语言学习者建构起来的介于母语和目的语之间的过渡性语言，它处于不断的发展变化过程中，并逐渐向目的语靠近。

20世纪70年代以来，中介语已成为第二语言研究的主要理论之一，对中介语的研究推动了第二语言研究和教学的发展。以下主要探讨中介语构建的认知过程、中介语连续体的特性以及第二语言学习中的石化现象。

1. 中介语的理论基础

中介语理论的提出基于以下四个理论：普遍语法、语言的标记属性、关键期假说和认知理论。中介语的语言学基础首先是基于 Chomsky (1965) 提出的普遍语法。Chomsky 认为，语言受制于一套高度抽象的规则。这些规则具有普遍性，为不同的语言提供了构建其特定结构的基本参数。Selinker(1972) 认为，成功的外语学习者持续利用其语言习得机制。这一语言习得机制在关键期后被"潜在的语言结构"（latent language structure）所代替（Lenneberg 1967）。

语言的标记属性揭示了第二语言学习过程中学习者认知发生的三个基本倾向：(1) 学习者较早认知非标记性语言材料；(2) 学习者较容易认知非标记性语言材料；(3) 学习者在认知标记性语言材料时构建和借助中介语进行。

中介语另一个理论基础涉及语言学习的关键期假说。许多第二语言学习者在开始学习第二语言的时候，早已过了语言学习的关键期。因此，在第二语言学习过程中，学习者必然会运用母语的规则去理解和内化目的语的规则，这种情况促成中介语的产生。

中介语的心理学基础是认知心理学。认知心理学从认知的角度解释言语行为，认为语言学习不是刺激和反应之间的连接，不是模仿、操练、强化和习惯形成的过程，而是一个创造性的假设验证过程。在这个过程中，学习者不断根据输入的语言材料，对语言规则提出假设，并通过验证，对这些规则加以修订、补充和完善。

2. 中介语构建的认知过程

Selinker（1972）列举了五个重要的心理认知过程来阐释学习者的中介语系统和行为模式：语言迁移（language transfer）、目的语语言内容的过度概括（overgeneralization of TL linguistic material）、训练迁移（transfer of training）、第二语言学习策略（strategies of second language learning）、第二语言交际策略（strategies of second language communication）。在这五个心理过程中，语言迁移和策略是 Selinker 的理论框架中重要的心理过程。策略指学习者在习得过程中为解决某些特定问题而采取的某种方法，主要有交际策略和学习策略。交际策略：当学习者在表达意义出现困难时，需要借助某些补偿策略，如手势或相近的词来帮助表达，使交际顺利进行。学习策略：学习者为了记住某些难点，采取重复、复述等方法帮助记忆。

（1）语言迁移：主要指第一语言的迁移。第二语言学习者已掌握了母语的基本词汇和语法结构，第二语言学习必然会受到母语词汇和语法知识的影响。

语言迁移指第二语学习者将母语规则应用于目的语学习过程中，对目的语学习产生积极或消极的影响，从而形成正迁移或负迁移。

（2）目的语规则的过度概括：学习者会泛化目的语规则，将同一规则用于某一语言现象，产生不正确的语言形式。最常见的是学习者认为所有动词的过去式都是"V+ed"形式，所有名词的复数形式都是"N+s"，没有意识到有些动词和名词具有不规则的屈折变化。

（3）训练迁移：通过教师讲授获得目的语规则。教师在讲授过程中如果过分强调或过多使用某一语言形式，学习者就会下意识地运用这个语言形式，而避免使用其他形式。例如如果教师上课时较多地使用一般现在时，学生就会较多地使用这种时态，不管事件发生的时间。

（4）第二语言学习策略：学习策略是语言学习者学习词汇、语法规则等语言知识以及听、说、读、写等语言技能时使用的学习方法。学习策略的使用分有意识和无意识。在学习初期，学习策略的使用是有意识的，随着学习的深入，学习策略的使用逐渐达到自动化、无意识的程度。

（5）第二语言交际策略：交际策略指第二语言学习者为了与目的语本族语者进行有效交流而使用的技巧和方法。交际策略通常是学习者尚未完全掌握第二语言，在交际受阻时使用的策略。第二语言初学者经常使用的交际策略有回避（avoidance）和释义（paraphrase）等。

中介语的认知过程还可以通过假设检验来解释。Corder（1967，1971）将学习者的语言系统称作过渡能力或过渡方言（transitional dialect）。过渡能力指学习者现有的心理规则系统，该规则系统不是一成不变的，学习者在对目的语规则假设进行不断检验的基础上逐步更新该系统。当学习者接触语言输入时，其内在的习得机制作为系统生成器便通过对输入信息的加工建立过渡语的规则系统；当新的规则信息与目前的过渡系统不一致时，新的规则信息便反馈给系统生成器，学习者的内在习得机制便引导过渡系统规则进行更新。

Corder 认为，学习者在所接触的语言信息的基础上，形成了关于目的语结构特征的假设，并在此基础上构建自己的假设语法，该语法在随后的语言理解和语言产出的过程中不断得到检验。如果学习者的假设是合理的，并且其语言产出得到认可，没有被误解，那么他们的假设就得到了证实。如果他们的理解是错误的，并且其语言运用导致交际失败，在这种情况下，学习者有可能要重新构建关于目的语的假设。

3. 中介语的特性

中介语具有以下特征：

1）可渗透性

中介语是一个开放的系统，不是一成不变的。第二语言学习者不断接受新的语言形式，新的语言形式和语言规则不断渗入到他们的中介语中。根据中介语连续体的观点，第二语言学习是一个将规则复杂化而非简化的过程，学习者构建的每一套语法都比先前的语法更加复杂。正是由于中介语具有可渗透性，中介语才能够不断地丰富和完善，并逐渐向目的语靠近。

2）动态性

中介语具有动态性，即中介语是不断变化的，这种变化不是突发的，而是不断借助"假设—检验"的手段，缓慢地修改已有的规则以适应目的语新规则的过程。中介语连续体由一系列动态的、相互交叉的语法组成，每一套语法都具有一些与先前的语法相同的规则，但也包含一些新的或修改过的规则，每一条规则都可以是一种假设。中介语中可能同时存在多种假设，这些假设导致了一系列近似系统的产生，可用于解释学习者语言行为中的系统性变异。

Brown（2014）根据学习者的语言错误类型，将中介语的发展分为四个阶段：

（1）无规律错误阶段（random error）：Corder 将这个阶段称为前系统阶段。在这个阶段，学习者出现的错误没有什么规律。前系统阶段是学习者对目的语进行试验和猜测的阶段。

（2）突生阶段（emergent stage）：第二语言学习者掌握了一定的目的语规则，这些规则从目的语的标准来看可能不正确，但在学习者看来却合情合理。在这个阶段，学习者还不能自我纠正错误。

（3）系统形成阶段（systematic stage）：学习者使用第二语言时表现出更多的一致性。尽管这些内在的规则并不十分完善，但却表现出内部的一致性，更加接近目的语系统。

（4）稳定阶段（stabilization stage）：学习者基本上掌握了目的语。相对来说，学习者在这个阶段很少有语言错误，可以流利地使用目的语，并能够自我纠正错误。

3）系统性

中介语具有系统性。中介语自成体系，是相对独立的语言系统，它具有一套独特的语音、语法和词汇规则系统。

中介语理论认为，学习者运用学习策略构建关于目的语的内部语法，这些语法和以目的语为母语的人们所使用的语法一样用于解释语言行为，即学习者运用他们所构建的规则来解释和产生话语。虽然学习者的有些话语相对于目的语规则来说是错误的、不规范的，但从中介语系统来看却符合规范。

4. 中介语的变异

中介语发展的各个阶段相互交叉，学习者不同阶段的中介语系统包括对同一语言事实使用不同的语言规则，这些规则导致学习者在语言运用上发生变化。第二语言学习者语言的使用根据语境的变化而发生变异，变异主要有两种：语境变异和自由变异。变异能力模式认为，学习者语言能力的可变性反映了他们拥有一套异质的语言规则系统。

语境变异包括由情景环境决定的变异和由语言环境决定的变异，由情景环境决定的变异相当于语体风格的变异。Tarone（1983）探讨并提出了由情景环境决定的中介语语体连续体，在连续体的一端是俗体（随意语体），另一端则是正式语体。当学习者对自己的话语不加监控时，随意语体便产生了，这种语体最自然、最具有系统性。当学习者对目的语进行语法性评价时（如判断一个句子是否正确），他们所使用的语言便是正式语体。Tarone认为，有意识监控的程度决定了不同的语体风格。由不同环境诱发的不同语言形式所引起的变异称为由语言环境决定的变异。

经过比较自然的语言环境和课堂正规的学习环境对中介语的影响，Ellis（1987）总结了中介语可变性的研究，得出以下结论：语言环境对各个阶段的语言发展影响不大，例如虽然词素的习得顺序、习得否定句和疑问句所经历的阶段均不受语言环境的影响，但某些具体语言结构的习得受到了外语教学的影响，例如表示一般现在第三人称单数的-s和表示复数的-s，经过课堂学习，学习者能更准确地掌握这些结构。

Ellis（2013）认为并不是所有的中介语变异都是由语境决定的。在学习初始阶段，有相当一部分变异都是随意的，也就是说，学习者具有两套（或更多的）语言形式，用来表达同一范围内的意思。

在变异能力研究中，最有影响的是 Ellis（1984）提出的变异能力模式。Ellis 认为中介语可变性反映语言运用不同侧面的差异。一是不同性质的语言知识库与不同类别的语言运用之间的关系，二是形式—功能网络的关系。

Ellis 认为，分析和自动化的程度决定了学习者第二语言知识的表征形式。根据自动化程度，Ellis 将第二语言知识区分为自动化知识和非自动化知识。本族语者最常见的语言知识表征形式是自动化的，而第二语言学习者的语言表征形式往往是非自动化的。语言运用的差异源于话语的计划程度，计划性话语指对内容仔细酝酿后而产生的话语，如正式讲演和写作；非计划话语是指未经准备和预想即表达的话语，常见于日常交谈和自发谈话中。非计划性语言利用自动的第二语言规则，这是习得的基本过程；计划性语言利用非自动的第二语言规则，这是习得的次要过程。第二语言运用的中介语变化，取决于学习者是利用基本过程还是次要过程。中介语系统的发展可以通过参与各种话语习得新的第二语言规则，或激活原先以非自动形式存在的第二语言规则并将其应用于非计划性话语。

形式—功能网络的关系。Ellis 认为在中介语发展的不同阶段，某一具体的形式实现不同的功能。中介语可变性反映了形式与功能之间关系的不一致性，因为学习者经常运用两种或两种以上的形式来实现同一功能。学习者在学习和运用第二语言过程中逐渐构建形式—功能系统，这些系统随着学习进程而演化，因此，在中介语发展的任何阶段都有可能观察到不同的形式—功能系统。从表面上看，学习者的语言变化往往是无序的，但只要经过形式—功能分析，就可以发现其内在规律。Ellis 认为并不是所有的中介语知识都能构成系统，在发展的任何阶段，学习者只有一部分中介语知识会构成系统，而其他部分则呈自由变化状态。

5. 石化现象

中介语理论认为，一般情况下第二语言学习者不可能获得与母语使用者相同的语言能力，最终获得的语法也不是目的语语法。Selinker（1972）提出石化的概念，为我们找到了答案。石化现象指在第二语言学习的过程中，不正确的语言特征永久性地成为一个人说或写一种语言的方式。在第二语言学习中语音、词汇和语法等方面都会发生石化现象，如发音特征的石化会造成一个人的异国口音。

20世纪70年代以来，研究者从不同的角度对石化现象的成因进行了大量的探讨。Lenneberg（1967）认为年龄可能是引起石化现象的重要原因。当语言学习者达到语言学习关键期的临界年龄时，他们的大脑由于缺乏可塑性而无法掌握某种语言特征。

Selinker（1972）认为石化现象的产生是因为第二语言学习者获得语言能力的心理基础和习得机制与母语习得的心理基础和习得机制不同，中介语的创造系统与母语的习得机制不同。关键期之后，第二语言学习者原有的语言习得机制已经开始退化，在第二语言学习中所依据的是一种完全不同的机制。Selinker发现，绝大部分第二语言学习者都会出现石化现象，即他们语言发展的某些方面处于停滞状态，即使继续学习和训练仍然不能得到改善，只有极少数人能够到达中介语连续体的终端。这些人之所以成功是因为他们使用了潜在的语言机制，这种机制类似于Chomsky提出的语言习得机制。

Krashen（1985）从第二语言习得的认知过程来考察石化现象，列举了可能引起语言石化的五种原因：（1）目的语输入数量不足。学习者没有机会大量接触第二语言，没有机会与本族语者交流，这是产生语言石化的最根本原因。（2）目的语输入质量不高。学习者所接触的语言信息中缺乏可理解性的输入。（3）情感过滤器。学习者可能缺乏交际的需要，因而失去了进一步获得语言能力的动机。（4）目的语输出过滤器。学习者不愿意或者没有机会在交际中操练语言规则。（5）目的语变异形式的习得。这些变异的、不规范的语言形式很难消除。

Schumann（1978a）在描述第二语言习得的初级阶段时，提出皮钦语假设(The Pidgin Hypothesis)，并指出第二语言早期的特点与皮钦语很相似。由于学习者在语言习得中与目的语的社会距离/心理距离较大，学习进展在初期就停滞了。Schumann认为第二语言习得者在语言习得初期均存在皮钦化的趋势。当学习者经历的皮钦化过程太长时，其第二语言便开始产生石化现象，语言能力也就很难得到进一步提高。

Vigil & Oller（1976）认为互动反馈是石化产生的原因。反馈传递了情感和认知两种信息。情感信息是以非言语的形式来实现传递的，例如手势、声调或面部表情等。认知信息包括事实、设想和信念，主要通过言语手段来传递，如语音、短语、结构和语篇。情感信息和认知信息有三种反馈形式：肯定、中立和否定。认知反馈和情感反馈决定石化的程度。如果学习者在交流中得到肯定的情感反馈、否定或者中立的认知反馈，他就会重述自己的话语，对目的语规则形成新的假设。如果学习者得到肯定的情感反馈、积极的认知反馈，他就会认为自己的话语正确无误，这样他的语言错误便会沉淀下来直至石化。

6. 对中介语理论的评价

中介语理论是较早使用认知观点揭示第二语言学习的理论，其重要意义主要体现两个方面：首先，它将第二语言学习看作是一种心理过程，并提供一个理论框架来解释这种心理过程，而且该理论框架为后人采用实验的方法来研究第二语言的学习提供了理论基础。其次，Selinker 提出中介语的概念，为今后认知理论进一步探讨语言知识这一表征的性质，以及这种表征在第二语言学习中的作用打下了基础。

中介语理论的不足之处：(1) 仅限于词素、句法方面的研究，对语义和语用知识习得研究不够；(2) 没有明确说明中介语体系是如何发展和变化的；(3) 没有说明中介系统是怎样影响语言输入的。

三、错误分析

对比分析假说主张对两种语言进行对比，从而预测学习者在第二语言学习过程中的难点所在。然而，学习者往往没有遇到对比分析所预测的困难，他们在学习中遇到的一些困难却并没有被预见到。因此，有必要对第二语言学习者的错误进行分析和研究，找出错误的根源，为第二语言教学提供可靠的教学参考。

为了找出错误来源，在学习过程中减少和消除错误，一种对学习者错误进行系统性分析的"错误分析理论"应运而生。Corder (1967) 是错误分析（error analysis）的最早倡导者，Corder 认为研究学习者的错误主要有三个方面的作用：(1) 教师通过对学生的错误进行系统分析，就会发现学习者在向目的语靠近的过程中已经到达哪个阶段，还有哪些内容需要继续学习；(2) 向研究者提供学习者如何习得语言的依据，通过错误分析，研究者可以了解语言学习者在学习过程中所使用的学习策略和步骤；(3) 错误分析对学习者自身也具有十分重要的意义，是学习者用来检验他们对所学语言所作假设的一种方法。

以下主要探讨错误分析的理论基础、过程及评价。

1. 错误分析的理论基础

错误分析主要基于普遍语法和认知理论。错误分析的基本假设之一是人脑中有一种与生俱来的学习语言的特殊机能，即语言习得机制。Chomsky 认为儿童大脑中的语言习得机制包括三个要素：假设形成机制、语言普遍特征和评价程序。儿童接收到外来语言输入后，随即启动普遍语法，并受到普遍语法的指导和控制。在语言输入的基础上，儿童形成对母语语法的假设，并通过评价体系来选取对母语语法的最佳假设。通过这种方式，儿童在头脑中逐步形成有关母语系统的语法知识。普遍语法存在于人的大脑中，既是关于人类语言的普遍性知识，也是人们与生俱来的语言初始状态。错误分析的目的在于揭示普遍语法在多大程度上影响第二语言学习过程。

错误分析的心理学基础是迁移理论。迁移理论认为，母语的性质会使学习外语的某些方面变得容易或困难。

2. 错误分析的过程

关于如何开展错误分析，Corder (1974，转引自 Ellis，2013) 提出以下五个步骤：收集学习者语料、识别错误、描述错误、解释错误产生的原因和评估错误。

1) 收集学习者语料

根据语料的大小，错误可以分为三类：大样语料（massive sample）、限样语料（specific sample）和单样语料（incidental sample）。大样语料需要收集若干个来自大量学习者的语言使用样本，才能收集到较为全面的、可代表整个语言使用群体的样本；限样语料来自少数学习者的一个语言使用样本；单样语料只涉及一个学习者的一个语言使用样本。大样语料的收集是一项艰巨的任务，因此大多关于错误分析的研究都采用限样语料或单样语料的收集方式。

进行错误语料收集时，需要考虑一些因素，如语言输出的媒介，是口语还是书面语；语言输出的体裁，是会话、演讲、短文还是信件等；语言输出的内容或话题；学习者的语言水平，是初级、中级还是高级；学习者的母语；学习者的语言学习经历，是课堂情境还是自然环境中的语言学习，抑或是二者兼而有之。这些因素都会影响到研究结果以及对研究结果的解释。

2）识别错误

收集到学习者的语料之后，研究者需要识别错误，首先要弄清楚错误（errors）与失误（mistakes）的区别。错误是由于学习者缺乏语言知识而导致的，是语言能力不足的体现。失误是由于学习者说话和写作时精力不集中、疲劳、紧张、粗心等情绪因素影响了语言信息处理而造成的，属于语言表现。即使是母语使用者也经常会出现语言失误。错误才是错误分析研究的对象。

其次是错误的性质，即要分清楚是显性错误还是隐性错误。显性错误与目的语规则有明显的偏差，而隐性错误表面上看似乎是符合语法的句子，但实际上不能准确地表达学习者的意图。

最后，虽然很多错误分析只研究语法规则的偏差，但也有一些错误分析既研究语言的准确性也研究语言使用的得体性。

3）描述错误

对错误进行描述需要比较学习者的话语与按照目的语规则对学习者话语重构后的语言，主要关注学习者语言的表层特征。根据错误的来源，错误可以分为语际错误（interlingual errors）和语内错误（intralingual errors）。学习者由于误用与母语具有共同特征的语言项目而产生的错误叫作语际错误（或迁移错误）。由于目的语内部语言项目所犯的错误称为语内错误（或发展性错误）。

许多研究者从不用的视角对语言错误进行分类，普遍被人们接受的错误分类有：

(1) Corder（1974，转引自 Ellis，2013）把错误分为前系统性错误（pre-systematic errors）：学习者没有意识到目的语的特定规则；系统性错误（systematic errors）：学习者发现了某条规则，但该规则是错误的；后系统性错误（post-systematic errors）：学习者知道目的语的正确规则，但使用时没有保持统一。

(2) Dulay，Burt & Krashen（1982）将错误分为省略（omission）、添加

(addition)、形似错误（misformation）和顺序错误（misordering）。

4）解释错误产生的原因

解释错误产生的原因是错误的分析阶段，旨在对错误形成的原因进行追根溯源。导致学习者语言错误的原因比较复杂，心理语言学认为语言错误主要包括语言能力错误和言语行为失误。语言能力错误是学习者错误的重心。语言能力错误可以分为：(1) 本族语干扰性错误或称为语际迁移（interlingual transfer），指学习者在生成目的语的过程中使用了母语中的某个或某些成分，这就是所谓的负迁移。(2) 目的语干扰性错误或称为语内迁移（intralingual transfer），这类错误的产生是由于对所学语言（即目的语）的理解有错误或偏差，如过度概括或泛化、错误类推、概念假设错误、规则运用不完整和规则运用失败。(3) 独特性错误，如诱导性错误（induced errors），指的是教材、教师和教学方法等人为的错误输入，使得学习者对语言产生错误的假设。

语言行为失误可分为：(1) 信息处理问题。学习者由于生理和心理原因而造成语言信息处理差错。(2) 交际策略，这是由于缺乏交际策略而导致的输出失误。

5）错误评估

错误评估主要是分析错误对听者或读者所产生的影响。错误评估研究一般探讨三个问题：(1) 相对来说，有些错误更严重一些吗？(2) 母语使用者和非母语使用者对错误评估有什么不同？(3) 错误评估应该采用什么标准？

母语使用者和非母语使用者对错误评估存在着差异，采用的错误评估标准也不尽相同。母语使用者更加挑剔语音错误，认为词汇错误比语法错误更严重。

错误评估在具体操作时存在一些问题，如错误的严重性、可接受性和可理解性等标准都很难把握。错误评估也受到错误产生时语境的影响，同样的错误由于任务、时间、地点和方式的不同，评估的结果也不相同。

3. 对错误分析的评价

1）错误分析的主要贡献

(1) 错误分析的提出基于这样一个论断，即学习者的语言是一个不断发展的语言体系，在学习过程中出现语言错误是一个十分正常的现象，研究学习者语言错误对解释语言学习具有十分重要的意义。错误分析理论弥补了对比分析假说的局限性，丰富和发展了第二语言学习理论，推动了第二语言习得的研究。

（2）由于受到行为主义心理学的影响，长期以来语言教学的重心是避免学习者犯错误，对学习者的错误是有错必纠，语言学习的首要目的是提高语言的准确性。错误分析改变了人们对错误的态度。在外语教学过程中，教师开始区分错误和失误，并通过有针对性地纠正错误来增强学习效果。

（3）错误分析发展了一套较为成熟的研究程序和研究方法，研究者对学习者的语言错误进行了广泛的实证研究，加深了对第二语言习得过程的认识，为第二语言教学提供了切实可行的参考，如对学习者错误的反馈及反馈效果等。

2）错误分析的局限性

错误分析的局限性主要表现在以下几个方面：

（1）错误分析侧重研究学习者的错误，并以此揭示第二语言习得过程，而忽视了学习者所使用的正确、流利的语言形式。尽管减少语言输出中的错误是发展语言能力的一个重要方面，但是研究学习者正确、流利的语言输出也有利于培养学习者的语言运用能力。

（2）错误分析只强调学习者语言运用（说和写）的分析，而忽视对他们语言理解（听和读）的分析。在语言学习中，语言理解和语言运用同等重要。分析学习者的语言理解过程对了解二语习得过程也具有十分重要的作用。

（3）多数错误分析研究是横向的静态研究，很难说明学习者的语言是如何发展的。而纵向研究可以探讨学习者的错误是如何变化的，学习者的语言是如何逐步接近目的语的。

第三节　第二语言习得理论

随着对二语习得研究的深入，第二语言习得理论逐渐成为第二语言习得研究的热点之一。研究者从不同视角提出了不同的第二语言习得理论和模式，揭示了第二语言习得的内在规律，在很大程度上影响了人们对第二语言习得本质的认识，对进一步提高外语教学质量具有重要的理论指导意义。以下将从认知、心理机制、文化、互动等不同视角介绍几种主要的第二语言习得理论和模式。

一、认知论

1. Krashen 的监控理论

在对二语习得领域进行全面综述时，Spada & Lightbown（2020）指出，尽管有学者批评监控理论有一定的模糊性，而且难以在实证研究中得到验证，但他们仍然认为监控理论在二语教学中发挥着重要作用。Krashen（1985）的监控理论（Monitor Theory）比较全面地解释了第二语言习得过程。该理论共由五个假设组成：(1) 习得—学习假设（The Acquisition-Learning Hypothesis）：区分了语言习得和语言学习这两个不同的概念，说明在自然环境中习得语言是一种下意识的过程，在课堂情境中学习语言是一种有意识的过程；(2) 自然顺序假设（The Natural Order Hypothesis）：强调学习者在语言习得过程中遵循一个不变的先后顺序；(3) 监控假设（The Monitor Hypothesis）：认为每个人都有一个语言控制、调节系统，学习者利用该系统监控、调节自己的语言行为；(4) 语言输入假设（The Input Hypothesis）：当学习者能够理解超出其语言水平的语言输入（i+1）时，语言习得随即发生；(5) 情感过滤假设（The Affective Filter Hypothesis）：说明情感因素对第二语言习得的影响。

1）习得—学习假说

Krashen 监控理论的核心内容是对"习得"和"学习"进行了区分，并探讨两者在第二语言能力形成过程中各自所起的作用。在 Krashen 看来，习得是一个潜意识过程，是注意意义的自然交际的结果，如儿童习得母语的过程。习得的语言系统处于大脑左半球语言区，是自发语言运用的根本。学习是一个有意识的过程，即通过教师课堂讲授并辅之以有意识的练习、记忆等活动，达到对所学语言的了解及对其语法概念的掌握。通过学习掌握的语言系统虽然也在大脑左半球，但不一定分布在语言区，它主要用来控制语言的加工过程。习得的知识是语言理解与生成的主要源头，而学得的知识仅用于语言输出的监控和调整。Krashen 认为，只有学习才能直接促进第二语言能力的发展，学习是人们运用语言的产出机制。对语言结构学习的结果在语言运用中起监控作用，不能被视为语言能力的一部分。

成人通过无意识习得和有意识学习这两种方式获得第二语言能力。前一种方式类似儿童习得第一语言,后一种方式集中体现于教师指导下的课堂外语学习。

2) 自然顺序假说

自然顺序假说指儿童在习得母语规则和语言项目时遵循一种相似的习得顺序。英语为母语的儿童在绝大多数情况下遵循一个不变的先后习得顺序,如掌握进行时先于掌握过去时,掌握名词复数先于掌握名词所有格('s)、第三人称单数等形式。这种顺序就是人们通常所说的自然发展顺序。

有研究表明,第二语言学习者在习得第二语言时也遵循一个固定的顺序,这个顺序是可以预测的。不过,Krashen 认为,自然顺序假说并不要求人们严格按照这种顺序来制定教学大纲。也就是说,如果目的是习得某种语言能力的话,可以不按任何语法顺序来组织教学。

3) 监控假说

监控假说与"习得—学习"区别假说密切相关,揭示了语言习得和语言学习的内在关系,认为语言习得与语言学习的作用各不相同。语言习得系统,即潜意识语言知识,是真正的语言能力。而语言学习系统,即有意识的语言知识,只在第二语言运用时起监控或编辑作用,这种监控功能既可能在语言输出(说、写)之前,也可能在之后。换言之,学习者的言语输出主要依靠习得的知识生成,而习得的知识只是用来监控预言者的语言输出过程。

在交际场合,第二语言习得者使用的自然语言由无意识习得的知识启动,但受到有意识学习所获得的语言知识(如语音、词汇和语法知识)的监控。语言习得关系到使用语言的流利程度,而有意识学习的语言知识能够提高语言的准确性。

Krashen 认为应在不妨碍交际的情况下使用监控手段,以提高语言表达的准确性。监控功能能否发挥作用依赖于三个先决条件:(1) 有足够的时间,即语言使用者必须要有足够的时间才能有效地选择和运用语法规则;(2) 注意语言形式,即语言使用者的注意力必须集中在所使用语言的形式上而不是意义上,也就是说,必须考虑语言的正确性;(3) 知道规则,即语言使用者必须具有所学语言的语法概念以及语言规则知识。在口头表达时,人们一般注意的是说话的内容而不是形式,没有时间去考虑语法规则。因此,在说话时,如果过多地考虑使用语法监控，不断地纠正自己的语法错误，说出的话就会有很多停顿，缺乏流畅性，妨碍交际的进行。这种情况在书面表达时会相对好一些，因为作者有足够的时间来斟字酌句。

4）输入假说

输入假说也是Krashen语言习得理论的核心部分。Krashen认为，只有当习得者接触到可理解性语言输入（comprehensible input，i+1，即略高于他现有语言水平的第二语言输入），而他又能将注意力集中于对意义或对信息的理解而非对形式的理解时，习得才会发生。Krashen用"i+1"公式来表示可理解性输入，"i"代表习得者现有的语言水平，"1"代表略高于习得者现有水平的语言材料。

Krashen认为，理想的语言输入应具备以下几个特点：（1）可理解性：可理解性输入是语言习得的必要条件；（2）趣味性与相关性：要使语言输入对语言习得有利，必须对它的意义进行加工，输入的语言材料趣味性越强、相关性越大，学习者就越能在不知不觉中习得语言；（3）未按语法顺序安排（not grammatically sequenced）：语言习得关键是足够的可理解性输入。如果目的是习得语言能力而不是学习语言知识，那么按语法顺序安排的教学不仅没有必要，而且不可取；（4）足够的输入量：要习得新的语言系统，需要为学习者提供足够的语言材料。

5）情感过滤假说

"情感过滤"是Dulay & Burt（1977）提出来的概念，Krashen用这个概念来说明情感因素与第二语言习得之间的关系。情感指与学习者的动机、态度等相关的因素，这些因素是造成学习者语言习得个体差异的主要因素。第二语言习得过程受许多情感因素的影响，情感因素对语言输入进入大脑语言习得器官起阻碍或促进作用，语言输入必须经过情感过滤才有可能变成语言吸收。积极的情感可以让学习者接收更多的言语输入；消极的情感则会阻碍学习者对语言的吸纳。

Krashen认为影响语言习得的情感因素主要有：（1）动机。学习者的学习目的是否明确会直接影响其学习效果。学习目的明确则动机水平高，进步显著；反之，则收效甚微。（2）自信心。自信、性格外向、乐于置身于不熟悉的学习环境、自我感觉好、乐于接受挑战的学习者在学习中进步较快；反之，则较慢。(3) 焦虑程度。焦虑感较强者，情感屏障高，获得的语言输入少；反之，则会接收更多的语言输入。总之，学习动机较强、自信程度较高并且焦虑感较低的学习者即是过滤程度较低的学习者，他们可以获得更多的言语输入；学习动机较弱、缺少自信并且焦虑程度较高的学习者即是过滤程度较高的学习者，他们获得的言语输入就比较少。

2. McLaughlin 的信息加工模式

McLaughlin（1987，1990）在大量借鉴了认知心理学中的信息加工理论后，提出信息加工模式（The Information Processing Model），并采用控制加工（controlled processing）和自动加工（automatic processing）等概念来解释第二语言习得。

信息加工模式主要有以下内容：第二语言学习者在学习初始阶段，主要采用控制加工。控制加工过程时间短暂、处理信息容量有限。在这个过程中，学习包括短暂激活记忆中选择出来的信息节点，这时，学习者需要使用较大的注意资源来处理信息。随着不断的练习，控制加工逐渐转变成自动加工，这时，自动化的技能序列被储存在长时记忆中，当外界需要提取它们时，无须使用注意资源就能轻易地将其提取出来。加工自动化有助于学习者减轻信息加工的负担。McLaughlin 认为，人们一旦获得自动化加工的技能，这种技能就很难消失或被改变。第二语言习得就是要学习者通过不断的练习，使语言认知的控制加工变为自动加工，从而让自己的语言知识转化为语言技能。

McLaughlin 的信息加工模式强调第二语言习得是一种认知技能的学习，强调内部知识表征的加工操作对语言学习的影响。信息加工能力还可以通过重构来增强，从而引起中介语发生质的变化，这种变化包括学习者认知结构中知识的表征和他们使用的策略。学习者灵活地使用学习策略也可以促进重构，同时不断的练习对重构也很重要。

虽然 McLaughlin 的信息加工模式为解释二语学习过程提供了一定的理论依据，但该模式依然存在着一些不足：McLaughlin 强调练习的作用，但并未界定练习的意义。因此，人们不清楚练习究竟是指在正常交流中使用语言的机会，还是在设计好了的练习和训练中操练某些特定的句型或语言规则？同时，对中介语过渡中发生的重构现象的解释过于抽象、笼统，因此，仅仅基于 McLaughlin 的信息加工模式，人们很难推测出哪些语言特征在什么时间段能够得到重构。除此之外，该模式没有指出影响学习者重构语言信息的因素有哪些。

McLaughlin 的信息加工模式与 Anderson 的 ACT 模式有异曲同工之处。虽然他们使用了不同的概念来解释第二语言学习，但实质上都强调第二语言习得是一种认知技能的学习，强调内部知识表征的加工操作对语言学习的影响。两者的不同之处在于，相较于 ACT 模式而言，信息加工模式更加关注学习者的中介语系统是如何发展变化的。

3. Bialystok 的分析 / 自动模式

分析 / 自动模式（The Analysis/Automaticity Model）是由 Bialystok 提出来的（1978，1982，1991），用于解释、描述第二语言习得过程。该模式由输入、知识和输出三个部分组成。(1) 输入：指学习者接触目的语时所处的环境。学习者可以在课堂上接触语言，可以通过书本阅读、交际体验等方式接触语言，也可以通过在目的语国家生活接触语言。不同的输入方式产生不同的学习效果。(2) 知识：由第二语言相关知识、显性语言知识（explicit linguistic knowledge）和隐性语言知识（implicit linguistic knowledge）组成。相关知识指除目的语之外的全部知识，包括母语知识在内的非目的语知识、目的语国家的文化知识和世界知识等。显性语言知识指学习者头脑中有关目的语的知识和表述这些知识的能力，显性语言知识随着学习者集中注意于语言编码或正规语言训练时产生。隐性语言知识指学习者在做语言任务的过程中自动、自发地使用的语言信息，隐性语言知识通过语言交际获得，并在功能性练习中得到完善。显性语言知识由语块构成，隐性语言知识由已经内化了的语言结构组成。由于两种语言知识性质不同，输出时产生两种不同的反应，即自发、瞬时反应（隐性语言知识）和审慎、延时反应（显性语言知识）。具有隐性知识能使学习者熟练地运用目的语，具有显性知识表明学习者掌握了目的语的语言形式和规则。(3) 输出：指目的语的理解与表达，是语言推理和使用的结果。

随后，Bialystok 不断地对该模式进行修正，并最终将其命名为分析 / 自动模式。早期模式中的隐性语言知识和显性语言知识在后来的分析 / 自动模式中演变为两个相互交叉又相互衔接的连续体，反映了语言规则和语言知识"受控制"和"被分析"的程度。分析指学习者从语言现象中提取的可解释和可分析的语言知识，知识的分析是学习者积累、建构这种知识的心理表征过程。

在解释可分析性知识发展的过程时，Bialystok（1991）借鉴了Karmiloff-Smith（1986）关于技能发展的三个阶段理论。第一个阶段叫作"隐性阶段"，在该阶段，语言知识与其应用是紧密相连的，但在认知结构中并不独立表征。例如学习者可以提供多个与某一限定词搭配的名词，但还不能将限定词进行系统的分析和归类。第二个阶段叫作"显性1"，为了构建显性的、独立的语言知识表征，学习者要检查、分析并组织自己的语言行为。第三个阶段叫作"显性2"，在这个阶段，学习者可以有意识地分析语言知识。

Bialystok的分析/自动模式揭示了不同类型的语言知识与不同类型的语言应用（例如会话、测试、阅读等）之间的关系，但也存在着不足。Bialystok认为第二语言习得始于不可分析的语言知识，这一观点并不能如实地反映第二语言习得的实际情况，因为第二语言教学中设置的许多课程多以讲授显性知识开始。

4. ACT 模式

ACT（Adaptive Control of Thought）模式由美国心理学家Anderson（1983）提出，试图解释记忆、言语加工和推理等问题。Anderson将记忆中的知识分为陈述性知识（declarative knowledge）和程序性知识（procedural knowledge），并区分了两种知识的性质、表征方式和加工过程等。

陈述性知识和程序性知识的区别是：(1) 陈述性知识指有关事实性或资料性的知识，而程序性知识是按一定程序来进行理解、操作从而获得结果的知识；(2) 陈述性知识是由于人们被告知而迅速获得的，而程序性知识则是通过练习某项技能而逐步获得的；(3) 陈述性知识可以通过语言交际传递给他人，而程序性知识则不能。

Anderson区分了三种记忆形式：工作记忆、陈述性记忆和程序性记忆。工作记忆依赖其他两种记忆，负责产生规则的具体实施；陈述性记忆以认知单位，如命题或概念的形式储存实际信息；程序性记忆包括对照陈述性记忆检验规则的过程。

第二语言学习是一种复杂的认知技能学习，是一个由陈述性知识向程序性知识转变的过程。该转变过程由三个不同的阶段组成：第一阶段是认知阶段。在此阶段，信息被存储为一系列的、静态的陈述性知识，此时没有被激活的可能。例如学习者知道"remembered"一词由词干"remember"和词缀"ed"组成，但在语言运用中并不能正确产生"remembered"的形式。第二阶段是联结阶段。由于学习者尚无法使用程序性知识，因此他们只能尝试使用一些更高效的方式，如通过"合成"和"程序化"等方式，将一些零散的语言规则合成为一个更有效的语言规则，然后将这一规则运用到具体的事例中去。例如当学习者分别学习了"remembered"和"processed"等动词的过去时态后，他们意识到，动词过去时态可以这样表述：如果要产生动词的过去式，就在动词词尾加"ed"。学习者在形成这一产生规则后，就可以将它当作程序运用到具体的语言情景中。第三个阶段是自动化阶段。在这一阶段，语言产生的程序越来越自动化，学习者一方面概括产生规则，另一方面根据具体的语境，更加精确地区分产生规则。例如学习者可以根据具体的语言情景，修改上面提到的动词过去式产生的规则，从而只将这一产生规则用于生产部分的动词过去式。在自动化阶段，语言的产生是自动化的，无法用语言来表达。

Anderson（1983）运用 ACT 模式来解释第二语言习得。Anderson 认为，第一语言习得和第二语言习得存在着一定的差别，差别在于学习者达到的学习阶段的不同。第一语言学习者几乎都已达到自动化阶段，而第二语言学习者一般只达到联结阶段。尽管有些第二语言学习者经过练习获得了相当程度的程序性知识，但他们并没有完全达到自动化阶段。

综上所述，ACT 模式有两个重要特征：一是该模式区分了两种不同的知识表征，即陈述性知识和程序性知识。二是重视两种知识的转化对语言学习的影响，强调学习者内部表征和加工过程对第二语言习得的影响。另外，ACT 模式明确提出了第二语言习得所要经过的几个阶段以及练习在第二语言习得中的重要作用，为解释第二语言习得中的一些语言现象（如语言习惯的形成、流利性的发展等）提供了重要的理论基础。然而，该模式主要集中于对语法规则学习形式进行解释，人们对这一点产生了质疑。ACT 模式认为，第二语言的语法最初是通过有意识的学习获得的，语法学习是一种有意识地应用外显的语法规则的过程。但有研究者认为，即使在课堂教学环境下，学习者的许多语法知识也是在无意识状态下获得的，是一种内隐的学习过程。

5. 变异能力模式

变异能力模式（Variability Models）认为，学习者语言能力的可变性反映了他们拥有一套异质的语言规则系统。中介语发展的各个阶段相互交叉，学习者不同阶段的中介语系统包括对同一语言事实使用不同的语言规则，这些规则导致学习者的语言使用发生变化。第二语言学习者的语言使用根据语境的变化而变化，产生的变异主要有两种：语境变异和自由变异。

语境变异包括由情景环境决定的变异和语言环境决定的变异，情景环境决定的变异相当于语体风格的变异。Tarone（1983）探讨并提出了由情景环境决定的中介语语体连续体，在连续体的一端是非正式语体，另一端则是正式语体。当学习者对自己的话语不加监控时，非正式语体便产生了，这种语体最自然，且最具有系统性。当学习者对目的语进行语法性评价（如判断一个句子是否正确）时，他们所使用的语言便是正式语体。Tarone 认为，有意识监控的程度决定了不同的语体风格。由不同环境诱发不同的语言形式所引起的变异称为语境变异。例如（1）Mr. Smith *lives* in Gloucester. （2）Mr. Smith who *lives* in Gloucester married my sister. 在简单句（1）中，学习者比较容易说出动词的第三人称单数的形式；但对于复合句（2），学习者可能会感到茫然。

关于自由变异，Ellis（2013）认为，并不是所有的中介语变异都是由语境决定的。在初始阶段，有相当一部分变异是随意的，也就是说，学习者具有两种（或更多的）语言形式，用来表达同一个意思。例如（1）No look my card. （2）Don't look my card. 这是一个学习英语的 11 岁西班牙男孩在短短几分钟内说出的两句话。由此可以认定在他的中介语系统里，"no+V" 和 "don't+V" 是作为两种不同的否定规则同时存在的。

在对变异能力的研究中，Ellis（1984）提出的变异能力模式最有影响力。Ellis 认为中介语可变性反映了语言运用不同侧面的差异：一是不同性质的语言知识库与不同类别的语言运用之间的关系；二是形式—功能的关系。

Ellis 认为，分析和自动化的程度决定了学习者第二语言知识的表征形式。根据自动化程度，Ellis 将第二语言知识区分为自动化的和非自动化的，本族语者最常见的语言知识表征形式是自动化的，而第二语言学习者的语言表征形式往往是非自动化的。语言运用的差异源于话语的计划程度，计划性话语指对内容仔细酝酿、深思熟虑后产生的话语，如正式演讲和写作；非计划性话语是指未经准备和预想即表达的话语,常见于日常交谈和自发谈话中。非计划性语言运用情况利用自动的第二语言规则,这是习得的主要过程;计划性语言运用情况利用非自动的第二语言规则,这是习得的次要过程。第二语言运用的中介语变化,取决于学习者是利用主要过程还是次要过程。中介语系统的发展或通过参与各种话语习得新的第二语言规则,或激活原先以非自动形式存在的第二语言规则并将其用于非计划性话语。

中介语可变性反映的语言运用的另一个差异表现为形式—功能的关系。Ellis认为在中介语发展的不同阶段,某一个具体形式可以实现不同功能。中介语可变性反映了形式与功能之间关系的不一致性,因为学习者经常运用两种或两种以上的形式来实现同一功能。学习者在学习和运用第二语言过程中逐渐构建形式—功能系统,这些系统随着学习进程的深入而发生变化,在中介语发展的任何阶段都可能观察到不同的形式—功能系统。从表面上看,学习者的语言变化往往是无序的,但经过形式—功能分析则能发现其内在规律。Ellis认为并不是所有的中介语知识都能构成系统,因为在发展的不同阶段,学习者只有一部分中介语知识会构成系统,而其他部分则呈自由变化状态。

变异能力模式有以下几个特点:(1)第二语言学习者只有一个语言储存系统,该系统包括多种语言规则,有的语言规则可以由学习者下意识地、自动地使用,有的则需要由学习者经过分析之后使用。(2)学习者都有语言应用的能力。(3)第二语言的应用是多变的,因为有时话语未经准备,语言规则也未使用;有时话语经过准备,并有意识地运用了语言规则。

6. 认知理论

认知理论(Cognitive Theory)认为第二语言学习是一种对复杂认知技能的习得。学习一门外语,就是习得一种技能(skill),要求各种次技能(sub-skill)自动化。学习是一种认知过程,它包含规定并引导外部表现的内部表征。在语言习得中,这些内部表征建立在语言系统的基础上,包括选择合适的词汇、语法规则和语用规则等。学习者的内部表征不断得到重新构建(restructuring),其语言运用能力便不断得到提高。

Anderson(1983)将学习过程分为三个阶段:(1)认知阶段:学习者获得的知识在本质上是典型的陈述性知识,学习者本人能用语言将其描述出来。

(2) 联想阶段：原有陈述性知识中的偏误被检测出来并得到纠正，陈述性知识被程序化。在此阶段，原本以陈述形式表征的条件—行动配对（condition-action pairs）被转换为产出子集（production sets）。(3) 自动化阶段：学习者较少依赖工作记忆，偏误消失，学习行为成为下意识活动，接近全自动化。

对第二语言习得而言，第一阶段类似于课堂上的语法项目学习阶段，第二阶段大致相当于控制性语法项目操练与运用阶段，第三阶段才是语言学习的理想阶段：学习者能准确、自如地使用语言。

1) 自动化与第二语言习得

自动化加工是对刺激物信息无须注意或只需少量注意的加工，不需占用太多的认知资源，因此可以与其他任务同时进行。从控制加工到自动化加工不是简单的量变过程，而是一个质变过程。第二语言习得的最终目标是在交际中熟练地运用语言，达到自动化加工的程度。在学习初始阶段，学习者处于控制加工水平，在大脑中会有意识地制定言语计划，搜索相关项目，通常表现为口语表达不连贯，有很多不必要的犹豫、停顿等，甚至会出现很多错误。认知理论认为第二语言习得和习得其他任何一种复杂的认知技能一样，是各种次技能不断整合的过程。只有当学习者经过反复操练、努力使语言运用各方面达到自动化程度时，各种次技能才会逐渐得到发展，错误也才会因此而逐渐消失。

2) 重新构建与第二语言习得

自动化是认知理论的重要概念，是不断训练和重新构建的结果。自动化体现学习者最初阶段的特点，重新构建则更能体现学习者后续阶段的特点。Selinker（1972）曾讨论过第二语言习得过程中的间断现象（discontinuities）。第二语言习得不是简单的线性累积发展，而是一个伴有倒退（backsliding）和对已掌握的语言形式遗失（loss of forms）等现象的过程。Selinker 认为之所以出现倒退现象，是因为学习者掌握了一些语言形式后，又遇到新的语言形式，由于同化和顺应的作用，新的语言形式导致学习者对整个系统进行重新构建。Ellis（2015）在讨论中介语系统性和非系统性变异时也描述了类似的现象，即在第二语言习得的初级阶段，新的语言形式被习得，但尚未融入习得者的形式—功能（form-function）系统。两个或两个以上的语言形式以自由变体（free variation）的形式被运用，只有通过重新构建现有的形式—功能系统使之更加接近目的语系统时，系统性变异才会产生。从这个意义上讲，重新构建是去本族语化（denativization）过程的一部分，在这个过程中，学习者应调整内在语言系统以使之与目的语输入相适应。

7. 平行分布加工模式

平行分布加工模式（Parallel Distributed Processing Models，简称 PDP 模式）由美国人工智能专家 Rumelhart 等人（1986）提出，主要包括以下观点：（1）分布式储存：各种知识不是以概念或命题的形式储存于网络的单个节点或单元中，而是以分布的形式储存在网络系统中各个单元的联结中。（2）平行加工：网络各个节点或单元之间的加工同时进行，并且各单元间相互作用。（3）各个节点或单元组成一个有层次的系统，层次内和层次间的各个单元通过兴奋与抑制机制相互发生作用。（4）学习是通过网络系统中所有单元联结关系的变化、调整来实现的，即当外界信息输入时，各单元之间的联结强度会发生一定的变化，这种变化就是学习过程。

平行分布加工模式认为，语言学习不是学习抽象的语法规则并将学得的词汇应用于语法规则的过程，而是一种在经验的作用下，网络中各单元之间的联结强度或联结权重发生变化的过程。当语言学习者开始注意语言输入过程中的一些规则时，就会在这些规则中提取概率性的联结模式。当这些模式经过重复激活而被加强时，学习就发生了。

Sokolik & Simth（1992）使用平行加工模式研究了法语阴性、阳性名词的区分和认定问题。在法语中，名词的结尾部分标示了名词所属的阴阳性，一般来讲，以 -ette 或 -tion 结尾的名词为阴性名词，以 -eur 或 -on 结尾的名词为阳性名词。Sokolik & Simth 设计了一个以平行加工模式为基础的计算机模拟程序，用来认定法语名词的阴性和阳性。在模拟程序中，以名词自身的正字法结构信息作为认定名词阴阳性的标准，结果发现，模拟程序在多次观察输入信息规律性的基础上，能够正确认定未学过名词的阴性和阳性。也就是说，计算机通过输入阶段的学习，获得了不同阴阳性名词联结模式的经验，并应用这些联结模式来认定未学过名词的阴阳性。

平行分布加工模式为第二语言学习的研究提供了一个新的理论框架，该模式认为，语言学习并不受规则支配，而是基于联结模式的建构。因此，平行加工模式可以在不依赖语言规则的基础上直接解释语言行为。

二、内在机制论

美国著名语言学家 Noam Chomsky 认为，人的语言知识包括两个部分：一部分是全人类语言所共有的，称为普遍语法；另一部分是各民族语言所特有的，称为个别语法（particular grammar）。普遍语法是人类认知系统的中的一个独立的语言官能，是人类通过进化和遗传先天获得的；个别语法是个体出生后在一定的环境中通过学习掌握的。普遍语法关注的是语言能力，而不是语言应用。

1. 语言习得机制

语言习得机制是 Chomsky 在对经验主义和行为主义的反思和对立中发展起来的一种观点。Chomsky 发现，在儿童成长过程中，不管他们所处的生活环境、物质条件和精神世界有多么不同，都不会影响他们对母语的习得。在儿童习得语言时，不可能有人对他们进行系统的训练和纠错，他们听到的不一定都是标准的、合乎语法的话语，但他们却习得了标准的语言；他们接触的话语有限，但生成的语句却是无限的。由此，Chomsky 认为人类与生俱来具有一种习得语言的特殊能力，这一能力表现为儿童大脑中有一种受遗传因素决定的语言习得机制。这种特殊的语言习得机制脱离人类的其他功能而独立存在。语言的使用是个体运用其大脑内的内化语言来生成语言表达式的过程。

语言习得机制包括两个部分：一部分是以待定的参数形式出现，人类语言所普遍具有的语言原则，又称为普遍语法；另一部分是评价语言信息的能力，也就是对所接触到的实际语言的核心部分进行语言参数的定值。普遍语法是人类通过生物进化和先天遗传获得的一种固有的语言知识，是人类与生俱来的语言初始状态。儿童以普遍语法为起点，通过后天的语言习得经验确立和设定目的语的参数值，从而建构个别语法，后天获得的个别语法是对普遍语法原则进行参数设定或选择的结果。

2. 普遍语法

语言普遍性理论（Linguistic Universals Theory）源于 Chomsky 的第一语言习得理论。语言普遍性理论认为人类头脑中具有一种天生的专门语言知识，即普遍语法。普遍语法包括两个方面的内容：一是若干固定的、抽象的原则；二是与这些原则有关的若干参数。原则指适用于一切人类语言的高度抽象化的语法属性，一门具体的语言可能并不具有某些原则，但是没有任何语言可以违反这些原则。参数则反映了语言与语言之间的差异，它们有两个或两个以上的值，不同语言之间的差异体现为不同的参数值。原则和参数分别揭示了自然语言之间的共性和差异。如果没有原则，人们就不可能习得任何语言；如果没有参数，人们就无法区别和习得各种不同的语言。

虽然 Chomsky 的普遍语法是针对儿童的母语习得提出来的，但是由于它提供了一个具有普遍意义的、研究人脑的语言知识习得方式的理论框架，因此也受到了二语习得研究者的重视，并被广泛应用于对二语习得机制的解释。人们普遍关心的是普遍语法是否同样作用于二语习得，即是否为二语学习者可及。对普遍语法在二语习得中的可及性的实证研究主要围绕普遍语法原则的可及性和参数重新设定的可能性展开。

普遍语法强调第二语言的习得过程是一个建立语言参数值的过程，在习得初期，第二语言可能表现出一些第一语言的语言规律。普遍语法将第一和第二语言中的语言规律和特性与第二语言习得过程联系起来，用以解释语言习得现象，力图证明第二语言习得是一个独立的语言机制而非认识系统，从而说明第二语言的共同规律决定第二语言习得的模式。

3. 普遍语法与第二语言习得

普遍语法主要是针对第一语言习得提出来的。对于普遍语法在二语习得中是否具有可及性，研究者的意见不一，大致可分为"完全可及"（the complete access view）"部分可及"（the partial access view）和"不可及"（the no access view）等三种观点。

1)"完全可及"观

持"完全可及"观的有 Flynn（1987, 1996），Flynn & Manuel（1991）等

人。持这一观点的研究者认为第二语言学习者拥有与本族语者同样的语言学习能力，语言的基本原则和参数是大脑中固有的，即普遍语法完全可及，普遍语法在第二语言学习中依然发挥作用。学习者能够直接运用普遍语法原则，并且可以在不参考母语参数值的情况下重新设定参数。通过第二语言的输入，学习者利用普遍语法获得与母语能力相当的第二语言能力。该观点的依据是：(1) 第二语言学习者所掌握的语言知识同样远远超过他们所接受的语言输入，即母语习得中的逻辑问题同样出现在二语习得中；(2) 第二语言学习者所拥有的语言知识同样具有结构依赖性（structure-dependent），即语言知识依赖的是句子层级结构关系，而不是线性排列的词串；(3) 第二语言学习者具有同样的句子生成能力。但是，Flynn 并不否认母语在第二语言习得中的作用。Flynn 认为当母语和第二语言的参数设定相同时，对第二语言学习起促进作用，第二语言中复杂句的习得方式相当于第一语言习得的后期阶段；当母语和二语的参数设定不同时，学习者则需要建立新的参数值，这样做会增加学习的负担，第二语言习得的方式相当于第一语言习得的早期阶段。

2）"不可及"观

持"不可及"观的有 Clahsen & Muysken（1986，1989）和 Meisel（1991）等人。该观点认为，第二语言学习不能再借助普遍语法原则和参数；成人的第二语言学习与儿童的母语习得之间存在着较大差异：儿童的母语习得依靠的是先天的语言学习能力或语言习得机制，而成人的第二语言学习借助的则是一般性的学习策略（即信息处理原则和解决问题的一般性策略）。与第一语言知识相比，学习者的第二语言知识是不全面的；作为第二语言，并非所有语言知识都容易习得；学习者的第二语言学习会在某个阶段产生石化现象，因而不能达到母语使用者的同等水平；第二语言学习者在语言学习成功程度和学习方式等方面都存在着差异。学习者只能看到第二语言与母语的某些结构具有相同之处，虽然结构表面的相同之处能促使学习者把它们联系在一起，但却无法使学习者利用深层抽象的东西。因此，学习者在设定参数的过程中，即使激活同一参数的某一特征，也未必能激活该参数的其他特征。"不可及"观的理据在于：儿童语言习得有一个关键期，而第二语言学习者的年龄已经超过了这一关键期，因此第二语言学习者（特别是成人）需要借助其它学习机制（即大脑的其他官能），而非语言习得机制来学习第二语言。

3)"部分可及"观

持"部分可及"观的有 Schachter（1988）和 Clahsen & Muysken（1989）等人。该观点对带参数的原则和无参数的原则作了区分。在第二语言学习过程中，适用于一切语言的普遍语法原则是完全可及的，正因为受普遍语法原则的制约，成人学习者不会犯"离谱的"语法错误（wild grammar mistakes）。然而，不是所有的参数项都会起作用。虽然学习者可能会使用语言原则，但不会使用全部的参数，因而无法习得第二语言中与母语不同的参数值。由于只有与母语相同的参数值方可被习得，所以成人不能获得完全的目的语能力。

普遍语法在第二语言中以其在母语中所体现的形式出现，成人第二语言学习者只能利用母语中已具体化的普遍语法原则，只能体现母语中设置的参数，其他潜在参数的设置无法通过普遍语法完成。成人可以学得语言中的其他语言规则，但形成的第二语言语法是否与该语言本族语者的语法相似则需要取决于语言输入、教学和其他语言学习手段，这些外在因素能促使学习者形成假设，并以此来替代母语中已具体化的普遍语法规则应有的约束。

还有一派观点认为在第二语言习得中存在着竞争模式（The Competition Model）。该模式认为普遍语法对成人的第二语言学习仍然起作用，除此之外，学习者还可以使用普遍问题解决模块（The General Problem-solving Module），该模块与语言特定系统的普遍语法进行竞争，学习者可以用这两套不同的认知系统来处理抽象的语言信息。本来单靠普遍语法就可以保证学习者获得完整的语法能力，但是学习者无法阻止普遍问题解决模块的运作，而这一模块不仅会干扰普遍语法发挥作用，还会与普遍语法竞争认知资源，这就解释了为何成年人在二语习得过程中往往达不到与本族语者同样的语言能力和水平。

三、环境论

第二语言习得环境理论强调环境因素（如个人经历）对语言发展的重要性，否定先天因素的作用，试图用学习者的外部变量（环境影响）来解释语言习得的过程。Schumann（1978b）提出的文化适应模式（Acculturation Model）最具有代表性。该模式以社会学和心理学为理论基础，认为第二语言习得的成败取决于学习者的动机，即他的交际需要和文化适应程度。

文化适应是指某一群体的语言、文化和价值观在与另一群体相接触时发生的顺向变化。文化适应过程是对新文化的思想、信仰和情感系统以及交际系统的理解过程，是文化的融入或顺应。Schumann（引自 Ellis，2015）这样阐述文化适应和第二语言习得的关系："习得第二语言只不过是文化适应中的一个方面，学习者适应目的语社团文化的程度决定他习得第二语言的程度。"

文化适应模式是建立在一个个案研究的基础之上的。在该研究中，Schumann 观察了一名 33 岁的哥斯达黎加人 Alberto 在美国学习英语的过程，Alberto 的母语为西班牙语。Schumann 发现在整个研究过程中，Alberto 的英语几乎没有什么进步。Schumann 将 Alberto 的英语和几种皮钦语进行比较后，发现它们在句法和形态学上都与皮钦语有相似之处，例如 no+ 动词构成否定式（I no see.）；缺乏倒装（Where the paper is?）；缺乏助动词（She crying.）；动词的非标记形式（Yesterday I talk with one friend.）；缺乏主语代词（No have holidays.）等，Schumann 认为 Alberto 的英语显示了皮钦化的特点，究其根源，Schumann 发现这是由 Alberto 与目的语说话者之间的社会距离（social distance）和心理距离（psychological distance）造成的。由此，Schumann 提出了皮钦语假设（Pidginization Hypothesis），认为第二语言在习得初期均有皮钦化的趋势，即当第二语言学习者与目的语群体之间的社会距离和心理距离太大时，学习者将停留在语言学习的初级阶段并停滞不前，其第二语言会出现语言皮钦化。此外，当学习者经历的皮钦化过程太长时，其第二语言便会出现石化现象。在这种情况下，他们的第二语言水平就不可能得到进一步提高。

Schumann 的文化适应模式和皮钦语假设从社会学、心理学的视角研究了第二语言习得。文化适应是第二语言习得的关键，一旦文化适应受阻，第二语言习得也会受阻。同时，文化适应又是第二语言学习的一个方面，文化适应的程度制约着第二语言习得的过程。

文化适应模式认为第二语言习得由学习者所学语言的文化之间的社会距离和心理距离所决定的，距离越近，第二语言就越容易习得。社会距离指第二语言学习者群体和目的语群体之间的关系，它影响第二语言学习者与目的语群体接触的程度，因而也影响着第二语言学习者语言水平的提高。Schumann 列举了决定社会距离的多种因素，影响和决定社会距离的因素包括：(1) 社会主导模式（social dominance）：指学习者群体与目的语群体各自在社会各领域中的地位，有主导地位、从属地位和平等地位之分。(2) 融入方式 (integration pattern)：指学习者群体是被目的语群体同化，还是保留自己的生活方式和价值观念，或是二者兼有。融入主要有同化、适应和保留等策略。(3) 封闭程度 (enclosure)：指两个群体被各自的学校、教堂、医院等社会设施隔离的程度，封闭程度有高、低之分。(4) 凝聚程度 (cohesiveness)：指学习者群体是以圈内交往为主，还是圈外交往为主。前者具有凝聚力，而后者则没有凝聚力。凝聚程度有高、低之分。(5) 群体大小 (size)：指学习者社团规模的大小。(6) 文化相似性 (cultural congruence)：指学习者群体与目的语群体的文化是相近还是相异，文化相似性有高、低之分。(7) 态度 (attitude)：指两个群体对彼此所持态度是正面的、还是负面的。(8) 打算居住的时间 (intended length of residence)：指学习者群体打算在目的语区域居住时间的长短。

社会距离影响第二语言习得的效果，决定学习者接触或使用第二语言的语言量。第二语言习得的理想状态可以描述为：两种文化地位平等，并且文化封闭程度低，彼此愿意融入对方的文化，两种文化非常相似，第二语言习得者的文化规模较小、凝聚力弱，态度积极，并且打算在目的语文化环境中长期居住。表 4.1 说明了社会距离与第二语言习得的关系。

表 4.1 社会距离与第二语言习得的关系

社会距离	社会主导模式	融入方式	封闭程度	凝聚程度	群体大小	文化相似性	态度	打算居住的时间
有利于习得	平等地位	同化、适应	低	低	小	高	正面	长
不利于习得	主导、从属	保留	高	高	大	低	负面	短

社会距离考察的是第二语言习得群体与目的语群体之间的社会关系，心理距离则是从个人与群体之间的关系出发，考察作为个体的学习者对目的语群体亲近、接纳或难以相处的主观感受程度。影响和构成心理距离的因素包括：(1) 文化休克 (culture shock)：指学习者在接触一种新文化时所产生的焦虑和失落感。(2) 语言休克 (language shock)：指学习者在使用目的语时所体验的困惑和恐惧。(3) 学习动机 (motivation)：指学习者学习目的语的目的，以及为达到该目的而付出的努力。Schumann 沿用了 Gardner & Lambert (1972)

的动机分类法,把动机分为融合型动机和工具型动机。(4)自我渗透性(ego permeability):指学习者语言的自我可塑性或僵化程度。心理距离由学习者的各种个人因素所致,只在社会距离不明显时才显得十分突出。社会距离和心理距离均在特定的社会环境下影响学习者的第二语言习得。

McLaughlin(1987)认为社会距离和心理距离决定学习者与目的语接触量的多少以及学习者对目的语的开放程度。在社会距离和心理距离大的情况下,学习者只能获得很少的语言输入。表4.2说明了心理距离与第二语言习得的关系。

表4.2 心理距离与第二语言习得的关系

心理距离	语言休克	文化休克	学习动机	自我渗透性
有利于习得	程度低	程度低	融合型	强
不利于习得	程度高	程度高	工具型	弱

Schumann认为第二语言习得由学习者的语言输入及其学习语言的目的所决定。Schumann将语言功能分为交际功能、综合功能和表达功能。交际功能用来传达信息;综合功能指说话者用语言来表示自己属于某一个社会团体;表达功能指说话者用语言的引申意义来表达思想。在学习的初级阶段,第二语言学习者使用的外语带有皮钦语和石化过渡语言的特点,均局限于交际功能的范围。多数母语使用者和突破石化语言关的第二语言使用者可以实现语言的交际功能和综合功能,但多数第二语言使用者还不能掌握和运用语言的表达功能。

Anderson(1983)在Schumann的文化适应模式的基础上又提出了第二语言本土化模式。该模式强调了人的认知因素在语言习得中的作用,弥补了文化适应模式的不足。Anderson认为第二语言习得主要受两个过程的影响,第一个是第二语言本土化(nativization),第二个是第二语言去本土化(denativization)。第二语言本土化是一个同化过程,学习者将所接受的语言进一步在第二语言系统中程式化,所采用的策略是利用已知的第一语言知识建立假说以便简化习得过程。第二语言本土化被认为是第二语言习得的初始阶段,或Schumann所说的皮钦语阶段。第二语言去本土化过程则是一个适应调整过程,学习者在该过程中调整自己的语言内在系统以适应所接触的语言,并使用多种推理策略使自己不断修改已有的第二语言处理机制。此外,第二语言去本土化也是皮钦语解体的过程,通常发生在第二语言习得后期。

四、互动论

第二语言习得中的互动理论主要分为认知互动理论和社会文化互动理论。这两种互动理论分别代表认知派和社会文化派。

认知互动理论是针对行为主义和普遍语法的语言学习理论提出来的，由 Long（1983）首次提出。行为主义学习理论强调语言环境的决定作用，认为语言学习是一个模仿、强化和操练的过程。普遍语法走向它的对立面，关注学习者内在机制的作用，强调儿童与生俱来的语言知识和语言学习能力，认为语言输入只起到"触发器"的作用。Long 认为行为主义学习理论忽视了学习者内在的语言信息处理能力和创造性，而普遍语法则忽略了语言环境中的输入和意义协商的作用。在 Long 看来，语言习得离不开语言互动。学习者在语言互动中接受可理解性输入，通过意义协商来理解语言输入，可理解性输入和意义协商有利于学习和内化语言形式。

社会文化学习理论是由 Vygotsky（1978）首次提出，由 Lantolf & Thorne（2006）等人进一步发展起来的。社会文化学习理论认为学习者的语言互动既是内部语言习得机制的输入来源，又是学习和社会化的过程。社会文化学习理论强调文化的主导作用。社会互动引起思维和行为的变化，思维和行为的变化因文化的不同而不同。社会互动和文化工具决定思维，社会互动是认知发展的关键。语言是文化工具和符号，语言是社会互动和活动的媒介，语言学习通过社会互动得以实现。语言的使用让思维成为可能，语言既是思维发展的工具，也是思维的工具。语言有自我调控、自我反思的功能。

1. 认知互动论

1）意义协商

早期互动假说认为输入是语言习得的必要非充分条件。除了语言输入之外，会话参与互动也是必要的，因为对话交流中话语调整有助于对所输入语言的理解，可理解性输入能够促进语言习得。互动假说主要涉及一种特定的认知互动，即意义协商。意义协商可以帮助学习者理解输入，解决交际障碍，会话互动调整有利于语言习得。通过意义协商，可理解性语言输入才有可能被学习者吸收（Larsen-Freeman & Long, 2000）。

早期互动假说也存在着一些缺陷。首先，互动假说认为互动式调整的语言输入与预先调整的输入相比，能够更有效地促进理解，但是实证研究并不完全支持这种观点；其次，互动假说认为理解促进习得，但是对语言材料意义的理解并不能保证语言规则的习得，因为这种理解在很大程度上还需要依赖非语境、个人常识等；最后，互动假说认为互动式调整输入特别有益于习得的发生，但研究证明预先调整的语言输入也能有效地促进理解，进而促进习得的发生（Gass & Varonis，1994）。

2) 选择性注意和负面反馈

Long 和其他支持者进一步发展了互动假说——外部环境是借助于学习者的选择性注意力及其发展中的第二语言处理能力对习得产生作用的，而在意义协商过程中，这些资源能更有效地形成合力，尽管意义协商并不是其形成合力的必备条件。从意义协商或其他方面得到的负面反馈可能提高第二语言习得，至少对母语和第二语言之间有明显冲突的词汇、词法和句法等方面起作用（Long，1996：414）。由此可见，修改完善后的互动假说关注选择性注意和负面反馈在语言习得中的作用。选择性注意是信息处理的前提条件。大脑处理信息的能力是有限的，学习者很难同时关注到意义和形式。为了有效地利用认知资源，学习者在意义协商的过程中，将注意力转向那些产生交际障碍的语言形式。在意义协商中，对方会提供正面反馈让学习者注意到目的语的正确形式。在某些情况下，学习者也会接受负面反馈。负面反馈是对学习者产生的不正确的语言形式作出的反应。负面反馈有两种表现形式：一是检验自己的理解是否正确；二是请求说话者解释说明其话语的内容。负面反馈有助于学习者意识到自己的语言表达与目的语之间存在的差距，有利于语言规则的习得。

2. 社会文化互动论

1) 低级机能和高级机能

Vygotsky（1978）将人的心理机能区分为两种形式：低级心理机能（Lower mental functions）和高级心理机能（Higher mental functions）。低级心理机能具有直接、形象、具体的特征，包括感觉、知觉、不随意注意等，它随着神经系统的发展而发展，不需要言语作为中介。高级心理机能具有间接、抽象、概括的特征，包括逻辑思维、随意注意、高级情感等，它在人际交往活动中发展起来，需要言语作为中介。高级心理机能是社会发展的产物，受文化历史的制约。作为人类文化发展的重要方面，高级心理机能与低级心理机能的区别在于高级心理机能是以心理工具或者符号为中介的。这些符号包括语言、各种号码与计数、记忆装置、艺术作品、信件、图表、图纸、地图等。其中语言是最重要的符号和中介，用于思维的组织。个体通过符号与外部世界建立联系。

Vygotsky 从历史唯物主义的观点出发，主张人的高级心理机能是社会历史的产物。Vygotsky 强调有社会性意义的活动对人类意识影响的重要性，以及社会互动对认知发展的重要性。社会环境对学习起关键性作用，社会因素与个体相互作用促成了学习。语言是思维与认知的工具，个体在学习语言时，不仅仅是在学习语词，同时还在学习与这些语词相关的意义，即词的内在方面，也就是对现实的概括反映。词的意义体现了两个彼此紧密联系的言语机能（社会交往机能和思维机能）：言语机能以词意的概括和发展为前提，人类的交往形式只有依赖于对现实进行概括反映的思维形式才有可能表现出来（Vygotsky, 1962）。语言可用于社会性的互动与活动，儿童可以通过语言与他人进行言语互动，并以此来进行文化与思想的交流。因此，学习语言的过程也是社会化的过程，学习语言的同时也是在习得该社会的文化。

总之，心理机能从低级向高级的发展源于社会历史文化的发展。就个体而言，儿童在与他人进行社会互动的过程中掌握了向高级机能发展的工具——语言。换言之，语言是低级心理机能向高级心理机能发展的中介。

2）中介与学习

中介（mediation）是社会文化理论的重要概念，高级心理活动都是通过中介来进行的。人类并不直接作用于物质世界，而是通过物质工具和劳动来与物质世界相互作用；同时，人类也通过符号工具来调整个体与环境、个体与个体之间的关系。符号工具包括数字和算术、音乐、艺术、语言等，其中语言是最重要的符号工具。与物质工具一样，人类也通过使用符号工具来与他人和世界建立起一种间接的或中介的关系。

社会文化理论认为学习是一种中介过程，语言则是一种中介工具。学习可以由学习者通过使用和控制心理工具来调节。学习也是一种社会中介过程，学习依赖于面对面的互动和共享过程，如共同解决问题和讨论等。儿童的认知世界是通过与年龄较大的儿童或成人进行互动而形成的结果。在互动中,儿童使用语言作为交际的媒介。在语言学习中,不同程度的学习者讨论某个句型或单词的用法,并且能够通过对话找到该单词或句型的正确用法。社会文化学习理论强调不论什么样的学习都离不开语言的中介作用。社会文化学习理论的观点认为,没有语言,就没有认知发展和语言学习。语言在认知发展和语言发展中起着关键作用。这种观点适用于很多社会文化。

在第二语言教学中,目的语是中介,一切学习活动都以目的语为媒介来进行。教师也被赋予了"中介者"的角色,语言课堂不再是教师的一言堂,学习者成为知识的主动建构者。教师作为导师、学习促进者和学习者共同参与到学习活动中,并不时为学习者提供语言支持,帮助学习者接受语言知识、增强语言技能、获得学会学习的能力。

3) 调节、最近发展区、主体性和支架

成熟的个体都有一种自身自发的功能,这种功能就是自我调节(self-regulation),自我调节是个体认知发展从不平衡到平衡状态的一种动力机制。儿童总是在其他较成熟的个体(父母、老师等)的指导下去完成任务和活动,这是他人调节(other-regulation)。他人调节一般是通过语言进行的。通过对话,儿童或学习者被引导着去解决问题,直到达成共识。最终,他们能吸收或内化新的知识和技能,成功完成从外在精神活动向内在精神活动的转变以及从社会性向个体性的转变。

他人调节是自我调节的前提条件,自我调节是个体发展的目标。他人调节和自我调节二者之间不是简单的线性关系,而是循环发展的关系。一旦自我调节实现了,学习者在获取新的知识和技能时,还需要新的他人调节,这种新的他人调节将会带来新的自我调节。如此反复,学习者的知识和技能便会随之不断地增长。

要实现从他人调节到自我调节的转变,最近发展区发挥着非常重要的作用。最近发展区是指学习发生的最佳阶段。在这个阶段内,学习者虽然不能独立完成任务,但能在他人的帮助下取得所期望的成果。Vygotsky(1978:85)将最近发展区定义为:"儿童能够独立解决问题的现有发展水平与需要借助成人的指导或是同伴的合作和帮助才能够解决问题的、可以达到的较高水平之间的差距。"认知发展的现有水平是对儿童当前认知水平的评估,最近发展区是对儿童认知发展可能性的期望。Vygotsky（1978：86-87）进一步解释道："最近发展区主要指的是那些尚未成熟但在趋向成熟的认知能力。这些功能在不久的将来就会成熟，但现在仍处于胚胎期。这些功能可以被视为认知发展的花蕾或花儿，而不是果实。认知发展的现有水平表示到目前为止认知发展的水平，而最近发展区则表示认知的未来发展……最近发展区可以让我们描述儿童认知的近期发展以及动态发展状态，可以让我们知晓儿童认知已经发展的水平，还可以知道正在趋向成熟的能力。"由此可知，儿童在某一阶段现有的认知发展水平与达到下一阶段认知发展水平之间的差距就构成了最近发展区。

与最近发展区密切联系的另一个概念是学习。Vygotsky 认为，参与性学习先于并且决定认知发展。认知发展过程滞后于学习过程，只有通过学习，才能实现认知的发展。

要成功实现最近发展区，需要具备两个特征：主体性和支架。主体性指人在实践过程中表现出来的能力、作用、个人看法以及地位，即人的自主、主动、能动、自由、有目的活动的地位和特性。在开发最近发展区潜能的过程中，个体要明确目标，充分发挥主观能动性。支架是在儿童最近发展区内，通过会话来鼓励和引导他们关注环境的关键特征，一步步地帮助他们完成原本无法独立完成的任务，获得新的知识和技能的过程。支架有以下功能：（1）激发学习者对任务的兴趣；（2）降低任务的难度；（3）使学习者保持学习的动力，继续追求目标；（4）强调某些相关特征，指出已经完成的部分和理想的解决方案之间还存在多大差距；（5）控制消极情绪；（6）通过完成某个步骤或详细分析学习者的部分解决方案来示范理想的解决形式。

在第二语言习得中，由不同能力和水平的学习者组成的学习小组可以形成支架学习情境。支架学习情境指对那些超出学生能力的任务元素加以控制，从而使学生将注意力集中到他们力所能及的任务内容上，并快速地掌握学习内容。在合作学习中，能力较强、水平较高的学习者能够为水平较低的学习者提供支架。

4）内化

Vygotsky 的内化学说将生理因素和社会文化因素有机地统一起来。生理因素是认知发展的必要条件，但不是充分条件。社会和文化活动为人类控制自己的认知活动和物质活动提供了中介工具。内化是人类控制自然的心理活动的机制。人类之所以能够阻止和控制记忆、注意、计划和认知发展,是因为人类能够使用文化构建的符号系统。只有这样,人类才能够将外部的社会文化中介制品内化到思维活动中去。可以看出,Vygotsky 内化学说的基础是工具论。符号,尤其是语言符号,是人类高级心理活动的工具,而低级心理活动是直接的、自然的,不需要语言的参与。个体只有在掌握了语言这个符号工具时,才能将低级心理机能转化为间接的、高级的、社会历史的心理机能,进而可以运用语言进行高级心理活动。高级的、社会历史的心理活动形式,首先是作为外部形式,在个体之间进行,之后才会被内化,进而转化为内部心理活动,在个体思维中进行。

模仿是实现内化的机制。模仿不是机械的复制行为,而是一种有目的的、复杂的、潜在的转化过程。在语言习得中,有即时模仿和延迟模仿。儿童通过自我语言来模仿他人的话语,这在语言习得中比较常见。模仿在第二语言的语音、语调教学中效果尤其显著。

5) 微观起源

社会文化学习理论认为,学习首先被看作是社会的,其次才是个体的。意识和概念的发展,首先被看作是一种外在的心理现象,可以在不同的个体间分享。然后,个体发展出自己的知觉意识,并使其变为一种内在的心理现象。无论是对人类还是对个体而言,语言都是意识发展最重要的符号中介工具。人的一生都具备学习能力,成熟的个体可以通过具体的学习活动来获得新的知识和技能。例如个体通过社会或互动的方式来学习新的概念,在专家与初学者的谈话过程中可以很明显地察觉到这一学习过程。这种发生在个体所在环境中的、语境化的学习过程被称为"微观起源"(micro-genesis)。任何具体的学习过程都是微观起源,而学习则是由无数个微观起源构成的,因为微观起源是在特定的时间和地点、特定的社会历史文化语境中发生的,因此,学习的过程也是学习社会文化的过程,更是社会化的过程。

6) 个体话语和内在言语

根据社会文化学习理论,儿童的认知发展经历了从物体调控(object-regulation)、他人调控(other-regulation)到自我调控(self-regulation)的过程。在这个过程中,语言的作用经历了从社会言语、自我中心言语、个体话语到内在言语的发展。个体话语是个体对自己而非外在谈话伙伴的自言自语。社会文化学习理论把个体话语看作是儿童自我调节能力发展的体现。个体话语最终会发展成为内在言语,而内在言语是个体调节内部思维的语言,是不出声的思维。个体话语是个体最早的语言运用得到发展的一个信号,具有社会性和互动性。内在言语是一种思维的工具,它无须像个体话语一样具有具体的语音形式。

个体话语在儿童的学习活动中是非常常见的。例如儿童在玩积木时,他时常会说出这样的话:

Child: Oh, I making a house for my doll. Where is the blue block? Yeah, I got it. But where is the yellow one? I want a yellow one. I got it. I got it.

这种个体话语可以帮助儿童进行积极思维,想出解决问题的办法。不仅儿童这样,成人在某些情况下,特别是在遇到困难或紧急情况时,也会产生个体话语来调整自己的行为和努力,例如:

Adult: Oh. My God! My key is gone! Where is it? I remember I put it right here. But now it's nowhere to be found. Where is it? What shall I do? I left my ticket on the table. I must get it!

年龄较大的儿童和成人较多使用内在话语来调节自己的思维活动,以此来进行心算、逻辑关系推理等心理活动,这些都是高级心理机能的体现。

在第二语言习得中,学习者为了操练、运用和掌握语言,他们通常使用个体话语,试图驾驭第二语言。学习者一般使用三种不同的个体话语(Ohta, 2001):(1)重复:学习者重复教师或其他学习者的话语;(2)间接反应:学习者间接回答教师的提问,或者补充他人的话语;(3)操纵:学习者自己构建第二语言话语、运用句型、形成和分解词语、进行语音游戏等。在口语表达中,学习者时常会说出:"What should I say?""I don't know how to say that in English."等这样的话语。在看图会话中,学习者会说:"I saw a man smoking there.""What else can I see?"等等。这些话语影响到整个语篇的连贯性,而这也正是第二语言学习者试图获得自我调控能力的表现。

7)活动理论

活动指为心理发展提供条件的社会实践的方方面面,它包括一套复杂的概念工具,用以阐释人类的行为和认知。活动理论研究的重点是人类意识的社会起源以及促进认知形成的实践活动。活动发生在一定的社会文化背景中，活动理论将个体学习所发生的社会语境概念化。在社会文化背景中，活动可以通过互动协作、主体之间的作用和提供帮助等形式展开。

在活动理论中，活动包括主体、客体、行动和操作等。主体是活动的参与者，如第二语言习得者。客体是学习者参与活动的目标，该目标激励主体付出努力、并引领主体不断向目标行进。在第二语言习得中，学习者有多种可能的目标，例如提高口语交际能力、找一份好工作、拿到学位、出国旅游和阅读外文文献等。为了实现某一目标，主体必须付诸一系列行动，如采取不同的方式和策略。在第二语言习得中，学习者使用不同的学习策略来获得语言知识、提高语言技能。操作就是为了使行动能够成功执行所采取的方式和策略，至于操作能否成功则需要取决于执行这种行动的条件。语言学习活动中的操作最终会常规化（routinized）和自动化（automatic）。

受活动理论的启发，第二语言教学可采用小组互动的方式进行。通过互动和对话，语言能力较强的学习者可以为语言水平较低的学习者提供一些难度略微高于其当前状态的语言知识和技能，这样既能够帮助语言水平较低的学习者理解甚至内化新的语言知识，也可以帮助语言水平较高的学习者巩固其现有知识。语言教师也可以作为一个平等的学习者来参与小组学习者的活动，为有困难的小组或学习者提供一些帮助，以促进学习者语言问题的解决。

思考题：

1. 影响第二语言习得的基本因素有哪些？
2. 论述第二语言学习者的语言特征。
3. 第二语言习得理论主要分为哪几个流派？

第五章 影响外语学习的个体差异因素

在教育教学实践中,人们发现在教师、教材、学习环境相同的情况下,有的学生对所学知识接受得快一些,学习效果好一些,而有的学生则接受得慢一些,学习效果差一些;有的学生对学习充满信心和热情,而有的学生对学习则表现出厌倦和倦怠等情绪,产生这些问题的原因主要归咎于学习者的个体差异。理想状态的个体发展应该是生理、认知、情感等方面同步、均衡、协调地发展,但在现实生活中,个体发展存在着不均衡性,而这种不均衡性导致了学习者的个体差异。在课堂教学发生"以教师为中心"向"以学习者为中心"转变的过程中,越来越多的教育工作者逐渐认识到,学习者是学习的主体,对学习结果起着决定性的作用。因此,在教育实践中,教师必须充分考虑学习者因素,只有充分考虑学习者的个体差异,因材施教,才能取得好的效果。

在语言学习中,学习者亦存在着个体差异。在 Dörnyei(2005)看来,个体差异指"每个人所具有的、持续的个体特征的维度,个体由此在一定程度上表现出不同。换言之,它们是相对于标准蓝图的稳定持续的变异"。学习者个体差异是客观存在的,并在二语习得及其研究中发挥着重要作用。Dörnyei(2005)指出,在诸多二语习得的影响变量中,个体差异与二语习得结果的关系最为紧密,其他任何变量都无法达到它的影响水平。Ellis(2013)也认为:"若不充分考虑学习者的个体差异因素,任何对二语习得的解释都是不完整的。"Dewaele(2009)认为大脑成熟是语言习得的生理学基础,指出学习者个体在开始学习语言时他们的大脑就不一样、存在着个体差异,而学习的过程又进一步引起大脑的物理变化。大脑神经皮层的差异可能导致学习者第二语言的发展速度和最终水平的差异。

不同学者对二语习得过程中的个体差异有着不同的理解和划分:

(1) Skehan(1989)认为二语习得中的个体差异有智力、语言学能、工作记忆、动机、语言学习策略、场独立、内/外向性格、冒险性、焦虑感等;

(2) Robinson(2002)认为二语习得中的个体差异有智力、语言学能、工作记忆、动机、焦虑感等；

（3）Dörnynei（2005）认为二语习得中的个体差异有语言学能、动机、语言学习策略、学习和认知风格、性格、交际意愿、焦虑感、学习者信念、自尊、创造力等；

（4）Ellis（2013）认为二语习得中的个体差异有智力、语言学能、工作记忆、动机、学习策略、学习风格、性格、交际意愿、焦虑感、学习者信念等；

（5）Gass & Mackey（2012）认为，个体差异除了包含语言学能和动机之外，还包含身份、工作记忆、教育水平、读写能力、语言石化和高级语言水平等。

人类习得第二语言的过程要比习得母语复杂得多，第二语言学习的个体差异主要表现为生理差异、认知差异、情感差异和社会文化差异。其中生理差异主要指大脑成熟、年龄差异对第二语言学习产生的影响；认知差异指学习者在语言学能、认知风格和学习策略等方面的差异；情感差异指学习者在动机、动机归因、自我效能、自我概念、自尊、焦虑等方面的差异；社会文化差异指学习者态度、文化适应、社会距离等方面的差异。

第一节　外语学习者的生理因素

学习者生理因素，指大脑发育成熟、年龄等生理条件，这些生理条件是语言学习的必要准备条件。大脑发育使语言中枢能够进行语言信息处理等高级思维活动，使语言学习成为可能。语言学习有一个最佳时机，错过了这个时间段，语言学习可能会事倍功半。

一、大脑与语言功能

语言中枢是人类大脑皮层所特有的，语言中枢负责人类的思维和意识等高级活动，以及语言表达。人类的语言功能主要集中在大脑的左半球，左半球专门负责对语言的处理和语法表达，如词语、句法、命名、阅读、写作、学习记忆等；大脑右半球也有少量的语言功能，主要是帮助理解间接言语、容易引起歧义的语句。

1861年法国医生、人类学家Broca发现一个大脑第3左额回受损的病人丧失了说话能力，由此推断大脑的这个区域应该是"言语中枢"所在的位置，后来人们将这个区域命名为布罗卡区（Broca's area），随后100多年的神经生理学和解剖学的发展证实了Broca的说法。如果布罗卡区受损，那么病人将会丧失说话能力，产生句法表达障碍，不会使用单纯表达语法功能的成分，对句法结构的理解也会出现困难。布罗卡区病变引起的失语症被称为表达性失语症（expressive aphasia）。

1874年，德国医生、解剖学家、神经病理学家Wernicke又发现如果大脑后第3颞上回受到损害，病人的口语理解能力将受到严重影响。这个区域被命名为韦尼克区（Wernicke's area）。如果该区域受损，病人虽然可以听得到其他人的话语，但是不能理解这些话语；虽然可以流利地说出一些句子，但是造出来的句子只是由一些没有意义的词堆砌而来，既没有逻辑也没有含义。韦尼克区病变引起的失语症被称为接受性失语症（receptive aphasia）。布罗卡区和韦尼克区均位于大脑的左半球。

二、年龄

年龄在母语和第二语言习得的过程中都是一个十分重要的生理因素。从母语习得研究来看，学习者如果超过了一定的年龄，即使有语言环境也很难顺利地习得一门语言，对"狼孩"以及其他因脱离人类正常生存环境至一定年龄而未能习得人类语言的特殊人群的研究证明了这一点。Penfield & Roberts（1959）最先将关键期的概念引入儿童语言习得领域，提出了语言习得关键期假说（The Critical Period Hypothesis），该假说提出10岁以前是学习语言的最佳年龄。关键期这个概念来自生物学领域，它是指一个有机体生命中的一段时间，在这段时间里，某些外部条件对有机体的影响可以超过该有机体在其他时间所能达到的程度。Lenneberg（1967）又通过对儿童语言障碍的研究进一步明确和强化了这一理论，指出习得语言的关键期从2岁开始，一直持续到发育期。在关键期内，个体能比较容易地习得语言，而一旦过了关键期，语言习得就会变得越来越困难。因为在关键期内，儿童的大脑具有可塑性（plasticity），这个时期的语言理解和语言产生涉及大脑的两个半球，整个大脑都在参与语言学习，所以吸收的语言信息快一些，语言习得能够自然而轻松地进行。青春期到来之后，大脑机能完成了单侧化（lateralization）过程，即某些功能开始偏向左半球或右半球。左半球支配着言语表达、数学运算以及连续的分析综合思维活动。右半球可以理解简单的语言，主要支配着空间方位定向和图形认知。大脑两个半球的专门化在个体发展中有一个明显的发展过程，它随着个体掌握语言和言语能力的完善化而逐渐显示出来。

在语言方面，语言功能逐渐集中在左半球，右半球的语言功能逐渐减弱。Penfield & Milner (1958)发现，青春期之前，儿童的大脑似乎有一种"转换机制"（switch mechanism），如果他们左半球的言语中枢受到损害，其言语中枢就会转换到右半球，不过要从头再开始学说话。可是过了青春期以后，语言能力就没有那么容易恢复了。Lenneberg(1967)通过对有语言障碍的儿童进行研究后发现，小孩左脑的损伤一般不会对语言功能产生什么影响，因为儿童大脑的右半球会代替左半球的功能，重新习得语言，不会出现明显的缺陷。但到了一定的年龄，左脑损伤就意味着整个语言功能的丧失，左脑的语言功能不再具有可替代性了。同时，大脑发育成熟之后，左脑负责语言处理的神经协调机制的自动化能力就会减弱，神经系统不再具有可塑性，语言习得变得费力且成效不显著。Lenneberg认为语言是大脑发育的产物，语言能力的发展受到人的生理基础的制约。

有不少学者认为在二语习得过程中同样也存在着关键期（Scovel, 1988; Johnson, 1992），关键期对外语习得有着明显的影响。在关键期内，大脑的可塑性不仅能使儿童顺利地习得第一语言，还能让他们顺利地习得第二语言。Scovel等学者认为第二语习得的关键期可持续到青春期，过了青春期，学习者习得第二语言的难度会逐渐加大。

关键期假说自从面世以来，虽然带动了大量的研究，但也引发了许多争论，争论的主要内容有关键期的确切年龄段、语言学习的哪一部分会受到影响、语言关键期假说是否成立等。综观目前的研究结果，关于第一语言习得和外语学习的关键期是否存在以及年龄因素对外语学习是否产生影响的争论，概括起来主要有以下三种观点：(1) 关键期的确存在，但主要反映在口音方面。当学习外语的起始年龄超过了关键期，便很难习得像本族语者一样的发音。(2) 关键期现象存在，除反映在口音方面还反映在句法方面。在单位时间内，青少年比儿童和成年人在习得语法和词汇时表现更为出色，这是因为青少年已具有较高的认知水平、模仿能力和记忆力,比儿童更善于运用语言学习策略和语言交际策略;同时,他们的情感阈限低于成年人,一般不会过多地去计较他人对自己的态度和评价。(3)关键期假说不成立,在口音方面也没有任何影响。

有学者认为,虽然年龄因素是大脑处理语言信息的生理基础,但是同时起作用的还有其他因素,如第二语言输入量和输入方式,学习者的言语分析能力以及二语学习动机等(Birdsong, 2006, 引自 Cohen & Henry, 2019)。

尽管不同年龄的语言学习者经过努力,最终都能达到较高的语言水平,但从大脑机制来看,对比一下在青春期后与青春期前学习一门新的语言,发现这两个时期大脑处理语言信息的神经回路是不一样的。有研究表明,由于受到不同语言的刺激,双语者大脑的灰质区域要远大于单语者。

第二节 外语学习者的认知因素

第二语言习得主要是一个认知过程,认知因素对第二语言信息的理解、提取与产出至关重要。学习者的认知因素主要有:语言学能、认知风格和学习策略。

一、语言学能

学能指一个人学习新知识或新技能的潜力,语言学能(language aptitude)指第二语言学习的能力倾向。语言学能的研究起源于 20 世纪 20 年代中期,在经历了高潮、低迷之后又得到了迅速发展,尤其是到了 20 世纪 90 年代初期,随着认知科学的发展,以及二语习得与其他学科的交叉融合,语言学能的研究内容越来越丰富。人们对语言学能展开的研究主要围绕以下两个方面,一方面是测量学习者在特定的环境下可能达到什么样的学习水平,另一方面是测量什么样的学习者在外语教学中可能获益更多。在这一背景下,产生了两个著名的语言学能测试量表,即 Carroll 等人(1959)编制的现代语言学能测试量表(Modern Language Aptitude Test, MLAT)和 Pimsleur(1966)编制的语言学能测试量表(Pimsleur Language Aptitude Battery, PLAB)。

第五章　影响外语学习的个体差异因素

Carroll 的 MLAT 量表一共有五部分。第一部分：数字学习，旨在测验联想记忆；第二部分：音标记忆，测量音位编码能力；第三部分是拼法提示，该部分既测试英语词汇知识，又测量语言代码化的能力；第四部分是句中词，主要测验语法敏感性能；第五部分是词语对应联想，用于考查背诵式记忆能力。

Pimsleur 的 PLAB 量表共分为六部分。第一部分是"学分平均数"，要求受试者报出自己最近一学年的英语、数学、自然科学和历史（或社会科学）的学分；第二部分是"兴趣"，要求受试者在一个二级量表上标出自己对外语学习的兴趣；第三部分是词汇测试；第四部分是语言分析测试；第五部分是语音辨别；第六部分是语音标识。Pimsleur 认为，学习语言的天赋包括三大成分。一是语言智力，包括对词汇的熟悉程度（由第三部分测试）和对语言材料的分析（由第四部分测试）；二是学习语言的动力（由第二部分测试）；三是听觉能力（由第五、六部分测试）。该量表适宜于测量初级语言学习者的语言学能。

Skehan（1986，1991）认为语言学能有两个方面的内容：第一，语言学能是处理语言和非语境化（decontextualized）材料的能力，这两种能力对语言学习的成功都起着至关重要的作用；第二，Skehan 认为语言学能不仅与正式的语言学习环境有关，而且还与具有交际定向的课堂教学和习得环境有关，即语言学能在正式和非正式的两种语言学习环境中都起作用。Carroll 等人（Carroll & Sapon，1959；Carroll，1973，1990 等）认为，语言学能像智力一样，是与生俱来的认知能力，在人的一生中相对稳定，它既不容易被训练或调整，也不容易受环境变化的影响。训练和实践并不能改变和提高一个人的语言学能。语言学能具有普遍意义，即无论学习哪一门外语，学能的影响都一样。无论说的是哪种母语，外语学能的个体差异都是存在的。语言学能不是二语习得的先决条件，但作为一种能力，语言学能有助于提高外语学习的速度、降低学习的难度，具有不同语言学能的人学习第二语言的速度不同、效果也不一样。

Carroll（1981）认为语言学能是整体智力（general intelligence）中负责语言学习的一个特殊部分，主要由以下四个方面的能力组成：(1) 语音编码能力（phonetic coding ability）。语音编码能力是关于输入处理的能力，是学习者识别不同语音的能力，它以语音符号联想能力为特征，在语音和代表它们的符号之间建立联想，并能保留这些联想，将它们储存于长时记忆中。语音编码能力在语音学习的初始阶段尤为重要,通常会影响语法敏感性处理阶段的可理解性输入的输入量。(2) 语法敏感性(grammatical sensitivity)。语法敏感性指将语言形式与其特定的语境分离,从语言材料中推断出语言规则的能力。这种能力不是指学习者对语法知识的了解和掌握,而是指其在学习语法和遣词造句时所表现的一种能力。(3) 归纳性语言学习能力(inductive language learning ability)。归纳性语言学习能力是一种生成能力,是语言学习者根据语言材料样本,推断、归纳和支配语言材料规则的能力,是有关语言材料的组织和操作。(4) 联想记忆能力(associative memory)。联想记忆能力既是学习者学习语音和意义之间的联系并保存这些联系的能力,也是对新材料进行同化和吸收的能力。

目前围绕学能展开的研究主要有四种模式:语言编码差异假设、外语习得中的创新认知能力理论、信息加工步骤理论和语言学能综合体理论。

Sparks & Ganschow (2001) 在对外语学能和母语能力进行了大量研究的基础上,提出语言编码差异假设(The Linguistic Coding Differences Hypothesis),用于解释那些在外语学习中有学习困难的学生所遇到的问题。该假设的主要观点有:第一,母语的语言技能是外语学习的基础;第二,如果学习者在语言的某个方面(如音系或识字方面)存在障碍,该障碍通常对他们的母语习得和外语学习均会造成困难;第三,学习者在语言的运用能力方面存在天生的个体差异。该假设的最大优势是可以充分发挥语言学能研究的诊断功能。

Grigorenko 等人 (2000) 提出了外语习得中的创新认知能力理论(The Cognitive Ability for Novelty in Acquisition of Language (Foreign),简称CANAL-F),该理论将外语学习看作是语言知识的五种习得过程,在四个语言层面、以两种输入输出方式进行处理;并通过两种回忆任务来检测语言学习的信息编码、存储、检索这三个阶段的效果。(1) 语言知识的五种习得过程:包括选择性编码、附带性编码、选择性比较、选择性迁移和选择性合并。(2) 语言处理的四个层面:包括词汇层面、形态层面、语义层面和句法层面。(3) 语言输入和输出的两种方式:包括视觉模式和口头模式。创新认知能力理论重点在于探究人们在学习过程中所具有的创新及处理歧义的能力。CANAL-F 学能测试包括五个要素:通过上下文学习新词语、理解段落大意、联想配对学习、推理语句以及学习语言规则能力。

Skehan（1999）提出了信息加工步骤理论，将语言学能分为听力能力、语言能力和记忆能力。Skehan 的听力能力与 Carroll 的语音编码能力基本上一样，语言能力将 Carroll 的语法敏感性和归纳性语言学习能力综合在一起。Skehan（2002）认为语言学能在二语习得过程的不同阶段都发挥某种作用，如语音编码能力（听力能力）在习得的输入加工阶段发挥作用，语言分析能力在习得的中央处理阶段产生作用，而记忆能力则在语言的检索与输出阶段产生影响。信息加工步骤理论开创性地将语言学能各因素与二语习得认知主要过程相联系。Skehan（2015）对语言学能与语法相关的实证研究进行了回顾，分析了语言学能的构成和测量方法，认为语言学能的概念需要进一步厘清，语言学能与二语习得过程的联系需要进一步明确，并讨论了语言学能与教学法和关键期假说之间的关系。

Robinson（2005）提出了语言学能综合体理论，认为语言学能是一种综合能力，由加工速度、结构辨认、语音工作记忆容量、语法敏感性等 10 种最基本的认知能力构成。这些认知能力又相互组合，形成注意差距、偶然性言语记忆、深层语义加工等 5 种学能综合体。学能综合体理论认为学习结果受学能组合、学习任务以及学习条件的共同作用，学习者在不同的学习环境和学习任务中需要利用不同的学能组合。该理论旨在探讨外语学能的构成要素与不同条件下外语学习之间的关系。

国外学者从不同的视角、以不同的方式对语言学能进行了大量的研究，主要集中在对语言学能及其相关因素与二语习得之间的关系的研究（Bialystok & Fröhlich，1978；Ehrman，1998；Skehan，1986 等），理论分析研究（Carrol，1981，1990；Skehan，1989，1991，1999，2002；Sparks & Ganschow，2001 等），以及对语言学能与教学方式匹配的研究（Wesche，1981；Rosemary，2005）。Dörnyei & Skehan（2003）等学者发现除了年龄因素，语言学能作为具有代表性的个体差异因素，最能预测二语习得的成效。Wesche（1981）、Erlam（2005）、Sheen（2007）等学者从 20 世纪 80 年代开始结合学能测试结果探讨如何优化教学方法；Benson & DeKeyser（2019）讨论了语言学能、教学方法尤其是教学反馈方式对学习成效的影响。

我国目前对语言学能的研究较少，吴一安、刘润清（1993）编制的我国英语本科学生素质问卷包括语言学能这个变量。戴运财（2006）调查了在中国语境下英语学习者的语言学能及其相关因素对二语习得的影响。统计结果显示，语言学能与大学生的二语习得、性别相关，与学习策略没有明显的相关。赵海永、罗少茜（2020）提出要加强语言学能与教学交互作用的理论和实证研究，探讨不同教学环境下语言学能和学习成效之间的关系，从而根据学生的认知特点选择恰当的教学方法。李红等人（2019）探讨了课堂教学环境下英语学习者的起始年龄、语言学能与语法学习成效之间的关系。结果发现，语言学能与两个起始年龄组的英语语法成绩均相关，内隐性学能和外显性学能在两个起始年龄组发挥了不同的作用：早学组倾向于依赖内隐性学能，晚学组则更依赖外显性学能。研究还发现，语言学能可有效预测二语语法学习成效。

二、学习风格

现代教育学和心理学认为，学习风格对学习过程起着直接的作用。学习风格指个体在理解、处理和保持新信息和技能时表现出来的一种自然的、习惯性的、偏好的方式（Reid，2002）。对于学习风格的界定，研究者们有各自独特的见解。各研究者从不同的角度对学习风格进行解释，大致可归结为以下七类：（1）将学习风格界定为学习者稳定的行为表现方式，如学习风格是学生集中注意并试图掌握和记住新的或有难度的知识技能时所表现出的方式（Dunn & Dunn，1978）。（2）将学习风格界定为学习方式，如学习风格是学生对学习方法的定向或偏爱，它表明某特定学生在学习过程中通常喜欢采纳的学习方式（Knopke & Diekelman，1981）。（3）将学习风格界定为信息加工方式，如学习风格是指学习者个体在接受信息和信息加工过程中所采用的自然习惯的偏爱方式，这些偏爱方式具有一定的持久性（Kinsella，2002）。（4）将学习风格界定为学习策略，如学生在学习过程中总是喜欢采用某种特殊策略的倾向被称之为学习风格（Pask，1976a）；学习风格是学习者持续一贯的带有个性特征的学习方式，是学习策略和学习倾向的总和（谭顶良，1995）；（5）将学习风格界定为学习方法，如学习风格是指在特殊且被认定的学习活动中，学生个人与课程、教材结构的交互作用过程中，可能偏好一种或多种教学策略的学习方法（引自安会云等，2005）；（6）将学习风格界定为学习条件，如最大限度地提高学习者学业成就的那些条件即为学习风格（引自安会云等，2005）；（7）将学习风格界定为对大脑某一特定半球的偏爱,如学习风格包括了一系列与众不同的、可观察的行为,而对某一特定半球的偏爱则构成了学习风格 (Gregorc, 1979)。

不同的研究者对学习风格做了不同的分类。Kolb（1984）根据经验学习理论,将学习风格划分为聚合型、发散型、同化型和调节型,将学习过程分为具体体验、沉思性观察、抽象概括和积极实验四个阶段,并根据这四个阶段编制了学习风格调查表。Myers(1998) 根据人格类型理论,从精力支配、认识世界、判断事物、生活态度四个角度将学习风格分为外向型/内向型、现实型/幻想型、理性型/感性型、计划型/灵活型。Keefe & Monk (1986) 从认知、情感、生理三个方面分析学习风格。他们对感知风格的分析是建立在信息加工模式的基础之上的。他认为认知风格包括两个方面：一是接收风格,二是保持风格。情感风格包括两个方面：一是注意风格,二是动机风格。生理风格主要是指由于男女学生的生理特征导致的性别差异,以及身体素质、外部环境的习惯性反应。Gregorc（1979）根据学习者在感知和时间组织方式上存在的差异,将学习风格分为具体顺序型、具体随机型、抽象顺序型和抽象随机型。Oxford (2002) 在前人研究的基础上,将学习风格分为视觉型、听觉型和触觉型三种不同类型,并设计了相应的调查量表加以考察。

以下将从生理、心理和社会性等三个方面对学习风格进行阐述。

1. 学习风格的生理因素

1）生理刺激

生理刺激主要包括声音、光线、温度等要素对学习者的影响。学习者对学习的背景声音（或噪声）的偏爱或承受能力是不同的,有的学习者学习时需要绝对安静,而有的学习者喜欢伴随着音乐学习。

由于生理结构和功能上的差异,个体对光线的感受度有高有低,因而对光线的明暗要求也会有所不同。强光会导致偏爱弱光的个体情绪紧张,而弱光则会使偏爱强光的个体在学习时提不起精神。

不同个体对同样的温度会产生不同的感觉：如合适、太冷、太热,因此学习者对温度的感受具有差异性,有的学生要求室内温暖,有的学生要求室内凉爽。太冷或太热都会影响到学习者的注意力。

2) 时间节律

每个个体对一天中的不同时间段有不同的偏爱,即不同个体在不同时间段的学习状态各不相同,有的人在清晨时段精神抖擞,有的人则在深夜时分精力充沛,有的人上午学习效率高,有的人则在下午时学习效果好。

3) 感觉通道

依据学习者在识记材料时所偏爱的并能产生最佳学习效果的感觉通道类型,学习风格可分为视觉型、听觉型和动觉型。

(1) 视觉型:视觉型学习者对视觉刺激敏感,习惯从视觉通道接受学习材料,擅长通过读或看来学习。

(2) 听觉型:听觉型学习者对听觉刺激敏感,对语言、声响、音乐的接受力和理解力强,善于通过听来学习。

(3) 动觉型:动觉型学习者以动手、动口进行学习的效果最好。他们喜欢接触、操作物体,对自己能够动手参与的认知活动感兴趣。他们通过亲手操作,对知识有更加深刻的理解,对知识点的记忆效果也更好。另外,他们对操作性的知识、技能也掌握得比较迅速。

2. 学习风格的心理因素

学习风格的心理因素包括认知、情感和意动三个方面,其中认知风格是学习风格中的一个重要因素。认知风格指学习者在信息加工时(包括接收、储存、转化、提取和使用信息)习惯采用的基于大脑的认知机制和认知结构的不同方式(Armstrong 等,2012)。它的主要特征是:(1) 持久性,即在时间上是一个相对稳定的过程;(2) 一致性,即在完成类似的任务时始终表现出这种稳定性。以下介绍几种研究较多、影响较大的认知方式,它们分别是场依存和场独立、沉思型和冲动型、整体性和序列性、聚合式思维和发散式思维、内倾和外倾、歧义容忍度等认知风格。

1) 场独立和场依存认知风格

在对认知风格的研究中,美国心理学家 Herman Witkin (1916—1979) 于 1954 年提出场独立 (field-independence) 和场依存 (field-dependence) 的概念。

Witkin 对场独立和场依存的研究始于军事上的需要。在第二次世界大战期间，飞机驾驶员常因机身在云雾中翻滚而丧失方向感，造成飞机失事。为了减少类似事件的发生，在挑选和训练驾驶员时，需研究如何测试应征者对空间方位的直觉判断能力。Witkin 设计了一种可调倾斜度的房间，让被试坐在一张椅子上，椅子可以通过转动把手与房间同向或逆向倾斜，构成类似飞机在空中翻滚的情境。此时要求受试作出对上下位的判断，并说出其身体与标准垂直线的角度。实验结果发现，有些被试在偏离垂直线 35 度的情况下，仍然坚持认为自己是完全坐直的；而有些人在椅子与倾斜的房间看上去角度明显不正的情况下，仍能使椅子非常接近于垂直状态。Witkin 由此得出结论，在认知周围环境时，有些人较多地受其所见环境信息的影响，有些人则较多地受其身体内部线索的影响，他将受环境因素影响大的人称为场依存型，把不受或很少受环境因素影响的人称为场独立型。

场独立和场依存代表了人们在处理信息方面的两种截然不同的倾向：场依存者往往依靠外部提供的有关信息，倾向于依存外在参照（身外客观事物）从整体上认知事物。场独立者则往往依靠自己内部具有的知识框架，倾向于依存内在参照（主体感觉）独立分析问题。这种差异是个体在周围视觉场中看到的东西与他身体内部感觉到的东西产生冲突的结果，这种偏好不断地影响人们在认知、心理及人际关系等方面的行为表现。场依存者不能将一个模式（或图式）分解成许多部分，或者只能专注于情景的某一方面；场独立者则善于分析和组织。

Witkin（1967，1975）等人的研究表明，场依存和场独立认知方式具有以下几个特征：(1) 有关认知过程而非内容。(2) 具有普遍性。场依存和场独立认知方式不仅存在于知觉领域，而且存在于记忆、思维、问题解决以及人格领域，在这些领域，场独立者表现出较大的独立性和较少的受暗示性（场依存者则相反）。在社会行为上，场依存者喜欢并善于社交，较易受他人的影响，社会工作能力强，他们是社会定向的（social-oriented）；场独立者比较不善于社交，较独立自主，对抽象和理论的东西更感兴趣，他们是非社会定向的（non social-oriented）。(3) 具有稳定性。随着时间的推移，人们在场依存—场独立连续体上的位置往往是稳定的。(4) 具有两极性。场独立者的认知改组技能和人格自主性较高，但社会敏感性较低且社会技能较弱。反之，场依存者的社会敏感性和社会技能较高，但认知改组技能和人格自主性却较低。

场独立和场依存认知方式与学习有着密切的关系。一般来说，场独立型学习者更擅长学习数学与自然科学；而场依存型学习者则对人文科学和社会科学更感兴趣。场独立型学习者喜欢自主学习，学习动机以内在动机为主；而场依存型学习者更多地依赖同学的接纳与教师的鼓励和反馈，易受外在动机支配。场独立型学习者易于适应教师结构不严谨的教学方式；而场依存性学生更喜欢教师采用结构严密的教学方法。

有些研究者（Stern，1999；Sternberg 等，2008；Johnson 等，2000）认为在语言学习过程中，学习者必须依据语言所处的特定环境去理解语言，同时要从语言变化的典型例子中区分语言，加深对语言的理解。具有分析型风格的场独立学习者总是优于场依存学习者，他们能够通过分析语言素材来展示自己的才能，他们具备较好的从场景中分辨具体信息的能力，能较好地理解具体信息与整体信息的关系，更擅长进行复杂的学习活动，并且他们的推理和分析能力也比场依存学习者强。

而有些研究者认为，场依存风格的学习者，由于具有移情的特点，在社会交往中，他们性情比较开朗，易与他人接触，最终将成为优秀的语言学习者（Chapelle，2002；Brown，2014）。因为第二语言学习的目的是要进行交际，所以优秀的语言学习者必须善于倾听对方的信息、理解其意图、与其交流，并尽量避免交流中出现语言错误。众所周知，语言蕴含于文化之中，一个社会的语言是其文化的一部分，在某种意义上，学习第二语言也就是学习该语言所属的文化。学习语言必须善于超越个人的"自我"界限，要接受目的语的文化，从而提高目的语的习得水平。

综合以上两种不同的观点，可以得出这样的结论：两种认知风格（场独立和场依存）的学习者都有可能成为优秀的语言学习者。自然环境下的语言习得（归纳型学习）更适合场依存风格的学习者，课堂语言学习（演绎型学习）则更适合场独立性风格的学习者（Brown，2014；Nel，2008）。

近年来，我国学者在这一领域也作了一些研究和探讨。吴一安、刘润清（1993）的研究结果表明：场独立学生的语言测试成绩要比场依存学生的成绩好。场独立认知方式有利于中高级水平的学习者学习外语，场独立的学生在达到一定的语言水平后，在进一步的语言学习中具有优势。同时，场独立学习者较之场依存学习者更倾向于在外语学习中取得成功。这些差异主要反映在词汇与句法、阅读、写作等方面，场独立型小组在这三项技能中的成绩显著优于场依存型小组，而场依存型小组在听力方面则优于场独立型小组。宋广文、韩树杰（2007）对场依存—场独立认知方式干扰抑制进行了比较，发现不同场认知方式的个体抑制干扰信息的效能存在明显差异。场独立者对无关信息干扰的抑制能力要强于场依存者；在 Stroop 任务中，字色对念字任务也会产生干扰作用。说明自动化只是一个程度的问题，对字色的加工也存在自动化，只是自动化程度较低。郝玫、王涛（2012）以认知风格对英语输出的影响为探究点，发现场独立学习者在书面表达中的表现更具稳定性，而场依存学习者则更擅长动态的口语表达。

2）沉思型和冲动型

沉思型（reflective）和冲动型（impulsive）是从人的心理特征和性格区分的角度来划分的。Kagan（1966）在经过一系列实验后发现，在知觉与思维方式方面，有些学生表现出冲动的特点，而有些学生则表现出沉思的特点。具有冲动型思维的学生往往在形成自己观点的速度上很快，在回答问题时的反应速度较快，也较急于回答问题；而具有沉思型思维的学生则往往比较沉稳，在作出回答之前，要先仔细考虑可供选择的答案，之后才作出最后的选择。

Kagan 主要是根据学生寻找相同图案和辨认镶嵌图形的速度和成绩来对学生的认知方式作出区分的。实验者要求学生尽可能快地作出回答，但在每次错误反应后，还要再作尝试，直到找到正确答案为止。因此，学生要很好地完成任务，必须迅速作出抉择，测试成绩是根据反应的时间和错误反应的数量来决定。学生在这种情境下会形成一种正确反应与迅速反应相互竞争的焦虑感。

通过这类测验，可以识别出两种不同的认知方式。冲动型学生一直有一种迅速确认相同图案的欲望，他们急于作出选择，犯的错误多些；沉思型学生则采取小心谨慎的态度，作出的选择比较精确，但速度要慢些。心理学家认为，冲动与沉思的区别，反映了个体信息加工、形成假设和解决问题的速度和准确性，表明了学生信息加工策略方面的重要差异。冲动型思维的学生喜欢冒险，常以对问题反应迅速而取胜，但错误较多；而沉思型的学生则深思熟虑，反应慢，但对问题的看法比较全面与深刻，错误较少。

与冲动型学生相比，沉思型学生能运用更成熟的策略来解决问题，也更能够提出不同的假设，并且沉思型的学生还能较好地约束自己的行为，忍受延迟满足。沉思型的学生在解决维度较少的任务时，速度要快于冲动型学生，而在解决维度较多的任务时，则会慢于冲动型学生。沉思型学生适于细节分析，而冲动型学生适于整体把握。

在有关认知风格对外语学习阶段形成的影响的研究中，Brown（2014）也发现冲动型学习者可能在语言习得过程中经过几个语法不规范阶段的快速转变，可能会迈出许多快捷的小步子，而沉思型学习者虽然在某个阶段的习得过程可能会比较长，但是从一个阶段跨入另一个阶段的步子可能要大一些。根据冲动型和沉思型认知风格的特点，研究者们假定沉思型的人可能是更优秀的语言学习者，有实验研究证实了沉思型学习者的阅读速度虽缓慢但更为准确，阅读测试得分高于冲动型学习者。袁平华、黄师兰（2017）调查了沉思型—冲动型认知风格对英语学习者口语能力的影响，发现沉思型学生的英语口语准确性要比冲动型学生高，而冲动型学生在流利性方面的表现则要比沉思型学生好。然而也有研究得出不同结果，例如 Jamieson（1992）在通过使用熟悉图形匹配测试（MFFT）、测量反应效率等方法把受试者分出缓慢、不准确、快速、准确等多个变量后，再把这些变量与语言成绩变量进行多元回归分析，结果表明，优秀的语言学习者是那些同时吸取冲动型和沉思型两种认知风格长处的人。

3）整体性和序列性

英国心理学家 Pask 将思维分为整体性（holists style）和序列性（serialists style）。Pask（1988）对学生怎样学习作了大量的研究，试图发现学生在认知风格方面的差异。他让学生对一些想象出来的火星上的动物图片进行分类，并形成自己的分类原则。在学生完成分类任务后，要求他们报告自己是怎样进行这项学习任务的。Pask 发现，这些学生在使用假设类型以及建立分类系统的方式上存在着差异。有的学生将精力集中在一步一步的策略上，他们提出的假设一般来说比较简单，每个假设只包括一个属性。这种策略被称为"序列性策略"（serial strategy），即从一个假设到下一个假设是呈直线式进展的。而另一些学生则倾向于使用比较复杂的假设，每个假设同时涉及若干个属性。这种策略被称为"整体性策略"（holistic strategy），指从全盘上考虑如何解决问题。

Pask认为这两种策略是学生在思维方式与问题解决方式上表现出来的最基本、最重要的差异。采取整体性策略的学生在从事学习任务时，倾向于对整个问题将涉及的各个子问题的层次结构以及自己要采取的方式进行预测，视野较宽，能把一系列子问题组合起来，而不是一碰到问题就立即着手一步一步地解决。采取序列性策略的学生则更倾向于把重点放在解决一系列子问题上，十分重视逻辑顺序。尽管他们所采用的方式完全不同，但这两种类型的学生在学习任务结束时，都能达到同样的理解水平。

例如在外语阅读中，有的学生倾向于使用自上而下的阅读模式（top-down reading model）处理阅读材料，从篇章的整体入手，在不断形成假设、预测的过程中理解阅读材料，从整体上把握阅读材料的内容，即使用"整体性策略"；而有的学生则倾向于使用自下而上的阅读模式（bottom-up reading model）来理解阅读材料，顺序是从字词到句子、从句子到段落、从段落到篇章，逐字逐句理解，最终理解阅读材料，即使用"序列性策略"。

4）聚合式思维和发散式思维

Guiford（1967）将人们的思维方式分为聚合式（convergence）和发散式（divergence）。聚合式思维是一种将与问题有关的信息和知识汇集或者综合起来的思维方式，发散式思维则恰恰相反，观念发散到许许多多的相关领域，通常与创造性紧密相关。聚合式思维者与发散式思维者的不同之处主要在于他们采用的信息加工策略不同，发散式思维者注重全面审视问题，同时从几个角度入手对问题进行观察，并将它与其他问题联系起来考虑，一开始就试图建立对主题的全面认识。而发散式思维者解决问题时分步进行，线性发展，每次只假设一种情况，不太注意数种假设之间的联系，常常将思维限定在某一特定的领域。在解决问题的过程中，聚合式思维者往往根据所提供的信息，找出一个确定的答案，而发散式思维者则善于找出多种可以接受的答案。

大量研究表明，聚合型思维学生的智商较高，而发散型思维学生的创造性思维能力较强。该维度深刻地影响了学生的专业分化与未来职业的选择。学校通常用于数学、科学、技术类学科中的某些教学策略以合乎逻辑的结构性呈现为特点，极大地促进了聚合型思维；而艺术类学科中某些为学生提供广泛活动领域的教学策略，则鼓励了发散型思维。

在外语学习中，具有发散型思维的人更能够借助于各种知识创造性地学习外语，他们抗第一语言干扰的能力强。传统的外语教学方法以教师为中心，强调语言知识点的传授，寻求问题的唯一答案，所以比较适合聚合型思维者。而交际教学法以培养语言交际能力为目的，强调以学生为中心，要求学生积极参与，鼓励学生在语言运用中学习语言，因而比较适合发散型思维者。

5）内倾和外倾

荣格（Carl G. Jung）根据长期的临床经验，认为存在着两种不同的心理类型——内倾（introversion）和外倾（extroversion），人们是用这两种相反的方式来看待世界的。外倾者的行为主要是指向外部世界的各种实践，他们的观念、思维、感情是受客观事物支配的。与此相反，内倾者的兴趣指向的不是客观事物而是主观世界，往往是根据个人的价值观和标准来评判外部事件，他们的感觉、思维、情感和行为是受个人对事物的理解和看法影响的。外倾者一般性格比较外向，一遇到外在刺激便容易马上作出反应。而内倾者一般性格比较内向，不会对外在刺激立即作出反应，只有当他们对刺激加以判断后，才会根据自己的主观意向采取行动。

艾森克（Hans J. Eysenck）等人对内倾和外倾的一些实验表明，在学术性方面，内倾明显优于外倾，因为内倾者很可能不为他们对社会活动的兴趣而分散精力，保持注意的时间更长些，长时记忆也比外倾者强些。

外倾者个性好动，善于社交活动，给人以较好的印象，一般认为，他们更适合学习外语。而内倾者比较缄默、个性沉静、不善于社交活动，因而被认为不适合学习外语。虽然这种观点得到了一些实验的支持，但也有研究对此观点予以反驳。Chastian在一所大学里调查过80名法语学生、72名德语学生和77名西班牙学生，发现学生的性格开朗程度与德语和西班牙语成绩之间显著相关。但Smart等人在调查外语成绩的好坏与爱交际程度之间的关系时，发现爱交际的学生并不一定是外语成绩好的学生，外语成绩好与成绩差的学生在爱交际方面，没有显著性差异（引自Gardner & Lambert, 1972）。

到底是内倾者还是外倾者外语学习更好一些，至今尚无定论。外倾型学生喜欢抛头露面，在交际场合显得自信大方，乐于表达思想，练口语时不怕犯错误，但如果将听力、阅读理解以及写作等技能也纳入考虑，则外倾型学习者在学外语时并不一定比内向型学习者更具优势。

6) 歧义容忍度

歧义容忍度（tolerance of ambiguity）是学习风格的一种，它主要是指学习者对具有歧义性、陌生性、异质性的学习材料或对象所持有的一种态度，这种态度涵盖着从主动接受到消极抵制之间的不同层面。对歧义容忍度的研究最初始于心理学界对歧义不容忍的研究。Budner（1962）认为，歧义不容忍是一种将产生歧义的情景，即全新的、复杂的、难以解决的情景感知为威胁来源的倾向。Norton（1975）认为不容忍歧义的人倾向于将模糊的、不完整的、不确定的、不连贯的、相互矛盾的信息看作是潜在心理威胁的起因。Chapelle & Roberts（1986）认为，歧义容忍度高的人在有歧义的情形下，能够接受模糊不清的事物，而歧义容忍度低的人则无法容忍模糊不清的事物，因为这些事物往往会让他们感到不安。McLain（1993）发现歧义容忍度高的人更愿意冒险、更容易接受变化。

在外语学习过程中，学习者遇到的陌生、模糊、复杂的语言现象会引起他们不同的态度反应，并由此影响他们的学习成效。外语的语音、词汇、句法、语篇乃至文化背景对学习者来说，几乎都是全新的、陌生的。外语与母语之间的这种差异性、超距离感、超时空感使英语为非母语学习者常常处于一种高度的不确定状态之中，而这种状态又势必会导致学习者焦虑水平升高，自信心减弱、动机水平降低。

为了找出歧义容忍度与外语学习成效之间的关系，有些研究者在该领域做了一些探讨。例如 Naiman 等人（1978）的研究结果表明，歧义容忍度与法语听力理解分数之间（受试是母语为英语的学生）显著相关，歧义容忍度高的学生法语听力理解的分数较高。Chapelle & Roberts（1986）分别在学期初和学期末对美国一所大学里学习英语的外国留学生进行了一系列的英语能力测试。测试结果显示，歧义容忍度与学生的成绩之间存在着显著的正相关，歧义容忍度高的学生在英语学习中具有优势。Ely（1986，2002）对韩国学生在英语学习中的歧义容忍度也进行了研究，指出提高学生对语言现象不确定性的意识至关重要。张庆宗（2004）调查了大学生歧义容忍度对外语学习策略选择的影响，发现歧义容忍度高的学生在面对不同的学习内容时，能够有选择性地运用学习策略。而歧义容忍度低的学生在外语学习过程中所使用的各项策略之间均存在显著的正相关关系，这说明歧义容忍度低的学生不能容忍语言学习中的歧义现象，不仅对策略的运用不加选择，而且对学习策略的选择也具有较大的盲目性和随意性，最终影响了学习效果。常海潮（2012）调查了学习策略在歧义容忍度和英语水平之间的中介效应，发现歧义容忍度与英语水平显著相关，前者对后者具有较强的预测作用；歧义容忍度对学习策略具有预测作用；元认知策略、认知策略在歧义容忍度和英语水平之间具有部分中介效应，歧义容忍度通过这两种学习策略间接影响英语水平。

歧义容忍度是评价外语学习的一个重要指标，从某种意义上讲，提高歧义容忍度意味着扩大和加深外语学习的广度和深度。外语学习的广度涵盖着外语学习者与异族文化之间的交往、冲突、对话、理解和认同等，表示外语学习者对异族文化所具有的包容性、迁移性和关联性。外语学习的深度指外语学习者所掌握的语言知识已内化为语言能力，这种语言能力不仅表现为对语音、词汇、句法、语篇等知识的记忆和理解，还表现为驾驭这些知识的语用能力。

学习者歧义容忍度的高低对外语学习起着至关重要的作用。因此，在外语学习和教学中，教师要根据学生的具体情况，帮助学生降低焦虑水平和消除恐惧心理，指导他们正确对待和适度容忍学习中出现的新的语言现象、文化现象，提高对歧义现象的容忍程度，运用适当的学习策略和学习方法，愉快地体验外语学习，有效地提高学习成效。

3. 学习风格的社会性因素

学习总是在一定的社会环境中进行，因而具有社会性。下面是几种常见的学习风格的社会性因素（引自刘儒德 2019）：(1) 独立学习与结伴学习：有的学习者喜欢独立学习，认为与其他人在一起时容易受到干扰，不容易集中注意力；有些学习者则喜欢与他人结伴学习，觉得在集体环境中能相互激励、相互督促，可以提高学习效率。(2) 竞争与合作：竞争与合作都是激发学习动机的主要手段。有的学习者更倾向于通过竞争激发动机，有的学习者则偏爱合作学习，觉得在合作的情境中学习更有安全感，通过合作学习共同提高，从而学到更多的知识。(3) 成人支持：有的学习者在学习时需要成人时时提供支持和帮助，有的学习者则比较自立。

纵观外语学习风格文献，发现有三类学习风格与外语学习紧密相关，它们分别是感／知觉风格，认知风格和与人格相关的风格（Dörnyei & Ryan，2015）。以下例子选自 Cohen & Weaver（2006）归纳的清单，该清单被选入语言学习高级研究中心（Center for Advanced Research on Language Learning，CARLA）的教材，并一直用于教师培训。

感／知觉风格：
　　偏好视觉、听觉或触觉

认知风格：
　　偏好整体或局部
　　偏好综合和／或分析
　　偏好演绎或综合

与人格相关的风格：
　　外向或内向
　　偏好抽象和直觉或具体和有序的思维
　　偏好问题解决的多种可能性或唯一性

4. 学习者的认知风格差异与因材施教

学习者的认知方式存在着很大差异，认知风格不仅影响学生选择学习策略，也影响教师选择教学策略。实践证明，教师只有充分了解和尊重学生的认知方式，将自己的教学方式和特点与学生的需要有机地联系起来，建立良好的师生关系，并根据学生不同的认知特点进行因材施教才能取得好的教学效果。

开展认知风格的研究对外语教学有许多有益的启示。首先，对认知方式的研究有利于外语教师了解学生，采用适合学习者的教学方法、选择恰当的学习材料进行教学，做到有的放矢。例如场独立型和场依存型学生对教学方法有不同的偏好。场独立型学生能够为无结构的学习材料提供结构，比较适应结构不严密的教学方法。反之，场依存型学生喜欢有严密结构的教学，他们需要教师提供外来结构，需要教师的明确指导和讲解。场依存型学生在外语学习初期可能因为社交能力较强具有一定的优势，然而随着学习难度加大，可能由于其认知方式的局限，反而不如场独立型学生，如果教师能在适当的时候给予恰当的指导，他们的学习效果或许会得到提高。

其次，教师在教学实践中还可以通过各种教学手段（如语言材料、学习任务等）促使学生转换风格，以弥补自己认知风格的不足。例如可以鼓励场独立型学生有意识地找同学、教师或者外籍人士交谈，参加英语角、英语演讲比赛之类的课外活动，在课堂上为他们创造一些能够展示自己的机会；相反，对场依存型学生，可以多给他们布置一些需要独立完成的任务，如写作或自我交谈等，在他们学习处于低谷时期给予足够的鼓励，鼓励他们大胆表达自己的想法。

第三，要处理好外语教学中语言流畅性和准确性的关系。目前，我国外语教学中存在的最突出的问题是学生口语交际能力太差，这与多年来我们采用的片面强调准确性的传统教学方法有关。例如冲动型学生尽管在课堂上发言踊跃、语言流畅，但是错误较多。对他们而言，注重准确性的传统教学方法可能比较适宜，教师对他们所犯的错误应该多加注意和纠正。相反，沉思型学生在课堂上可能比较沉闷，他们表达的观点都是经过深思熟虑的，因而表达比较准确，但语言不够流畅。对他们来说，交际教学法可能更适合一些，教师对他们在课堂发言中所犯的错误应该采取更加包容的态度，只要不影响意思的表达，应尽量少纠正他们的语言错误。

第四，不同认知风格的学习者在第二语言发展过程会表现出不同的特征。例如场依存型学生在各个学习阶段均呈现快速小幅度跳跃上升的特点，稳定周期较短，经常出现起伏，进步虽快，但不明显；场独立型学生稳定周期较长，阶段之间跳跃幅度较大，进步虽然总的来说比较缓慢，但比较明显。教师对此应有充分的认识，并采用适当的教学方法，给学生切实可行的指导。

三、学习策略

1. 学习策略概述

1）学习策略的界定

20世纪60年代后期随着认知心理学的发展，人们开始关注学习者的信息加工过程，这一点主要表现在对学习策略的研究上。尽管学习策略作为一个概念自提出以来已经有很多年了，但目前尚无一个确定的、统一的定义。从文献中发现，研究者们试图从不同的角度来揭示学习策略的特征，他们的观点大致可分为以下四类：

第一类，将学习策略看作是学习的规则系统，如"学习策略是内隐的学习规则系统。"（Duffy，1983，引自刘电芝，2001）。

第二类，将学习策略看作是学习的过程或步骤，如"学习策略是选择、整合、应用学习技巧的一套操作过程。"（Nisbert & Schucksmisth，1986；Rigney，1978）；"学习策略是能够促进知识的获得与储存，以及信息利用的一系列步骤和过程。"（Dansereau，1985）。

第三类，将学习策略看作是具体的学习方法或技能（Mayer，1988）。

第四类，学习策略是学习者的学习活动，如"学习策略是被用于编码、分析和提取信息的智力活动……"（Jones，1986，引自刘电芝，2001）。

以上观点虽各有侧重，但他们都是以认知理论作为理论基础。如果将学习活动看作是一个信息加工过程，那么，学习策略则是那些能促进信息加工的任何外显行为和内隐的心理活动。具体地说，学习策略是指学习者在学习活动中有效学习的程序、规则、方法、技巧和调控方式。

2) 学习策略的成分

许多学者对学习策略的成分提出了自己的看法，具有代表性的有以下几种：

Nisbert & Schucksmisth（1986）认为学习策略包括六个因素。(1) 提问：确定假设，建立目标和项目参量，寻求反馈及联系任务等；(2) 计划：决定策略及其实施时间表，建立项目或对问题进行分类，以及选择某些体力或脑力技能来解决问题；(3) 调控：试图回答或发现最初的问题和意图；(4) 审核：对活动和结果作出初步的评估；(5) 矫正：再设计或再检查，包括矫正目标的设置；(6) 自检：对活动和项目作最后的自我评价。

Weinstein & Underwood（1985）认为学习策略包括：(1) 认知信息加工策略，如精细加工策略；(2) 积极学习策略，如应试策略；(3) 辅助性策略，如处理焦虑；(4) 元认知策略，如监控新信息的获得。

Dansereau（1985）认为，学习策略是由相互作用的两种成分组成的，一种是基本策略（primary strategies），被用来直接加工学习材料，如领会和记忆策略、提取和利用策略等；一种是辅助性策略（support strategies），被用来维持适合于进行学习的心理状态，如专心策略。辅助性策略包括三种策略：设计和时间安排（planning and scheduling）、专心管理（concentration management）和监视（monitoring）。基本策略和辅助性策略之间的关系见图5.1。

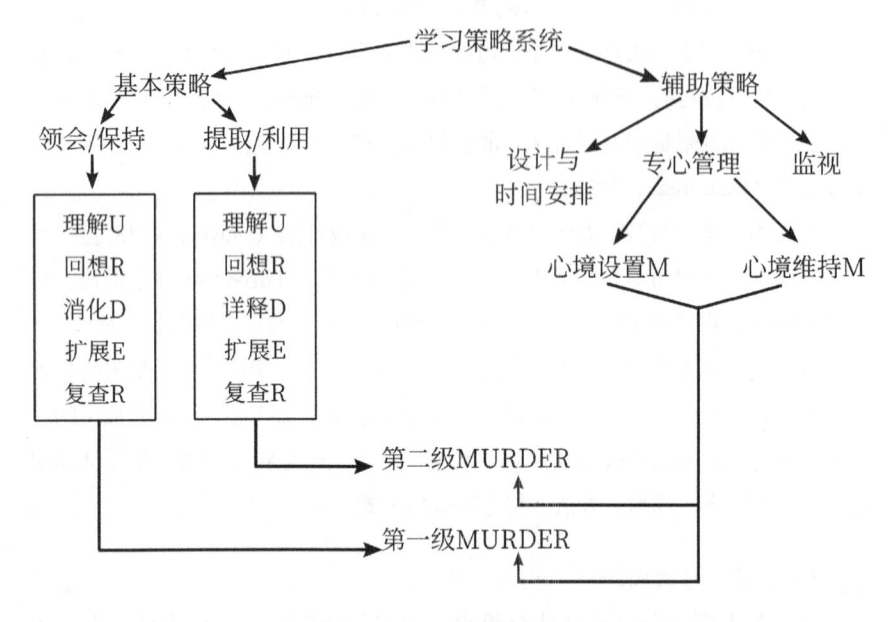

```
                         学习策略系统
                    ／                ＼
              基本策略              辅助策略
             ／     ＼              ／   ｜   ＼
      领会/保持   提取/利用   设计与    专心管理   监视
                              时间安排
      ┌─────┐  ┌─────┐              ／        ＼
      │理解U │  │理解U │        心境设置M    心境维持M
      │回想R │  │回想R │
      │消化D │  │详释D │
      │扩展E │  │扩展E │
      │复查R │  │复查R │
      └─────┘  └─────┘
           │       │
           │       └──→ 第二级MURDER
           │
           └──────────→ 第一级MURDER
```

图 5.1 学习策略系统总图

从图5.1中可以看出基本策略和辅助性策略是如何相互作用的。领会和保持策略的运作包括：设置学习的心境（mood setting）；理解阅读（understand，标出重点和难点）；不看课本回想材料（recall）；矫正回忆、引申和存储材料以便消化（digest）；通过自我查问来扩展知识（expand）；最后复查错误（review，从测验中学习）。将这些步骤的英文单词首字母连接起来，为MURDER，这是第一级MURDER。提取和利用策略的运作包括：心境维持（mood maintenance）；理解任务的要求（understand）；回想与任务要求有关的要点（recall）；用具体信息详细解释要点（detail）；将信息扩展成提纲（expand）；复查最后反应的适应性（recall）。将这些步骤的英文单词首字母连接起来，为MURDER，这是第二级MURDER。

Mckeachie等人（1990）对学习策略的成分进行了总结。他们认为，学习策略包括认知策略、元认知策略和资源管理策略三部分。资源管理策略（resource management strategies）是辅助学生管理可利用的环境和资源的策略，对学生的动机具有重要的作用。如图 5.2 所示：

- 认知策略
  - 复述策略，如重复、抄写、作纪录、划线等
  - 精细加工策略，如想象、口述、总结、作笔记、类比、答疑等
  - 组织策略，如组块、选择要点、列提纲、画地图等
- 元认知策略
  - 计划策略，如设置目标、浏览、设疑等
  - 监视策略，如自我检查、集中注意力、监视领会等
  - 调节策略，如调整阅读进度、重新阅读、复查、使用应用策略等
- 资源管理策略
  - 时间管理，如建立时间表、设置目标等
  - 学习环境管理，如寻找固定地方、安静地方、有组织的地方
  - 努力管理，如归因于努力、调整心境、自我谈话、坚持不懈、自我强化等
  - 其他人的支持，如寻求教师帮助、伙伴帮助、使用伙伴/小组学习、获得个别指导等

图 5.2 学习策略的分类

学生对学习策略的掌握和选择存在着明显的个体差异。有研究表明，智商较高的学习者比智商较低的学习者更能自发地获得有效的学习策略。学习动机则决定学习者选择何种策略，动机强的学生倾向于经常使用已习得的策略，动机弱的学生则对策略使用不敏感；具有内在动机的学生更多使用意义学习策略，而具有外在动机的学生则更多采用机械学习策略。

2. 语言学习策略

1）语言学习策略概述

语言学习策略有别于一般学习策略，它既有一般学习策略的特性，又针对语言学习的特点，是语言学习者为促进语言学习而采用的特定的行为和技巧。最早研究语言学习策略的有 Rubin（1975）、Naiman 等人（1978）和 Stern 等人

(1975), 其中 Rubin 和 Naiman 等人的研究比较有代表性。

Rubin 是早期语言学习策略研究中最有影响力的研究者之一, 主要研究成功语言学习者 (good language learners) 的学习行为以及他们在语言学习中使用学习策略的情况。Rubin（1975）发现, 外语学习者的心理特征和学习方法上有许多相似之处, 其中包括:（1）心理特征, 如冒险心理、对歧义和模糊的容忍等;（2）交际策略, 如迂回表达、运用非言语手段等;（3）社交策略, 如寻求交流和实践的机会;（4）认知策略, 如猜测词义、推理及对语言形式进行分析、归类、综合和监控等。1981 年, Rubin 提出划分外语学习者策略类别的标准: 对外语学习者发生作用的直接程度。按照这一标准, Rubin 将学习者策略分成两大类:（1）直接影响外语学习的过程, 如解释和证实、监控、记忆、演绎、概括和实践等;（2）间接影响外语学习的过程, 如创造实践和使用交际技巧的机会等。

Naiman 等人（1978）将语言学习策略与认知风格、个性、智力、语言潜能、态度等因素综合起来进行研究, 在研究的深度、广度及研究方法等方面都有较大的改进。Naiman 等人将语言学习策略分为五类:（1）积极参与;（2）将语言看作是一个系统;（3）将语言看作是交流和维持相互关系的工具;（4）情感因素的管理;（5）对语言输出的监控和修正。

Ellis（2013）列出了语言学习策略的八大特点:（1）策略可以指总的学习方法, 也可以指第二语言学习中的具体活动或技巧;（2）策略以解决问题为出发点, 即学习者采用学习策略是为了解决学习中遇到的一些具体问题;（3）学习者一般都能意识到所用的策略, 并能够描述策略的内容, 特别是当别人要求他们注意自己的活动时;（4）策略涉及语言或非语言的活动;（5）策略能够通过母语或非母语运用;（6）有些策略是外部可观察的行为, 有些策略是观察不到的心理活动;（7）大部分策略对语言学习有间接的影响, 但也有一些策略对学习产生直接的影响, 例如记忆策略等;（8）策略的运用因人因事而异。

20 世纪 80 年代以后, 国内外兴起了一股研究语言学习策略的热潮（文秋芳, 1995, 1996; Wen & Johnson, 1997; O'Malley & Chamot, 1990; Oxford, 1990, 1996; Wenden & Rubin, 1987 等）, 研究不断向纵深方向发展, 最引人注目的是 O'Malley & Chamot 等人的研究。O'Malley & Chamot（1990）以认知学习理论为指导, 研究语言信息加工过程, 总结出一套语言学习策略体系, 并不断在语言学习实践中进行检验。近年来，有许多学者对语言学习策略开展了进一步的研究。Cohen & Macaro（2007）全面梳理、总结了近三十年来的学习策略研究。Griffiths（2013，2015）认为语言学习策略是学习者为了调控个人语言学习而有意识选择的活动；并综述了成功语言学习者使用学习策略的情况，发现成功语言学习者善于通过使用学习策略来消除焦虑情绪，并获得更好的学习资源。Oxford（2018）梳理了语言学习策略的相关文献，发现至少有33种语言学习策略定义，这些定义在本质上大同小异。Cohen & Henry（2019）认为，将外语学习策略分为语言学习策略和语言使用策略有助于进一步了解外语学习策略的本质。语言学习策略指学习者在增进目的语知识和理解过程中伴随的有一定意识的想法和行为。语言使用策略指学习者在使用语言过程中所用的策略，包括提取策略（retrieval strategies）、复述策略（rehearsal strategies）、交际策略（communication strategies）和掩饰策略（cover strategies）。人们对交际策略的早期研究主要集中在学习者使用言语或非言语手段来应对交际中出现的问题，继而发现交际策略还包括会话交际策略以及问题解决策略等。Cohen & Henry（2019）为我们总结了一些常用的交际策略：回避策略（avoidance strategies）、补偿策略（compensatory strategies）、赢得时间策略（time-gaining strategies）和互动策略（interactional strategies）。在语言策略使用方面，早期研究认为学习者使用语言策略时仅从一个策略向另一个策略转换，然而近期研究发现，学习者使用语言策略时不仅在单一策略之间转换，还以两个或多个策略为单位在策略之间进行转换（Cohen & Wang，2018）。

查德华、刘电芝（2016）研究了大学英语优秀者的学习策略使用情况，运用扎根理论方法分别对英语听、说、读、写和词汇学习等策略进行三级编码，最终总结出英语优秀者的综合学习策略的核心式编码为：多听、多说、多读、多写、多背以及在真实语境中理解和学习英语。殷明等人（2018）探讨了学习策略选择、执行与转换的影响因素，策略的选择受到策略使用的成本收益率、策略使用的前期经验、当前问题情境、策略的有效性、策略使用的实际效果、学习者主体期望值等因素的影响。影响策略执行的因素则包括学习者前期的知识水平、年龄、教师、学习环境、学习方式等。而策略的转换则与学习者的年龄、策略与任务的匹配度、策略转换的任务难度以及先前知识有关。顾世民、李莉萍（2018）调查了初中生英语写作策略和写作自我效能感之间的关系，发现二者之间存在正相关关系。顾均仪（2020）对学术英语阅读行为展开研究，发现学术英语阅读策略是影响学术英语阅读的关键因素之一，提高学术英语阅读策略水平是有效学术英语阅读的重要保证。

2）语言学习策略分类

随着语言学习策略研究的发展和深入，对语言学习策略进行系统分类显得越来越重要。Cohen（2012）列举了四种学习策略分类标准：（1）根据学习策略的用途进行分类：有的策略用于语言学习，有的策略用于语言使用；（2）根据语言策略的表现形式分类：有的策略属于外显的行为表现，有的策略属于内隐的思维活动；（3）根据学习策略的使用者分类：成功语言学习者的学习策略和不成功语言学习者的学习策略；（4）根据心理过程对学习策略进行分类：认知策略、元认知策略、情感策略和社交策略。

以下介绍几种对语言学习策略进行较为全面、系统的分类方法：（1）O'Malley & Chamot（1990）根据 Anderson 的认知理论框架，依据信息加工理论将学习策略划分为元认知策略、认知策略和社会/情感策略；（2）Cohen（2012）从运用策略的角度将语言学习策略划分为学习策略和运用策略；（3）Oxford（1990）依据学习策略和语言材料的关系将学习策略表述为间接策略和直接策略；（4）文秋芳（2000）在既重视学习策略与学习过程的关系，又强调学习策略与学习材料关系的基础上，将学习策略划分为管理策略和语言学习策略。

在四种学习策略分类方法中，O'Malley & Chamot 的分类起源于实证研究，比较全面，且具有一定的代表性，已经被许多同行借鉴和引用。虽然 Cohen 的分类法有时在实际运用中令人困惑，因为人们很难清楚地划分学习和运用，但可以提醒我们注意哪些是输入型策略，哪些是输出型策略，从而培养学生的输出型策略意识，把语言运用得更好。Oxford 的直接和间接分类法虽然看似简单，但却从学习者与语言材料的互动出发，说明了哪些策略直接作用于语言活动。另外，Oxford 根据自己的分类框架设计了一个语言学习策略使用情况量表，即 Strategy Inventory for Language Learning（SILL），该量表被广泛使用。文秋芳（2000）认为，英语学习策略包括观念和方法两大部分，观念指学习者对"如何学好英语"的认识，方法指学习者为学好英语所采取的行动。文秋芳的分类法对中国外语环境下的英语学习有较大的指导意义。

不同研究者对语言学习策略的几种分类见下表：

表 5.1 不同研究者对语言学习策略的分类

研究者	语言学习策略的分类		
O'Malley & Chamot	元认知策略	提前准备、集中注意力、选择注意、自我管理、事先练习、自我监控、延迟表达、自我评价	
	认知策略	重复、利用目的语资源、利用身体动作、翻译、归类、记笔记、演绎、重新组织、利用视觉形象、利用声音表象、利用关键词、利用上下文情景、拓展、迁移、推测	
	社会/情感策略	协作、提问以达到澄清的目的	
Cohen	学习语言的策略	识别材料、区分材料、组织材料、反复接触材料、有意记忆	
	运用语言的策略	检索策略、复述策略、掩盖策略、交际策略	
Oxford	直接策略	记忆策略	建立联系网络、运用形象和声音、认真复习、运用动作
		认知策略	练习、接受和传送信息、分析和推理、为输入和输出建立规则
		补偿策略	聪明的猜测、克服读写中语言知识的不足
	间接策略	元认知策略	建立学习重点、安排和计划学习、评价学习
		情感策略	降低焦虑程度、鼓励自己、了解自己的情感状态
		社会策略	询问问题项目、与他人合作、同情他人
文秋芳	管理策略	管理认知过程	确立目标、制定计划、策略选择、自我监控、自我评价
		管理情感过程	自我调整
	语言学习策略	传统语言学习策略	形式操练策略、准确性策略、使用母语策略
		非传统语言学习策略	意义操练策略、流利度策略、回避母语策略

尽管以上研究者从不同的视角对语言学习策略进行了分类，并冠以不同的名称，但实质上将语言学习策略分为认知策略、元认知策略、情感策略和交际策略较为合理，也较能被人们接受。

认知策略指学习者为了更有效地识别、理解、保持和提取信息而采取的策略。认知策略与语言学习材料有着直接的联系，往往运用于具体的学习活动之中。

元认知策略指学习者在学习过程中有意识地计划、组织、控制、评价自己的学习活动等所采取的措施。大量研究表明，元认知策略对学习有着最直接的影响。在语言学习过程中，学习者使用元认知策略确定和调整学习目标、选择学习方法和技巧、对学习结果进行评价和反思等。

情感策略指学习者用来规范和管理情绪、情感的方法。在外语学习过程中，情感策略能调控情感、动机和态度（如减少焦虑、自我鼓励、寻求帮助等），其重要性实际上并不亚于认知和元认知策略。

交际策略指学习者在使用语言进行交际时，为了保证交际能够有效进行而采取的各种策略。例如解释（paraphrase）、借用、求助、手势语和回避等。

3）语言学习策略培训

尽管目前人们对学习策略没有统一的界定，但对学习策略本质的认识达成了一致看法：即语言学习策略是学习者为了提高二语/外语水平所采取的方法和手段，贯穿于语言学习和语言运用的全过程；语言学习策略由问题驱动，并用于解决语言活动中出现的问题；语言学习策略具有灵活性和多样性等特点，受多种因素影响；语言学习策略既可以是显性的外部行为，也可以是隐性的心理活动；语言学习策略是可以培训和学习的。

有的研究者不赞成策略教学，认为学习者在学习母语时已经获得了一套策略，只要他们的外语水平达到一定的程度，那些在母语中习得的策略就会自动迁移到外语学习中去，因此，没有必要开展语言策略教学。然而，许多研究者都赞同语言学习策略教学，认为语言学习策略是一种可以传授的知识。学习策略的培训不仅有利于学习者提高学习效率，增强学习效果，而且有利于学习者探索适合自己的学习途径和方法，增强他们自主学习、自我指导和自我管理的能力。例如O'Malley & Chamot（1990）设计了一套教学计划，称为"认知性学术语言学习法"（The Cognitive Academic Language Learning Approach，简称

CALLA)。学习策略教学也列入其中，操作程序分为计划、监控、解决问题、评价等四个阶段。(1) 在计划阶段，教师布置一项学习任务并解释布置该任务的目的，然后要求学习者选择自认为有效的学习策略来完成该项学习任务。(2) 在监控阶段，教师要求学习者在完成任务的过程中，随时监控自己的策略使用情况。(3) 在解决问题阶段，当学习者遇到困难时，教师要求他们自己寻找解决问题的途径和方法。(4) 在评价阶段，任务完成之后，学习者要对自己使用学习策略情况进行反思，对策略使用效果进行评价。O'Malley & Chamot 报告说，在 CALLA 训练课上，"即使所教的学生不尽相同，教师都发现这个模式适合于他们的各种情况"。他们还强调，策略教学要求教师具有较高水平的知识和技巧。Oxford（1990）提出的策略培训方法旨在培养学习者的策略意识（strategy awareness），并结合学习任务进行策略练习，对策略运用进行自我评估和监控等。

但人们对如何进行策略教学却意见不一。关于策略教学方式的分歧归纳起来主要有两点：(1) 采用集中教学，还是将策略知识融入平时的外语教学中？(2) 策略教学的重点是学习运用某些策略，还是培养策略意识，提高使用管理策略的水平？

早期的策略教学多采用短期集训的方式，训练内容通常是学习某些被"认定"的成功策略。这种策略教学的方式所基于的理念是：成功的语言学习者与不成功的语言学习者的差别在于前者比后者使用的策略种类多，并且使用的频率高。有些研究者（Rubin, 1975；Cohen, 2012；Wenden, 1998 等）甚至找出"语言学习成功者"，然后运用面谈、观察或问卷等方法，发现他们所使用的不同的学习策略，最后归纳出他们的共同特点，并希望通过语言学习策略教学，让不成功的语言学习者能学会成功的语言学习者的策略，继而改进和提高他们的语言学习。例如 Rubin（1975）对成功的语言学习者提出七项假设，认为他们具有以下特点：(1) 乐意并善于猜测；(2) 勇于表达和交际；(3) 乐意显得愚蠢；(4) 注意语言形式；(5) 注重语言练习；(6) 监控自己和他人的话语；(7) 注意语言表达的意义。

然而，这种理念逐渐受到越来越多的挑战。人们逐渐认识到语言策略本身并无好坏之分，策略使用的成效往往是因人、因时、因任务而异。成功的语言学习者与不成功的语言学习者的根本差别不在于他们使用策略的数量和频率，而在于他们使用策略的适宜性，即成功的语言学习者懂得何时、何地、完成何种任务、使用何种策略最合适。比较理想的做法是将策略培训与外语教学融为一体，教师结合外语学习的内容演示学习策略，学生在完成学习任务的过程中练习使用策略。策略训练的目标不在于掌握策略的本身，而在于培养学习者的策略意识、扩大他们策略的选择范围、增强他们自我监控和自我调节的能力。

4）语言策略研究方法

外语学习策略研究中常用的方法有访谈、问卷、观察、口头报告、日记等。访谈和问卷调查已为大多数研究者熟悉，这里主要介绍观察法、口头报告法、日记法和综合法。

观察法是指研究者对被试的活动进行系统观察而获取其学习策略使用情况的方法，如使用录音机、录像机、检查表等。观察法涉及很多因素，如观察者和被观察者的人数、观察的频率和时间长度、观察数据如何收集和分析等。

口头报告法指研究者为收集策略使用信息要求被试口头报告其在执行语言任务时所使用策略情况的一种方法。口头报告包括有声思维法（think-aloud）、内省法（introspection）和反省法（retrospection）。有声思维法指被试一边执行语言任务一边大声说出执行任务时所使用的策略。内省法要求被试思考在语言学习中所使用的策略，并在它们出现时报告出来。反省法要求被试在完成某项学习任务之后，将自己在学习中所使用的策略情况通过回忆叙述出来。与内省法相比，反省法的优点有不打断学习过程、保持学习中言语行为和思维过程连贯性。

日记法指研究者通过让被试采用写日记的方式将他们自己使用的学习策略情况记录下来，然后由研究者对被试记录的策略使用情况进行综合分析。

综合法是指几种方法同时使用以保证研究的准确性的方法，但难度较大。

从现有的研究来看，多数研究者使用问卷调查（如 Bialystok，1978；Politzer，1983；Green & Oxford，1995），有的研究者使用观察法或访谈法（如 Chesterfield & Chesterfield，1985），少数采用综合方法（如 O'Malley 等，1985a；Huang & Van Naerssen，1985）。Griffiths & Oxford（2014）指出，以往策略研究最常用的李克特量表问卷存在自陈等级的不一致性和统计的不准确性，需要访谈等质性研究方法的佐证。外语学习策略大部分为内隐策略，揭示学习者的内部活动不是一件容易的事，单一的研究方法难以保证研究的效度和信度，最好使用综合法。

3. 语言学习策略与自主学习

近年来，在外语教学中教师越来越重视培养学习者的自主学习能力。自主学习指学习者制定学习目标、自我监控、自我评估和积极主动的学习。自主学习与学习策略有着密切的关系。Zimmerman & Schunk（1989）提出的自主学习模式由四个环节构成：自我评价与监控、目标设置和策略计划、策略执行与监控、对策略使用的效果进行监控。以上每个环节都与学习策略相关，具体涉及认知策略和元认知策略。因此，个体要做到自主学习，必须掌握一定的学习策略，并且在学习过程中能够有效地运用这些策略。有研究表明语言学习策略对外语自主学习能力的培养起着关键作用。通过一系列学习策略的掌握和运用，语言学习者可以变得更加独立和自主。学习策略，作为自主学习能力的一部分，其能力的形成使真正意义上的自主学习成为可能。

研究学习策略就是为了探索如何使学生成为自主、有效的学习者。学习者只有形成运用学习策略能力才能最终实现真正意义上的自主学习，学习者使用学习策略的意识越强，自主学习的过程就越完整，效果就越好。但是同时，我们必须意识到学习策略是过程，不是目的，培养自主学习能力才是最终目的，所以学习策略的培训归根结底是为了内化自主学习能力。因此，在外语教学实践中，教师应该有意识地把学习者学习策略的训练与强化其自主学习的能力的训练有效地结合起来，促使学习者尽快地实现真正意义上的自主学习。

第三节 外语学习者的情感因素

情感指学习者在学习过程中的感情、感觉、情绪、态度等，情感状态在很大程度上影响学习者的学习行为和学习结果。情感心理是人格发展的一个重要方面，语言教育与其他学科一样，也应该以促进人的全面发展为目的，关注学生的情感心理，培养学生积极、健康、向上的情感心理，使学生在外语学习中最大限度地发挥情感因素的积极作用，降低某些情感因素的消极作用，以此来增强学习成效。以下主要介绍动机、动机归因、自我效能、自我概念、自尊、焦虑等情感因素。

一、动机

1. 动机的概述

　　动机是指引起和维持个体活动，并使活动朝向某一目标的内部动力。动机这一概念包含以下内容：（1）动机是一种内部刺激，是个体行为的直接原因；（2）动机为个体的行为提出目标；（3）动机为个体行为提供力量以达到体内平衡；（4）动机使个体明确其行为的意义。

　　动机是一种内部心理过程，人们不能直接观察到，但可以通过个体对任务的选择、努力的程度、对活动的坚持性和言语表达等外部行为间接地进行推断，推断出个体行为的方向和动机强度的大小。

　　动机也被定义为某些需要。例如 Ausubel（1994）认为动机由六种需要构成，它们分别是：（1）探究需要；（2）操纵环境及改变环境的需要；（3）从事脑力和体力活动的需要；（4）受环境、他人、观点、想法和感情刺激的需要；（5）对知识的需要；（6）增强自我的需要，即被他人了解、接纳以及认可的需要。Maslow（1954）提出了重要的需要层次理论，认为人有七种基本需要，分别为：生理需要、安全需要、归属与爱的需要、尊重的需要、求知与理解的需要、审美的需要和自我实现的需要。Maslow 将前四种需要定义为缺失性需要，即是人们生存所必需的，对生理和心理的健康至关重要，必须得到一定程度的满足。后三种需要是成长性需要，虽然不是人们生存必需的，但对人们适应社会来说却有重要的积极作用。

　　学习动机是指直接推动一个人进行学习活动的内部动力。其内容主要包括知识价值观、学习兴趣、学习能力感、成就归因等四个方面。学习目的是学生进行学习所要达到的结果，而学习动机则是促使学生去达到那个结果的某种动因。学习动机的性质一方面决定着学习的方向和进程，另一方面也影响着学习的效果。

　　学习动机和学习的关系是辩证的，学习能产生动机，而动机又推动学习，二者相互关联。正如 Ausubel（1994）所说："动机与学习之间的关系是典型的相辅相成的关系，绝非一种单向性的关系。"动机能以增强行为的方式来促进学习，而所学到的知识反过来又可以增强学习的动机。

学习动机的分类方法很多，比较有影响的有以下两种：

1）内在动机和外在动机

根据学习动机引发的原因，可将学习动机分为内在动机（intrinsic motivation）和外在动机（extrinsic motivation）。内在动机指人们对学习本身的兴趣所引起的动机，动机的满足在活动之内，不在活动之外，它不需要通过外界的诱因、惩罚来使行动指向目标，因为行动本身就是一种动力，如学生为了获得知识、充实自己而努力读书就属于内在动机。外在动机指人们由外部诱因所引起的动机。动机的满足不在活动之内，而在活动之外，人们不是对学习本身感兴趣，而是对学习所带来的结果感兴趣，如有的学生认真学习是为了获得奖励、获得教师和家长的好评等。内在动机的强度大，持续时间长，学习者有较大的主动性；外在动机持续时间短，往往带有一定的强制性，学习者的学习比较被动。

2）认知内驱力、自我提高内驱力和附属内驱力

Ausubel 将学习动机分为认知内驱力（cognitive drive）、自我提高内驱力（ego-enhancement drive）和附属内驱力（affiliative drive）。Ausubel 认为，学生所有指向学业的行为都可以从这三方面的内驱力加以解释。认知内驱力是一种要求了解和理解的需要，要求掌握知识的需要，以及系统地阐述问题并解决问题的需要。一般来说，这种内驱力多半是从好奇的倾向中派生出来的，这种潜在的动机要通过个体在实践中不断获得成功，才能真正表现出来，才能具有特定的方向。认知内驱力与学习之间的关系是相辅相成的，认知内驱力对学习起推动作用，学习反过来又增强内驱力。自我提高内驱力是个体因自己的胜任能力或工作能力而赢得相应地位的需要，并不直接指向学习任务本身。自我提高内驱力将成就看作是赢得地位与自尊心的根源，是一种外在动机。附属内驱力是一个人为了保持长者们（如家长、教师等）的赞许或认可而表现出来的、要将工作做好的一种需要。它具有三个条件：第一，学生与长者在感情上具有依附性；第二，学生能从在长者那里得到的赞许或认可中获得一种派生地位。

所谓派生地位，不是由他本身的成就水平决定的，而是从长者不断给予他的赞许或认可中引申出来的；第三，享受到这种派生地位乐趣的人，会有意识地使自己的行为符合长者的标准和期望，借以获得并保持长者的赞许，这种赞许往往使一个人的地位更确定、更巩固。

随着年龄的增长，认知内驱力、自我提高内驱力和附属内驱力这三种成分在个体身上的比例会有所改变。在儿童早期，附属内驱力占主导地位，他们努力学习是为了获得家长的赞许。在少年期，附属内驱力逐渐减弱，而同伴赞许成为一个强有力的动机因素。而到了青年期，认知内驱力和自我提高内驱力成为学生学习的主要动机，学生学习的主要目的是为了满足自己的求知需要，并从中获得相应的地位和威望。

2. 第二语言学习动机构成

第二语言学习动机是直接推动第二语言学习的动力，是二语习得个体因素中最具能动性因素之一，在二语习得中发挥着重要作用。不同的研究者对外语学习动机有不同的分类，比较常见的有以下两种：

1）整体动机、情景动机和任务动机

Brown（2014）将外语学习动机分为整体动机（global motivation）、情景动机（situational motivation）和任务动机（task motivation）。整体动机是达到学习二语目标的整体定向，指学习者对外语习得的一般态度。情景动机指在自然习得情况下学习者的动机不同于课堂学习者的动机，它会随着学习环境的变化而变化。任务动机指学习者对完成具体任务的动机。

2）融合型动机和工具型动机

根据 Gardner & Lambert（1972）的分类，动机可以分为融合型动机（integrative motivation）和工具型动机（instrumental motivation）。前者指学习者对目的语社团有特殊兴趣，学习某种语言的原因是对该目的语、目的语群体以及目的语社区文化抱有积极的情感态度，期望参与或融入该社团的社会生活，后者指学习者为了某一特殊目的，如通过考试、出国、获得某一职位等，而具有的学习愿望。一般说来，融合型动机使学习者学习外语的自觉性、主动性更高，注重外语技能的全面发展，而且也能更好更持久地付出努力。具有工具型动机的学习者则较被动，各项语言技能也因各自目的的不同而得不到全面、均衡的发展，而且学习者坚持的时间短，达到目的之后就会放弃。Gardner & Lambert（1972）认为融入型动机具有预测语言学习成效的重要作用，其预测能力超过工具型动机。但有研究表明，这两种动机并非互相排斥，一般情况下是并存的，只不过在不同的情况下两者所占的主导地位不同，而且在某些情况下融合型动机和工具型动机是可以相互转化的。

3. 第二语言动机研究发展阶段

早在20世纪五十年代开始，就有学者从不同的视角对二语学习动机展开研究，主要经历了四个阶段：社会心理阶段、认知—情境阶段、过程导向阶段和社会动态阶段。

1）社会心理阶段

这个阶段的代表人物是加拿大心理学家Robert Gardner。Gardner（1985）认为，外语学习动机应该包括四个方面的内容：目的、学习努力的程度、达到学习目的的愿望和学习态度。只有当要达到目的的愿望加上正确的态度与付出努力的行动结合起来时，才能产生真正的动机。Gardner & Lambert自20世纪五十年代末对第二语言学习动机所进行的系统研究具有开创性和指导意义。他们设计的语言学习动机调查工具，即态度/动机测验量表AMTB（Attitude/Motivation Test Battery）成为权威性的外语学习动机调查工具。在他们设计的AMTB测量工具中，对于语言学习动机的测量包含以下三个维度的指标：(1)学生对语言学习及目的语文化的态度；(2)学习语言的愿望；(3)动机的强度。

Gardner & Lambert（1972）将外语学习动机分为融合型动机和工具型动机，融合型动机是Gardner等人理论的核心概念。Garnder & MacIntyre（1993）提出了二语习得社会教育模式，解释动机与学习者因素、语言学习成就之间的关系，将动机放在由四个方面组成的系统中加以考量，这四个方面的内容分别是：先决要素（如性别、年龄、语言学习经历）、个体差异因素（主要指智力、语言学能、语言学习策略、语言态度、语言学习动机和语言焦虑）、语言学习情境和语言学习结果。

社会教育模式是关于二语习得过程中学生个体差异因素作用的理论模式，呈现了在社会文化环境中，社会环境与个体差异因素对二语习得的结果产生影响的过程。在该模式中，二语习得过程可以分为四个部分：社会环境、个体差异变量、语言学习情境和学习成果。社会环境中的文化观念对学习者个体差异因素产生影响，而个体差异因素通过动机起作用，在正式与非正式的学习环境中以中介变量的形式间接影响学习成就，如图 5.3 所示。

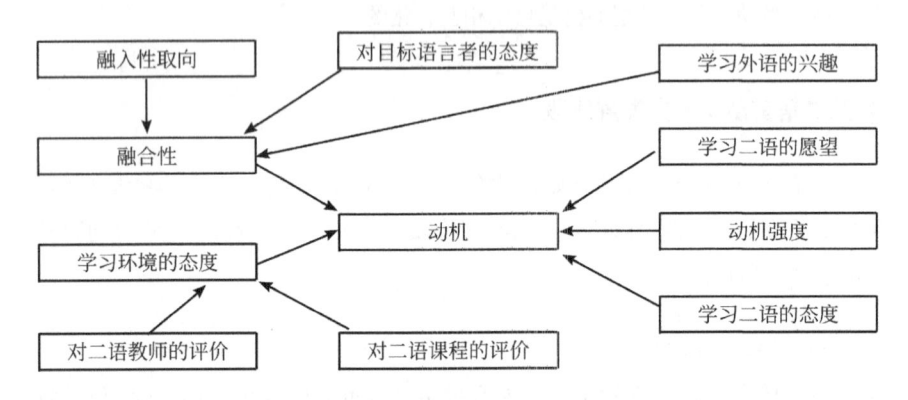

图 5.3 Gardner 的二语习得的社会教育模式（Gardner & MacIntyre, 1993）

2）认知—情境阶段

截止到 20 世纪 90 年代，Gardner 提出的动机理论在二语习得领域一直占据着主导地位。随着动机研究的深入，许多学者意识到之前的动机理论片面强调了社会环境对动机的影响，而忽略了课堂环境对动机的影响，由此，人们开始转向关注课堂教学环境下教师、课程、同伴等因素对动机的影响。这个阶段最具影响力的动机理论有 Dörnyei 的外语学习动机三层次理论和 Williams & Burden 的社会建构主义模式。

（1）Dörnyei 的外语学习动机三层次说

匈牙利学者 Dörnyei 根据多年的研究，于 1994 年提出了外语学习动机构成成分的模式。该模式从语言层面、学习者层面和学习情景层面三个维度来界定和测量外语学习动机。该模式最大的特点就是强调了语言学习动机的多维性质，并与课堂教学实际紧密地联系起来。

语言层面是该理论的基础层面，包含了与二语相关的多方面内容，如文化、二语本族语者、二语自身的价值和知识，包括融入型动机和工具型动机两个子系统。学习者层面指学习者带到学习过程中的一些个人因素，主要包括情感因素和认知因素。学习情境层面指向课程、教师和学习集体三个动机成分。课程动机成分与教学大纲、教学材料、教学方式和学习任务相关，其中包含学习者对该课程的内在兴趣、教学与学生个体需要及目标的相关性、学生对学好该课程成功程度的期望值，以及学生对活动效果的满意程度。教师动机成分则与教师的行为、个性及教学风格相关，包括学生取悦教师的附属内驱力(affiliative drive)、教师管理风格和教师激发动机的方式等；学习集体动机成分与学习者所在学习小组的集体动力有关，其中包括目标定向、规范和奖励体系及课堂目标结构等（竞争型的、合作型的和个性型的）。

Dörnyei 的外语学习动机三层次说是一个较为全面的理论，它的三个层面与第二语言学习的三要素，即第二语言、第二语言学习者、第二语言学习环境相吻合，同时也反映了语言的社会方面、个人方面和教育主体方面。

(2) Williams & Burden 的社会建构主义模式

Williams & Burden（1997）提出了社会建构主义学习动机观，认为每个人的行为动力有不同的机制，每个人都会对外部影响作出个人的理解和解释，并按照自己的内在性格行事，以个人独特的方式归因。因此，促使人们开始学习并坚持下去的动力因人而异。此外，个人动机也受到社会环境因素的影响。社会环境因素包括整个文化和社会环境，也包括中介者和学习者与中介者的交往。Williams & Burden 的社会建构主义动机模式包括三个阶段：个体因某种原因而被唤醒——作出决定——付出持续的脑力和/或体力。也就是说，个体因某种原因而被激发继而有意识地采取行动，然后为达到目标而进行持续不断的努力。

该模式认为影响外语学习的动机可分为内部因素和外部因素两大部分。内部因素主要包括：对活动的内在兴趣、感知的活动价值、主观能动性、掌握、自我概念、态度、其他情感状态、年龄和发展状态、性别等。外在因素主要有：重要他人、与他人交往的性质、学习环境以及更广泛的环境组成（Williams & Burden, 1997）。

3）过程导向阶段

从 20 世纪 60 年代到 20 世纪 90 年代，动机理论研究虽然经历了一次较大的转向——从宏观社会环境研究转向课堂教学环境下的动机研究,很多研究者开始意识到动机一直处于动态的变化发展过程中而并非一成不变,应该采用定性方法来研究二语动机的动态变化特征。因此在动机研究中引入"时间"概念,提出了二语动机过程模式,一方面是为了解释动机在时间轴上的动态变化,另一方面是为了将目前最重要的动机理论综合起来,试图建立一个详细、全面的动机模式。

该模式包括行为顺序和动机影响两大部分,行为顺序指的是行为过程,该过程展示了最初的希望、愿望等是如何转换成目标,又如何一步步开始执行行为,最终完成行为、评价反思的全过程。动机影响则指的是在行为各个阶段引起行为过程的动力来源。在该模式中,行为顺序可以分成三大模块,即行动前阶段、行动中阶段、行动后阶段三个部分。在行为过程的各个阶段,会受到来自不同方面的动机影响,图5.4展示了学习者在不同行为阶段可能受到的不同动机影响。

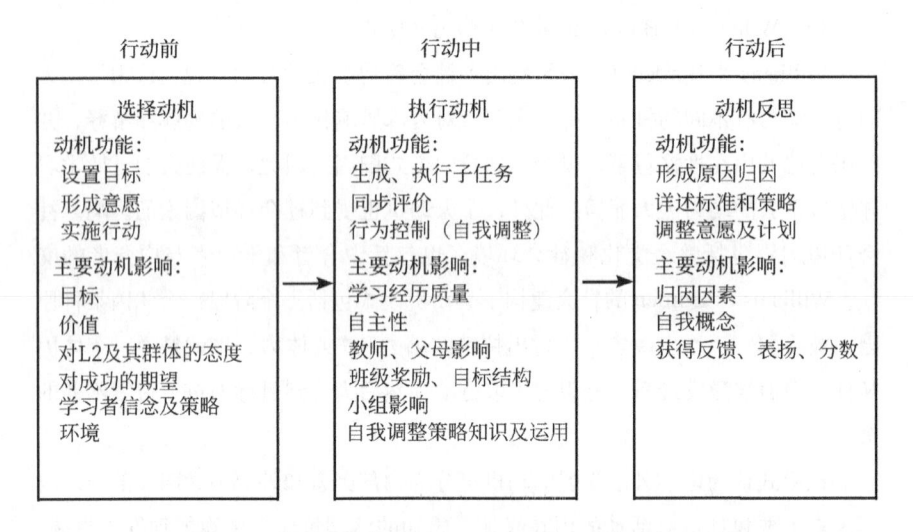

行动前	行动中	行动后
选择动机 动机功能: 设置目标 形成意愿 实施行动 主要动机影响: 目标 价值 对L2及其群体的态度 对成功的期望 学习者信念及策略 环境	执行动机 动机功能: 生成、执行子任务 同步评价 行为控制(自我调整) 主要动机影响: 学习经历质量 自主性 教师、父母影响 班级奖励、目标结构 小组影响 自我调整策略知识及运用	动机反思 动机功能: 形成原因归因 详述标准和策略 调整意愿及计划 主要动机影响: 归因因素 自我概念 获得反馈、表扬、分数

图 5.4 Dörnyei & Otto(1998)的二语动机过程模式

该模式的优点在于更加全面、详细地概括了所有可能影响学习成就的主要动机,同时,该模式展示了动机沿着一个时间轴的动态变化和发展过程。

随着外语学习动机研究的深入,20世纪90年代还出现了以下有影响力的外语学习动机理论模式,如 Trembley & Gardner 的扩展动机理论和 Schumann

的神经生物学模式(引自武和平,2001)。

(1) Trembley & Gardner 的扩展动机理论

Trembley & Gardner(1995)的扩展动机理论既体现了 Gardner 早期动机研究中重视社会变量的特点,又融入了近期认知动机理论的内容,使 Gardner 动机理论成为一个有机的整体,如图 5.5 所示。从图中我们可以看出,该模式反映了 Gardner 等人的"语言态度—动机行为—学习成绩"三大因素之间线性关系的一贯立场,同时又在态度与动机之间增加了目标显著性、效价及自我效能三个中间变量。

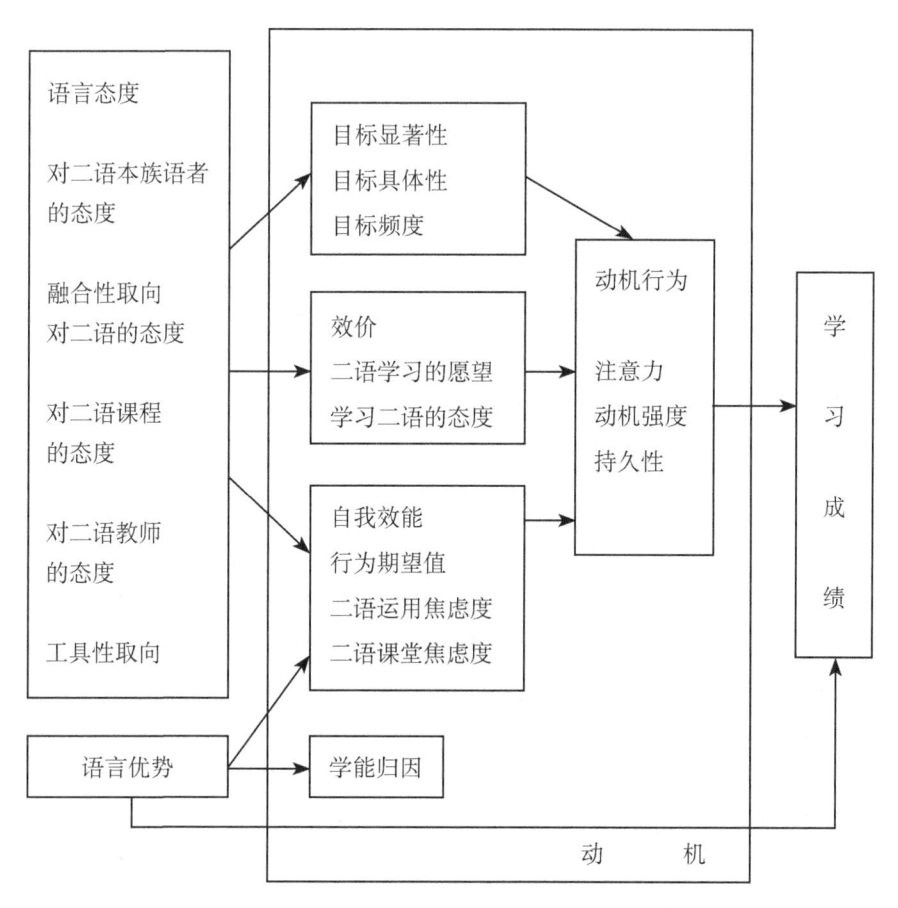

图 5.5 Tremblay & Gardner 的外语动机模式

该模式继承延续了 Gardner 前期动机研究的一贯做法,也是建立在实证研究的基础上，因此在理论上具有较强的说服力。

（2）Schumann 的神经生物学模式

Schumann（1978c）及其同事从神经生物学的视角来考察第二语言习得活动，并在此基础上提出了一个持续性深度学习的模式。该模式认为，大脑对所接收到的刺激进行评价，从而引起学习者情感上的反应。Schumann 认为这种刺激评价可分为五个维度：刺激的新异性、吸引性、目标/需要意义、可处理潜力（coping potential）及个体与社会形象。

经过对动机研究的调查问卷进行逐项分析，Schumann 发现问卷中的这些项目都可以归入上述五个评价维度中。因此，Schumann 认为语言学习动机的强弱和性质是由这些刺激评价维度的排列与组合决定的。该模式可以看作是外语学习动机心理学理论在神经生物学层次上的简单体现。

4）社会动态阶段

截至第三个阶段，第二语言动机研究都延续着线性因果关系模式，而这种因果关系模式尚不足以解释复杂的动机体系，因此仍需要对其进行重构（Dörnyei，2012），该理念推动了动机研究从过程导向阶段向社会动态阶段的演变。

在社会动态阶段，研究者关注的是动机变化以及动机与个人身份、社会、环境等因素之间的互动关系，其中最具代表性的理论是 Dörnyei 的二语动机自我体系（2012）。该体系包括三个方面的内容：一是理想二语自我（ideal L2 self），指的是与第二语言相关的理想自我部分，如果我们想成为的理想自我是说某种第二语言的人，理想二语自我就会产生强大的学习动力，以缩小现实自我与理想自我之间的差距。理想二语产生的动机属于自我融合型动机。二是应该二语自我（ought to L2 self），指人们相信自己为了避免某些负面结果的产生而应该具有的一些特征，该层面较多地与工具型动机相对应。三是二语学习体验（L2 learning experience），指的是与当前学习情境或体验有关的动机，如教师、同伴或过去学习经历的影响。二语学习动机自我系统的三组内容体现出共同的特性，即强调个体的主动性、个体与社会之间的互动性和心理结构的动态性，形成了对二语学习动机进行解释的新的理论体系，其理论前提是动机过程观，通过现实和可能自我之间的关系确定了动机行为的起点和终点，推动和完善了二语动机的过程研究模式。

该理论体系的基本假设是:"如果熟练使用目的语是学习者理想/应该自我组成部分的话,他就会具有学习目的语的强烈动机,因为学习者有消除现实自我与可能自我之间差距的心理愿望"(Dörnyei,2009)。在 Dörnyei(2005)看来,当一个人说外语时他感觉自己就像一个不同的人。理想中的语言自我把自己看成是想象中的目的语社团成员,其心理建构的一部分是建立在现实生活中说英语的社团,而另一部分则依靠人们的自我想象而建立。

二语动机自我体系来源于融入型动机,但又高于融入型动机,将多种现有动机理论有机地结合起来,因此具有较强的解释力。

4. 第二语言动机理论发展新动向

定向动机流(Directed Motivational Current(s),DMC(s))是近几年来第二语言动机最新的研究成果,由动机研究领域著名学者 Dörnyei 等人(2015)提出。定向动机流指的是一个特殊的阶段,在这个阶段,个人或群体为了实现某个特定目标而呈现出稳定的高强度动机状态。定向动机流的特征是,一个清晰明确的目标与一条动机行为的具体路径相结合,使一种原本处于休眠状态的情景焕发出新的生机和活力,因此,正在经历定向动机流的学习者会意识到自己处于高效产出状态,且其行为能力远远超出他的想象(Dörnyei 等人,2015)。这种状态维持的时间可能较短(如完成一个项目),也可能较长(如为了出国而学习一门语言的过程)。

正在经历定向动机流的学习者,相较于平时所说的努力学习型学习者而言有明显的区别,这些区别主要体现在:定向动机流维持时间较短;目标明确,个体几乎投入全部的时间与精力来实现该目标;有明显的起始点,目标一旦实现该状态就结束;维持在较高且稳定的动机状态。

定向动机流主要包括目标或愿景定向性、参与者拥有意识、积极的情感状态、跳跃式与促成性结构等维度:

1)目标/愿景定向性(goal/vision orientedness)。这是定向动机流出现的前提条件,是定向动机流最主要的特征,即定向动机流有明确的方向或目标,有计划地朝特定目标前进,目标的达成即意味着定向动机流的结束。目标和愿景对实现目标/幻想的期盼刺激产生了强大的动力。只有明确目标或愿景才能将学习者的努力、精力和时间有效地凝聚起来,才能引发他强烈的行为动机,并获得满意的学习效果。

2）参与者拥有意识（participant ownership）。指学习者认知目标或愿景，掌控行为进程，并不断感知进步，这是动机流持续运行的必要条件。经历定向动机流的个体或群体成员对行为的开展有主人翁精神，相信自己能够积极参与到活动中来，并且坚信目标是必要且重要的，而且一定会实现。同时，学习者能够清晰地感知到自己的不断进步，这种反馈与以往反馈不同——学习者会意识到自己有着某种独特体验，这是一种在日常情境中不曾有过的体验，甚至是在以往具有强烈动机时也不曾有过的体验。

3）积极的情感状态（positive emotionality）。指学习者在情绪上的正向感受，这是维持定向动机流强度的重要条件。处于定向动机流中的个体会体验到高度积极的情绪，积极的情绪会产生更多的能量和动力来朝着目标继续前进。定向动机流中的积极情绪与在有趣活动中的愉悦心情不同，它来源于实现目标的满足感，而非有趣的活动本身。即使过程十分枯燥乏味，个体仍怀有高度积极的心态，为实现目标感到满足。

4）跳跃式和促成性结构（salient and facilitative structure）。结构突出，能够促进行为的开展。定向动机流的结构清晰，有明显的起点和终点，由特定事物激发，并沿着一定的轨道自动前进，甚至无须付出极强的意志力。这种独特结构有以下含义：第一，起点具有特别重要的作用。定向动机流不是自然形成的，而是学习者出于某种特别目的发动的、有意识的显性行为。第二，体现正向反馈的进步标签具有明显作用。定向动机流一经发动，便形成"动机流体"，即一系列连续的动机行为。动机行为以子目标形式进行，它们既是最终目标的标识，也是评估和检验进步的标签。每个子目标的完成不仅标志着进步，而且还会引发后续行为。第三，强大的发动系统使存在着的惯常行为（behavioral routine）变成"动机自动驾驶仪"（motivational autopilot），此时，动机行为就内化为定向动机流的一个组成部分，不再受个体的情感状态控制。

定向动机流结合心理学领域的动机理论与应用语言学中的动机理论（如二语动机自我体系、语言学习想象、动态系统理论、目标设置理论等），将外语学习者的愿望、认知、情感和行为四个范畴结合起来，从一个新颖独特的视角研究二语动机。定向动机流对于语言教学与学习也有重要启示，从教学法角度来看，如果其产生的个人、时间、情境条件能够有效地结合起来，定向动机流就能够被人为激发。合适的激发条件有很多，比如一个用心设计的语言学习任务、一次出国学习的机会等。因此在学习情境中，人为设定的机会能够为定向动机流的产生提供有利条件，从而促进二语学习的进步。

综合以上各种动机理论和模式，现将影响外语学习动机的主要因素总结如下：

1）认知。影响外语学习动机的认知因素主要是学习者对本人的自我认识，包括自我概念（self-concept）、自我效能（self-efficacy）、效价（valence）和主体感（sense of agency）等。自我概念中含有对自我外语学习的优势和劣势的认识，对外语学习成功和失败的判断，以及外语学习对自尊的提高和削减的认识等。自我效能是指在执行某个具体任务时对自己能力的判定，因此自我效能决定对外语学习活动中任务的选择，如果任务恰当，则动机增强；如果任务不恰当，则动机消失。效价则是对外语学习活动目的的认识，如果学习者认为目的意义重大，与自己关系密切，则动机就强。主体感是指对外语学习任务中自我承担责任的认识，如果认为自己承担的责任重大，则动机就强；如果认为责任很小，则动机减弱。

2）情感。影响外语学习动机的情感因素是指学习者的情感变化导致学习动机的改变。情感包括兴趣、态度、需要、自信心和焦虑等。兴趣与外语学习的融合型动机、内在动机、深层动机、任务性动机联系紧密；态度被看作是动机的一部分，许多研究者将态度和动机放在一起研究；需要是动机的原始动力；自信心与动机的关系是正相关关系，缺乏自信心就无法有强烈的动机；而焦虑与动机的关系是负相关关系，焦虑水平低能激发动机，焦虑水平高则会削减动机。

3）社会环境。社会环境因素是学习者以外的因素，但对学习者动机的影响也很大，主要包括社会对外语人才的要求、外语课程教学大纲的要求、外语教师的影响、家长的要求以及同龄人的影响等。有研究显示，最大程度影响语言学习者动机的教师行为，主要体现在人际交往素质方面，学生与教师之间的密切接触有利于学习动机的产生（Lamb，2016；Henry & Thorsen，2018）。Joe等人（2017）发现有爱心的教师和支持性的同伴能激发学生产生积极的动机体验。也有研究（Chang，2010；Koga，2010）表明，课堂氛围与学生动机之间呈正相关关系。Busse（2013）发现教师反馈对学生的自我效能感和动机至关重要。Lam（2014）发现自我评价和显性策略教学有助于学生保持动机水平。近年来，人们对动机的研究已向如何激发学习者动机转向（Dörnyei & Ryan，2015；Ortega，2005）。

5. 动机与外语教学之间的关系

　　动机是促使外语学习成功的动因。教师不仅要培养学习者学习外语的动机，而且还须在教学中利用一定的诱因随时激发学习者的动机，使学习者已形成的动机由潜伏状态转入活动状态，成为推动学习作用的内部动因，从而调动学习者的积极性，来完成当前的学习任务。因此，在进行外语教学时要将内在动机和外在动机有效地结合起来，激发和维持学生的学习动机，同时，要充分考虑到学生的兴趣、好奇心、挑战性和学生独立发展等因素，让学生认识到学习语言的价值和重要性，使学生达到最佳唤醒状态，对外语学习充满自信。

　　1）培养学生学习外语的兴趣

　　传统的外语教学模式以教师为中心，教师讲，学生听；教师问，学生答。这种教学模式是建立在行为主义理论基础之上的，强调刺激与反应之间的关系，却忽略了学生自身的情感因素和自主性，因此课堂气氛刻板单调，死气沉沉。这种填鸭式教学很容易降低学生学习外语的兴趣，削弱学生学习外语的信心，导致学习效果不佳。我们应适当变更教学方法，为学生提供丰富的教学内容，创造生动活泼的课堂气氛和灵活多变的语言交际情景，鼓励学生积极参与听、说、读、写等教学活动，使语言能力得到全面发展。同时针对缺乏真实语言环境的现状，外语教师要采取相应措施，尽可能多设置一些情境，加强文化导入，激发学生的兴趣，促使他们形成学习外语的动机。

　　2）激发学生学习外语的动机

　　学习外语的动机并非自发产生，而是必须经过有目的、有意识的培养和激发。明确学习目标、激发求知欲是培养学习动机不可缺少的条件。只有将当前的外语学习与社会需求联系起来，才能帮助学生确立远大和高尚的学习目标，端正学习态度，形成强烈的动机进而全身心投入学习。作为外语教师，应该帮助学生了解外语学习的性质，让学生将掌握外语的长期目标与短期的具体目标结合起来，使不同阶段的学习目标均符合学生的认知水平，如此一来，学生只要经过努力便能够实现这些目标，进而能够长久地保持良好的学习动机。

3）引导学生将学习动机转化为学习行为

外语教师不仅应注意激发学习者学习外语的动机，还要引导学生将学习动机转化为学习行为。作为外语教师，要帮助学生掌握正确的学习方法、运用恰当的学习策略，将语言知识内化为语言能力，最终获得语言交际能力。教师对学习结果要及时作出反馈，并予以正确评价，适当进行表扬和鼓励，让学习者看到自己的进步，获得成功的体验，从而产生进一步学习的动机和愿望。

二、动机归因

1. 动机归因概述

在学习和工作中，人们都会体验到成功与失败，同时人们还会去寻找成功或失败的原因，这就是人们对成就行为的归因。动机归因是个体对自己的成功或失败所作出的因果解释。美国社会心理学家 Heider（1958）曾指出，人们会将行为归结于内部原因和外部原因。内部原因指存在于行为者本身的因素，如努力、能力、兴趣、态度、性格等；外部原因指行为者周围环境中的因素，如任务的难度、外部奖赏与惩罚、运气等。Rotter（1966）将人划分为"内控型"和"外控型"。内控型的人认为自己可以控制周围的环境，不论成功还是失败，都是由于自己的能力和努力等内部因素造成的；外控型的人感到自己无法控制周围的环境，不论成败都归因于他人的压力以及运气等外部因素。美国心理学家 Weiner（1979，1985）接受了 Heider 和 Rotter 的观点，指出学生一般将自己学习的成败归因于能力、努力、任务难度和运气这四个因素，并按控制点、稳定性、可控性等三个维度对这四个因素进行分析。根据控制点维度，可以将原因分成内部原因和外部原因。根据稳定性维度，可以将原因分成稳定原因和不稳定原因。根据可控性维度，又可将原因分成可控原因和不可控原因。

表 5.2 成败归因理论的三维度分析

归因类别	成败归因维度					
	稳定性		控制点		可控性	
	稳定	不稳定	内在	外在	可控制	不可控
能力	✓		✓			✓
努力		✓	✓		✓	
任务难度	✓			✓		✓
运气		✓		✓		✓

如表 5.2 所示，能力是一种内在的、稳定的、不可控的因素，努力是一种内在的、不稳定的可控因素，任务难度是一种外部的、稳定的、可控的因素，而运气则是外部的、不稳定的、难以控制的因素。学生对自己学业成败的归因不同，对他们的学习动机所产生的影响也就不同。经过一系列研究，Weiner 得出一些有关归因的基本结论：(1) 当个体将成功归因于能力和努力等内部因素时，他就会感到骄傲、满意、信心十足，而将成功归因于任务容易和运气好等外部原因时，产生的满意感则较少。相反，如果一个人将失败归因于缺少能力或努力，则会感到羞愧和内疚，而将失败归因于任务太难或运气不好时，产生的羞愧感则较少。将学习的成功或失败归因于努力，相较于将其归因于能力而言，会产生更强烈的情绪体验。努力而成功，体验到愉快；不努力而失败，体验到羞愧；努力却失败，仍应受到鼓励。(2) 在付出同样努力时，能力低的应得到更多的奖励。(3) 能力低而努力的人受到最高评价，而能力高但不努力的人则受到最低评价。由此看来，Weiner 总是强调内部、稳定性和可控制的维度。

相关研究表明，学习者的归因对自主学习有重要的影响。一般说来，如果个体将自己的学习成功归因于能力，将学习失败归因于努力不够，这样就更容易激发学习自主性；如果将自己的学业成就归因于外部不可控因素，将学业失败归因于自身能力不足，那么，在学习过程中往往会表现出消极、焦虑、低自尊，就会影响其学习的主动性（Borkowski 等，1988；Zimmerman，1990）。自主学习者倾向于将自己的学业失败归因于可以弥补或纠正的原因，将自己的成功归因于自己的能力；即使学习不断伴随着不良的学习结果，这种自我保护性的归因也会引发积极的自我反应。例如当个体将成功或失败归因于策略的运用时，会直接诱发他们积极的自我反应，如改善学习策略等（Zimmerman，1998）。

近年来，国内外有学者探讨了归因与其他变量，如自我效能感、动机定向、学习策略、学业成就等之间的关系。胡桂英、许百华（2002）探讨了初中生学习归因、学习自我效能感、学习策略和学业成就关系，发现初中生的学习归因、自我效能感、学习策略相互之间呈显著正相关，成功归因通过影响学习能力自我效能感间接影响初中生的学业成就。张学民等人（2007）较为全面地综述了动机定向、成就归因、自我效能感与学业成就之间的关系，得出以下结论：成就归因通过影响自我效能感、动机定向，进而影响学业成就。Hsieh & Schallert（2008）和 Hsieh & Kang（2010）调查了自我效能感、归因与外语成绩之间的关系。Hsieh & Schallert（2008）的研究对象所学的外语是西班牙语、德语或法语，这三种语言非常接近，同属于印欧语系语系。他们的研究结果表明，自我效能感和能力归因能直接正向影响外语成绩。Hsieh & Kang（2010）的研究对象的母语是韩语，学习的目的语为英语，他们的研究结果也表明，自我效能感与九种归因倾向可以共同预测英语成绩。王幼琨（2016）调查了非英语专业学生的自我效能感、归因与英语成绩之间的关系，发现自我效能感与归因之间呈正相关，二者都能正向预测英语成绩。

2. 动机归因与外语学习和教学

动机归因是影响外语学习的一个重要因素。学生一般根据过去的学习经历、教师反馈和社会比较，对外语学习成功或失败进行归因。根据归因理论的观点，归因会引起学习者相应的心理变化，继而影响后续学习动机和学习行为。

作为外语教师，应该从以下几个方面指导自己的教学实践，帮助学生对外语学习的成败作出适当的归因：

1）关注学生的归因倾向

外语教师要时刻关注学习者的归因倾向，引导学习者作出积极的归因。在教学中，我们经常发现学生对外语学习成败作出以下归因："如果我努力学习了，但考试仍然不及格，别人一定觉得我很笨。""如果我学习很刻苦，考试成绩很好,那么,勤奋降低了我的成功感。别人会觉得如果我很聪明,就用不着刻苦学习了。""如果我没有努力,考试不及格。别人会认为只要我努力了,就一定会成功。""如果我学习不努力,而考试及格了,别人会认为我是一个天才。"这些归因倾向在学生中很典型,也很普遍,不利于激发和维持他们在后续学习中的动机。因此,当学生将取得的好成绩归因于自己的天资,而将成绩不好归因于外部原因(如考试太难、运气不好等)时要及时帮助学生纠正这种归因倾向,只有这样才能帮助他们有效地提高学习成效。

2) 引导学生正确对待外语学习中的挫折感

外语教师应指导学生对学习挫折和失败进行归因,化消极因素为积极因素,激励学生的学习信心,使其产生新的期待。为此,教师应帮助学生正视挫折和失败,找出导致失败的原因,是自身原因、可控因素、稳定因素,还是外部的、不可控的、不稳定的因素。如果是自身的、可控因素造成的失败,就要克服自身不足,通过努力去获得成功。如果是外部的、不可控或稳定因素造成的失败,就需要适当降低原目标或重新调整目标,否则目标始终达不到,更容易产生挫折感。通过正确归因使学生认识到自己在外语学习中存在的问题与不足,及时调整自己的学习行为。

3) 教师反馈是影响学生归因的重要因素

教师对学生成绩表现的反馈会直接影响学生对自己成败的归因。在师生互动的教学过程中,教师给予学生的反馈对学生的影响是巨大的。从教师的反馈中(无论是正面的还是负面的),学生往往都能感知到自己的成败,猜测到教师对他的态度,并以此作为自我成败归因的依据。根据教师的反馈进行成败归因之后,学生就可能对自己以后的行为形成一种预期:预期自己成功,他就会努力去追求成功,预期自己失败,他就会遇到困难立即退缩放弃。只有追求成功者才会成功,而逃避困难者难免会失败。由此可见,个体对未来的预期与今后成败之间是一种因果关系,这种心理现象在心理学上被称为自验预言(self-fulfilling prophecy),也称为皮格马里翁效应(Pygmalion effect)。图 5.6 说明了在师生互动的教学过程中,教师的反馈如何影响学生对自己成败的归因(Weiner, 1982)。

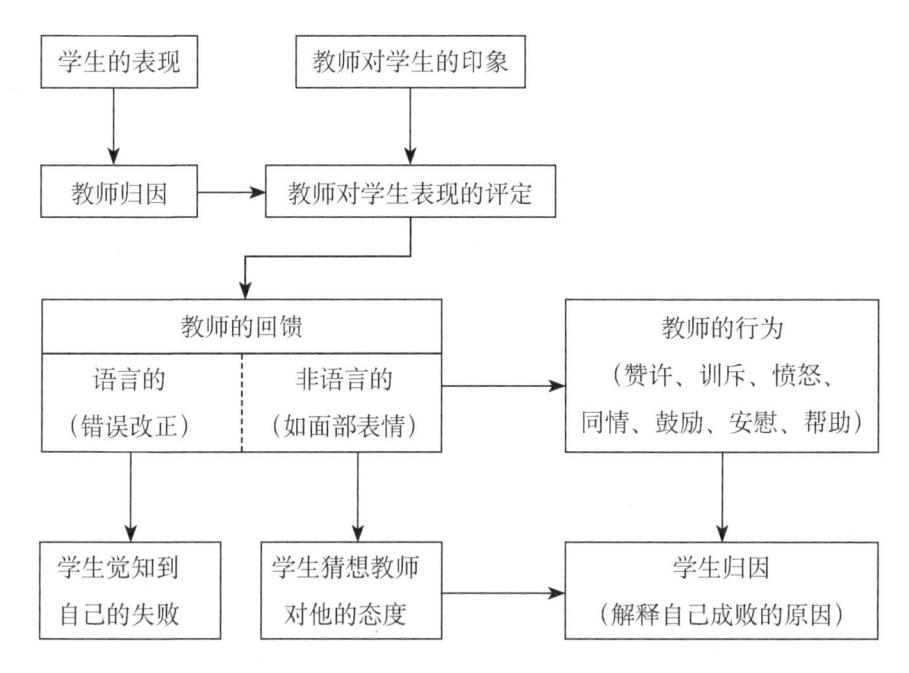

```
┌──────────┐      ┌──────────────┐
│ 学生的表现 │      │ 教师对学生的印象 │
└────┬─────┘      └──────┬───────┘
     ▼                   ▼
┌──────────┐   ┌──────────────────┐
│ 教师归因  │──▶│ 教师对学生表现的评定 │
└──────────┘   └──────────┬───────┘
                          ▼
┌─────────────────────────────┐   ┌──────────────────────┐
│        教师的回馈            │   │     教师的行为         │
│  语言的    │   非语言的       │──▶│ （赞许、训斥、愤怒、    │
│ （错误改正） │ （如面部表情）  │   │ 同情、鼓励、安慰、帮助）│
└─────┬──────┴────────┬───────┘   └──────────┬───────────┘
      ▼               ▼                      ▼
┌──────────┐  ┌──────────────┐      ┌──────────────────┐
│ 学生觉知到 │  │ 学生猜想教师 │─────▶│     学生归因      │
│ 自己的失败 │  │  对他的态度  │      │（解释自己成败的原因）│
└──────────┘  └──────────────┘      └──────────────────┘
```

图 5.6 师生互动中教师的回馈对学生归因的影响

教师是值得学生尊敬和信赖的人，对学生的态度和评价，在学生的自我评价和学习归因中起着极为重要的作用。教师能否对学生的学习行为及结果进行正确的归因，能否给予正确的评价，能否采取公正的态度，对学生今后的学习有重大的影响。如果因为教师不恰当的评价和态度而造成学生认知的错误或模糊，将会使学生产生不恰当的情绪和行为反应，从而影响自己的学习效果。因此，教师除了给学生传授知识之外，还必须注意到自己的行为以及对学生的态度随时随地都可能影响学生的学习动机和动机归因。

三、自我概念

自我概念（self-concept）指"个体对自身的观念、情感和态度组成的混合物"（Hilgard 等人，1979），具体是指个体对自己的综合看法：(1) 它是基于过去与环境相互作用所形成的经验而建立的；(2) 主要受到他人的强化和评价的影响。

1. 自我概念概述

自我概念的稳定性是指个体改变自我概念的难易程度，它依赖于个体信念的发展程度，即：当个体反复体验类似的经验时，其信念逐渐趋于结构化，于是当遭遇事实冲突时不会对个体产生多大影响；反之，由于个体缺少足够的经验，导致其未能很好地建立相关的自我概念，这时的自我概念比较容易改变。自我概念随着情景和年龄的改变而不断变化发展，逐渐从具体变为抽象。

学生的自我概念指学生在身心成长及学校生活经验中，对自我身心特征、学业成就以及社会人际关系等各方面所持的综合性知觉和自我评价，这种总体知觉和自我评价包括认知、情感、意志三种心理成分。自我概念主要是个体对自己身份的界定（我是谁），对自己能力的认识（我能做什么），以及对自己的要求或理想（我应该怎么做）等。

自我概念起着对个人行为自我调节与定向的作用，是个体心理发展的一个重要标志。积极的自我概念对个体的发展有着重要的意义：(1) 能从多个角度了解自己，认识自己，接受自己（包括优缺点），正确地评价自己；(2) 有自尊感、自信心，体验到只有通过自己的努力，才能取得相应的成绩；(3) 有求知欲，敢于面对挑战与挫折；(4) 有良好的人际关系及积极的人生态度，获得的每一种经验都可能被赋予积极的意义。

2. 自我概念的结构

关于自我概念，前人分别提出了单维自我概念理论模式和多维自我概念理论模式。前者以美国著名心理学家詹姆斯（William James，1842—1910）为代表，提出自我概念由物质的、精神的、社会自我概念和纯粹自我概念四部分组成。后者是 Shavelson 等人（Marsh & Shavelson，1985；Shavelson & Bolus，1982）在前人研究的基础上，创立了一个多维的、有层次的、有等级的自我概念模式。他们认为自我概念是按等级组织的，总体自我概念位于等级的上层，下面是一些具体的自我概念，主要包括学业自我概念和非学业自我概念。非学业自我概念可分为社会自我概念、身体自我概念、情绪自我概念。学业自我概念涉及具体的学科自我概念，如语文自我概念、数学自我概念、科学自我概念、历史自我概念等。如图 5.7 所示：

```
                    学生的
                    自我概念
                   /        \
          非学业              学业
          自我概念            自我概念
         /   |   \           /   |   \
    社会   身体  情绪      语文  数学  ……
    自我   自我  自我      自我  自我
    概念   概念  概念      概念  概念
```

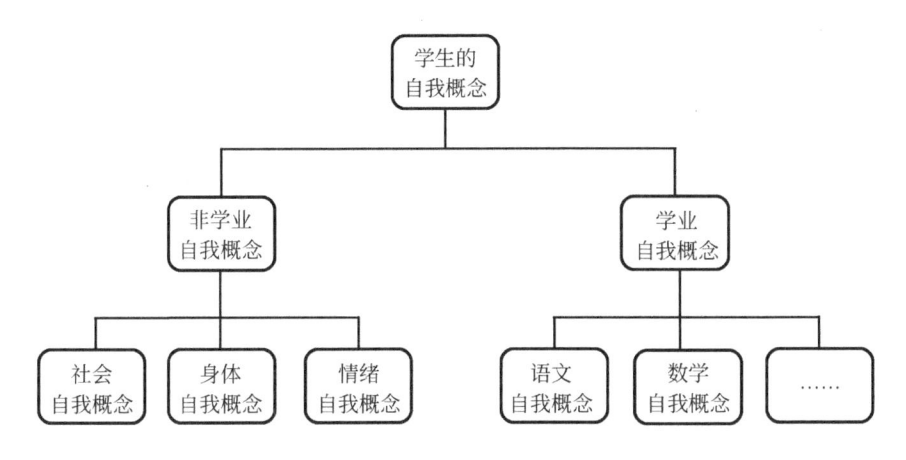

图 5.7 自我概念的结构

3. 学业自我概念

不同的学者对学业自我概念有不同的认识。有的从认知角度来界定，认为学业自我概念指个体在成就情境中对自己知识的知觉（Byrne，1984），指学生对其学业能力的自我知觉，是学生对自己在学业任务中能否获得成功、能否掌握某一具体的、确定的学业任务的预期和判断。有的从评价的角度来界定，认为学业自我概念是指学生对自己在学业任务中的表现或能力高低的评价。综合上述两种观点，目前心理学界将学业自我概念定义为：学生对自己学业方面的特长、能力和知识形成的稳定的知觉和评价。

学业自我概念也具有等级性，如 Yeung 等人（2000）通过对大学生的英语学业自我概念的研究发现，英语学业自我概念下包括听、说、读、写的学业自我概念。

学业自我概念与学业成绩之间存在相关关系。Byrne（1984）研究发现，学业成绩和能力与学业自我概念的相关高于非学业自我概念的相关，在特定领域中的成绩与相应的学业自我概念有显著相关。Marsh 等人（1983）发现，学业自我概念与学业成就呈显著相关，尤其是学科学业自我概念与相应的学科学业成就具有较高的显著正相关。Khalaila（2015）研究了学业自我概念对学业成绩直接或间接的影响，发现自我概念越强，与学习成绩之间的直接联系就越大。Lohbeck 等人（2016）对 7—11 岁之间的儿童进行调查，探讨他们的学业自我概念、兴趣和测试焦虑之间的关系。结果发现，学业自我概念越低的学生越容易受到测试焦虑的影响。Cvencek 等人（2015）调查了新加坡小学生数学成绩、数学成绩和数学自我概念之间的关系，发现暗示的、而非明确的数学自我概念与标准化测试获得的数学成绩呈正相关关系。Beek 等人（2017）的研究发现，数学自我概念在数学成就和内心情绪之间起着中介调和作用。数学成绩得分高的学生的自我概念水平往往比较高，对数学的焦虑感相对更低，心情愉悦感也更强。

国内的研究也表明，学生的学业成绩与学业自我概念之间存在着相关关系（如刘晓陵、张进辅，2000；李叶、田学红，2002）。王初明（2004a）提出"外语语音学习假设"，并通过调查发现英语语音自我概念和英语学习成绩之间存在显著相关，语音自我概念可以较好地预测英语学习自我概念。王初明（2004b）调查了初中学生英语语音自我概念与其实际语音水平之间的关系，发现两者之间显著相关，语音自我概念与英语整体自我概念也显著相关。作者指出，在英语语音与英语学习成绩相关的表象之下，是自我概念和与之相关的情感因素在发生作用，在促进或阻碍外语学习。龚德英等人（2014）研究农村小学生的英语课堂焦虑与英语自我概念之间的关系，发现英语自我概念与负评价恐惧之间存在显著负相关，英语自我概念与考试焦虑之间存在显著正相关。李子华等人（2016）探讨了9—15岁儿童自我概念发展及其与英语学习效能感之间的关系，发现自我概念总分、学业自我、非学业自我及其七个因子均与英语学习效能感显著相关，学业自我概念对英语学习效能感有较高的预测力。付蓓（2019）从定向动机流视角考察了非英语专业大学生的英语口语学习自我概念的发展变化情况，研究结果显示，愿景、"隐性"惯常行为、进度检查、积极情感等动机维度均对英语口语学习自我概念的积极发展产生显著作用。

4. 自我概念与外语教学

在外语教学过程中，教师要关注学生的学业自我概念在学习中的作用，积极引导学生形成正确的、稳定的自我概念，有效地实施外语教学，以取得好的教学效果。

1）正确归因，促进学生自我概念的发展

教师要引导和帮助学生对所取得的成绩和存在的不足进行正确归因，如将学业成功归因为能力和努力,将学业不成功归因为努力不够等,这样有助于学生认识真实的自我,增强知觉自我的能力,促进学生的自我概念得到良好的发展。

2) 自我反思,帮助学生形成稳定的自我概念

教师要适时地对学生进行元认知学习策略培训,培养学生的自主学习能力。帮助学生规划学习,制定有效的学习计划;监控学习过程,不断调整学习策略、学习方法、学习进度;尤其重要的是学生对自己的学习结果进行反思和评估,这有助于学生了解自我,认识自己的优缺点,以形成稳定的自我概念。

3) 因材施教,有的放矢地实施教学

教师在贯彻教学大纲,执行教学计划的同时,要充分认识到学生存在着个体差异。因此,教师要认识学生、了解学生的需求,在教学中应针对学生能力上的差异,因材施教,有的放矢地实施教学,使每个学生都能在相对统一的标准之下,获得符合其能力的成功体验。

四、自我效能

1. 自我效能概述

自我效能理论是 Bandura 提出的一种动机理论,自我效能(self-efficacy)指"个体在执行某一行为操作之前对自己能够在什么水平上完成该行为活动所具有的信念、判断或主体自我把握与感受"(Bandura, 1977)。

自我效能感具有以下功能:(1) 影响或决定人们对行为的选择以及对该行为的坚持性、努力程度。自我效能感高的个体倾向于选择具有挑战性的任务,在困难面前能坚持自己的行为,以更大的努力战胜困难;而自我效能感低的个体则相反。(2) 影响人们的思维模式或情感反应模式,进而影响新行为的习得。自我效能感高的个体与环境相互作用时,确信自己能很好地把握环境,因而能将注意力集中在任务的要求以及困难的解决上;而自我效能感低的个体更多地将注意力放在可能的失败和不利的后果上,从而产生焦虑、恐惧等情绪,阻碍了已有行为能力的表现。

自我效能感与成就行为是相互促进的。在 Bandura 看来，主要可以通过以下四种方式来培养和增强自我效能感：(1) 掌握性经验（performance accomplishments）。掌握性经验对自我效能感的影响最大。一般而言，成功的经验能提高个体的自我效能感，而失败的经验会降低自我效能感。尤其是在某一项行动刚刚开始时的失败，因其不能反映出努力的不足或不利的环境因素，容易使人归因于自己能力的不足。不断成功会使人们建立起稳定的自我效能感，这种效能感不会因一时的挫折而降低，而且还会泛化到类似的情境中去。人们的归因方式和自我效能感相互影响。(2) 替代性经验（vicarious experience）。人们从观察他人的行为所得到的替代性经验对其自我效能感影响也很大。当一个人看到与自己能力相近的人成功时，就会增强自我效能感，也就增加了实现同样目标的信心；而当他看到与自己能力相近的人失败，尤其是在付出努力后失败时，就会降低自我效能感，觉得自己成功的可能性也不大。另外，当一个人对自己某方面的能力缺乏现实的判断依据或知识时，这种间接经验的影响力就更大。(3) 言语劝说（social persuasion）。影响自我效能的另一个信息源是他人的评价、劝说及自我规劝。缺乏事实基础的言语劝告对自我效能感的影响不大，人们对说服者的意见是否接受，主要看说服者的身份、权威和可信度。此外，如果言语说服与个人的直接经验不一致，也不可能产生说服效果，在直接经验或替代性经验的基础上进行劝说的效果会更好。(4) 情绪反应和生理状态（physiological and emotional states）。个体在面临某项活动任务时的身心反应，强烈的情绪通常会妨碍行为的表现而降低自我效能感，影响到个体的效能信念的建立。积极、稳定的情绪和良好的生理状态会提高自我效能感。

　　Bandura 认为自我效能感是通过选择、认知、动机和情感等中介过程实现其主体作用机制的。(1) 选择过程：人们作用于环境的活动部分地取决于人们对环境的选择，而个体选择什么样的环境，一定程度上又取决于他对环境的自我效能感。一般来说，个体选择自认为能有效应付的环境，回避自己感觉无法控制的环境，而这些环境因素反过来又会影响其行为技能和人格的发展。自我效能感通过选择过程发挥主体作用的另一种方式是决定个体对行为活动的选择。完成同一任务有几种活动方式可供选择，但选择何种活动方式就要取决于个体对该活动方式所需知识技能掌握运用的自我效能感。(2) 认知过程：自我效能通过思维过程对个体活动产生自我促进或自我阻碍的作用。首先，人类行为大多受其事先在头脑中设定的行为目标的调节，对其行为产生动机作用。而个体设定什么样的行为目标则要受自我效能感的影响。自我效能感越强，个体设定的目标就越具有挑战性，其成就水平也更高。其次，自我效能感通过认知过程对行为产生影响还表现为个体在想象中对活动进行实现。例如如果个体坚信自己对某项活动具有效能感，就会倾向于想象成功的场面，这就为活动的真正执行提供了支持和指导；而自我效能感低的个体就会想象失败的场面，从而对实际活动产生阻碍作用。此外，自我效能感还通过归因影响活动过程中的思维，进而影响活动的效率。自我效能感高的个体往往将成功归因于自己的能力和努力，将失败归因为努力不够。这种归因方式能促进动机水平的提高及活动的成功。(3) 动机过程：自我效能信念在动机的调节中起着关键作用。Bandura认为每一类型的动机都受到自我效能信念的影响。例如自我效能信念影响因果归因；结果预期部分受效能信念的控制；期望—价值理论的预测性受知觉到的自我效能的影响；目标的设置和实现目标的努力受自我效能信念的影响。(4) 情感过程：自我效能感决定个体的应激状态、焦虑反应和抑郁程度等身心反应过程。自我效能感强的个体认为自己能有效地控制环境中的潜在威胁时，在对付、处理环境事件之前就不会感到焦虑、恐慌。相反，自我效能感弱的个体的焦虑水平就会被唤起而采取保护性的退缩行为或被动应付措施。

2. 自我效能感与外语学习策略

外语学习是一种特殊技能的学习，外语学习策略与一般学习策略既有相同之处、又有其自身的特点。学习策略是学习者用来获取、贮存、提取或使用信息的一套做法或步骤。语言学习策略是"学习者用来提高其目的语语言能力的各项活动"(Bialystok, 1978)。

当人们发现语言学习策略对语言学习的促进作用之后，便开始对语言学习策略的教学及其成效展开了研究和讨论。有研究发现：有些语言学习者即使掌握了有效的学习策略，也可能知道何时何地运用何种学习策略，但在实际的外语学习过程中并没有使用这些策略。出现这种情况有多方面的原因，其中一个重要原因便是学习者缺乏语言策略运用的自我效能感，即对自己能否具有成功运用该语言策略的能力产生怀疑，并且对使用该语言策略能否会产生预期效果产生怀疑。对这一原因的具体分析如下：(1) 自我效能感影响已有策略的运用。

根据 Bandura 的自我效能理论，个体所具有的某种知识技能与应用这种知识主要受自我效能的调节和控制。自我效能感影响已习得行为的表现。只有在个体认为自己能胜任时才会努力完成那些知识技能的任务，习得的行为才会表现出来。也就是说，只有在学生认为自己有能力有效地使用已习得的学习策略时，才会将其付诸实际的学习活动中。例如学习者在外语学习过程中，已具备某些认知策略，但在今后的学习活动中是否运用该策略，则要取决于他是否确信自己具有有效运用该策略的能力。由此可见，策略的运用有赖于学生的自我效能感。(2) 自我效能感影响学生对不同学习策略的选择。Bandura 认为，自我效能感影响人们对环境及其活动的选择。一般而言，个体倾向于选择自认为能有效控制的环境，而回避自己感觉无法控制的环境。当学生面对一项学习任务时，是选择最有效的学习策略还是次有效的学习策略，就要受他对运用那种学习策略的自我效能感的控制和调节。例如在外语学习过程中，即使学习者意识到运用策略 A 比策略 B 更能快速、有效地完成某一项学习任务，但当他感到自己不能很好地把握、运用策略 A 时，他会选择使用策略 B，即使需要较长的时间来完成学习任务也在所不惜。(3) 自我效能感影响运用学习策略的动机。Bandura 指出："只有当人们认为自己能胜任某项活动，认为自己在此方面有能力，才会产生从事该活动的内在动机。"研究表明，自我效能感低的学生不愿尝试运用新的策略，即使该策略有效，仍对已习得的策略和技能的运用缺乏信心，并且难以根据实际情况选择有效策略并付诸实施；而自我效能感高的学生则相反。由此可见，自我效能感是通过学习动机对学习起作用的，这种作用往往通过影响学生的学习策略运用水平来影响学生的学习。

在英语学习过程中，自我效能感对学习策略运用的影响更为显著。对中国人来说，英语作为一种外来语言文化，在相当长的历史时间里是陌生的，加之核心英语国家在当今世界上的政治、经济地位，使许多英语学习者觉得英语是一种神秘莫测、高不可攀的语言，这一切无形中影响了人们看待英语学习的态度。因此，在英语学习中，许多学习者会处于消极的情感状态中，例如胆怯、焦虑、谨小慎微等，这种消极心态无疑会对英语学习起着阻碍作用。因此，在外语教学中，除了要讲授语言知识、语言学习策略之外，更重要的是要帮助语言学习者积极调整心态、树立自信心和增强自我效能感。

3. 自我效能感与自主学习

有研究表明，自我效能与自主学习关系密切，是影响自主学习的一个重要的内在动机性因素。Schunk（1982）曾指出，在自主学习过程中，自我效能感既影响目标设置过程，又影响学习的自我调节过程。学生的自我效能感越强，他们通常为自己设置的学习目标就越高，对学习的自我调节能力也越强。Zimmerman（2000）认为，学生的自我效能感通过目标设置、自我监控、自我评价和策略运用等自主学习过程来影响他们的学习动机。学生觉得自己的能力越强，他们就越会选择有挑战性的学习目标。学业自我效能感通过影响学生的目标等级，直接或间接地影响学生的成绩。

研究同样表明，自我效能感也影响到学生对自主学习策略的运用（Schunk，1983）。Schunk 在研究中发现，自我效能感在自主学习的计划、行为表现和自我反思阶段都会产生相应的影响。相信自己能够完成学习任务的学生，更多地运用认知和元认知策略，不管自己先前取得什么样的成绩，他们的学习都会更加努力。自我效能感高的学生使用自主学习策略也更为有效，他们能够更好地监控自己的学习过程，面临学习困难时，也能够持之以恒。并且，随着自我效能感的提高，学生对自己的学习结果所作的自我评价也会相应提高。

综上所述，自我效能感是影响自主学习的一个重要的动机性因素，它不仅影响学生的学业目标选择、付出的努力、意志控制，还会影响他们所选择的学习策略，并通过上述中介过程对学生的学业成绩产生重要影响。因此，帮助学生提高自我效能水平是促进学生外语自主学习的一个重要手段。

近年来，许多学者对自我效能与外语学习其他变量之间的关系展开了深入的研究。例如李航等人（2013）探讨了写作自我效能感在写作焦虑与写作成绩之间的中介效应。结果表明：外语写作自我效能感显著正向预测外语写作成绩，在外语写作焦虑对外语写作成绩的影响中起到了完全中介的作用。李航、刘儒德（2013）研究了大学生外语写作焦虑与写作自我效能感的关系及其对写作成绩的预测，发现学生的外语写作焦虑与写作自我效能感以及期末写作成绩均呈显著负相关；外语写作自我效能感与期末写作成绩呈显著正相关；性别、专业、总体写作自我效能感是期末写作成绩的显著预测变量。闫嵘、张磊（2015）调查了任务复杂度、任务难度和自我效能感对外语写作的影响，发现任务复杂度与自我效能感对外语写作准确度具有显著交互作用,高自我效能感水平学习者在高复杂度写作任务中语言表达的准确度不仅显著高于低复杂度任务,而且显著高于低自我效能感水平学习者在高复杂度写作任务中的准确度。李航(2017)研究了英语写作自我效能感对非英语专业大学生写作成绩的影响作用,发现写作自我效能感可以通过提升学生面对写作任务时的投入、动机以及坚持改善其写作的行为来使他们的写作成绩取得显著进步。顾世民、李莉萍(2018)调查了初中生英语写作策略和写作自我效能感之间的关系,发现二者之间存在正相关关系。陈英(2019)探讨了二语动机自我系统、自我效能感、语言焦虑和课堂口语参与动机行为之间的关系,结果显示理想自我、应该自我、语言焦虑在自我效能感和课堂口语参与动机行为之间发挥着中介作用。自我效能感对课堂口语参与动机行为的总效应高于其他因素。

五、自尊

自尊(self-esteem)是指个体对自己所持有的特质的评价、感受和态度,它表达了一种肯定或否定的自我态度的情感,表明个体在多大程度上相信自己是有能力的、重要的、成功的和有价值的。

1. 自尊概述

不同的研究者对自尊的理解与界定是不一致的。我国学者对自尊的界定主要有以下几种:"自尊是社会评价和个人的自尊需要的关系的反映"(朱智贤,1989);"自尊是指个体以自我意象和对自身社会价值的理解为基础,对个人的值得尊重程度或其重要性作出的评价"(顾明远,1998)。林崇德(2018)认为:"自尊是自我意识中具有评价意义的成分,是与自尊需要相联系的、对自我的态度体验;自尊在自我认知的基础上产生,有情绪成分,涵盖自我体验。自尊既有自我评价成分也有自我接纳成分,自我评价来源于自我认知,自我接纳是情绪体验后的反映,自我评价是自我接纳的前提,自我接纳是自我评价的结果,但又对其有反作用,自我接纳影响自我评价的积极性;二者不同步但又是密切联系、难以割舍的有机体。"黄希庭、杨雄(1998)则认为:"自尊即自我价值感，self-esteem 即是 self-worth，是个人在社会生活中，认知和评价作为客体的自我对社会主体（包括群体和他人）以及作为主体的自我的正向的自我情感体验。"如果说前期对自尊的理解重视"知"，那么后期人们对自尊的理解则更偏向于认为它是以"情"为核心的包括知、情、行的对自身的体验，不排除对自身知、情与行之间的相互作用。

在国外学者中最早给自尊下定义的是美国心理学家 Williams James（1842—1910）。James 认为，自尊取决于个体在实现其所设定的目标过程中的成功或失败的感受。由此，James 提出一个关于自尊的公式：自尊＝成就／追求。该公式表明：一般而言，当个体目前的成就动机处于稳定状态时，他的自尊水平与其追求水平成反比，即追求的目标越高，其自尊水平就越低。换言之，低自尊的个体存在两个提高自尊的途径：或者提高其能力水平，奋力争取获得更大的成就；或者降低其雄心与抱负，以此来达到提高其自尊的效果。Mruk（1999）认为自尊是在应付生活挑战时的个人能力和个人价值之现存状态，能力和价值是自尊的两个基本维度。国际自尊心理协会执行理事长 Branden（1994）指出，自尊是人们在应对生活基本挑战时的自信体验和坚信自己拥有幸福生活权利的意志，由自我效能和自爱两部分组成。而 Pope 等人（1988）把自尊和自我概念在理论上区分开来。他指出："自尊与自我概念的不同在于，自我概念是个人对自己各个方面特质的知觉与判断，而自尊是对自我概念中所包含的信息作出的评价。也就是说，自我概念是个人对自己所具有的种种特质，诸如对能力、成就、外貌、身体、人际关系、道德等方面的认知判断，而自尊是个体在自我判断中产生和形成的一种自我情感或自我体现。自我概念主要体现了一种事实判断，而自尊主要体现了一种价值判断。因此，自我概念是自我的认知部分，自尊是自我的情感部分。"Steffenhagen（1990，引自张文新，1999）认为自尊指个体对自我的知觉的总和，其中包括个体的自我概念（心理层面）、自我意象（身体层面）和社会概念（文化层面）。

虽然目前国内外学者对自尊的概念尚无统一看法，但概括起来，自尊主要指个人对自我价值（self-worth）和自我能力（self-competence）的情感体验，属于自我系统中的情感成分，具有一定的评价意义。简言之，自尊是对自我的一种评价性和情感性的体验。

2. 自尊的分类

研究者们从自尊的内容、来源方式、自尊的结构对自尊进行分类，主要有以下几种：(1) 从内容上将自尊分为理想自尊（ideal self-esteem）和现实自尊（real or actual self-esteem）。Bills 等人（1951）认为现实自尊来自个人成功的、已实现的部分，而理想自尊来自个人所期望达到的抱负的部分。两种自尊之间的差距越大，焦虑水平就越高。当两种自尊之间差距太大，以至于个人无法协调两者之间的关系时，就会产生不同程度的心理障碍，甚至是心理疾病。(2) 从来源方式上将自尊分为内在自尊（inner self-esteem）和外在自尊（outer self-esteem）。自尊由内源和外源两个因素组成，其中内源因素指能力或效能感，外源因素指他人的赞扬。Tafarodi & Swann（1995）也认为这两个因素是自尊的影响因素，他们称这两种成分为自我胜任感（self-competence）和自我悦纳（self-liking）。自我胜任感是一种个人效能感（a sense of personal efficacy），对应于获得成功的行为和能力，而自我悦纳是一种社会价值感（a sense of social worth），对应于来自他人和社会的赞同和接受。(3) 从结构上将自尊分为整体自尊（global self-esteem）和具体自尊（specific or differentiated self-esteem）。整体自尊是对待自我的总的积极—消极态度，而具体自尊则是整体自尊表现的局部或部分，如学业自尊、容貌自尊、社交自尊等。

3. 自尊的结构

20 世纪 90 年代以前，自尊结构的研究主要集中在构成要素上，有单维结构、二维结构、三因素结构、四因素结构、六因素结构和八因素结构等几种不同的看法。到了 20 世纪 90 年代，Greenwald & Farnham（2000）突破了内隐和外显的双重自尊结构理论。

1）自尊的单维结构

自尊的单维结构模式是由 James（1890）提出来的，他认为自尊就是个体的成就感，取决于个体在实现其所设目标的过程中的成功或失败的感受。他提出了一个著名公式：自尊 = 成就感（成功 / 抱负水平），从公式中可以看出对个体自尊有重要影响的并不是个体所获得的实际结果，而是个体对所获得结果的认知,即个体对所获得结果重要性的主观评价。

2) 自尊的二维结构

Pope 等人(1988)认为自尊由知觉的自我(perceived self)和理想的自我(ideal self)两个维度构成。前者指自我概念,是个体对自己具备或不具备的各种技能、特征和品质的客观认识;后者指个体希望成为什么人的一种意向和一种想拥有某种特性的真诚愿望。当知觉的自我和理想的自我相一致时,自尊就是积极的,当知觉的自我与理想的自我不一致时,自尊就是消极的。

3) 自尊的三因素结构

Steffenhagen(1990,引自张文新,1999)提出,自尊由三个相互联系的结构组成,即物质/情境模式(material/situational model)、超然/建构模式(transcendental/construct model)、自我力量意识/整合模式(ego strength awareness/integration model)。其中每一个模式又包含三个主要成分,每一个主要成分又由三种具体元素构成:(1)物质/情境模式自尊包括自我意象、自我概念和社会概念三个成分,而每个成分又都包括地位、勇气和可塑性三个元素。(2)超然/建构模式自尊包括身体、心理和精神三个成分,每一种成分又分为成功、鼓励和支持三个元素。(3)自我力量意识/整合模式自尊包括目标取向、活动程度和社会兴趣三个成分,每个成分都包括知觉、创造和适应三个元素。如表 5.3 所示:

表 5.3 Steffenhagen 的自尊结构模式

模式	成分	元素
物质/情境模式	自我意象 自我概念 社会概念	地位、勇气、可塑性
超然/建构模式	身体 心理 精神	成功、鼓励、支持
自我力量意识/整合模式	目标取向 活动程度 社会兴趣	知觉、创造、适应

4) 自尊的四因素、六因素和八因素结构

Coopersmith（1967）认为自尊包含四个因素：（1）重要性（significance）：指个体是否感到自己受到生活中重要人物的喜爱和赞赏；（2）能力（competence）：指个体是否具有完成他人认为很重要的任务的能力；（3）品德（virtue）：指个体是否达到伦理标准和道德标准的程度；（4）权力（power）：指个体影响和控制自己生活与他人生活的程度。

我国学者魏运华（1997）将自尊归为六个因素，即外表、体育运动、能力、成就感、纪律和助人公德。

Mboya（1995）认为自尊包括家庭关系、学校、生理能力、生理外貌、情绪稳定性、音乐能力、同伴关系、健康等八个维度。

5) 内隐自尊和外显自尊双重模式

Greenwald & Farnham（2000）运用验证性因素分析的方法考察了内隐自尊与外显自尊的关系，发现二者既相互独立，又存在较低的正相关，从而提出了内隐自尊和外显自尊的双重结构模式。研究结果发现，两种不同的自尊分别作用于不同的心理与行为，其中内隐自尊对自发的和情感驱动的行为反应有较高的预测。内隐自尊是由幼年时期形成并在随后的生活中内化为自我图式的一部分，虽然通过有意识的内省并不能确认个体对行为的自我评价，但却可以影响这种自我评价；外显自尊则是人们在意识中能够确认的一种自我评价。

4. 影响自尊的因素

1) 家庭因素

父母教养方式是家庭因素的重要组成部分，教育实践经验以及研究表明，父母的教养方式与儿童自尊发展有着密切关系，甚至影响到他们成长以后的自尊的发展。父母对儿童采取"温暖与理解"的教养方式会促进儿童自尊的发展，提高儿童的自尊水平；相反，父母对儿童采取"惩罚与严厉""过分干涉""拒绝与否认""过度保护"等教养方式，则会不同程度地阻碍儿童自尊的发展，降低儿童的自尊水平。

2) 学校因素

学校是个体学习生活的主要场所，个体的学习成绩、师生关系和同伴关系等必然影响到个体自尊的发展。通过研究上述因素对自尊发展的影响发现：学业成绩与个体自尊发展具有显著的正相关；教师和同伴成为继父母之后个体自尊发展的两个重要影响源，教师对学生的支持、关心、鼓励、期望和参与等都有助于个体自尊的发展，令人满意的师生关系会促进个体自尊的发展；个体在同伴中的社会—领导性，对同伴的敏感—独立性，都有助于个体自尊的发展，而对同伴的攻击破坏则会阻碍自尊的发展。

3) 社会比较

社会比较对自尊的影响很大。一般来说，"下向比较"可以获得高自尊，而"上向比较"则容易导致低自尊。相关研究表明，低自尊者在社会比较过程中趋于采取自我保护的策略，而不是力求提高其自尊，只是在获得成功之后才寻求大量的社会比较；而高自尊者趋于采取自我提升的策略，往往在失败时进行大量的社会比较以寻求失败的补偿。

4) 自我知觉

自尊是自我知觉到的情感性体验，因此，自我知觉也影响个体自尊的发展。自我知觉的过程实际上是一种认知活动，影响我们知觉的不是我们做了什么，而是我们认为自己做了什么。

5) 他人的评价与态度

自尊是社会的产物，自我必须在他我中得到证实。Maslow（1954）在《动机与人格》一书中曾指出："最稳定和最健康的自尊是建立在当之无愧的来自他人的尊敬之上，而不是建立在外在名声、声望以及虚夸的奉承之上。"他人的评价与态度影响个体的自我意识的发展，也必然影响自尊的发展。

6) 个体的自我期待与行为

个体对自我的期待决定了个体的行动方向并预定了行动结果，而个体的行为则导致了现实的行动结果。个体自我期待的行动结果如果与现实的行动结果一致或比较一致，自尊即为积极的；反之，若现实的结果不如预想的好，则个体将体验到挫折感，自尊水平也必然下降。

5. 自尊与成就动机和学业成就的关系

大量的研究显示了个体的自尊与成就动机有高度的相关性。自尊水平较高的个体相对于低自尊的个体有较高的成就动机；而对低自尊的个体而言，他们倾向于选择较为容易的学业任务以避免失败。Weiner（1979，1985）在动机归因理论中曾指出，自尊是影响学生成就行为的重要因素。自尊水平低的学生遇到困难时会比较容易退缩，甚至放弃，回避失败的倾向比较明显。在面对任务时多半会抱有失望和害怕的态度，他们往往认为自己没有成功的能力，无力避免失败，因而也不去追求成功，这种失落感、无力感最终可能演变成学习无助感（learned helplessness）。学习无助感是指个体面对挑战情境时的一种绝望心态，即使有轻易成功的机会摆在面前，他也没有勇气去尝试。在这种心态的支配下，学习者便不愿再去学习，再去尝试了，久而久之，势必会形成失败—缺乏能力—失落感—表现降低的恶性循环。研究表明，自尊水平高的个体对任务的坚持时间远远长于低自尊者。积极的自尊发展会使学生富有创造力，会有较高的成就追求。

在所有与自尊有关的行为或特质的关系中，学业成就与自尊之间的关系受到研究者的广泛重视。有研究发现，青少年学生自尊水平的高低、自我印象的好坏对其在校的表现和学习能力有相当大的影响，自尊与学业成就之间有显著正相关。

6. 自尊与外语学习 / 教学

决定自尊的两个因素是能力和价值。成功的体验和成功的教育是培养和发展大学生自我能力感的有效手段，而爱的体验和爱的教育是发展学生自我价值感的关键。教师在教学工作及班级管理中应该针对每个学生的个性特点和能力水平帮助他们制订出符合自身条件的目标，并且鼓励他们靠自己的努力去实现目标，通过目标的实现，逐步建立起自尊和自信。教师对学生的点滴进步都应该及时给予肯定和赞扬。教师对学生学习能力的评价、对他们的期待、对他们的支持与惩罚都会影响他们的自尊，而学业自尊对整体自尊的发展具有重要作用。同时，教师要引导学生学会自我肯定，只有当学生无论在取得成功还是遭受失败都能自我肯定时，自尊才能真正建立起来。

大量的实证研究发现，自尊与情绪智力存在正向相关关系，并且自尊能够正向预测情绪智力（曾昱、胡鹏，2017；范舒怡，2020）。也有研究发现，高自尊个体由于能够较好地管控自己的情绪并积极帮助他人调节情绪，可以高效利用自身资源与学校学习资源，保持更加积极的学业情绪与更好的学业表现（丁凤琴、马淑娟，2013）。在对自尊与学业情绪的直接关系研究中，发现自尊水平不仅能够正向预测积极学业情绪，还能够显著预测个体人际关系（刘广增等人，2016，2017）。总之，高自尊水平个体倾向于对自己有较高的评价，认为自己有能力应对挫折与压力，勇于承认和接纳自己的不足，拥有更加积极的学业情绪。

自尊与外语学习关系密切。Heyde（1979，引自 Brown，2014）曾就自尊与外语学习之间的关系作过调查，发现在其他条件基本相同的情况下，自尊与外语学习成绩，特别是口语表达能力密切相关。通过实验还发现，教师对学生的表达能力和自尊能产生积极的影响。有研究表明，高自尊和低自尊的学生对语言学习焦虑的程度有明显差异，即低自尊的学生比高自尊的学生更容易焦虑。Watkins 等人（1991，引自 Brown，2014）也发现自尊是二语习得中的重要变量。陈鸿（2019）调查了大学生自尊、自我概念对英语合作学习的影响机制，发现不同英语水平受试者的自尊、自我概念和合作学习水平存在差异；自尊、自我概念与合作学习之间呈显著正相关关系；自尊、自我概念水平的提高对合作学习水平有重要影响。

因此，在外语教学中，教师应该有意识、有目的地提高学习者的自尊水平。教师要鼓励学生、接受学生、指导学生和信任学生，在情感上给学生更多的关爱。在组织课堂教学过程中，要营造积极的课堂气氛，给那些自卑、沉默、内向的学习者更多练习和交流的机会，让他们有足够多的时间思考、发表自己的看法。同时，教师应以宽容的态度对待学生所犯的语言错误，让学生意识到出错是语言学习中很常见、很自然的事情，尽量做到多表扬、少批评，多鼓励、少惩罚。教师应对学生所表述的内容及时给予反馈。随着学生课堂参与能力的提高，他们得到同学、老师认同的机会增加，成功的体验就会增强，自信、自尊由此提高，焦虑程度随之降低。

六、焦虑

焦虑是个体因担忧自己不能达到目标或不能克服障碍，而导致其自尊心与自信心受挫或失败感和内疚感增加，进而形成紧张不安情绪的一种心理状态。

1. 焦虑概述

焦虑对人的行为及行为效果的影响，很早就引起了人们的注意。早在20世纪20年代，Sigmund Freud就对焦虑进行了理论上的阐述，在当时产生了很大的影响。到了20世纪三四十年代，焦虑问题逐渐成为各国心理学界，尤其是教育心理学界研究和关注的焦点。到目前为止，已经有许多学者对焦虑进行了探讨，取得了许多有价值的成果。

学习焦虑是学生在学习过程中针对现实或预期的对自己自尊心和价值感构成威胁的特定学习结果产生担忧的一种情绪反应，是学习者产生的忧虑、烦恼、紧张甚至恐惧等情绪体验。大致包括惧怕家长或老师的否定评价，对考试的担心、不安与恐惧、课堂上害怕提问，趋向回避、退缩，以及由植物性神经系统唤起的失眠、做噩梦等症状。

学习焦虑明显地影响着学生的精神状态、认知、行为和身体状况，进而影响学生的学业成就。焦虑对学习活动产生的危害主要有：注意力分散，影响对有关信息的掌握；影响学习策略的有效使用；影响考试策略的运用，对已掌握的内容不能作出正确回答。Covington（1992）分析了焦虑危害作用的几个不同阶段：第一个阶段是判断，在学习初始阶段，学生首先判断学习任务是挑战还是威胁，如判断为威胁便产生焦虑，导致注意力分散，学生开始关注活动成败，怀疑自己的能力，担心能否达到预期目标等等。第二个阶段是学习和解题阶段，与上一阶段一样，如果学生关注的是能否有效地解决问题而不是如何去解决问题，就不能很好地使用学习策略，尤其对无序材料的组织和难度较大材料的理解以及从长时记忆中提取相关信息解决当前问题的能力就会受到极大的干扰，从而影响其学习的有效性。第三个阶段，由于焦虑使学生对于已掌握的内容无法提取，导致其原本能够回答的问题也无法回答。

导致学习焦虑产生的原因，可以从内源性因素和外源性因素两方面来分析。内源性因素主要包括：(1) 学业压力过大。学业压力是学生心理压力的主要来源。随着社会的进步和发展，信息日益更新，学习负担明显加重，学习内容难度加大、速度加快、对学生的自主学习能力要求越来越高。（2）成就目标需求过高。教师应该引导学生根据自己的能力、努力和环境条件来制定成就目标，并倡导学生通过努力实践、刻苦勤奋，力争达成预期目标。如果制定的目标不切实际，加之自我成就需求又比较高，对事情的得失成败很在意，认为学习成绩直接关系到自己的前途和命运，便会觉得压力很大。（3）自我认知差。自我认知较差的人，自我肯定不足，自我否定过多，严重缺乏自信。个人的喜怒哀乐受制于别人对他的赞赏、贬损或运气，遇到失败、挫折常常自责，这样便容易产生挫折感和焦虑情绪。

外源性因素主要包括：（1）家庭的期望及教育方式。所有家庭都期望尽其所能地为孩子创造良好的学习环境和条件，但倘若成绩不理想，家长往往不会分析具体原因、激励孩子进一步努力，而是仅仅就成绩作出负面反应，给孩子造成很大的心理压力。由于，孩子常把满足家长的期望当成自己的奋斗目标，唯恐成绩不好辜负了家长，因而整天忧心忡忡、焦躁不安。（2）教师的教育教学方式。教师对学生不恰当的批评和过分的激励，教师不恰当的课堂教学行为，如教学内容缺乏条理性、教学方法中的灌输和死记硬背、作业和测验安排太多或是学生没有达到要求时的严厉批评，都会使学生对教师和学习产生严重焦虑。（3）升学和就业压力。虽然目前社会上倡导和推行素质教育，但考试仍然是评定学生成绩的标准，关系到升学、就业和前途，因此，可能出现重智轻德、分数至上的消极现象，这往往会使学生产生焦虑情绪和挫败感。（4）同学间竞争。有些学生，尤其是学习成绩名列前茅的优秀学生总担心别的同学超过自己，这种来自同学之间的竞争压力常使他们产生严重的紧张情绪，常因焦虑过度而影响正常学习。

国外对学习焦虑的研究，主要集中于考试焦虑（test anxiety，也称测验焦虑）。考试焦虑，即由各种考试、测验所引起的焦虑，也有人称之为成就焦虑（achievement anxiety）或学业评估焦虑（school evaluation anxiety）。西方学者在研究考试焦虑的机能、编制焦虑量表以及研究考试焦虑与学习效果和成就动机的关系方面成果显著（Neumann，1933；Atkinson & Litwin，1960，引自Hamilton，1974）。

近年来，国内对学习焦虑问题也进行了探讨。叶仁敏、Hagtvet（1989）研究发现，中国大部分中学生成就动机很强，考试焦虑不高，智力水平较高。考试焦虑与成就动机、智力水平、学业成绩之间都存在显著的负相关。

中学生个性特征与家庭教育态度和考试焦虑有关。程念祖、龚正行（1996）研究发现，情绪不稳定的学生有产生考试焦虑的倾向；家庭教育中的过度期待及粗暴干涉和不尊重孩子的做法，对考试焦虑的产生有明显的诱发作用。

学习焦虑作为一种对特定学习结果的预期性情绪反应，与学生的能力自我知觉关系密切。能力自我知觉越高，考试焦虑越低；能力自我知觉越低，则考试焦虑越高。同时，学习焦虑水平对归因有着直接的指导作用。不同学习焦虑水平的学生对成功或失败的学习结果有着不同的归因倾向。在成功情境中，低焦虑者更倾向于进行能力归因，而在失败情境中，高焦虑者更倾向于进行能力归因。而且，这些不同的归因倾向有着与学习焦虑水平相关联的激励后效作用。

有研究发现，人格类型与考试焦虑存在着一定的关系。外向不稳定型和内向不稳定型的学生在考试焦虑测验中倾向于得高分。外向型学生中考试焦虑水平高和低的人数的百分比均显著高于内向型学生。

2. 外语学习焦虑

外语学习中的焦虑主要指学习者在学习外语或用外语进行表达时产生的恐惧或不安心理。焦虑是一种心理状态，也是一种心理素质。面对某一特定情形或时间而产生的焦虑是一种心理状态（state anxiety）。这种焦虑心理可能随着时间的流逝而消失，但并不是所有的学生都能克服焦虑。如果外语学习经常性地给学习者带来焦虑，则焦虑可能成为一种品质或心理素质（trait anxiety）。一旦焦虑成为一种品质，就会对外语学习造成严重影响（Arnold, 2000）。

Horwitz & Young（1991）认为外语学习焦虑是"一个与课堂语言学习有关的，在语言学习过程中所产生的显著的自我知觉、信念和情感情结"。MacIntyre & Gardner（1994）将外语学习焦虑定义为"与外语语境（听、说、读、写等）有着特殊关系的紧张与畏惧感觉"。总之，外语学习焦虑是学习者在外语学习或用外语表达时产生的恐惧或不安心理，是语言学习中特有的一种心理状态。

在外语学习中，学习者的语言焦虑主要表现为交际焦虑（communication anxiety）、课堂焦虑（class anxiety）以及测试焦虑（test anxiety）。交际焦虑是对于与他人的真实或者预期交流产生恐惧而出现的焦虑，其原因是学习者在用目的语交际时,担心自己不能正确运用目的语来充分表达自己的意思。课堂焦虑主要表现在学习者在课堂上担心自己的语言水平和语言能力是否会落后于他人,担心自己是否会在教师和同学面前丢脸,担心自己能否跟上进度和能否完成学习任务。测试焦虑是学生担心考不好而产生的焦虑,它可能是由于学习者的语言能力不足而引发的,也可能是学习者受失败经历的影响而产生的(Horwitz 等,1986)。外语学习焦虑对外语学习过程、学习成绩、外语交际能力、自尊心及自信心都会产生负面的影响。学生可能会因为不能表达某一个信息而受到挫折,导致他们今后对用外语交际产生忧虑;有焦虑感的学生往往不愿意主动回答问题或积极地参加课堂上的口语活动,他们还会尽量逃避学习一些难度大的语言结构,而较放松的学生则愿意挑战那些结构复杂的句子。

近年来,国内外学者对焦虑展开了进一步研究。Piniel & Csizér(2015)探讨了英语学习动机、写作焦虑与自我效能的变化特征以及三者之间的互动关系。Dewaele 等人从全人教育的角度出发,注重正面情绪干预,研究了外语愉悦度与焦虑之间的关系。例如 Dewaele & MacIntyre(2014)指出,学习者的外语愉悦与外语焦虑呈负相关,学习者的外语愉悦程度越高,其焦虑水平就相应越低;Dewaele & Dewaele(2017)对 189 名英国中学生的外语愉悦与焦虑水平进行了测量,发现女性学习者的外语愉悦及焦虑水平均高于男性学习者,女性学习者在外语学习中的情感融入度也更高一些;Dewaele 等人(2018)指出,学习者的内在变量(如年龄、性别、外语水平、学习态度等)与其外语焦虑及愉悦的相关度更高,而外在变量(尤其是与教师有关的变量,如教师的母语使用、教师的课堂行为等)则与外语焦虑及愉悦的相关度较低;Boudreau 等人(2018)考察了学习法语的大学生在完成口语交际任务时焦虑与愉悦情绪的复杂相关关系。Kurk(2018)追踪和分析了英语学习者一学期的课堂焦虑变化轨迹。Gregersen 等人(2014)讨论了西班牙语学习者在口头展示中的焦虑水平波动。关晶、石运章(2015)分析了学习者的焦虑水平如何随着课堂任务的难易度呈现高低起伏的变化。余卫华等人(2015)认为外语焦虑在情绪智力与外语成绩之间起中介作用。李成陈(2020)以高中生为研究对象,考察了他们情绪智力、焦虑、愉悦、倦怠和英语成绩之间的关系,发现焦虑、愉悦、倦怠这三种情绪在情绪智力与英语学习成绩之间起多重平行中介作用。董连棋(2021)考察了中国英语学习者外语焦虑与学业成绩之间的关系,结果表明外语成绩评价方式、学段、"焦虑—成绩"类别、年龄对中国英语学习者外语"焦虑—成绩"关系具有调节作用。黄冬梅（2021）探讨了翻转课堂对大学生英语学习焦虑的影响，发现翻转课堂教学模式能显著降低英语学习者的总体课堂焦虑和表达焦虑。

1）导致外语学习焦虑产生的因素

导致外语学习焦虑的原因有很多，Young（1991）总结了以下六种原因：(1)学习者与他人之间的比较；(2) 学习者对语言学习的看法；(3) 教师对语言教学的看法；(4) 教师与学习者之间的交流；(5) 课堂活动形式；(6) 语言测试。

较低的自我评价和竞争意识是引起焦虑的两大重要原因。Bailey（1983）提出，当学习者将自己和他人或者是和理想中的自我形象进行比较时，这种竞争意识就容易引起焦虑。自我评价低的学生总是担心同学们怎么看待自己，怕老师、同学对自己作出否定评价。如果学生一开始就认为自己外语学习能力较弱的话，就有可能引起语言学习焦虑。

学习者对语言学习的看法是引起语言焦虑的第二大因素。有的学习者认为学习一门外语最重要的是能说一口标准地道的外语，有的认为是记住词汇，有的认为是掌握语法规则，有的认为要到目的语国家去亲临语言环境，有的认为在很短的时间内就可以学好外语，有的认为学习外语要有语言天赋等等。当学习者发现实际情况并非如此时，焦虑便随即产生。

教师对语言教学的看法也会导致语言焦虑的产生。那些认为教师的任务是学生一出错就给予纠正，认为教师在外语课堂上应占绝对主导地位，认为课堂教学模式主要是教师讲、学生听的教师最容易引发学生的焦虑。

教师与学习者之间的交流形式也会产生焦虑。平等、友好的师生关系有助于降低学生的焦虑感，如果教师居高临下，对学生过于严厉，则势必会导致学生产生焦虑。

有的学生对外语考试表现出极度焦虑。在外语考试中，越是涉及对学生成绩的评价，或是对考试的内容越不熟悉，学生就越容易焦虑。

Oxford（1999）将导致外语学习焦虑的因素归为以下十个方面：(1) 自尊：自尊水平高的学习者比自尊水平低的学习者更能有效地克服焦虑。(2) 歧义容忍度：在外语学习过程中，对语言模糊现象具有一定的歧义容忍度是非常必要的，否则，就有可能产生语言焦虑。(3) 冒险精神：高度焦虑的学习者往往没有冒险精神。适度而明智的冒险对语言学习是有利的，例如根据语言线索猜测词义，在课堂上大胆发言等。(4) 竞争：当学习者将自己同他人或者理想中的自我形象进行比较时,可能会产生焦虑感。(5)社交焦虑:社交焦虑包括演讲焦虑、害羞、怯场、社会评价焦虑和交流中的不安等心理状态。(6)测试焦虑:测试焦虑是指由于担心测试结果不理想而产生的焦虑,会影响学习者完成测试任务。(7)认同感和文化休克:如果对所学语言和文化缺乏认同感,甚至产生文化休克现象,就会引起焦虑。(8)信念:学习者和教师的信念都有可能导致语言焦虑的产生。例如有些学习者对外语学习持有一些不现实的想法,认为只要记忆单词,就能掌握一门外语;有的教师认为有错必纠等,这些信念支配下的行为都可能引起语言学习焦虑。(9)课堂活动和教学方法:课堂活动和教学方法可能导致焦虑的产生。(10)师生之间的互动关系:如果师生之间不和谐,教师处于绝对权威地位,可能会导致学习者产生焦虑情绪。

2)外语学习焦虑的测量

外语学习焦虑有多种测量方法,如面谈、问卷调查、日记、报告等。

最初涉及对外语学习焦虑的测量是 Gardner 等人对态度和动机的测量量表,其中有五个与法语课堂焦虑相关的题目,以及后来的一些涉及法语运用焦虑、英语考试焦虑(Clement 等,1980)的测量,但这些测量都不是专门针对外语学习而设计的,因而所得出的关于外语学习焦虑的结论既不一致也不充分。

外语焦虑相关的、较有影响的定性研究是 Bailey(1983)有关焦虑的日记研究。较有影响、可信度较高的定量研究是 Horwitz 等人(1986)专门针对学生在外语学习中而可能出现的焦虑所进行的研究,引发焦虑的因素有学习困难、学习策略问题等。他们在大量调查的基础上设计了外语学习焦虑测量方法,即外语课堂学习焦虑量表 FLCAS(Foreign Language Classroom Anxiety Scale)。该量表主要测试交际畏惧、考试焦虑和否定评价恐惧三个方面的内容,由 33 个题目组成,其中有 20 个题目涉及听、说方面。该量表显示了很高的内部一致性。Horwitz 等人的研究结果表明,外语学习焦虑会对外语学习造成很大的负面影响。

3. 正确认识焦虑的性质

在现代社会中,焦虑时时困扰着人们,任何人都难以摆脱。个体只要是作为一个社会成员参与社会生活、从事社会生产,就必然要面对社会竞争、承受相应的社会压力。然而,任何人只要将焦虑控制在适度范围内,就有可能直面竞争、承受住压力。

人们的生活处境不同、面临的问题不同，焦虑的内容和焦虑的程度也有所不同。对学生而言，只要进行学习活动，就会引发焦虑，对此学生所能做的是尽力将焦虑保持在适当的阈限内。许多研究都证明，适度的焦虑具有积极影响。适度的焦虑可以促进儿童的自我控制和自我约束，并有助于他们形成参加具有长远效果的活动的意向（Lindgren & Fisk，1976）。

Scovel（1978）将焦虑分为两大类：促进性焦虑（facilitating anxiety）和退缩性焦虑（debilitating anxiety）。前者指适度的焦虑能激发学习者挑战新的学习任务，后者导致学习者通过逃避学习任务来回避焦虑。促进性焦虑有助于调动学习者的认知内驱力，使他们不断向目标接近，而退缩性焦虑则阻碍学习者主动参与学习。

叶克斯—杜德逊法则（Yerkes-Dodson Law），也称叶杜二氏法则，是心理学家 Yerkes & Dodson（1908）经过实验研究归纳出的一种法则，用来解释心理压力、工作难度与成绩三者之间的关系，见图 5.8。如图所示，压力与成绩之间存在着一种倒 U 型关系，适度的压力水平能够使成绩达到顶峰状态，而过小或过大的压力都会使工作效率降低。他们认为因为动机而产生的心理压力，对作业表现具有促进作用，而其促进作用的大小，将因工作难度与压力大小而异。在简单的工作面前，如果有较大的心理压力，将容易产生较好的成绩；但在复杂困难的任务面前，如果心理压力过大，则往往会影响任务的完成。

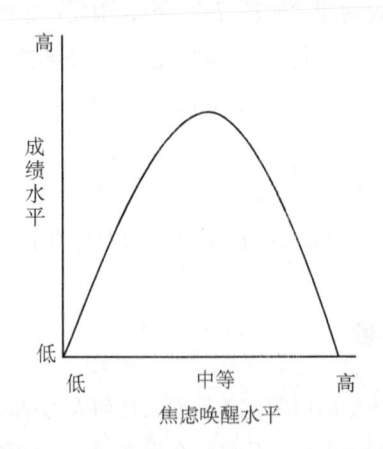

图 5.8　焦虑唤醒水平与成绩之间的关系

外语学习焦虑与外语学习的关系同样遵循叶杜二氏法则，即焦虑程度过强和过弱都会使学习成绩下降，有望取得最佳学习效率的焦虑程度应该是中等的。当然最佳的焦虑程度也因人、因学习材料的性质不同而发生变化，在相对比较容易的材料中，学习成绩随焦虑程度的提高而上升，但随着学习材料难度的增加，焦虑水平有逐渐下降的趋势。高度的焦虑只有同高度的能力相结合才能促进学习，而高度的焦虑同低能力或一般能力相结合，则往往会抑制学习。因此，就促进大多数人的学习而言，应当把焦虑控制在中等程度。

4. 降低或克服焦虑的方法

外语学习焦虑在教师的帮助下是可以降低或克服的。首先，教师要努力营造一个轻松、和谐、以学生为中心、让学生不感到过度压力和紧张的课堂氛围。教师不仅要给予学生学习上的帮助和指导，还要在心理上给予学生人文关怀，了解学生的需求，多与学生交流；让学生感到教师是学生学习的指导者、帮助者、促进者，而不仅仅是权威者、控制者、评价者。对焦虑水平较高的学生，教师要了解他们的焦虑根源，帮助他们实事求是地评估自己的学习结果，在课堂上提供各种语言学习成功的机会，以增强他们的自尊心和自信心。

第二，教师要有效地组织课堂教学，精心设计教学的每一个环节，教学内容要有条理性，使学习内容有明确的目标和清晰的结构。教师的授课态度要友好，提问要有艺术性和针对性，对不同的学生可以提不同的问题，要鼓励学生参加丰富多彩的课堂活动，允许学生犯错误，让学生有成功的学习体验；同时，教师要指导学生掌握一些外语学习策略和方法，提高外语学习的效率。

第三，教师要合理安排作业、测验、考试的内容和时间。平时作业和一般性的测验不要有太严格的时间限制；测验、考试卷面要有足够的信度和效度，内容的难度要有一定的坡度。

第四节 外语学习者的社会文化因素

外语学习者除了认知因素、情感因素引起的差异之外，还有社会文化因素带来的差异。社会文化因素包括学习者态度、文化适应、社会距离和心理距离等,这些因素在不同程度上影响着外语学习的过程和结果。

一、语言态度

态度是指个体对人、对事、对周围世界所持有的一种具有一致性与持久性的倾向。这种倾向可由个体外显行为去推测,但态度的内涵却不限于单纯的外显行为。态度的内涵除了行为的成分之外,还包括情感和认知。正因为态度中含有认知和情感的成分,因而在对人对事的态度表现上,也就有积极的态度和消极的态度之分。

语言态度指不同语言或语言变体的说话者对他人的语言或自己的语言所持有的态度。对语言表示出的积极或消极的看法可以反映语言的难易度、语言学习的难易度和重要性、语言品位、社会地位等。语言态度还可以反映人们对该语言母语者的看法。

外语学习态度是学习者的认识、情绪、行为在外语学习上的倾向。Lambert(1963)认为对待第二语言学习的态度及倾向(orientation)决定了学习者的学习动机,进而决定学习者第二语言学习的成就。Gardner & Lambert(1972)认为,如果第二语言学习者对目的语文化群体持积极的态度,例如想了解他们,和他们在情感上融为一体等,则会引发很高的参与性动机,语言习得会更成功,而习得的结果又会反过来加强学习者的这种态度(引自Ellis,2013)。Krashen(1981)的监控模式从认知的角度阐述了语言态度对二语习得的影响。Krashen认为语言体系可以分为潜意识的和无意识的语言学习,语言态度和动机则属于潜意识的习得。除了动机、自信和焦虑外,对某个语言的特定态度也是一个重要的情感变量。在二语习得理论中,Krashen的认知理论是少有的认可学习者语言态度的理论。Schumann(1978b,1986)的文化适应模式和Giles(1973)的交际适应理论(Communication Accommodation Theory,CAT)都分别强调了学习者在学习目的语过程中对目的语及其社区和文化的态度会对学习成效起到重要作用。Stern(1999)提到外语学习中的三种态度:(1)对目的语社团和人的态度;(2)对所学语言的态度;(3)对语言和学习语言的一般态度。Ellis(2013)认为语言程度并非仅仅由学习者的年龄、性别、社会阶层和民族背景决定,而是由和这些因素相关的语言态度和社会条件所决定。

在社会语言学研究中,研究者认为可懂度与语言态度之间的关系十分密切(Jenkins,2007)。Wolff(1959)认为负面的语言态度会损害可懂度;L. E. Smith & Nelson(1985)的研究发现,在母语者和非母语者的交际中,如果听者期望能听懂说话者,那么听懂度就越高;Rajadurai(2007)指出可懂度受听者对说话者及其口音的偏见影响,听者任何先入为主的观念对可懂度都形成强大的影响;Rubin(1992)对非母语者的调查证实偏见、成见以及仇外情绪都会造成非母语者言语的可懂度大幅度降低;Giles & Niedzielski(1998)则认为语言的可懂度会影响对这种语言的态度,理解上的障碍会引起对该语言变体的负面态度。

态度对第二语言习得的影响主要体现在以下几种关系上:一是态度与第二语言习得水平的关系。学习者对第二语言持积极态度容易提高学习水平,而持消极态度则提高较慢。二是态度与投入程度的关系。Gardner & Lambert(1972)的研究发现,半途而废的第二语言学习者的态度大多都是被动消极的,其学习成绩也较之持积极态度的学习者要差。三是态度与课堂行为的关系。Gilsman(引自 Ellis,2013)的研究表明,学生上课的表现与学习态度之间有很高的相关系数。持积极态度的学习者课堂上表现活跃,参与意识强,学习成绩较好;相反,持消极态度的学生在课堂上往往处于被动状态,不主动参与课堂活动。

国内学者对语言态度的研究主要集中在学习者对英语和英语变体的态度以及语言认同方面(高一虹,2004;边永卫,2006;蔡龙权、宋学东,2009;高一虹等,2008;周榕、陈国华,2008;文秋芳,2012)。

二、文化适应

文化适应(acculturation)是某一群体的语言、文化和价值观因与另一群体相接触而发生的顺向变化。Linton(引自 McLaughlin,1987)认为,文化适应的总体过程涉及态度、知识和行为方面的适应,文化适应的进程既受客观环境的影响,也受行为者主观心理因素的限制。一般来说,两种文化之间的适应性越强,两种文化的社会价值和规范矛盾越小,则两种文化之间的抵制就越少;反之,两种文化之间的适应性越弱,两种文化的社会价值和规范越相矛盾,则两种文化之间的摩擦就越多,抵制性就越强。

文化适应过程包含着第二语言学习者对目的语群体文化互动行为选择以及对文化心理结构的改造，表现为对文化心理层次的认同，如对社区认同、群体认同、语言认同等。文化适应的过程要从社会和心理两个方面来进行调整，其中包括学会适应语言习惯，以便能在目的语社团中进行交际。文化适应水平与语言精通水平之间存在相关，但是不同文化适应水平与第二语言精通水平之间的相关关系存在差异，语言认同、社区认同和群体认同高于民族文化认同。不同个体在文化适应的过程中阶段性差异明显，其结果也有很大不同。Lambert（引自 Arnold，2000）认为成功地学习第二语言需要学习者能够并且愿意调整包括言语在内的各方面行为，这些变化是获得与目的语言群体相容的重要条件。

Brown（1980）把第二语言习得过程中的文化适应分为四个阶段：(1) 兴奋阶段：最初接触新文化时的兴奋感和幸福感；(2) 文化休克阶段：对目的语文化产生的生疏感和抵触情绪；(3) 文化初步适应阶段：对新文化的紧张、抵触情绪逐渐得到缓解；(4) 文化基本适应阶段：对新文化基本上产生认同感。Brown 认为，相对于成年人而言，儿童更早地完成文化适应的各个阶段，这是因为儿童对母语文化的意识程度较低，受母语文化的束缚较小，文化休克和文化紧张的程度较轻，在社会文化方面的弹性相对较大的缘故。

Schumann（1986）把文化适应按学习者与目的语社团的结合方式分为两类：第一类学习者把目的语社团作为参照系，希望被其生活方式和价值观念完全同化而成为其中的一员；第二类学习者则仅希望与目的语社团进行社会结合，即虽然在心理上对其语言持开放态度，但不愿被其生活方式和价值观念同化。Schumann 强调，这两种文化适应均能有效地促进第二语言习得的发展。

Lambert 的观点与 Schumann 的观点有着异曲同工之处。Lambert（1973）提出"削减性双语现象"（subtractive bilingualism）和"附加性双语现象"（additive bilingualism）两种不同的双语类型。削减性学习者的母语和母语文化认同被目的语、目的语文化认同所取代；附加性学习者在获得目的语、目的语文化归属的同时，保持其母语和母语文化归属。

文化适应要消除文化定式、减少偏见。文化定式（stereotypes）是一种整体式的文化取向，即把某一文化群体中的每一个成员都当作该文化的代表，其结果是文化群体的每个成员都被当作其所属群体的代表而具有此群体的文化特征。文化定式使得人们用过分简单的语言概括并描述目的语文化，而忽视了其文化的个性。例如有人这样概括：中国人谦逊、好客，美国人富有、慷慨，犹太人精明、吝啬，德国人呆板、机械等等。这种文化定式忽视了目的语民族的个人文化特征，对交际无疑是不利的。

偏见是以一种错误的或不可变通的概括为基础的一种反感心态。这种心态可能被表达出来，也可能被别人知觉到。它可能是针对某一群体，也可能是针对某一群体中的个体。偏见和文化定式一样，具有执着的情感内涵；它对使其改正的证据总是固执地抵抗；它是僵化的、不可逆转的、不可改正的态度；它基于错误的判断或先入之见，是对其他群体或个人采取的否定态度，是一种不健康、不合理的心态。偏见的存在严重影响了不同文化之间的人际交往。

海外中国留学生的跨文化适应可以划分为两个层次，即心理适应和社会文化适应（Ward & Kennedy，1992；Ward，1996）。心理适应主要以情感调试为基础，取决于留学生在跨文化环境中的心理健康和生活满意指数，如在跨文化适应过程中不产生或较少有抑郁、焦虑、孤独、失望、想家等负面情绪，可认定其达到心理适应（Kealey，1989）。社会文化适应主要是指适应所在地域的社会文化环境的能力，是否能与当地人有效地进行沟通和交流。史晓婷等人通过调查发现，海外中国留学生的主要问题是生活适应问题、学业压力、恋爱与情感、多元文化中人际交往技能欠缺、情绪困扰（焦虑、抑郁、孤独、考试紧张）、自我完善与个人发展、家庭问题、应激事件后的心理康复和适应，本质上是跨文化适应欠佳的表现（史晓婷、霍祥湖，2018）。

影响中国海外留学生的跨文化适应的因素主要包括语言能力、宗教崇拜、饮食差异、价值取向和文化习惯等。Constantine 等（2004）研究留学美国的国际学生（包括中国留学生在内）时发现，如果将性别和宗教信仰因素排除在外，英语能力强的留学生跨文化适应性相对来说好一些。Yan & Fitzpatrick（2016）对留美的 18 名中国学生进行访谈后发现，他们不太喜欢当地的食物，也不适应当地的高饮酒水平。留学国家（地理位置）离自己越近，该国家的文化习惯与自己国家越接近，留学生的跨文化适应程度就越好。海外中国留学生的文化取向越接近留学目的地，学生的焦虑抑郁程度就越小，能更快地适应并融入当地的生活中（Zhang 等，2010）。留学生的心理因素包括人格、情感智力、应对方式等也会影响其跨文化适应。对中国留德学生的调查发现，心理调适的各方面都与神经质和意识有关，而积极的成分（自尊和生活满意度）与外向性和开放性有关，最终都会影响跨文化适应（Zhang 等，2010）。海外中国留学生跨文化适应不仅受到如社会、文化、经济和就业的影响，也受到个体因素如年龄、性别、所学专业、婚姻状况、留学时间长短、出国前的知识技能储备等的影响。例如留学时间越长，留学生就越了解当地的风俗习惯、教育风格等，不仅能增强对生活和学业的掌控能力，也能增强应对这些压力的自信心，从而更好地适应留学生活（严文华，2007）。周艳萍等人（2021）分析了中国留学生跨文化适应的主要影响因素，提出加强出国前培训、构建预警机制、建立多元化社会支持系统等方法，并提出了增强跨文化适应测评，建立跨文化适应档案和咨询室的建议。

外语学习是文化适应的一部分，学习一门外语的过程就是逐步适应这种新的文化的过程。因为语言既是表现文化的主要手段，又是文化的载体。学习一门外语，不可避免地会涉及学习者对目的语群体的看法和态度。学习者要学好这种语言，就必须了解和适应该语言所表达的思想体系和信仰体系，及其涉及的文化格调、风俗习惯、交际系统等。

三、社会距离和心理距离

社会距离和心理距离是文化适应模式理论中的两个重要概念，学习者对外语文化的适应程度表现在他与该文化的社会距离和心理距离的大小。

社会距离指学习者社团相对于目的语社团而言的地位，或学习者被目的语社团容纳并与之接触的程度（Ellis，2013）。社会距离由体现学习者社团与目的语社团关系的一系列社会因素决定，主要包括：社会主导模式、融入方式、封闭程度、凝聚程度、群体大小、文化相似性、社团的态度、打算居住的时间等。

Schumann（1978c）认为，学习者与目的语社团之间的社会距离是制约文化适应程度和第二语言习得水平的主要原因。因为，决定社会距离的各种社会因素通过影响学习者的动机、他们对目的语及其社团的态度、目的语输入的质量和数量以及总体学习环境来影响语言习得水平。

心理距离指学习者个人对目的语及其社团的总体心理感受，它与个体学习者对学习任务的适应程度有关（Schumann，1978a）。心理距离主要由以下几种心理因素决定：(1) 语言休克（language shock），指学习者在使用目的语时所体验的困惑和恐惧。(2) 文化休克（culture shock），指学习者在接触一种新文化时所产生的焦虑和失落感。(3) 动机（motivation），指学习者学习目的语的目的，以及为达到该目的而作出的努力。Schumann 沿用了 Gardner & Lambert（1972）的动机分类法，把动机分为融合型（integrative）动机和工具型（instrumental）动机两种。具有融合型动机的学习者对目的语社团有特殊的兴趣，期望参与或融入该社团的社会生活，具有工具型动机的学习者则仅为达到某一具体目的而学习目的语，如通过某一考试、获得某一职位、出国深造等。(4) 自我渗透性（ego permeability）：指学习者的语言自我的可塑性和僵化程度。(5) 语言自我（language ego）是外语学习者在母语习得过程中逐步建立起来并具有保护性能的一种心理屏障。对外语学习的心理抑制越强，自我渗透性越弱，语言信息就越不容易吸收。

Schumann 认为，在自然语言环境下习得第二语言时，心理因素的作用不如社会因素明显。心理因素主要是在社会距离难以确定，即社会因素对文化适应不构成积极的或消极的影响时才发挥作用。如在外语教育环境下，学习者不能与目的语社团直接接触，反映两个群体关系的社会因素对文化适应的作用变得模糊，学习者个人对目的语及其文化的心理感受，即心理距离的作用可能变得更加突出。因此，如何帮助学习者克服语言和文化休克，激发学习者的学习动机，跨越语言自我的心理屏障，是外语教师需要重点考虑的问题。

思考题：

1. 关键期假设对第二语言学习有何启示？
2. 概述学习者的认知风格对外语学习的影响。
3. 概述学习者的情感因素对外语学习的影响。
4. 概述学习者的社会文化因素对外语学习的影响。

第六章 外语教师心理过程

教学的性质究竟是什么？对教学的不同理解决定教师教育的不同取向。20世纪70年代以前占主导地位的行为主义教学观将教学视为可观察的课堂行为，可以被模仿、被简化为一定的程式，可经训练而获得。20世纪七八十年代逐渐形成的认知心理学教学观，尤其是信息加工观点认为，课堂瞬息变化，是由许多不确定因素构成的，教学被看作是复杂信息的加工过程，不再被简单地看作是外在行为，其内在复杂性得到承认。20世纪八九十年代以来，人们从更宽的视角，以解释观和生态观来理解教学的认知复杂性，强调教学是一种理解，是教师基于其经验背景和所处环境对教学事件的个人解释，这种解释带有强烈的个人色彩，因人而异。

在外语教师教育研究领域，研究者也致力于澄清教学的概念（如 Freeman, 1996；Freeman & Richards, 1996；Wallace, 1991 等）。如 Richards & Nunan (2000) 区分了对教学的微观理解和宏观理解：前者将教学理解为局部的、可观察的课堂行为本身；后者认为教学既是课堂行为，又是行为的动因和意义。Freeman (1996) 界定了三种意义的教学：(1) 行为主义的教学概念——教学即做事 (teaching as doing)；(2) 认知主义的教学概念——教学即思考和做事 (teaching as thinking and doing)；(3) 解释主义的教学概念——教学即理解 (teaching as interpreting)。总之，外语教学过程一个复杂的、动态的过程，与外语教师的主导作用是分不开的。以下将从教师认知、教师情感、外语课堂教学组织和管理等三个方面论述外语教学的心理过程。

第一节 教师认知

随着认知心理学理论和研究方法在教师研究中的应用，教学被认为是一种复杂的认知活动，教师认知研究成为一种新的教师心理研究范式。在认知理论框架内,教学被看作是一种复杂的认知技能,教师是课堂中的信息加工者。20世纪七八十年代曾盛行"过程—结果"式的教师认知研究,这类研究侧重对教师课堂行为的描写与分析,试图从中找出影响语言学习成效的因素,供教师培训借鉴(Chaudron,1988)。但随着认知研究转向,人们关注的重点已从单纯描述教师的课堂行为转向了揭示教师行为与其认知的关系,探究导致教师行为的知识基础及其形成机制(Freeman & Richards,1996),这类研究被称为"教师思维"或"认知研究",它们为教师教育提供了越来越多的信息。

教师认知指教师如何对自己的教学行为作出理论解释,解释自己在教学过程中是如何思维和作出决策的。教师认知影响和规约课堂教学流程。教师认知主要包括三项内容:教师信念、教师计划和教师课堂决策。

对教师认知的研究大多通过问卷调查、访谈、教学日记、课堂观察等研究方法收集教师的外在行为表现的相关数据,以间接分析的方式解释、推断教师在教学中的内在思维活动。

一、教师信念

1. 教师信念概述

教师信念(包括理性的和非理性的)指教师在长期的教学实践中积累起来的教学态度、价值观、期望、设想等。教师信念研究的兴起与认知理论教学观的诞生紧密相关。与传统的行为主义教学观不同,认知理论的教学观主张教学是复杂的认知活动,它虽然表现为话语和活动等行为过程,但教学的行为是计划和决策的体现,支配教师计划和决策的是教师的思维过程,认识教学首先要认识教师的认知。

教师信念是教师对有关教与学现象的某种理论、观点和见解的判断,它影响着教育实践和学生的身心发展(俞国良、辛自强,2000)。教师教学信念是积淀于教师心智结构的有关教学的价值观念,常作为一种无意识或先验假设支配着教师的教育行为(陈向明,2003)。教师信念体系主要包括教师关于教师自身、教师职业、语言、教学、课堂、学习、学习者等方面的内容。教师信念在教师的教学活动乃至整个职业生涯中,扮演着重要的、具有渗透性的角色(Richards,2000)。Woods(1996)指出,由外语教师的信念、假想和知识组成的认知参照系相互联系、相互作用，共同影响着教师对外语教学活动的理解及教学策略的选择。Borg（2003）认为，教师信念是教师对学科教学自认为可确信的看法，通常包括对课堂教学、语言、语言学习、学习者、教师角色、课程改革、教师专业化等问题的看法。Phipps & Borg（2009）区分了教师信念系统中的核心成分和边缘成分，占据信念系统圈中心位置的是教师的核心信念（core belief），处于边缘位置的是教师的边缘信念（peripheral belief）。就信念的改变难度来看，越是居于中心位置的教师信念越不容易被改变，越是处于边缘位置的教师信念越容易被改变。Zhang & Liu（2014）认为教师信念受到课程改革、测试、传统文化观念、学校类型等因素的影响。越来越多的研究者认为，教师信念直接影响教师的教学方法和教学效果。

教师信念受文化、社会和所在地的教育体制的制约；教师信念较难测量，人们通常通过他们的行为方式推断其信念，而不完全以他们自己所表述的信念为准，因为行动和表述的信念有时差距很大；教师信念在一个人早年的学习生涯中就已基本形成，这种经历被称作"学徒式观察"（apprenticeship of observation），不易改变（Lortie，1975），只有通过不断的继续培训、终身学习和反思，教师信念才能逐步改进和完善。Borg（2011）认为教师教育对教师信念产生积极影响，教师信念可以通过教师教育得到加强和补充，但培训课程对教师信念的影响存在个体差异。

英语教师信念有以下几个特征：

（1）多数英语教师对教与学的信念是相对一致或相似的。英语教师普遍认同教师信念的核心因素，例如 Richards 等人（2000）发现英语教师信念，如对英语课程的性质、英语的社会作用、英汉对比理论和实践的相关性、教材的作用、教师角色等方面的看法比较一致。教师信念的中心问题是教与学、教师与学生以及教与学的观念、内容与方法。Burns（1992）总结出教师信念影响英语教学的五个核心因素：语言本质、口语和书面语的关系、语言学习的本质和语言学习策略、学习者的学习能力和英语学习能力、语言课堂的本质和教师的角色。

（2）英语教师对成功课堂的理解及其教学观各有不同。以教师为中心的教学观认为教师因素，如课堂管理、讲授、提问技巧、声音质量和行为等，是课堂教学的关键；而以课程为中心的教学观注重一堂课的教学环节，如课堂目的、规划、过渡、教材、任务种类和教学内容的流程;以学生为中心的教学观注重课堂教学对学习者产生的效果,充分考虑学生的需要、参与、兴趣和学习互动。

(3)具有不同教学信念和教学经验的教师对同一教学模式的理解和接受程度不同。当某一教学模式与教师已有的经验和理论相抵触时,该教师往往难以接受新的教学模式和教学方法。

2. 建立合理的教师信念体系

合理的教师信念体系是有效进行外语教学实践的保证。合理的教师信念体系是指教师对教师专业化、教师本身、教学、课堂、学习和学习者的认识既有科学的依据又符合学生需要。教师信念体系是一个动态系统,随文化、社会和时代改变而发生变化,因此,教师要在实践中对自己的信念体系不断地进行检验和调整,并加以完善,从而逐步建立合理的、符合教育规律和受教育者需求的教师信念体系,以指导教师的教学行为。外语教师要从以下几个方面着手建立教师信念:

1)教师专业化信念

英语教师专业化信念包括教师对英语教师职业、英语教学改革以及英语教师培训、发展和考核等方面的认识。教师专业化要求教师不仅具有专业能力,如理解本学科的知识和结构,掌握必要的教学技能,还必须具有扩展专业的能力,即通过较系统的自我研究,实现专业上的自我提升。教师专业化标准通常由六个部分组成:专业知能、专业道德、专业训练、专业发展、专业自主和专业组织。(1)专业知能包括普通文化知识、学科专业知识及教育专业知识和技能;(2)专业道德强调献身教育和教书育人的理念;(3)专业训练要求教师经过专门培养和职业训练,取得专业认可的职业资格;(4)专业发展要求教师在职业生涯中不断参加各种继续培训使专业社会化;(5)专业自主要求教师不仅是学校生活的主要参与者,在课堂教学情境中还要具有课程与教学的相对自主权,在课程设计、教学过程、学生动机、学生管理、学生评价等方面也应具有一定的权威性,他人不得妨碍或干涉;(6)专业组织要求教师职业有坚强的专业组织以保证其专业地位的确立,专业组织负责培训和监督成员的职业行为。

2) 教师信念

教师信念包括教师角色或优秀教师的标准。教师信念最根本地体现在教师的作用和角色信念上，即对教师职业的角色定位。首先，教师作为教育从业者的信念是指教师对教学、课程和课堂的认识。从教学角度来看，教师应具备相当水平的专业知能并具有终身学习的能力，能够运用教学理论指导教学实践，作出教学决策；从课程角度来看，教师参与设计和实施教学计划；从课堂角度来看，教师有效组织、管理课堂，并对课堂进行行动研究。教师在学习知识上指导学生、学习方法上训练学生、学习情感上激励学生。

3) 教学信念

教学信念包括教师对课堂的作用、教学和管理方法及风格、教学资源和有效教学的标准的认识。Richards & Lockhart（2000）认为教学是个人的活动，不同的教师对有效教学的信念和假想截然不同。教师信念反映课堂教学实践，课堂教学实践也直接受到教师信念的影响。英语教师通常采用的教学方法有传统教学中普遍使用的技能型（注重听、说、读、写各项技能的操练）、规则型（注重语法结构和语言系统的理解）、借鉴西方语言教学模式的功能型（注重互动交际和合作学习）和综合折中型（语言技能教学、语法规则教学和语言交际教学相结合）。Richards 等人认为英语教师在课堂上的主要作用是：提供有用的学习经验、提供正确的语言范例、回答学习者的问题、改正学习者的错误。另外，教师的教学方法和教学风格也受教师信念的影响，不同的教师信念形成不同的教学方法和教学风格。但有研究发现（高强、刘琳，2013），外语教师在教学实践中并不能完全践行自己的教学信念，两者之间时有脱节现象发生。Phipps & Borg（2009）发现 3 名土耳其外语教师在为期 18 个月的教学中，难以实施多数语法教学信念。教师信念和教学行为并不是简单的因果关系，二者之间的关系还受到许多外部因素和内部因素的调节和影响，如宏观（如政策、制度、文化等）和微观（如同事关系、课堂环境、学生特点等）外部环境因素，以及教师知识、能力、教学经验等内部因素。教学行为是教师核心信念和边缘信念在不同实践情境下互动的结果（Zheng, 2013）。

4) 课堂信念

课堂信念包括教师对课堂结构、课堂作用和课堂教学与管理等方面的认识，取决于教师信念体系中的一切其他信念。课堂是教师信念体系体现的主要场所，课堂信念直接受教学信念的影响，主要有三种类型：即注重语言知识的讲授型课堂、注重语言交际和功能的互动型课堂和二者兼而有之的综合型课堂。课堂信念不同的教师往往在决定英语课堂的文化性、活动性、交际性、兴趣性以及知识性之间的投入比例和教师与学生的角色关系上有不同的认识。

5) 语言信念

语言信念包括对英语的地位、作用及其特点的认识。人们对英语的看法取决于他们与该语言和该语言使用者的接触。对于不同的人来说，英语代表不同的事物，英语可以是一种文化、一种技能和一门学科，由此，人们形成了三种不同类型的英语信念：学习英语就是了解和体验一种文化；学习英语是习得一种语言技能，把它作为信息交流的工具；学习英语是学习一门学科知识。英语教师对英语的认识也各有不同，这些不同的认识又形成了不同的语言信念，进而影响教学效果。

6) 教学计划和课程信念

教学计划和课程信念包括对教学目标、教学内容、教材和其他教学资源、教学计划和课程的评估等方面的认识。任何一个语言教学计划都反映出学校文化以及教师集体和个体的决策和信念。教学计划和课程信念主要表现在分散/集中的管理课程计划、以需求/内容为本的课程、以讲授/互动活动为本的教学法、以学生/教材/教师为本的课堂等方面。

7) 学习者信念

学习者信念包括教师对学习者的角色和成功学习者的认识。学习者角色是以教师角色为前提的。一般说来，传统的学习者角色是被动的知识接受者，学习是复制的、接受的、复述的、竞争的和指令性的。而建构主义、人本主义等现代学习理论倡导有意义的学习，有意义学习具有建构的、交流的、阐释的、协作的和反思的特点。那么，学生应由以往的被动知识接受者转变为主动学习者，主动建构知识，与同伴进行有效的交流，并对学习过程进行积极反思。对学习者角色的认识决定了课堂教学过程中师生关系的实质。

Naiman 等人（1978）提出成功外语学习者至少具备五个特点：积极参与所有语言学习的机会；领悟到语言是一个整体；领悟到语言是交际工具；管理

自己的情感需求；监控二语的行为表现。

8) 学习信念

学习信念主要是对学习定义、学习策略和学习风格的认识。以下是有效语言学习的特点：(1) 学习是复杂的过程；(2) 引起个人的某种变化；(3) 增加与个人相关的新的理解；(4) 可以有多种形式；(5) 总是受学习环境的影响；(6) 主要是社交互动的结果；(7) 经常需要调解；(8) 每个个体的学习都有所不同；(9) 既是认知过程又是情感过程，与人们对自己的感觉有密切联系；(10) 是终身的过程。

教师只有充分了解了语言学习的特点，才能对语言学习的定义、学习策略和学习风格有更深刻的认识。因而，可以对学生进行相关学习策略的培训，增强学生的学习效果。与此同时，教师可以针对学生的不同认知风格，因材施教，达到更好的教学效果。

二、教师角色

教师角色是教师与其社会地位、身份相联系的被期望的行为。它包括两个方面的内容：一是教师的实际身份；二是教师的期望角色，分为他人对教师的期望、教师自己对自己的期望及教师自己对他人的期望等方面。教师角色是社会系统水平上的"特殊行为模式"，它是与学校教育结构相适应的具有教育职能的职业角色。

随着教师教学观念和教学方式的改变，人们越来越强调学习主体的主观能动性，强调培养学生主动建构知识的能力，以教师为中心的课堂教学模式逐渐转变为以学生为中心的课堂教学模式。外语课堂教学越来越突出语言的交际性，课堂教学逐渐走向以学生为中心的语言交际活动。外语教师角色的内涵也发生了变化，实现了从传统教学模式下的教师角色到现代教学模式下的教师角色的转换。

1. 传统教学模式下的教师角色

传统教学模式中的教师角色是比较单一的，教师在教学过程中始终处于中心地位,可以用六个字概括:"传道、授业、解惑"。传统的英语课堂中,教师在教学过程中扮演的是权威者的角色,是知识的传授者、考核者、评价者、学习过程的管理者和课堂活动的主宰者,在知识、技能和道德等方面具有不可动摇的权威性。

传统教学模式的课堂教学主要以教师为中心(teacher-centered)。在以教师为中心的教学中,教师是课堂的焦点,在整个教学过程中起主导作用。教师通常采用强制性的教导方法,伴以奖励和惩罚,协调与学生的互动关系,最终达到将知识与技能传授给学生的目的。而学生的地位则比较被动,仅仅作为教师备课的假想对象,以及上课时的教授对象,学生更多地采取顺应和被动的行为。在以教师为中心的教学互动中,教师具有控制权,决定话题内容,评价教学效果。在以教师为中心的教学中,教师主要采取的教学方法是直接教学法和讲授法。

传统的英语课堂强调学生对知识的接受和掌握,轻视培养学生主动发现知识和探究知识的能力,从而在实践中导致对学生认知过程的极端处理,使学生学习书本知识的过程变成单纯被动记忆和接受的过程;在教学活动中,教师首先传授知识,等待学生作出反馈后,再对学生进行评价和考核,因此在整个教学活动中,教师都是以管理者的身份主宰整个课堂,形成了"老师教,学生学"的被动局面。同时,教师习惯于把知识的结论直接传授给学生,忽视了学生自主获取结论的过程,因此在传统教学环境下的英语学习中,学生的个性和潜能受到了压抑,不能获得有效的开发。

2. 现代教学模式下的教师角色

建构主义理论的兴起为教育教学实践带来了深刻的变化,主要表现在教师角色和课堂教学模式的转变上。现代教学模式的课堂教学从教师中心转变为学生中心(student-centered)。在以学生为中心的教学中,学生处于教学活动的中心,以平等的身份与教师进行对话、互动。教学过程主要依据学生的身心发展进行,强调学生主动学习。教师不仅要呈现知识、解释知识,更主要的是要引导学生自我建构知识。教师在教学过程中扮演咨询者、辅导者和学习动机激发者的角色,在教学活动中采取民主参与的方式,在教学目标设计、教学组织、教学方法选择等环节上寻求学生的反馈信息,并依此作出相应的调整。在以学生为中心的课堂中,主要采取的教学方法是发现法、讨论法和个别化教学法。

在现代教学模式下，外语教师的角色应由传统的知识传授者与灌输者转变为学习的指导者和促进者、教学的反思者和研究者、教学的设计者和实施者、课堂教学的组织者和管理者，以及终身学习者。

1) 学习的指导者和促进者

现代教学模式要求教学过程的重点应该放在学生的"学"上，教师要做学生的引领者，起到督促和引导的作用。同时，教师要促进以学习能力为中心的学生整体个性的和谐、健康发展。

教师作为学习的指导者和促进者的具体表现为：教师要激发学生主动学习的兴趣，引导、帮助学生确定适当的学习目标，选择达到目标的最佳途径；给予学生学习方法上的指导，指导学生高效率地学习，掌握学习策略；培养学生自我调节、自我监控等元认知能力，引导和教会学生不断对自我认知过程进行反思，通过调整学习目标、调节学习方法以获得更好的学习效果；帮助学生将当前所学内容与已知事物联系起来，建构当前所学知识的意义；引导学生积极进行研究式学习，培养他们发现问题、解决问题的能力，从而促进学生知识与技能、情感、态度和价值观的全面发展。总之，教师要把教学的重心放在如何育人和促进学生的学习上，帮助学生构建自己的知识体系。

2) 教学的反思者和研究者

教师要超越教书匠的角色，做研究型教师，成为教学的反思者和研究者。做研究者是教师专业化发展的需要，也是教师实现自我价值的必然途径。教师要深入研究现代外语的教学规律，根据课程大纲的要求和学生的知识结构、认知水平来设计课堂教学。同时，教师要不断进行教学反思。教学反思是教师专业发展和自我成长的核心因素，是教师提高教学能力的一条重要途径。教师要不断对自己的教学进行反思和评价，提高对教学活动的自我觉察，发现和分析其中存在的问题，提出改进方案，如对教学计划进行必要的调整，对教学活动的各个环节进行分析、评估等。另外，教师彼此之间要进行听课、进行课堂观察，互相取长补短，以提高教学水平。此外，教师还可以寻求专家的帮助和支持，通过专家的专业引领来提高自身的专业素质。

3) 教学的设计者和实施者

在教学过程中，教师要根据教学大纲和教学计划，有效地设计教学活动。

首先确定教学目标，进行教学分析，了解学生的交际需求和学习者因素，选定教学内容，提出教学策略，制订具体的教学任务，并在实际的教学过程中有效地实施这些任务。在教学过程中，教师对学生完成任务的情况进行形成性评价和终结性评价，然后，教师根据评价的反馈情况来及时地调整或重新制订教学计划和教学任务。

4）课堂教学的组织者和管理者

在外语课堂上，教师既是语言知识的传播者，又是学生学习知识、开展练习活动的组织者。学生参与学习活动的积极性和学习效果，在很大程度上取决于课堂上教师的组织行为。作为组织者，教师必须要明确教学活动的内容，根据学生的现有语言水平、学习特点和学习动机等，将教学内容、教学方法等适当变通，在新知识的导入、问题的提出与解决、话题讨论、课堂练习等方面，争取让尽可能多的学生参与到语言学习活动中来，让每个学生都有机会运用语言表达自己的思想。教师在引导和组织学生进行讨论与合作活动时，应注意观察学生的活动过程，并适时给予帮助，使学生的学习得以深入。通过小组活动，努力使学生在认知上集思广益，在情感上彼此支持，从而更有效地完成规定的学习任务，通过组织好的群体互动来促进个体的发展。

5）终身学习者

在科学技术飞速发展的社会背景下，人们必须不断学习、终身学习才能适应社会的变革。终身学习既是教师职业道德的基本要求，也是教师专业化发展的必然要求。"学高为师，严谨治学"的师德规范要求每位教师努力钻研业务，不断学习新知识，创造性地探索教育教学规律，改进教育教学方法，提高教育科研水平。要达到严谨治学的目标，必须不断学习，终身学习。同时，语言教学的内容和形式并不是永恒不变的，教师要不断地接受新知识和新技能，更新教育观念，做一个终身学习者，实现自我价值。

三、教师计划

教师计划是教师课堂决策的一部分，也叫作计划性决策，指教师在课堂行动之前的思维活动。教师在制定计划时，要考虑学科内容、课程设置、教学目的、教学环境、教学方法、学生背景等多种因素，需要对课程的各个方面进行构思、加工和转换以便适合具体情境下学生的需求。对教师计划的研究一般以有经验的教师为对象，使用有声思维、文本（教案）分析和访谈等研究方法来探究教师教学的过程，旨在关注教师的教学判断和教学决策，从而揭示教师教学行为内隐的思维过程。教师教学决策是教学理论与教学实践的中间环节，是有效教学的纽带。研究结果涉及教师计划（备课）的种类、内容和方式。

教师计划的具体内容有：课程教学大纲、学习年限、教学环节、每门课的学时分配等。

1. 课程教学大纲

课程教学大纲是教师计划的核心部分，课程教学大纲有以下具体要求：(1)目的性。课程开设要体现制定教学计划的指导思想和培养目标的要求，使学生得到全面发展；(2)客观性。学校教学应顺应社会和经济的发展，课程大纲要符合学生的客观实际需求；(3)系统性。教师计划是实现培养目标的一个完整体系，要保持课程之间的连接和衔接，注重课程的完整性和系统性。

英语课程教学大纲分为英语专业技能、英语专业知识和相关专业知识等三种类型的课程。Van Ek & Alexander（1980）认为，一个完整的外语教学大纲，应该包括以下几个方面：(1)使用外语的情景，包括可能遇到的各种话题；(2)学习者将要参加的语言活动；(3)学习者将要运用的语言功能；(4)学习者针对某一话题的应对能力；(5)学习者能够处理一般话题的意念；(6)学习者能够处理特定话题的意念；(7)学习者将要使用的语言形式；(8)学习者运用语言的熟练程度。

根据大纲对教学内容所描述的侧重点的不同，英语教学大纲主要包括结构大纲（structural syllabus）、情景大纲（situational syllabus）、主题大纲（topic-based syllabus）、技能大纲（skill-based syllabus）和意念—功能大纲（notional-functional syllabus）。

结构大纲是以语法项目和语言结构句型的分级与选项为基础的教学大纲，这些项目包括时态、语法规则、句型等，并根据一定的教学规律和设计标准进行排列。结构大纲强调语言句型是语言教学的基础，语言教学过程是一种新的语言习惯形成的过程。该大纲的优点是：大纲项目排列由浅入深、由易到难，遵循了循序渐进的教学原则；语法结构分析较为系统，大量的句型操练能使学习者较为熟练地掌握所学习的语法内容。

情景大纲是以情景为基础的教学大纲，一切教学活动、练习、任务都与特定的情景或环境有关，教学的重点放在学习活动的开展和学习任务的完成上，而不是放在语言系统的分析和语言结构的操练上。

主题大纲是以主题为基础的教学大纲。在设计主题教学大纲时，要注意主题的定义问题，既不能太宽泛，又不能过于窄小。对学习者来说，通过围绕某一主题展开学习，能够激发他们的学习兴趣和学习动机。

技能大纲是建立在培养语言技能基础之上的教学大纲。随着应用语言学和心理语言学的发展，人们对技能内涵的理解不断加深，在设计技能大纲时，除了语言技能之外，还将认知技能和学习技能纳入其中。

意念—功能大纲是根据学生运用语言表达的意念和发挥的功能来安排语言内容的教学大纲。意念—功能大纲包括：学生进行交际所要表达的意思和概念（如时间、数量、持久度、地点）及表达这些意思或概念所需的语言；表达不同的功能或言语行为所需要的语言（如请求、建议、允诺、描述等）。语言课程的教学单元是按这些意念和功能来编制的。

2. 学时分配

学时指教学用时。学时的分配包括每门课的时数、每个教学环节的时数、每周课时数、每学期课时数等。各门课和各个教学环节时数的多少，关系到整个教学任务能否完成以及教学质量能否得到保证，因此必须根据各门课在专业中的地位和任务、课程内容的分量和难度以及课程在教学中的具体要求来合理分配。要处理好语言知识和语言实践之间的关系，处理好语言技能和专业课程之间的关系。

3. 教学环节

教学环节一般指课堂讲授、课堂讨论、语言实践、课内外作业、考试考察、社会实践等。各个教学环节都有其教学目的、要求和实施方法。在外语教学中，要坚持理论联系实际，加强实践性教学环节，兼顾语言学习和语言实践，做到全面、合理地安排各个教学环节。

外语教师可以从宏观和微观两个层面来制定教师计划。在制定宏观计划时，教师要明确课程最终要达到的目标，知道传授何种语言知识、培养何种语言技能，使用什么教材，运用什么教学方法。同时，教师要了解学习者，了解学习者的年龄、性别、社会背景、学习动机、学习态度、语言水平、学习者需求以及其他因素。

微观计划是在宏观计划的基础上针对某一节课的内容而设计的，比较具体，通常包括以下要素：该节课的教学目的、课堂活动、课堂活动的时间分配、教学策略、教学手段等。

四、教师课堂决策

教师决策是指教师为了实现教学目标与完成教学任务，根据自己的信念、知识和不断形成的实践性认识，通过对教学实践的预测、分析和反思，运用一定的观念和思维范式对课程、教学目标、教学手段、教学方法和策略等进行的判断、选择和组合，确定最有效的教学方案，从而决定整个教学程序设计的综合活动过程。

在具体的课堂中，教师是决策者，教师的决策引导着课堂事件发生的方向和形式。这些具体实施的决策是表面的、可见的，而为何作出这些决策的动机则是深层的、不可见的。正是这些深层的东西充当了教师采取不同课堂行动的"参照系"（frame of reference）（Dewey，1938/1963），决定了具体课堂决策的发生与否。Klein & Weiss（2007）的研究证实，教学决策过程既是直觉的，也是理性分析的。

教学决策动机在教师决策中起重要作用，教学决策动机是教师教学决策的内在动力和心理倾向。教学决策的需要和诱因伴随教学问题的出现而产生，无论是来自外部刺激的诱因，还是出于教师自身愿望的需要，都会激发教师产生解决教学问题的教学决策动机。教师的教学决策动机决定了教学决策的倾向性和自觉程度，强度较大、水平较高的决策动机会促使教师形成明确的教学决策，从而产生较好的教学效果。

Woods（1996）认为外语教师课堂决策的思维过程包括三个部分：第一，课前计划；第二，课堂即时决策；第三，对课堂行为过程的反思、审视的循环往复过程。支配教师作出课堂决策的参照系是他们历经多年的教学实践过程逐渐建立和发展起来的个人理论,包括他们关于外语教学的理论知识、个人信念和一般性假设,这些个人理论以知识结构的形式指引他们的教学行为。

Calderhead(1987)将教师决策分为反思性决策、即时决策和常规决策。反思性决策是教师在有充裕时间的情况下,努力寻找多个问题解决备选方案并能对每个解决方案的效果作出评估。即时决策是教师在时间不足的情况下形成问题的临时解决方案,具有时间短、变化快的特点。常规决策是教师对常规问题采用的常规解决方案,具有常规化、自动化的特点。Richards & Lockhart(2000)按照教学环节,将教师决策分为计划决策、互动决策和评估决策。计划决策是教学实施之前,在教学准备时所做的决策。由于教师在计划决策中难以预测课堂中的情境变化,因此计划决策可能随着教学活动的开展而被调整或改变,这些具有互动生成性的决策被称为互动决策。评估决策是教师在评估计划决策和互动决策时作出的决策,是教师对决策方案的优化或修改,为后续教学积累决策经验。

有研究(Richards,2001)显示,专家教师的头脑中对每一节课都有一个摹本,并且能按照自己的意图将课堂目标、时间安排和课程要求统一起来进行教学活动。相比之下,新手教师就缺乏这种常规模式和思维摹本的技能。与新手教师相比,专家教师的认知图式更为精密、复杂、灵活,内部关联性强,易于理解,在课堂决策过程中,能够自如地调用以往所储存和整合的大量良好的教学事实、原则和丰富的经验,具有迅速列举事例、将学生的问题或回答与本节课的教学目标相联系的能力。

从信息加工的观点来看,教学充满随机事件,课堂信息不断变化,教师随时面临作出延续或改变当前行为的选择,这种选择与教师对课堂信息的感知、识别和判断有关。教师决策研究在很大程度上受认知心理学,特别是信息加工论的影响,主要考察教师"在线"教学活动时的思维内容和思维过程。课堂决策研究使用刺激回忆(stimulated recall),即向教师回放录像/录音,令其回忆伴随课堂行为的思维活动。此外,教案、教学日志等也可作为数据来源。研究发现:其一,教师课堂即席思维的内容涉及学生、目标、教材、程序、管理等,其中有关"学生"的思维出现频率最高;其二,教师在课堂中进行着高密度的在线决策,平均每两分钟一次,以应对复杂多变的课堂情境。

第二节　教师情感

教学不是单纯的认知过程，而是师生之间、生生之间以及学生自我的认知、行为和情感相互作用的过程。这个过程是相互启迪、相互激励的过程，是情绪、情感相互濡染的过程，是人格相遇的过程，是思想、精神相互贯通的过程。教师的教学不仅包括知识、经验、技能的传授，而且也涵盖教师对学生的人格、理想、道德和情操的训练等活动。进一步探讨教师情感、探讨教师情感对教学和学生的影响，以及如何提高教学效果和学习成效，是当前教育学家和教学工作者应该思考的问题。

认知决定情感，情感反过来也会影响认知，并对人的显性和隐性行为产生影响。教师情感对教师的决策、行为以及自我和身份的形成有重要影响（Hargreaves，1998）。有关外语教师情感方面的研究并不多见，直到近些年来才陆续有学者开始对外语教师情感进行探讨，例如李小撒、王文宇（2020）梳理了过去30年教师情感研究的发展脉络，概括出四类研究主题：教师情感概貌、特定类别的教师情感（如焦虑、职业倦怠等）、教学改革中的教师情感、教师情感智力和情感劳动等。李茜、郑萱（2021）对近20年国内外的教师情感研究方法进行了回顾和述评，发现教师情感研究方法从单一的量化研究向质性研究、混合研究和新型研究方法转变，并指出未来研究需要继续拓展教师情感研究的视角，厘清情感概念与认知、行为概念的区别与联系，关注情感的本质，选择适合的研究方法。本节将阐述教师效能感、教师期望和职业倦怠，希望能为外语教师带来一些新的启示。

一、教学效能感

1. 教学效能感概述

教学效能感一般指教师对于自己影响学生的学习活动和学习结果的能力的一种主观判断（Ashton & Webb，1986；Gibson & Dembo，1984）。教学效能感这一概念在理论上来源于Bandura的自我效能的概念。所谓自我效能，是指个人对自己在特定情境中是否有能力去完成某种行为的期望。它包括两种成分，即结果预期（outcome expectation）和效能预期（efficacy expectation）。结果预期是指个体对自己的行为将导致什么样的结果的一种推测。如果将 Bandura 的自我效能感理论应用到教师效能感上，则结果预期反映了教师相信环境能被控制的程度，即学生不论来自什么样的家庭、具有什么样的智力水平、处在什么样的学校环境中，都是可以进行培养教育的。效能预期是指个体对自己实施某种行为能力的一种主观判断。

根据 Bandura 的理论，教师的教学效能感包括两个成分：一般教育效能感和个人教学效能感。一般教育效能感指教师对教与学的关系，对教育在学生发展中的作用等问题的一般看法与判断，即教师是否相信教育能够克服外在环境的消极影响而有效地促进学生的发展，与结果预期相似。具体而言，一般效能感指教师个人对教与学的关系、对教育在学生身心发展中的认识和评价，教师相信学生的学习成果不完全受制于智商和家庭环境，肯定自己的能力并且认为在特定情景中，自己是有能力去影响学生的学习成绩的。个人教学效能感指教师对自己的教学效果的认识和评价，是教师对自己是否有能力完成教学任务、能否教好学生的主观知觉和信念，其实质就是教师对自己教学能力的自信程度，与效能预期相似。

教师教学效能感包含以下三层意思：第一，教师教学效能感既包括认知成分，同时也包含情感成分。第二，教师教学效能感既是一种能力，又是一种信念。能力表现为教学效能感使教师深信他们能协助学习者排除各种学习上的障碍，激发学生学习动机，使学生有效地学习，即教师有能力去改变和影响学生；信念表现为这是一种使教师不顾各种阻力去提高学习者学习能力的信念，这种信念让教师坚信使学习者产生正向改变的可能性。第三，教师教学效能感反映了教师在教学活动中的主体性、积极性和创造性，即使在某种特殊情境下，教师也能帮助学生进行有效的学习。总之，教学效能感作为一种认知动力机制，代表着教师的教学能力方面的信念，它直接影响着教师的教学行为、教学成败的归因和对情绪的调控。

大量研究表明，教师的教学效能感与教学监控能力、教学行为和教学策略之间存在着密切的联系。教学效能感是教师对自己影响学生学习行为和学习成绩方面的能力的主观评价。教学监控能力是教师对自身教学活动的自我意识和调节监督。教学策略指教学活动中所运用的方法，而教学行为则是这种教学策略的外显。教学效能感高的教师，相信教育能够影响学生的发展，而且认为自己有能力教好学生，因而努力提高自己的教学监控能力；反过来，教学监控能力高的教师，会对自己有更高的能力期望和结果期望，因而教学效能感也较高。

2. 教学效能感对教师的影响

1）影响教师的认知和行为

教师教学效能感是教师对教育教学的信念，同时又是教师对自身教学能力的知觉。教师教学效能感越强，他就会为了提高教学效果而注意总结经验、加强学习、摄取有关知识，以此来不断提高自己的教学水平。同时，他所设定的教学目标也越富有挑战性，对教学活动的投入程度也越大。他会认真研究教学方法，选择不同的教学策略，力争取得较好的教学效果。而教学效能感较弱的教师往往认为自己不能胜任工作，对自己的教学能力没有信心。

教师教学效能感还通过归因影响教学活动过程中的思维，进而影响教学活动。研究发现，教学效能感水平不同的教师在教学成功/失败归因倾向上存在着差异，具体表现在高水平教学效能感的教师更倾向于将其成功归因于自身内部的因素；而低水平教学效能感的教师对失败进行分析时，则更倾向于进行外部归因。

教师的教学效能感会影响到教师在教学活动中的努力程度，影响教师面对教学困难和失败时对教学活动的持久性。高水平教学效能感的教师在教学活动中愿意投入更多的努力，并持之以恒，愿意接受工作中的挑战。面对教学困难时，他们相信自己能够胜任和解决问题，以极大的热情迎接挑战，工作具有力度，直至实现既定的教学活动目标。而低水平教学效能感的教师则缺乏教学动力和信念，往往以一种消极的态度来开展教学工作。面对困难时，不能坚持，容易放弃，只满足于既得的成就。有研究表明，教师的教学效能感与其应对策略之间有着显著的关系。

2）影响教师的情绪及心理健康

在一定的教学情境中，当教师面对来自教学方面的困难时，教学效能感将决定个体的应激状态、焦虑等情绪反应。高水平教学效能感的教师即使在面对困难时依然会信心十足、心情愉悦，相信自己能有效地控制教学中出现的问题，并相信通过努力可以取得良好的教学效果。低水平教学效能感的教师面对困难、挫折时则会感到焦虑、恐惧和无助，以至于不能很好地完成教学工作，从而产生新的压力和愧疚感。有研究表明，教师的教学效能感与教师的紧张水平及职业意愿是相关的。高水平教学效能感的教师表现出更积极的教学改革意愿，喜欢自己的职业；低水平教学效能感的教师教学改革意愿消极、人际关系紧张，不喜欢教师职业。

3）影响师生关系

高水平教学效能感的教师对教育工作充满信心，更善于创造出积极热情、相互支持和理解的师生关系，他们与学生关系和谐，对遇到困难的学生，乐意给予悉心的指导，对于学生学业成绩的进步，他们也能给予充分地鼓励和表扬。相反，低水平教学效能感的教师则厌倦自己的工作，对自己的工作能力缺乏信心，对待学生的态度十分冷漠，既不愿与学生进行交往，也不愿采用新的教学方法，既不关心教学过程，也不关心学生的成长，表现出疏离感。

3. 教学效能感对学生的影响

1）影响学生的学业成绩

研究表明，教师教学效能感与学生的学业成绩之间存在着显著相关。在教学活动过程中，高水平教学效能感的教师会选择不同的教学方法和灵活的教学策略，表现出积极的、正面的情感，对学生进行耐心指导和督促，同时教师的言传身教为学生起到了良好的表率作用。在这样的学习氛围中，学生在面对学习动机、学习兴趣，对学习目标任务的选择、期望，对学习结果的归因，对学习行为的管理、调控等方面时都能够保持一种积极向上的态度，从而提高个人的学业成绩。

2）影响学生个性的培养和人生观的树立

教师的教学效能感是教师影响学生的一种自我信念。相对于低水平教学效能感的教师来说，高水平教学效能感的教师在对学生的教育中，更倾向于具有人文取向的管理意识和民主取向的动机信念，容易形成民主型的师生关系。此时，教师所表现出来的人格魅力对学生起到示范性作用，必然会对学生的个性形成、人生观的树立产生一定的影响。

3）影响学生的心理健康

教师在教学过程中教学效能感的高低对学生的心理健康影响也很大，主要原因是教师无时无刻不在起着示范作用。研究表明，面对学习任务，高水平自我效能感的学生常常会采取积极的应对方式，努力尝试着克服学习中的困难；相反，低水平自我效能感的学生往往在面对困难时会产生焦虑和无助感。同时，教师在教学过程中会或多或少地把个人积极或消极的情绪传递给学生，积极或消极情绪都会对学生的心理产生一定的影响。因此，教学过程中教师的教学效能感会影响学生面对困难时的应激状态和情绪反应，并最终影响学生的身心健康。

国内外有研究（Skaalvik & Skaalvik，2010；Khezerlou，2013；刘萍，2014；唐进，2014）发现，自我效能感与职业倦怠呈负相关，职业倦怠对教学效能感产生负面影响。刘毅等人（2009）探讨了教学效能感在职业压力影响职业倦怠过程中的调节作用，发现教师的工作特征、学生等压力源能有效预测教师职业倦怠；教学效能感对职业倦怠具有调节作用。范琳等人（2017）调查了高校英语教师的自我概念、教学效能感与职业倦怠之间的关系，结果表明英语教师自我概念、教学效能感水平较高时，职业倦怠的核心成分情感衰竭维度水平较高；英语教师自我概念、教学效能感均与职业倦怠呈显著负相关，其中自我概念与教学效能感呈显著正相关。郑磊（2013）调查了多媒体环境下高校外语教师的教学效能感，结果发现在多媒体辅助英语课堂教学环境下，教师的教学效果和线下教学效果之间存在显著性差异，原因是多媒体辅助英语课堂教学环境弱化了教师课堂角色，降低了教师的教学效能感，使教师不能有效地实施教学策略，从而导致课堂教学效果不尽人意。

二、教师期望

教师期望效应是教师依据学生以往和现在的综合表现对学生未来可能达到的成就作出预测判断，是一种认知现象。教师期望也是一种希望教师对学生的殷切期望能实现预期效果的现象。

1. 教师期望概述

人际期望效应的提出来源于一个古希腊神话。相传在古代的塞浦路斯，有一位叫皮格马利翁的年轻国王，他擅长雕塑。有一次，他依照自己心目中理想女性的形象雕塑了一座美丽的少女雕像，他与雕像长久相伴，竟对其产生了爱慕之情。他渴望少女获得生命，并成为自己的伴侣，他把自己全部的热情和期望都倾注在这座雕像上。他的诚意打动了爱神，爱神赋予雕像以生命，于是雕像变成了一位美丽的少女，并与皮格马利翁结为伴侣。后人用"皮格马利翁效应"（Pygmalion effect）来比喻人际期望效应。

教师期望是一种特殊的人际期望。美国哈佛大学的心理学家 Robert Rosenthal 将这个神话引进了教育学和心理学的研究领域，发现教师期望对儿童发展具有最直接、重大的影响，证明在教育过程中也存在"皮格马利翁效应"，即教师期望效应。

Rosenthal & Jacobson（1968）在加利福尼亚州旧金山市奥克学校（Oak School）对18个班的一至六年级学生进行了一项"预测未来发展"的实验。在运用智力测验对他们进行能力鉴定后，研究者给这些学生的教师提供了一份名单，并告诉他们，鉴定测验结果显示名单上的学生具有极大的发展潜力，在学业上将会有很大的进步。而实际上，这些名单中的学生都是随机选择的。一年半之后，研究者对18个实验班的学生进行了复测，结果发现，与没有被列入名单的其他学生相比，那些被教师认为学业会有"迅猛发展"的学生的智力水平有了显著提高，尤其是一、二年级学生的提高更为明显，列入名单和没有被列入名单学生的智商至少相差30个百分点。观察表明，教师在对待这两部分学生的态度上有细微的区别，教师给名单上所列学生的正确答案以更多的强化，对他们有更多的提示。研究者认为，教师受到暗示，认为某些学生有培养前途，因而对他们抱有积极的期望，经过较长一段时间之后，这些学生的学业和智力都得到了较快、较好的发展。相比之下，那些没有得到教师积极期望的学生在经过同样长的时间之后智力的发展和学业的进步并不明显。这就是教师期望对学生学业影响的经典实验。

1970年，美国心理学家 Brophy & Good 对皮格马利翁效应进行了详细分析，他们认为期望效应产生的过程是：教师对不同的学生有不同的态度和期望，并采取不同的教育方法→学生对教师的不同态度和行为产生不同的反应→教的期待得到加强和印证→学生学习成绩随着教师的期望而提高或降低，最终在学年考试中表现出教师期望的实现。

有两类教师期望效应，第一类为自我应验效应（self-fulfilling prophecy effect），即原先错误的期望引起把这个错误的期望变成现实的行为。例如如果某同学的父亲是著名的数学家，那他的老师很自然地认为他具有数学天分。于是，这位老师对这个同学寄予了很大的希望，希望他能学好数学，鼓励他多做题，结果这种期望果真使这位同学的数学取得了非常好的成绩。

第二类是维持性期望效应（sustaining expectation effect）。教师认为学生将维持以前的发展模式，而对学生特别是差生的改变视而不见，甚至否认的现象。如果教师认可这种模式，那么，他将很难注意到学生的发展潜力。

教师对学生的期望是在师生互动中实现的。教师首先会对不同的同学形成不同的评价和期望，然后通过一些方式，如语言等向学生传递这种期望，学生会不自觉地接收到教师传递的信息，并按照教师的期望来调节自己的行为。教师期望要内化为自我效能感和学业成就动机从而对学生成绩产生影响。从教师期望效应的结果来看，学生的知觉解释能力和是否转化为实际行动才是最终决定教师期望效应大小的关键因素，所以教师要想对学生产生影响必须首先被学生所知觉。图 6.1 呈现了教师期望的实现过程。

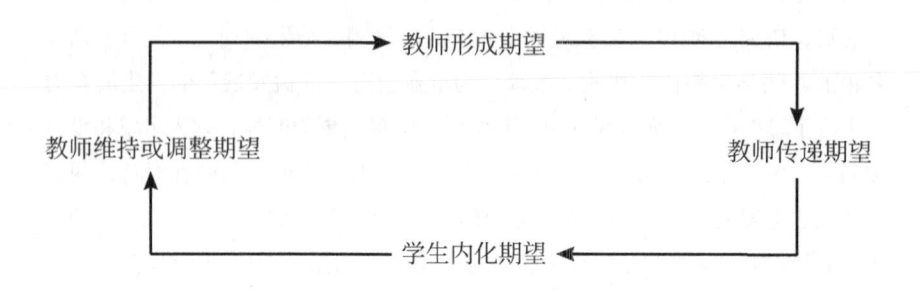

图 6.1 教师期望的实现过程

2. 教师期望效应的理论模式

在对教师期望研究的基础上，心理学家们建立了教师期望效应实现的模式，较有代表性的模式主要有以下三个：

1) Brophy & Good 的期望模式

Brophy & Good (1970) 在研究中指出,教师期望通过教师对待学生行为的不同而直接影响学生的学业成绩和其他方面,并制约学生的态度、期望和行为。为此他们进行了一系列的研究,提出了教师期望过程模式假设。该模式包括五个步骤:(1) 教师形成了对每个学生特定行为和表现的期望;(2) 由于这些不同的期望,教师会对不同的学生采取不同的行为;(3) 这种差别对待向学生传递了有关教师期望学生所作的行为和表现的信息,进而影响了学生的自我概念、成就动机和期望水平;(4) 如果这种差别对待一直持续下去,学生没有以任何方式作出反应或改变教师的期望,那么这种期望会影响学生的成绩和行为,被寄予高期望的学生会不断提高成绩,而被寄予低期望的学生学习成绩会下降;(5) 随着时间的推移,学生的成绩和行为越来越接近和符合教师对他们的最初期望,与教师的期望保持一致。

2) Rosenthal 的中介因素模式

Rosenthal 在 1973 年曾提出四因素中介模式,认为教师期望的传递是以四种行为群为中介的,它们分别是:(1) 气氛:教师为被寄予高期望的学生创造了更为温暖的社会情感氛围;(2) 反馈:教师给予学生有差别的表扬与批评;(3) 输入:教师为被寄予高期望的学生提供更多、更难的资料;(4) 输出:教师为被寄予高期望的学生提供更多的反应机会(如给学生更多的回答问题时间等)。

Rosenthal 等人在后续的研究中发现,气氛和输入能产生最强的效应,其次是输出,而反馈却只有很微弱的效应。随后,Rosenthal (1989,引自 Babad,1993) 将四因素中介理论重新修整为两因素理论,即情感与努力。情感与原来的气氛因素很相似,而努力则包括输入与输出这两个因素。

3) Braun 的教师期望模式

1976 年美国教育学家 Braun 进一步分析了教师期望效应产生的过程和原因,用信息论的观点构建了教师期望结果的模式,即教师期待效应模式(见图 6.2)。他认为,学生的身体特征、性别、学业成绩、社会经济地位等因素是教师期望产生的原因。根据上述原因,教师会产生一种主观印象,接着就会在认知、情感和行为上产生相应的反应,首先会对学生进行优差分组,认为一些学生优秀,一些学生愚笨,随之对学生产生不同的期望,这些不同期望主要表现在与学生接触数量、表扬和批评数量、激励和暗示数量、给予学生作业难度等方面。教师对他认为成绩好的学生提问多、表扬多、布置的作业题目难度较大，而对他认为成绩差的学生则与此相反。在这个过程中，教师形成期望往往是根据来自各方面的信息形成期望，并对这些信息加以过滤、评价、整合，对不同的学生形成不同的期望。这个过程既受到教师自身的生理、心理、经验以及对学生的了解程度等主客观因素的影响，也受到来自学生的各种信息的影响。

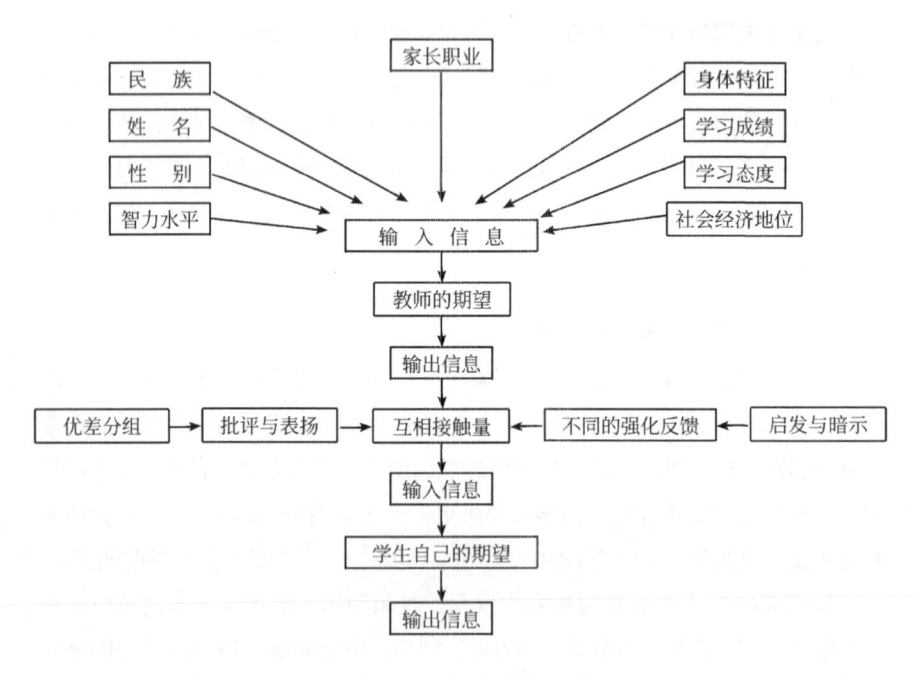

图 6.2 Braun 的教师期望模式

3. 影响教师期望的因素

1）学生的背景信息

研究表明，学生的有关背景信息，如学生的测验成绩、作业成绩、班内的排名、性别、身体特征、外貌、种族、社会地位、家庭状况、品德特征、性格特征和讲话的风格等对教师期望的形成产生一定的作用，而根据这些因素所形成的期望对学生的成就有重大的影响。

2）教师的个人特征

教师作为个人而言，有其自己的个性特征。在其个性特征中，有些特征对教师期望的形成也会产生一定的影响。Good & Brophy（2002）将教师划分为三种类型：前反应型教师、过度反应型教师和反应型教师。前反应型教师最有可能对学生持有积极的期望效应，他们对全班及个别学生都会设置一个清晰的目标。如果他们设置的目标实际，且学生也具备了使目标实现的能力，这些学生就会系统化地朝实现与这些目标相关的期望迈进。过度反应型的教师则最有可能对学生持有消极的期望效应，他们多会根据学生以前的记录和对其行为的第一印象形成固定、刻板的观念，他们更倾向于把学生作为一个类别而非个体来对待。反应型的教师对学生所持的期望效应一般较小，倾向于保持优等生和差生现有的差异，他们对学生的期望较小，并会根据新的反馈结果对期望进行调整。

3）学生对教师期望的知觉

学生对教师行为的知觉是教师期望与学生成绩之间的一个重要变量。研究者认为，重要的不是教师本身的行为，而是学生对教师行为的知觉。Babad（1990）考察了教师对自己行为的知觉以及学生和教师知觉之间的关系，他们认为，学生和教师对教师行为有不同的解释，引起教师差别行为的三个因素是学习支持、压力和情感支持。学生认为，教师给予了高成就者更多的压力和情感支持，给予了低成就者更多的学习支持；而教师则认为他们给予了低成就者更多的学习支持、情感支持和更少的压力。Eccles & Wigfield（1995）的研究结果则表明，学生的学习动机受他们每天在课堂里所得到的教师期望的影响，在此基础上，他们会将这种期望延伸到今后的学习中。

4. 教师期望效应与学习者学业成绩

Merton 于 1948 年首先提出自我预言的概念。随后，Clark 在 1965 年就教师对学生的低期望做了研究，认为教师的低期望是造成学生成绩差的原因之一。West & Anderson（1976）指出，普通课堂中教师期望一般产生于他们自己与学生相处之后，教师期望对学生成绩的效应与学生成绩对教师期望的作用有联系。Williams（1976）的研究表明，教师期望影响教师对学生学习成绩的评定，导致不同学生的分数与他们的客观成绩之间存在着差异。McDonald & Elias (1976) 的研究表明，教师期望比性别差异、种族差异对学生学习成绩的提高影响更大。在某种情况下，教师所抱有的高期望或者低期望，会使处于同一水平上的学生的成绩出现一个标准差的浮动。因此，可以说，教师的期望"决定"了学生学习成绩的结果。

近年来，随着认知心理学的发展，我国对教师期望的研究取得了一定的研究成果。刘丽红、姚清如（1996）的研究表明，教师期望通过影响学生的学习能力感和学业成就动机进而影响学生的学业成绩；学生学业成绩的变化对教师期望水平及其自身的学习能力感和学业成就动机也有影响。宋广文、王立军（1998）研究了影响中小学教师期望的因素，发现影响我国中小学教师期望的主要因素是测验的结果及学生的个性特征。郑海燕等人（2004）探讨了教师期望、自我价值感及目标取向之间的关系，发现教师期望与自我价值感和目标取向显著相关，即积极效应与自我价值感及目标取向的各维度均呈显著正相关，消极效应与自我价值感及目标取向各维度呈显著负相关；教师期望与自我价值感仍对目标取向各维度具有较强的预测作用；自我价值感在教师期望对目标取向各维度的影响上起中介作用。郑海燕（2010）以初中生为被试，探讨了他们在学习中知觉到的教师期望、自我价值感与成就目标之间的关系。研究表明：学生知觉到的教师期望通过自我价值感影响学生成就目标的确立。宋凤宁、欧阳丹（2005）探讨了教师期望、学业自我概念、学生感知教师支持行为与学业成绩之间的关系，发现教师期望通过学生感知教师支持行为而影响学生学业自我概念，进而影响学业成绩。范丽恒、金盛华（2008）研究了教师期望对初中生心理特点的影响，结果表明：在个体层面，教师对学生的期望影响该生的学校满意度、同伴接纳水平和学业成绩；在班级层面，教师对班级的平均期望影响班级的学校不满意感和同伴接纳水平，但不影响班级的学业成绩。范丽恒（2010）探讨了教师差别行为在教师期望效应中所发挥的作用，发现教师差别行为在教师期望传递过程中发挥调节效用。丁蕙、屠国元（2014）对教师期望、教师支持、学生感知支持及学生自我概念进行相关分析、单因素方差分析及多元线性回归分析。结果表明：教师期望与学生自我概念显著相关。教师期望对自我概念的变异具有较强的解释作用，学生感知支持起到中介作用；教师期望、学生感知支持与学生自我概念在三组学生之间呈现非常显著的差异。教师支持行为在高期望学生与中等期望学生之间未呈现显著差异。

综上所述，教师期望对学业成绩的影响不是直接的，而是通过影响学生的学习能力感和学业成就动机而实现的。教师期望通过学生自身的分析、理解、思考等认知环节影响和改变学生的自我观念，学生将教师的期望转化为自我期望，形成相应的自我概念，从而对自己的学习能力作出评价，产生学习信心和学习活动的内驱力。同时，学习者的学习活动主要是在学校的课堂环境中进行的，学习内容的难度、教师的教学方法以及教师的人格特征都会直接或间接地影响学习者的学业成就。因此，连接教师期望与学生的学业成绩之间的心理因素主要是学习能力感和学业成就动机。

三、教师职业倦怠

1. 职业倦怠概述

职业倦怠（job burnout）最早由美国临床心理学家 Freudenberger（1974）提出，指的是个体在工作重压下产生的身心疲劳与耗竭的状态。Freudenberger 认为职业倦怠是一种最容易在助人行业（如教师、护士、律师等）中出现的情绪性耗竭的症状，因为从事助人职业的人们通常工作时间过长、工作量过大、工作强度过高，当助人者将个体的内部资源耗尽而得不到补充时，就会感到倦怠。随后 Maslach（1976）、Maslach & Jackson（1981）把对工作上长期的情绪及人际应激源作出反应而产生的心理综合症称为职业倦怠。一般认为，职业倦怠是个体不能顺利应对工作压力时的一种极端反应，是个体因伴随长时期压力体验而出现的一种情感、态度和行为衰竭的状态。职业倦怠主要表现在以下三个方面：(1) 情感衰竭（emotional exhaustion）：丧失工作热情，情绪烦躁、易怒，容易迁怒他人，情绪情感处于极度疲劳状态。对前途感到无望，对周围的人、事物漠不关心。(2) 人格解体（depersonalization）：工作态度消极，以消极、冷漠、否定、忽视的态度对待自己的工作对象、同事和家人，个人发展停滞不前。(3) 成就感低落（diminished personal accomplishment）：个人成就感降低，自我效能感下降，对自己工作的意义和价值评价下降，消极评价自己。

2. 教师职业倦怠

教师职业被公认是一种高强度、高压力的职业，较高的工作压力会导致工作效率的降低，影响教师的身心健康并阻碍个人的专业发展。如果工作压力长期得不到有效的控制和缓解，就会产生职业倦怠。教师职业倦怠与教师的年龄和教龄因素、角色定位因素、人格因素、社会支持因素、个人成就感因素等直接相关。教师职业倦怠主要表现在教师的情感资源过度消耗，感到工作没有意义、没有价值，工作目标渺茫，对教学工作和教学对象逐渐失去热情和兴趣；教师对学生表现出负面的、冷淡的或麻木不仁的态度；教师的胜任感和工作成就感下降，认为自己不能胜任教师工作，有无助感，缺乏工作自信，缺乏进取心，工作中易躲避困难，敷衍工作，被动应付。王芳、许燕（2004）总结出教师职业倦怠主要包括四个方面的内容：一是教师情绪上的疲惫感；二是教师人际关系上的疏离感；三是教师工作上的无意义感；四是教师知识上的耗尽感。

近年来，国内学者也对教师职业倦怠展开了研究，但大都集中在研究中小学教师、幼师的职业倦怠（如张学民等，2007；毕重增、黄希庭，2005；李永鑫等，2007；褚远辉、陈时见，2010），很少有研究大学教师这个群体的，而有关高校外语教师的职业倦怠现状的研究尤其少。张庆宗（2011）通过访谈的方式，调查了高校外语教师形成职业倦怠的原因，发现以下几对矛盾是导致高校外语教师产生职业倦怠的主要原因：教师对学生高付出与低回报之间的矛盾，教师教学工作的重复性与创造性之间的矛盾，教师的教学工作与自身专业发展之间的矛盾，教师教学工作与以科研为导向的评价机制之间的矛盾以及教师的劳动报酬与市场需求之间的矛盾。

职业倦怠经常与各种形式的负面反应和工作退出相关联，由于职业倦怠减少了工作中积极体验的机会，它与工作满意度下降和对工作或组织的承诺减少有关。除此之外，还会导致缺勤、离职、工作表现较差、罹患心理或生理疾病等后果。对学生来说，教师的职业倦怠会影响学生对教师职业和知识学习的认知，影响学生的情感状态（如学习动机等），最终导致学生的学业成绩下降。

3. 如何应对教师职业倦怠

随着社会经济的快速发展和教育地位的不断提升，教师的生存状态越来越受到关注,如何缓解和降低教师职业倦怠被提到一个新的高度。降低教师职业倦怠是调动教师积极性、发挥工作潜能、提高工作效率和教学质量的有力保证。

1) 提高职业认知,关心学生成长

教师是一个高度专业化的职业,对学生的人格养成、学业成就的提高产生深远的影响。教师应该提高对教师职业的认知,深刻认识到工作的重要性。师是育人之人,是传递人类文化和文明的人。教师的工作联系着人类的过去、现在和未来,教师职业是一份荣誉、一份责任,更是一份希望。教师承担着教育的重任,一个国家的兴衰和发展系于教育。如果说教育是国家发展的基石,教师就是基石的奠基者。教师只有爱岗敬业、爱生执业,才能在工作中洋溢出教育生命的活力与激情,才能书写"以人格影响人格,以智慧启迪智慧,以生命点化生命"的教育人生,才能真切体会到做一名教师的快乐、幸福和尊严。只有当教师对自身的工作有了正确的认知之后,才能关爱学生、快乐从教,才能将教师的职业倦怠程度降至最低。外语教师更是肩负着中西文化交流的重任,是中华文明的传播者,理应为自己的职业感到骄傲和自豪。

另外,在加强教风建设的同时,也要加强学风建设,要在学生中倡导勤学、会学、乐学的风尚。教导他们尊敬师长、学会感恩、关心同学、互助互爱,有效地进行师生互动和生生互动。尤其要培养学生的批判性思维,帮助学生在外语学习过程中增强对不同文化的鉴别能力,使学生能够健康成长,成为国家和社会建设需要的栋梁之才。

2) 关注自我更新,提升专业素养

每一位教师都有专业发展的需求,都有成就动机和自我实现的愿望,但当他们的愿望和需求因各种原因而未能实现和满足时(如科研成果未能发表、研究课题未能立项),就会对自己的业务素质、工作能力产生怀疑进而滋生出挫败感,并引发职业倦怠。因此,作为外语教师必须不断提高专业素质、增强专业能力、拓展专业知识,使自己能灵活地运用教材、教法,让学生获得最佳的学习效果。

首先,要做到课前充分准备,课后积极反思。通过教学反思,对自己的教学行为进行合理的归因。如果教师将成功的教学案例归因为能力和努力等内在因素，他就会继续努力，争取再次取得成功；如果教师将成功的教学案例归因为运气等外在因素，那么他就很难体验到成功，而且这对今后的教学也难以产生促进作用。研究表明，积极的归因能增强教师的教学效能感，降低职业倦怠程度；消极的归因会降低教师的教学效能感，增加心理紧张程度，加重职业倦怠。通过教学反思，教师可以在重复性的教育教学活动中发现新的兴奋点、找到新的意义，以此唤起自己的工作热情、激发生活情趣，在工作中最大限度地发挥主观能动性和创造性。

其次，要将教学与科研紧密地结合起来，要充分认识到科研对于反哺教学、增强教学效果的重要性。针对外语教师科研意识薄弱、科研能力欠缺的实际情况，学校要培养教师的科研意识、开设科研方法讲座、组织科研团队，让教师在丰富的教学实践中开展外语科学研究。同时通过争取科研项目、发表科研成果，让教师感受到科研带来的成就感和满足感。教师个体的专业发展是提高教师教学效能感、抑制职业倦怠的有效策略。教学效能感高的教师能正确看待和妥善处理教学中出现的困难和问题，容易获得成功，并能得到学生的认可和尊重。教学效能感低的教师认为自己没有能力应对教学中的困难，常常采取回避的态度，因此，在工作中很难有所作为，体验到的不是成功，而是痛苦和失落，进而产生职业倦怠。

3) **减轻工作负荷，关注教师健康**

教育的本质是让受教育者追求幸福，那么，从事教育的教师首先应该成为一个幸福的人，一个心中装有诗和远方的人。众所周知，教师除了课堂教学之外，还要花大量的时间备课、批改作业、做学生工作、从事教育教学研究等，这些劳动都是在工作时间之外的隐性付出，这些隐性的劳动付出是无法用时间来计量的。如果任由教师长期超负荷运转，势必会影响教师的身心健康。因此，有必要减轻教师的工作负荷，丰富他们的业余生活，使教师有一定时间用于休闲和调整，释放压力，以改善他们的情绪状态，确保身心健康，达到用幸福创造幸福、用美好引导美好的境界。

同时，减轻教师工作负荷能为教师留有更多的时间进行在职学习和培训，通过不断充实自己来增强自信心、降低职业倦怠，切实提高教学水平和教学质量。

4）创设良好环境，改善生存条件

创设一个安全、温暖、公平的工作环境，尊重教师、关爱教师、赋权给教师，鼓励教师参与管理与决策，让教师在良好的工作环境和尊师重教的氛围中体验到教学工作的愉悦，感受到自我成长的快乐，从而进一步激发教师的工作热情和潜能，提高教师职业的满意度和认同感。建立人性化的管理制度，建立科学、合理的教师评价体系，要充分考虑到外语学科的特殊性。尊重、信任、理解教师，最大限度地调动教师的积极性，进一步增强教师的爱岗敬业意识。

尽量改善教师的待遇，减少教师的后顾之忧，让教师全身心地投入到工作中去。青年教师的收入低、生活压力大，要更多地关注他们的情感状态和心理健康需要；对于刚入职的青年教师，除了要关心他们的物质生活和精神生活之外，还要有计划、有步骤地指导他们制定专业发展规划，尽快实现专业成长。

总之，教育管理者要清楚地认识到教师之所以会出现职业倦怠，不是因为他们懒惰、不想有所作为，更不是因为他们的道德层面出现了问题，而是由教师职业的特殊性、教师的个人因素、工作的外部环境等深层原因造成的。因此，教育管理部门要理性地对待教师职业倦怠，通过帮助教师提高对职业的认知、注重自我更新和专业发展等途径降低职业倦怠。同时，教育管理部门和学校也要关注教师个体的专业发展，采取减轻教师工作负荷的措施、建立科学合理的教师考评体系、改善教师待遇等方法来缓解教师的职业倦怠。

第三节 外语课堂教学的组织和管理

外语教学的具体实施过程主要在课堂上进行。教学大纲和教材中的指导思想和要求只有在课堂上才能得到具体的体现。课堂也是教师和学生交流的主要场所，是教师调控学生情感因素、协调学生学习行为的地方；同时课堂也是学生获得主要的可理解性的目的语输入，如教材内容、教师话语和同伴话语的重要场所。因此，无论是在传统的外语教学法还是在一些新的教学方式中，课堂教学都是特别重要的教学环节。

一、外语课堂教学组织与实施

外语教学是在教师有目的、有计划地组织指导下，学生积极主动地学习外语，同时智力和个性得到发展的一种教师与学生共同参与的双向活动。在教学过程中，教师是组织者和指导者，起主导作用；学生是教学的对象和受教育的客体，同时又是学习的主体。课堂教学效果与教师的组织能力有着密切的关系，教师的组织能力包括教材组织能力、语言组织能力和班级组织能力。教师在安排学生的学习活动和控制学习变量的过程中，表现出较好的组织能力，有助于学生获得较好的学习效果。

和其他学科的教学一样，外语教学过程也由四个要素构成：教师、学生、教材和教学方法。这四个要素相互作用，使得教学过程顺利进行。组织和实施有效的外语课堂教学，教师应该首先确定教学目标，根据教学目标合理组织教学内容，分析教学对象，掌握学生的需求，在具体教学目标和教学内容的指引下选择适合教学对象的教学形式、手段以及教学媒体进行教学，确立评价方法，同时实施切实可行的课堂管理，如纪律管理和环境管理等。

1. 确定教学目标

确定教学目标是教学设计的重要环节。教师必须在实施教学内容之前明确教学目标，同时，根据教学目标时间的长短，制定相应的学年目标、学期目标，甚至是月目标和周目标等。确定教学目标有两个步骤：一是以教学内容、教学理念和对学生需求的评估为基础，列出具体课程的所有目标；二是将目标形成教学计划。适时、准确地确定教学目标不仅有利于学生提高学习成绩，有效地促进课堂行为和学生的交流，而且有利于教学评价和测试。

2. 组织教学内容

在教学目标的指引下，根据不同的知识类型和课型，教师应组织不同的教学内容。课程内容分为两个组成部分：语言本身（如语音、语法、阅读技能等）和用语言表达的思想与主题。语言内容提供了载体，话题内容是语言运用的依托。教师既可以以语音、词汇和语法为主线，也可以以话题、情景、意念、功能为主线来规划教学,既要培养学生的听、说、读、写、译等基本语言技能,又要加深学生对语言文化的了解和认识。

3. 分析教学对象

学习者作为教学对象始终是教学过程中的重要角色,因此对学习者的情况予以分析是教学过程中的必要环节。首先,外语教师应该对学生进行需求分析(needs analysis),了解学生的需求、喜好和学习外语的目的。需求分析是教师与管理者、家长与教师、教师和学生之间的一种有效沟通方式。其次,外语教师还应该从学习者学习外语的动机出发,分析和观察学习者的学习态度,同时将学习者的学习动机、学习态度同学习者的语言能力和背景知识相结合,制订出个性化的教学内容和教学方案。

4. 选择教学方法和教学形式

有许多种外语教学方法,但没有哪一种方法适合所有的环境和所有的教师、学生。那么如何去选择适合自己及教学环境的教学方法呢?教学方法的选择受许多因素的影响和制约,这些因素主要包括:(1)学生的认知过程;(2)教师角色;(3)教师语言;(4)语言的真实性;(5)流利度和准确性的关系;(6)学生的创造性;(7)教学技巧;(8)听说目标;(9)读写目标;(10)语法。刘俊(2002)提出了一种新的理论框架来重新定义语言教学方法,该理论框架包括五个范畴:历史范畴、建构范畴、发展范畴、情境范畴和反思范畴。以下是各范畴应该考虑的问题,也是外语教师在选择外语教学方法时应该考虑的问题(见表6.1)。

表6.1 语言教学方法框架

范畴	主要应该考虑的问题
历史范畴	该教学法的起源是什么?它是如何发展起来的? 指导该教学法的语言学习理论是什么? 你的教学目标是什么?如何实施教学法以实现该目标? 语法和交际在该教学法中的地位如何? 关于该教法有哪些研究?

(待续)

(续表)

范畴	主要应该考虑的问题
建构范畴	教师和学生各自的地位如何？ 这种教学法的教、学过程有什么基本特点？ 课堂内师生互动、生生互动的本质是什么？ 需要使用什么教材来达到既定目标？
发展范畴	语言的哪些方面（语音、词汇、语法等）需要被强调？ 在课堂上应该强调听、说、读、写四项技能中的哪些技能？ 如何根据相关教学法对学习进行评价？ 该教学法对学生的情感方面有什么影响？
情境范畴	你处于什么样的教学环境，是 ESL、EFL、ESP，还是 EAP？ 在文化和语言环境中，该方法的可行性如何？ 每周的教学时间是多少？ 如何看待学生的母语作用？ 在教学环境中如何看待目的语的文化背景？ 在实施该教学法时是否考虑了学习者的性格特征和学习方法？
反思范畴	为什么要选择这种教学法？ 你对该教学法的熟悉程度如何？ 你以前接触过这种教学法吗？ 在使用该教学法之前你认为自己需要培训吗？ 你对自己作为一个语言教师的能力有实事求是的评价吗？ 实施这种教学法能让你最大限度地发挥自己的潜能吗？

一般而言，可供选择的基本教学形式主要有课堂讲演、课堂提问、课堂自习和小组讨论四种，此外，可供选择的特殊教学形式有发现学习、探究学习、合作学习、问题解决、模拟和游戏、生成学习、情景性教学、交互式教学、支架式教学以及个别化教学等。具体到外语课堂上，除了课堂讲授之外，活动类型和方式很多，一般采用的活动类型有独白（monologue）、对话（dialogue）、配对活动（pair work）、小组活动（group work）、哑剧（mime）、讲故事（story-telling）、角色表演（role-play）以及各种各样的游戏（games）等。

5. 教学评价

教学评价包括：对学生需求的评价、对学生学习的评价和对课程教学的评价。教学评价既检查学生的学习情况，又检查教师的教学情况，教学评价是整个教学过程中的反馈环节。评价可以是形成性的，也可以是终结性的。形成性评价是在课程进行之中进行的，贯穿于教学的全过程中，注重对学生学习发展作出动态的描述。它通常提供的信息是：学生在学习中的表现，在学习中学到了什么，课程是否符合学生的需求等。终结性评价是在课程结束时进行的，关注的是一种静态的结果，它提供的信息是全部学生的成绩以及整个课程的有效性。

二、外语课堂教学管理

1. 营造和谐的课堂人际关系

课堂中的人际关系直接影响课堂气氛，影响学生与教师和同伴的互动，因而也必然影响学生的学习。课堂中的人际关系主要包括师生关系和生生关系。建构主义认为，在课堂教学中，教师应该从传统的知识传授者的权威角色，转变为学生学习的帮助者和促进者，以及学生学习中的合作者。只有建立起平等的师生关系，学生才能真正成为学习的主体。在良好的班级环境中，教师可以有效地组织各种口语活动、小组活动等，可以最大限度地调动学生学习外语的主观能动性，从而提高学生的学业成绩。因此，建立良好的师生关系和生生关系对开展外语教学活动是十分重要的。

2. 制定有效可行的课堂纪律

课堂纪律是指为了保障或促进学生的学习而为学习者设置的行为标准和施加的控制。制定出有效可行的课堂纪律，有助于维持课堂秩序，减少学习的干扰，也可以帮助学生获得情绪上的安全感（庞维国，2003）。外语课堂上所制定的课堂纪律应该是民主的，而不是控制式的。只有在民主、宽松的课堂纪律的指导下，外语学习者才能获得和谐、稳定的语言学习气氛，才能够最大限度地消除学习者对学习语言的畏惧心理和焦虑情绪，只有这样才能保证外语学习的效果。

3. 采用积极有效的激励方式

在课堂管理中，积极有效的激励，如表扬、鼓励和奖励等，可以激发学生的学习动机。激励可以包括外部激励、自我激励、相互激励等；激励有不同的形式，如实物激励和精神激励等。在外语课堂中，教师多采用的是口头表扬的方式，如对表现好的学生给予"Wonderful!""Very good!""Good!"等口头反馈。同时，教师应该注意学生相互激励和自我激励在外语学习过程中的重要性，特别是在开展小组活动时，学生之间的相互激励甚至比教师的口头激励更有效。

4. 关注课堂物理环境

在课堂中，某些物理环境因素会对学生的学习产生影响，如位置安排、温度和光照等。不合适的物理环境往往会使学生产生消极的情绪反应，如焦虑、心慌等，进而导致学生无法将注意力充分集中在学习任务上，从而影响自己的学习效果。教室要整洁安静，大小适中；教室桌椅的安排要有利于教师和学生进行交流；教师的板书务必整齐、清楚；教师的音量要适中，语速要恰当；教师仪态要得体，体态语言的表达力要强。

思考题：

1. 概述教师期望的作用和意义。
2. 概述教师认知对外语教学的影响。
3. 如何有效地组织外语课堂教学？

第七章 外语教师专业成长

教师专业发展是教师个体由新手逐渐成长为专家型教师的过程，是教师的专业成长过程，即教师在整个专业生涯中，通过终身专业训练和学习教育专业知识技能来提高自身从教素质、增强专业能力，逐步成为一名良好的教育工作者。教师专业发展是教师终身学习的过程，是教师不断解决问题的过程，是教师的职业理想、职业道德、职业情感、社会责任感不断成熟、不断提升、不断创新的过程。概括地说，教师专业发展就是指教师习得并提升有效教学专业实践所必需的知识与技能的过程。

近年来，外语教师培训越来越受到重视，国内外学者对此展开了深入的研究和探讨。外语师资培训的术语随着研究的深入也由最初的"教师培训"（teacher training）逐渐过渡到"教师教育"（teacher education），再到"教师发展"（teacher development）。"教师培训"更多是指技术、手艺上的培训，有培训教书匠之嫌，忽视了对教师的通才教育和智力开发。"教师教育"指不仅对教师进行教学方法的培训，还要为他们开设普通语言学、应用语言学、语言测试和评估、科研方法等课程，目的在于提高教师的理论意识，扩展他们的思维空间。可以看出，无论是"培训"还是"教育"，都将老师看作是被动的受体，而忽略了教师的自觉性和主体性。于是人们开始使用"教师发展"一词，强调在"教育"的基础上，鼓励教师主动反思自己的教学过程，评价自己的教学效果，以促进自身的发展。教师发展指教师在智能、经验以及教学态度上不断成长的过程。

第一节 教师专业发展

一、教师专业发展概述

自20世纪60年代以来，教师专业发展的内涵研究、阶段研究和模式研究成了教师专业发展研究的主题。Hoyle（1980）指出，教师专业发展指在教学职业生涯的每一个阶段，教师掌握良好专业实践所必备的知识与技能的过程。Fullan & Hargreaves（1992）认为，教师专业发展指在职教师在目标意识、教学技能和与同事合作能力等方面的全面进步。从相关研究来看，研究者对"教师专业发展"的理解是多种多样的，归纳起来主要有三类：第一类指教师的专业成长过程；第二类指促进教师专业成长的过程；第三类认为以上两种含义兼而有之。

我国对教师专业发展阶段的研究始于20世纪80年代，林崇德、申继亮等从认知心理学角度研究教师素质结构所取得的成果和叶澜等从教育学、伦理学研究视角出发构建的教师专业化的理论框架，为我国教师专业发展阶段的研究奠定了坚实的理论基础。教师专业发展不仅是一个教师终身学习的过程，也是一个教师不断解决问题的过程，更是一个教师的职业理想、职业道德、职业情感和社会责任感不断成熟、不断提升、不断创新的过程。教师的发展水平可以从内容和程度两个方面来衡量：内容是指教师专业成长的结构，即教师的专业发展包括哪些方面；程度是指教师专业发展所达到的层次。判断教师专业成长水平的高低，需要结合内容和程度两个方面进行考量。教师专业发展主要呈现三种取向：教师专业发展的理性取向（intellectual perspective）、教师专业发展的实践—反思取向（practical-reflective perspective）和教师专业发展的生态取向（ecological perspective）。

1. 教师专业发展的理性取向

教师专业发展的理性取向就是教师接受充分的学科知识和教育知识，重点是知识的获得和行为的变化，发展的途径是各种短期或长期的正规培训。要确保教育的质量，必须提高教师的专业水准。提高教师的专业水准就是明确教师专业的知识基础，使教师的教育拥有更为坚实的理论基础。影响有效教学的因素是教师的学科知识和将这些知识、技能传递给学生所需要的教育知识。因而这种取向的教师专业发展就是向专家学习某一学科的学科知识和教育知识。

教师专业发展的理性取向来源于"技术理性"。"技术理性"是一种追求规范、可操作的理性精神。在技术理性的指导下，具体的教学成为学科内容的知识与教育学、心理学原理和技术的合理运用，它关注的是什么知识对教师的教育教学有用,那么教师就应该掌握这种知识,由此形成一种"技能熟练"的教师专业发展模式。教师专业发展的理性取向注重对教师专业发展内容进行客观理性的分析,建构教师专业知识、能力结构,并最终形成可测量、易操作的指标体系。因此,教师专业发展成为丰富学科知识、移植教育理论、照搬教育专家理念的过程,衡量专业发展的程度是看其专业知识是否丰富、技能是否娴熟。教师专业发展的理性取向的局限性在于:教师专业发展的内容被严重窄化了,致使其成为单纯的知识技能历练而忽视了教师作为"人"的情感、智慧等因素的实现。

2. 教师专业发展的实践—反思取向

教师专业发展的实践—反思取向认为教师对于影响其专业活动的知识、理解或信念,不是通过培训或专家传授"获得"的,而是主要依赖于教师个人或合作的"探究"和"发现";认为应当关注"实践",强调"实践"本身所包含的丰富内涵,关心"教师实际知道些什么";认为教师专业发展的主要目的并不在于外在的、技术性知识的获取,而在于通过反思活动促使教师对自己的专业活动有更深入的"理解",发现其中的意义,以促成"反思性实践"。理性取向强调教师专业知识与技能的掌握,寻求教师专业的普遍知识、能力结构,而教师专业发展的实践—反思取向则与之不同,它强调教师作为一个"人"的独特性,强调教师个人生活与其专业生活的关联,更注重教师"个人的"和"实践的"专业知识在专业活动中的作用。

教师专业发展的实践—反思取向注重教师专业发展的过程性与体验性,因而非常关注情感与态度在教师成长中的重要作用,即教师的发展不仅是理性的成长,而且还包括情感的丰富与深化。Hargreaves(1998)曾指出,情感与知识是内在交织的,知识以情感为前提,认知建立在情感偏好的基础上,情感又以认知为基础——情感离不开认知的诠释。因此,情感与态度在教师发展中同样具有重要作用。

实践—反思取向的教师专业发展的途径是经验学习,主要通过写日记、文献分析、教师会谈、参与课堂观察等方式进行单独或合作反思,加强对自身教学实践的认识,不断提升教学能力。

3. 教师专业发展的生态取向

生态取向的教师专业发展观是将教师置于某一群体中，关注群体中的各种因素，包括群体中的人、事、物等之间的关系。生态取向的教师专业发展理论关注一个动态的、宽广的生长环境中教师成长的问题，探讨的是教师与其生长环境中各因素的关系问题，其重心及落脚点则是教师如何才能更好地与自己所处的日常工作环境中的各因素相融合，以获得专业上的成长和发展。

教师获得知识的途径多种多样，根据理性取向和实践反思取向，通过书本习得和专家学者的传授可以获得知识；通过对实践的反思，教师也可以获得感受更深、记忆更牢固的知识。然而，就教师的专业发展而言，教师专业知识与能力的发展不能仅仅依靠其自身，更多的是要向他人（如校外专家或同事）学习；教师教学策略与风格的形成与改进并非单纯依靠教师自身，更大程度上有赖于"教学文化"（cultures of teaching）或"教师文化"（teacher cultures），正是教学文化为教师的工作提供了意义、支持和身份认同。教师在其所生存的教师群体中，可以通过彼此之间的交流和文化氛围的熏陶来获得成长和提高，此时，他所获得的知识就来自于群体的文化。这就是生态取向教师专业发展理论的价值观所在。

教师实现专业发展不仅要通过教师个人的学习和实践反思，更重要的是在教师群体中形成合作的专业发展文化与模式，正是这些文化为教师的工作提供了意义、支持和身份认同。生态取向的教师专业发展并不完全依赖自我，个人环境、组织环境都会对教师专业发展产生重要影响。相对于理智取向和实践反思取向而言，教师专业发展的生态取向采用更宏观的视角，更多关注的是"文化""社团""合作"和"背景"，更为关注教师发展的方向或途径而不是教师专业发展的内容。"社团"指教师所处的教师团体、群体，每个教师都会处在一个或者多个群体中，势必要受到来自群体文化、包括其他成员言行、观念等因素的影响。这里的"背景"一方面不仅指教师个人所处的群体环境，也包括教师群体所处的环境；另一方面，"背景"还包括教师个人的成长历程、职业发展经历。这些因素对教师专业发展都有着重要影响，它们反映的是一种文化层面的因素。生态取向的教师专业发展主要的注意力既不是学习某些学科知识或教育知识，也不是个别教师的"反思"，而是教师之间如何更好地合作，如何构建合作的教师文化。

生态观下的教师专业发展与理智取向、实践—反思取向教师专业发展的最大区别在于：它超越了理智取向、实践—反思取向中主要关注教师本身的局限，转而关注教师的专业背景、专业图景中各因素之间的关系。生态取向教师专业发展的最理想方式是合作的发展方式。表 7.1 总结了三种取向的教师专业发展的内容、途径与方式：

表 7.1 三种取向的教师专业发展的内容、途径与方式

取向	内容	途径与方式	关键词
理智取向	教师个体知识的获得与技能的提高	培养与培训	知识技能
实践—反思取向	教师个体实践行为的改进	个人的或合作的"探究"与反思	实践反思
生态取向	教师群体的共同发展	建构合作的"教师文化"或"教学文化"	合作、文化、社团、背景

二、教师专业发展理论

对教师专业发展的研究最早始于美国学者 Fuller 对教师"关注"阶段的研究，至今已有许多学者参与到教师专业发展理论研究的行列中，并产生了精彩纷呈的教师发展理论，归纳起来，主要有以下几类："关注"阶段论、Katz 的教师发展时期论、Burden 的教师发展理论、职业生命周期阶段论、Huberman 的教师职业周期论、Steffy 的教师生涯阶段模式论、心理发展阶段论、教师社会化发展阶段论（张庆宗，2014）。

1. "关注"阶段论

"关注"阶段论以美国学者 Fuller & Bown（1975）为代表，他们从教师共同心理特征、态度和实际需求的角度，根据教师关注的内容将教师职业生涯分为四个阶段：教学前关注阶段、早期生存关注阶段、教学情景关注阶段、关注学生阶段。在每个发展阶段，教师所关注的事物都有所不同。

1）教学前关注阶段（pre-teaching concerns）：该阶段是教师培养阶段。大部分人对教师角色仅处于想象之中，由于没有担任过任何教学工作，无任何教学体验，所以只关注自己。在对其他教师进行观察的初期，常常持批判的态度。

2）早期生存关注阶段（early concerns about survival）：该阶段是实际接触教学工作阶段，主要关注的是自我胜任能力以及作为一个教师如何"幸存"下来，关注对课堂的控制，关注是否被学生喜欢和他人对自己教学的评价。在此阶段，教师已感受到极大的压力。

3）教学情境关注阶段（teaching situation concerns）：该阶段所关注的是教学情境问题，以及教学对教师各种教学的能力与技巧要求。因此，在这个阶段教师重视的是自己教学所需要的知识、能力、技巧等，所关注的是自己的教学表现，而不是学生的学习。

4）关注学生阶段（concerns about students）：许多教师在职前接受师范教育时表达了对学生学习、社会品德和情绪需求的关注，但却没有实际行动，因为他们不知道该如何做。当这些准教师成为真正的教师以后，他们从实际工作中学会了如何克服困难和调配繁重的工作之后，开始关注学生的一切。

从教师专业发展的角度来看，Fuller 将教师所关注的内容作为衡量其自身发展水平的标志，关注自我的教师发展水平较低，关注学生的教师发展水平较高。从新教师到一般合格教师必须经历全部阶段。

2. Katz 的教师发展时期论

Katz（1972）根据自己与学前教师一起工作的经验，运用访谈和问卷调查等方式，将教师发展分为四个时期：

1）存活期（survival）：该时期从第一年开始，大约持续一到两年时间。在这一时期内，教师原来对教学的设想与实际有差距，主要关注的焦点是自己在陌生的环境中能否生存。此外，新教师在教学中需得到各种技术上的协助。

2）巩固期（consolidation）：该时期持续到第三年。在这一时期内，教师获得了处理教学事件的基本知识，并开始巩固所获得的教学经验，关注个别学生以及思考如何帮助学生。但这个时期还需要专家、同事和领导的建议和帮助。

3）更新期（renewal）：该时期持续到第四年底。在这一时期内，教师开始对重复机械的工作感到厌倦，试图寻找新的方法和技巧。应鼓励这个时期的教师参加各种学习进修活动。

4）成熟期（maturity）：该时期延伸到第五年和五年以后。在这个时期内，教师已习惯自己作为教师的角色，能够深入地探讨一些教育问题。这一时期的教师仍然要参加各种促进专业发展的活动。

Katz 提出的教师发展理论，为区分教师发展阶段提供了有价值的见解，但也存在着不足，如没有对成熟教师的专业发展做出进一步的区分。

3. Burden 的教师发展理论

Burden（1979，引自叶澜等，2001）对教师职业生涯发展进行了一系列的质的研究，并由此提出了教师发展的三阶段：

1）求生存阶段（survival stage）：指从教第一年的阶段。在这一阶段，教师所关心的是做好与教学工作相关的工作，如管理班级、提高教学技能、了解教学内容、制定教学计划、组织教学材料。该阶段的教师仍然缺乏信心，不愿意尝试新的方法。

2）调整阶段（adjustment stage）：指从教第二、三年的阶段。在这一阶段，教师对教学有了进一步的了解，感觉更轻松了。他们开始了解学生的复杂性并积极寻找新的教学技术以满足更广泛的需要。师生之间的关系变得更加真诚和开放。

3）成熟阶段（mature stage）：指从教五年和五年以上的阶段。在这一阶段，教师在教学活动中获得舒适感，并能理解教学环境。他们有了安全感，能处理教学中发生的任何事情，关注学生的需求，重视与学生之间的关系。

Burden 的教师发展阶段理论以其丰富的数据为基础，而使其研究成果更加引人注目。但 Burden 仍然将所有成熟教师归为一类，并没有对成熟教师做进一步的区分研究。

4. 职业生命周期阶段论——Fessler 的生涯发展理论

职业生命周期阶段论是从人的生命自然衰老过程与周期这一视角来看待教师的职业发展过程与周期，以生命变化周期为标准来划分教师生涯发展阶段。代表人物有美国学者 Fessler 等人。Fessler（1985）在历时八年，研究了 160 位中小学教师后，建构了著名的教师职业周期模式（teacher career cycle）。该模式以各种情境因素对教师个人影响的复杂程度将教师生涯发展分为八个阶段：职前教育阶段、实习导入阶段、能力建立阶段、热心和成长阶段、生涯挫折阶段、稳定和停滞阶段、生涯低落阶段、生涯引退阶段。

1）职前教育阶段（pre-service）：这一阶段是特定职业角色的准备时期，即教师的培训养成时期。主要是学院或大学进行知识学习和专业训练，也包括教师从事新角色和新任务的再训练，或者参加高等教育机构的学习，或者在工作中进修。

2）实习导入阶段（induction）：这一阶段是教师任教初期的几年，他们要学习教师角色的社会化，要适应学校系统的运作。这个时期的新教师工作较为努力，希望能被学生、同事、上级及其他人员所接纳，力求稳妥地处理日常事务。

3）能力建立阶段（competency building）：这一阶段是教师尽量完善教学技巧，提高教学效率，寻求新材料，发现和运用新方法、新策略的时期。这一时期的教师一般容易接受新观念，乐于参加研讨会、观摩会，热衷于研究、进修课程。这时的工作富有挑战性，他们渴望全面提高自己的教学技能。

4）热情成长阶段（enthusiastic and growing）：这一阶段的教师在能力水平建立以后，热心教育工作，持续不断地追求自我实现。他们热爱工作，积极主动，不断充实、丰富教学方法。有较高的工作满意度，积极支持和参与学校的各种职业教育活动。

5）生涯挫折阶段（career frustration）：这一阶段的教师可能受到某种因素的影响而产生教学上的挫折，出现理想幻灭，工作不满意，情绪沮丧，并开始怀疑自己的工作能力及所从事职业的正确性。这个阶段又被称为教师的职业倦怠期，这种挫折感在生涯发展周期的中间阶段经常出现。

6）稳定停滞阶段（stable and stagnant）：这一阶段是生涯发展中的平原期。有的教师出现停滞状态，只做分内的工作，有些教师则维持原状，不再追求优秀表现和自我成长，这个阶段是教师工作缺乏挑战性的阶段。

7）生涯低落阶段（career wind down）：这一阶段是教师准备离开教育职业的低潮时期。有些教师回顾过去觉得很满意，而有些老师则因一事无成而异常苦闷。该阶段的长短因人而异，也许是几年，也许是几个月甚至几周。

8）生涯引退阶段（career exit）：这一阶段是教师离开教学生涯以后的时期。离职后不同人有不同的选择，有的人找到临时的工作，有的人从事非教学工作，有的人享受天伦之乐。

Fessler 把教师的职业周期放在个人环境和组织环境中来考察，教师所经历的职业周期是教师作为发展中的人与这两个环境因素相互作用的结果。

5. Huberman 的教师职业周期论

在教师职业周期研究中，Huberman（1993）提出了另一个较有影响的模式，他将教师职业周期分为五个时期。

1）入职期（career entry），时间在第 1—3 年，可将这一时期概括为"求生和发现期"。课堂环境的复杂性和不稳定性使教师对自己能否胜任教学产生了怀疑，同时，由于有了稳定的工作和自己的学生，教师又表现出积极、热情的一面。

2）稳定期（stabilization phase），时间大约在工作之后的第 4—6 年。这一时期的教师初步掌握了一些教学法，由关注自己转向关注教学活动，不断改进教学基本技能，逐渐形成了自己的教学风格，表现出自信和愉悦。

3）实验和重估期（experimentation and reassessment），大约在工作后第 7—25 年。随着教育知识的积累和巩固，教师们开始不满足于现状，试图进行教改实验，不断地对自我和职业进行挑战。但也有一部分教师因年复一年单调、乏味的课堂生活，或者因连续不断的改革后令人失望的结果而引发危机，代之以自我怀疑和重新评估。

4）平静和保守期（serenity and conservation），时间在 26—33 年左右。许多教师在经历了怀疑和危机之后开始平静下来，能够轻松地完成课堂教学，也更有信心。但随着职业目标的逐渐实现，教师对自身的专业发展失去热情，志向水平开始下降，对专业的投入也逐渐减少，变得较为保守。

5）退休期（disengagement）：时间在工作后的第 34—40 年左右，即教师职业生涯的逐步终结阶段。

Huberman 的理论将教师置于家庭、社会和职业场景之中，揭示了教师的专业生活与其专业外的生活是不可分割的，教师的专业观念和专业行为与其专业之外的活动有着千丝万缕的联系。

6. Steffy 的教师生涯阶段模式论

Steffy（1989）依据人本主义的自我实现理论建立了教师生涯发展模式（The Career Stages Model of Classroom Teachers），该模式主要分为五个阶段：预备生涯阶段（anticipatory career stage）、专家生涯阶段（expert/master career stage）、退缩阶段（withdrawal career stage）、更新生涯阶段（renewal career stage）和退出生涯阶段（exit career stage）。Steffy 的教师生涯阶段模式论与 Fessler 职业生命周期阶段论有许多相似的地方，在此不再一一赘述。需要说明的是，Steffy 提出的"更新生涯阶段"弥补了 Fessler 教师发展循环论的不足，即当教师处于发展的低潮时，如果给予教师适时、适当的协助与支持，教师是有可能度过低潮并继续追求专业发展的。

7. 心理发展阶段论

心理发展阶段基于认知理论、概念发展理论及道德判断等理论，将教师当作一个成年的学习者来进行划分。代表学者 Leithwood（1992）将教师的发展分为四个阶段：

1) 第一阶段：教师的世界观非常简单，坚持原则，相信权威；
2) 第二阶段：教师主要表现为墨守成规；
3) 第三阶段：教师有较强的自我意识，能够意识到某些教学情境下的多种可能性；
4) 第四阶段：教师较有主见，能够从多角度分析不同的课堂情境。

8. 教师社会化发展阶段论

教师社会化发展阶段论从教师作为社会人的角度，考察其成为一名专业教师的变化过程，主要关注个人需要、能力、意向与学校机构之间的相互作用。英国教育社会学家 Lacey（1977）指出，教师专业化是指由个人成长为教学专业人员，并且在教学中不断发展成熟的过程。Lacey 对教师社会化发展阶段的划分如下：

1) "蜜月"阶段；

2)"寻找教学资料和教学方法"阶段；

3)"危机"阶段；

4)"设法应付过去或失败"阶段。

教师发展阶段的理论研究经历了一个从点到面的拓展，即从教师的关注点到教师的发展全程，是一个逐步进步和完善的过程。

三、教师成长目标

研究者认为，教师成长的目标是成为专家型教师，教师的成长过程是一个由新手（novice teacher）到熟手（proficient teacher），再向专家型教师（expert teacher）发展的过程。

Berliner（1995）从课堂教学解决问题的角度总结了专家型教师的特点：教学专长的形成需要一定的教学情景、时间和教学经验；自动化水平高；关注教学情境；具有灵活应变能力；能创造性地解决问题；能够对课堂教学事件进行合理的、一致的解释；采取审慎的问题解决方式。

Sternberg（1999，引自陈琦、刘儒德，2019）把专家型教师称为有教学专长（expertise）的教师。他们具有以下特征：(1) 将更多的知识运用于教学问题的解决。这些知识包括所教学科的内容知识、一般教学法知识、与具体教学内容有关的教学法知识以及教学发生的社会和政治背景知识。(2) 解决教学问题的效率高。他们能在较短的时间内或者只需较少的努力就能完成更多的工作。程序化的技能使得他们能将注意集中于教学领域高水平的推理和问题解决上。在接触问题时，他们具有计划性且善于自我觉察，时机不成熟时，他们不会提前进行尝试。(3) 富有洞察力。他们能够鉴定出有助于问题解决的信息，并有效地将这些信息联系起来。他们能够通过注意、找出相似性及运用类推来重新建构问题的表征。他们能够对教学问题获得新颖而恰当的解答。

连榕（2004）对新手型、熟手型和专家型教师的心理特征进行了比较，发现在教学策略、成就目标、人格特征这三个方面，专家型教师均优于熟手型教师，而熟手型教师又优于新手型教师；在职业承诺和职业倦怠这两个方面，专家型教师优于熟手型教师和新手型教师，而熟手型教师与新手型教师之间则不存在差异。研究发现,专家型教师具有以下共同特征:(1)教学策略以课前计划、课后评估、反思为核心。专家型教师善于通过教学计划、评估和反思来改进教学,从而产生教学创新。(2)具有鲜明的情绪稳定性、理智、注重实效、自信心和批判性强等人格特点。专家型教师能够更好地控制和调节情绪,处理面临的教育教学问题,并进行评估和反思。(3)对教师职业的情感投入程度高,职业的义务感和责任感比较强。专家型教师热爱教师职业,对工作投入,追求自我实现。(4)能够进行良好的师生互动,具有强烈的职业成就感。专家型教师能热情、平等地对待学生,师生关系融洽,具有强烈的成就体验。把握教师的职业特点及其内在心理特征,可以帮助教师顺利实现从新手向专家的转化。

总之,专家型教师的总体特征是:(1)有强烈的成就动机,热爱教育工作,对社会的发展以及学生的终身发展有高度的责任感,希望对教育事业作出较大的贡献。(2)在人格特征上,他们正直、诚实、有责任感,能够以较高的标准来要求和约束自己,反省自己,对学生关心、亲近、和蔼、公正。(3)在业务能力上,他们善于学习,勤于实践,有比较丰富的知识,有正确的教育观念和思想,对教育的功能和规律有比较深刻的认识和把握,有丰富的教学经验和熟练的教学技能,能够自如且有创造性地处理和解决问题,能够取得满意的教育效果。

教师的职业生涯发展与其他职业的职业生涯发展的不同之处在于:其他职业生涯发展的影响相对较小,而教师职业生涯发展的影响较大,主要表现在对学生人格养成和学业成就的影响。因此,作为教师必须不断增强专业素质、拓展专业能力和专业知识,使自己能灵活地运用最适当的教材、教法,从而帮助学生获得最佳的学习效果。

第二节 外语教师的知识基础

一、教师知识基础概述

教师的知识结构是教师从事教学和科研工作的基础。教师知识研究是教师临床思维研究的必然延伸。从发展线索看,教师知识研究有两种传统,一种是教师个人知识研究，将个人实践知识定义为对具体情境的叙述与解释，并包含道德、情感成分。另一种研究传统源自美国知名教育理论学者 Shulman（1987）关于美国新教育改革的理念。Shulman 认为教学是理解、推理、变革和反思的过程。他在考察新教师教学过程中教学知识的获得和增长的基础上，提出了教师知识基础结构。他认为教师知识基础涵盖 7 类知识：（1）学科知识（Content Knowledge，简称 CK）；（2）一般教学知识（Pedagogical Knowledge，简称 PK）；（3）课程知识；（4）学科教学知识（Pedagogical Content Knowledge，简称 PCK）；（5）学生和学生特点知识；（6）教育环境知识；（7）教育目标、目的、价值及其哲学和历史背景知识。在以上教师知识分类中，与课程内容直接相关的知识有两类，一类是学科知识（CK），另一类是学科教学知识（PCK）。学科知识是指某学科中的概念、原理和具体的技巧和方法，这些是课程建构的基本框架。而学科教学知识是指教师在面对特定的学科主题或问题时，如何针对学生不同的兴趣和能力，将学科知识组织、调整与呈现，以进行有效教学的知识。具体表现为教师知道如何使用讲解、演示、举例、类比等方法呈现学科教学总体目标与内容，包括学科教学手段与策略、学生的学科理解、学科课程与教材等。学科教学知识是一种将教师与学科专家区别开来的知识。在具体的教学中，教师并不是以头脑中储存的学科知识的原始形式来进行的，而是将学科知识转化为学生易于理解的、容易接收的学科教学知识。教师拥有越多学科知识的表征方式，就越能发展自己的学科教学知识，实现学科知识向学科教学知识的转化。因此，Shulman 强调教师的知识转化，主张教师将学科知识具体化、场景化，把概念知识改造成具有可教性的具体知识，使学生充分理解学习的内容。

教师个人实践知识具有以下特征：（1）情境性：被特定的教学情境所定义；（2）个人性：带有教师的个人背景和独特特征；（3）缄默性（tacit）：不是以明晰的命题来表述，而是投射在叙事、隐喻和行为中；（4）内容特定性：与教师所教的专门学科相联系。

不同的研究者对教师知识结构有不同的分类，但总的来说，一位合格教师的知识结构通常包括普通文化知识、专业学科知识、一般教学法知识、学科教学法知识和个人的实践知识等。

二、外语教师的知识基础和能力构成

2018 年 1 月，我国教育部颁布了《高等学校外语类专业本科教学质量国家标准》（以下简称《国标》），全国高校外语类专业新一轮教学改革拉开序幕。在这场改革中，教师作为外语教学改革的实施者和课堂教学的组织者再次走进人们的视野。众所周知，虽然我国外语师资队伍整体素质与过去相比已有大幅度的提高，但在数量和质量方面还是令人担忧。人们不禁要问：他们能否担负起外语专业教学改革的重任？

《国标》明确提出外语类专业学生的培养目标："外语类专业旨在培养具有良好的综合素质、扎实的外语基本功和专业知识与能力，掌握相关专业知识，适应我国对外交流、国家与地方经济社会发展、各类涉外行业、外语教育与学术研究需要的各外语语种专业人才和复合型外语人才。"《国标》从毕业生素质、知识与能力等三方面提出了具体的标准。相应地，《国标》也对外语教师提出了新的要求和挑战。外语教师应该具备怎样的知识和能力呢？

在美国、英国、澳大利亚等国家，外语教育一直是国家语言政策规划和区域战略安全的重要内容。随着外语教育政策的推进实施，外语教师的素质标准、教学能力等专业发展问题引起了普遍重视。美国、澳大利亚、欧盟陆续设立教师教育及认证机构，研制教师认证标准与评估指标，建立多元化教师专业发展体系，加强外语教育质量保障。与此同时，教师专业发展的相关研究也从外语教师专业素质标准逐渐扩展至教师的能力构成、教师领导力、教师教育理论、教师专业发展模式等方面。综合以上国家对外语教育的研究，外语教师专业能力构成要素可归纳为专业知识、专业技能、专业素质三部分，具体内容见下表（仲伟合、王巍巍，2016）：

表 7.2 美国、澳大利亚和欧盟外语教师阶段性专业发展体系框架

国家/地区	美国			欧盟	澳大利亚
研发机构	ACTEL	INTASC	NBPTS	英国南安普敦大学	AFMLTA

（待续）

(续表)

专业发展阶段	准教师	新入职教师	资深教师	准教师—在职教师
专业知识	1）语言能力 2）目的语文化、语言学、文学和其他学科相关知识 3）语言习得理论知识、学生需求状况认识	1）学科知识（语言文化） 2）学生学习发展规律	1）学生学习发展规律 2）目的语语言知识 3）目的语语言文化 4）外语习得理论知识	1）教学方法知识 2）批判启发式教学知识 3）语言知识 4）信息技术知识 5）评估测试知识	1）教育理论 2）语言和文化知识
专业技能	4）将教学标准融入教学计划及课堂组织 5）评估测试能力	3）学习者不同的理解能力（因材施教） 4）教学策略能力 5）学习环境营造能力 6）多渠道沟通能力 7）教学规划能力 8）评估测试能力	5）促进学生开展多渠道学习 6）课程与教学衔接 7）创造学习环境 8）开发教学资源 9）评估测试能力	6）因材施教 7）反思实践和自我评价 8）自主语言学习策略 9）行动研究 10）科研教学结合 11）语言综合教学能力	3）语言教学能力
专业素质	6）职业发展能力，倡导外语教育，职业道德	9）反思教学实践，持续专业发展 10）加强社区联系	10）公平对待 11）反思专业成长 12）加强学校、家庭、社区联系 13）建立专业发展群体 14）倡导外语教育	12）社会文化价值观 13）语言文化多元化 14）欧洲公民身份意识	4）伦理责任 5）专业人际关系 6）国际视野 7）倡导语言教育 8）个人特质

在外语教师发展研究领域，也出现了一系列教师知识的实证研究，探究外语教师应该拥有怎样的知识和能力，以及这些知识和能力与教师教学行为的关系如何等。束定芳、庄智象（2008）认为合格的外语教师应该具备以下素质：

1）较为扎实的专业知识和专业技能。外语教师必须具备外语语音、词汇、语义、语用方面的知识，同时必须具备较高的外语听、说、读、写的技能；

2）教学组织能力和教育实施能力。外语教师必须具备教育学、心理学的学科知识，熟悉教学组织的步骤和基本的教学原则，具备运用现代化的教学辅助设施进行教学的能力；

3）较高的人格修养和令人愉快的个人性格；

4）较为系统的现代语言知识。外语教师应该对语言和语言交际能力的本质、特点和规律有系统的了解，并能自觉地利用语言学方面的知识来指导外语教学实践；

5）相当的外语习得理论知识。外语教师应熟知外语习得理论，了解最前沿的外语研究动向和成果；

6）一定的外语教学法知识。外语教师要了解各种教学法，如语法翻译法、直接法、听说法、交际法、暗示法、社团学习法、沉默法等教学法的渊源、优势和不足，以充实自己的外语教学实践知识、提高教学技能。

吴一安（2005）提出优秀外语教师专业素质框架，该框架包括：外语学科教学能力、外语教师职业观与职业道德、外语教学观、外语教师学习与发展观。文秋芳、常小玲（2012）提出高校外语教师能力应包括：师德风范、教学能力、研究能力、管理能力和教育技术能力。仲伟合、王巍巍（2016）认为英语类专业教师应具有七种能力：教学设计与实施能力、教学策略能力、现代教育技术应用能力、教学反思和改革能力、教研科研能力、实践能力和评估测试能力。王立非、葛海玲（2016）认为商务英语教师专业能力包括：语言能力、教学能力、专业知识和实践能力。周凌、张绍杰（2016）提出合格的英语教师应具有三大核心素质：道德素质、专业素质和职业素质。孙有中等（2018）提出高校外语类专业教师能力框架包括职业道德、教学能力、研究能力和学科知识。

Richards（2001）指出，外语教师教育的核心知识基础包括以下六大要素：教学理论、教学技能、交际技能、学科专业知识、教学推理技能与决策、情境知识。

1）教学理论既指广义的教育学、心理学理论，又指外语学科领域的教学理论。教学理论是第二语言教师教育的核心和理论基础，是教学实践的理论依据。

2）教学技能是语言教师的核心能力，如课堂学习活动的选择与展开，对交际互动的组织与促进能力，对学生的提问方式及检查其学习效果的方式，对学生语言错误的处理方式等。教学技能是语言教师的核心能力，是对语言教师进行评估的基本条件之一。在英国，获得第二语言教学资格的教师必须具备以下教学技能：(1) 准备交际互动活动的能力（如小组活动、游戏、角色扮演、模仿）；(2) 对交际互动活动的组织与促进能力；(3) 对流利度与准确性之间作出适当平衡的判断力；(4) 意识到学生错误的能力；(5) 适当处理错误的能力。

3）交际技能包括两个方面：在一般技能方面，如教师的性格并举止风度、声音的清晰度、对声音的高低及语流速度的控制调节、与学生建立并保持和谐关系的能力等；语言熟练程度方面，如是否能够流利地执行言语行为或语言功能。

4）学科知识指为第二语言教学领域提供理论基础的基本概念、理论等方面的知识，如语音学、英语语法、英语语言学、二语习得理论、课程和教学大纲的设计、话语分析、社会语言学、心理语言学、TESOL研究、方法论和测试等。

5）教学推理技能与决策是教师在使用教学技能与技巧过程中不断思考并解决问题的复杂的认知技能。在教学这个动态过程中，教师必须即时作出决策以适应课堂教学中不断变化的复杂情境。

6）情境知识指语言教学所处的环境和对语言教学产生影响的各种因素，如语言政策、语言教育政策、学生个体差异、学习环境及社会文化等因素的影响等。

以上六大因素构成了第二语言教师的核心知识基础。这六大要素涵盖知识和技能两个维度。教学理论、学科专业知识和情景知识属于知识范畴，教学技能、交际技能和推理技能与决策属于技能范畴。它们之间各自独立，又相互依存，共同作用于外语教学过程。

Freeman（1989）认为，外语教学的知识基础包括知识、技能、态度和感知，并区分知识和技能两个概念。知识包括教师的专业知识和所教学生的学习背景、学习方式、语言水平及教学所处的社会文化背景等方面的知识。技能主要指教师的教学方法、具体授课行为、课堂管理和教材处理能力。二者构成教学的知识基础并随着教师自身的发展变化而不断完善。

Borg（1999）研究了教师的语法知识，即学科知识与其教学行为之间的关系，发现教师对自己总体语法水平和语法知识的自信程度决定了语法教学的策略。

Nunan（2000）从行动研究角度，阐释教师素质包括掌握专门学科知识；掌握课堂观察和研究技能及实质；研究和开发课程的技能；分析、判断、管理和评估能力；获取信息能力；控制、描述自己行为和学生活动的能力；个人教学信念；自我反思能力；了解教学方法、教材及其运用；认识课堂行为和学生学习之间的关系；基于课堂教学情景修正和改变教学行为的能力等。

现代外语教师知识研究的目的可概括为：（1）描述教师个人实践知识的内容和特性；（2）寻找教师知识与教师行为的关系；（3）探究教师知识的来源或影响因素。就研究方法而言，数据来源从全开放式的讲述、传记和日志，结构或半结构式的深度访谈，到使用刺激回忆收集特定情境下的思维信息。这类研究尽管还有许多有待解决的问题，但已为我们了解外语教师"内部"所具有的知识观念，这些知识观念与教师行为的关系，以及外语教师教育提供了有价值的信息。

第三节 外语教师的语言观和语言教学观

一、外语教师的语言观

作为一名外语教师，会经常思考一个最基本的问题，即"语言是什么？"语言观是外语教师对语言的看法和态度。语言观往往会直接影响外语教师的语言教学理念和教学方法的选择，最终影响外语教学的效果。

随着语言学的发展，语言观也经历了发展和演变。综观各学者对语言学流派和语言观的研究，梳理出以下几种重要的语言观：传统语言学的语言观、结构主义语言学的语言观、转换生成语法的语言观和认知语言学的语言观。

1. 传统语言学的语言观

传统语言学的历史久远绵长，可以追溯到古希腊、古罗马时期。当时，人们将语言学作为哲学的一个分支进行研究，试图从语言研究中找寻出有关人与世界的永恒真理，认为语言是工具，因而形成了这个时期的语言工具观。语言主要充当两种工具：(1)是哲学家进行哲学思辨、哲学探讨的工具；(2)是阅读古代文献，并对其进行校勘和训诂学研究的工具。在语文学家看来，在语言的使用过程中，由于人们的口误和笔误，语言已经变得不再纯正了，早期的经典文献的语言才是最好、最纯正的。因此，他们认为语言是阅读典籍的工具，语言研究的目标就是为注释经典文献服务。

传统语言学的研究是规范性的，厚古薄今且重书面语轻口头语，长期处于其他学科，特别是哲学的附属地位，难以就语言而研究语言，因此对语言本体的把握难以全面深入，一直缺乏一套独立的语言学研究方法。

2. 结构主义语言学的语言观

Ferdinand de Saussure 是现代语言学的重要奠基者，也是结构主义语言学的开创者之一。结构主义语言学以语言共时系统内部各要素的结构及其相互关系为研究对象，用抽象、概括的方法对语言的各种系统（如语音系统等）的结构进行客观、精确的描写。语言的系统结构观可以追溯到普通语言学的鼻祖 Wilhelm von Humboldt。他认为语言是一个有着特定形式或结构的有机整体，是一个组成部分内在地相互联系着的系统。Humboldt 的思想可以看作是 Saussure 语言符号系统论的理论渊源。

Saussure 在 20 世纪初开始对语言整体的性质加以探讨。Saussure 以其社会心理主义的语言观念为基础，区分了语言（系统的符号体系）和言语（实际使用的语言），指出语言是符号系统，语言才是语言学的研究对象，第一次明确地提出语言学研究的确定对象。Saussure 还对共时语言学和历时语言学进行了区分，指出对说话者来说，唯一存在的现实是语言共时的一面，从而最终确定了语言共时系统的符号性质。Saussure 的语言理论在方法上采取了语言整体第一的原则，强调系统的同质性，深刻地揭示了语言作为社会交际工具的符号结构的性质。

同时，Saussure还认为，使用语言是说话人与听话人交流思想和情感的过程。语言是社会事实，因而是一种社会现象，在语言发展史上首次指出了语言的社会属性。在他的影响下形成的布拉格学派视语言为社会交际的工具，强调使用语言受语言社会功能的支配。

结构主义的语言观彻底改变了语言研究的方法和方向，也改变了人们对方言和语言变体的态度，即语言没有优劣之分。20世纪语言研究的成就证明了Saussure语言理论的历史价值，Saussure的理论和思想对后人产生了深远的影响。20世纪20年代末30年代初，捷克的布拉格学派出现，结构主义语言学在欧洲迅速发展。丹麦的哥本哈根学派发展了Saussure有关形式与实质的思想，创立了"语符学"。即使是具有相对独立发展过程的美国结构主义学派，也在许多方面与Saussure理论一脉相承。Leonard Bloomfield（1887—1949）是美国结构主义的主要代表人物，他在《语言论》（2001）一书中提出了美国结构语言学派研究语言的基本原则和描写语言结构的总框架，如区分黏附形式和自由形式、关于直接成分的分析、配列学说等，指出结构主义语言研究的准则，并特别强调在语言研究中分析实际语言材料的重要性。

3. 转换生成语法的语言观

20世纪50年代，美国语言学家Chomsky开始对结构主义语言学产生怀疑。他认为结构主义语言学只是描述个体的语言形式，强调语言的物理表现，而忽视了语言的心理现象；强调语言的个性描写，忽视语言的共性，不足以解释语言使用者的语言直觉。Chomsky还认为，并非被收录的话语都是合乎语法的，充分的语法（an adequate grammar）应该能够解释说话者的能力，也就是说话者为什么具有能说出并能听懂无数句子的能力。Chomsky在对语言进行深刻的哲学思考的基础上创建了生成语言学派，着重探讨语言的本质问题，对语言的心理属性进行了深入的探讨，使理性主义又回到了语言研究的主导地位。

Chomsky认为语言是先天的、具有生物学基础的、相对独立的一种能力，学习语言不是对环境的刺激所作出的反应，而是人脑根据有限的规则创造出无数句子的过程。语言的能力表现为人类的大脑是通过"语言习得机制"事先设定好的，人类具有掌握语言的先天能力，能够生成语法和语句，生成能力是语言最重要的一个特点。"语言习得机制"包含所有自然语言中的普遍现象，能够解析这种普遍现象的一套原则和规则系统就构成了生成语言学家所指的普遍语法。普遍语法是人类特有的，是遗传所赋予的，人类天生就具有的一套普遍语言规则。

结构主义语言学家强调语言之间的差异性和不可比性，Chomsky 的转换生成语法则强调语言的普遍性（linguistic universals）。Chomsky 认为，尽管各种语言在表层结构上不同，但他们的深层结构非常相似，人类习得语言的过程也基本上相同。Chomsky 认为，语法"不是说话过程的模式，而是语言能力的模式，是对语言能力作出的形式化的描写，用一套公式将其内容表达出来。转换生成语法不局限于对个别语言的研究，而是要揭示个别语法与普遍语法的统一性。换句话说，它不以具体语言的描写为归宿，而是以具体语言为出发点，探索出语言的普遍规律，最终弄清人的认知系统、思维规律和人的本质属性"（刘润清，2013）。在 Chomsky 看来，学习一种语言就是学习个别语法和普遍语法。

Chomsky 区分了语言能力和语言表现两个概念。语言能力指理想的母语使用者所具有的关于语法规则的知识，语言表现指实际使用语言时，由于受心理、生理和社会因素等影响而偏离语法规则的表现。Chomsky 的这一观点显然是受 Saussure 关于语言和言语概念的影响，然而，语言能力和语言表现这两个概念的提出是基于语言先天论，与 Saussure 的语言和言语之分有所不同。

Chomsky 的语言观来源于笛卡尔等人的理性主义哲学。理性主义哲学认为，认识不可能来源于经验，因为经验是不可靠的，而只能是与生俱来的天赋观念。Chomsky 借鉴笛卡尔的天赋观念提出了关于知识习得、特别是语言习得机制中的先天结构的假说。但是 Chomsky 并没有全盘接受理性主义的观点，虽然他也强调作为原则系统的普遍语法是人类共有的、是先验地存在于人脑中的，但他更承认后天经验在形成语言能力过程中的作用。他明确指出，人类的说话能力一部分归于天赋观念，一部分归于后天的语言接触，而且这种天赋的语言习得能力只有在后天的语言接触的激活下才能体现出来，只有通过这种先天和后天的相互作用才能形成我们的语言能力。

4. 认知语言学的语言观

20 世纪 80 年代末 90 年代初，Lakoff 在反对转换生成语法的基础上，创立了认知语言学流派。认知语言学是从认知的角度研究语言，研究人对世界的感知、经验、观察事物如何影响人们对语言的使用，特别是在同样符合语言规范的条件下如何选择不同的词语来表达非客观的意义。认知语言学基于体验哲学，是一种"身心合一"或"心寓于身"的认知观，强调体验在认知中的重要性。认知语言学认为认知能力是人类知识的根本，语言是一种认知能力，人类的经验是语言使用的基础，语言的运用、学习等都可以通过人类的认知来解释，语言是人类心理建构的结果。认知语言学特别注重认知与语言的关系，认为语言是认知对世界经验进行组织，形成有意义的概念和概念结构的结果。认知语言学认为语言不是直接表现或对应于现实世界，而是通过一个中间的"认知构建"层次将语言表达和现实世界联系起来。在这个认知中介层，人们对现实世界形成各种概念和概念结构，现实世界通过这个认知中介层"折射"到语言表达上。

　　认知语言学的兴起与认知心理学的发展密切相关，尤其受到苏联心理学家 Vygotsky 和瑞士心理学家 Piaget 对语言与认知研究的影响。Piaget 认为认知是语言发展的基础，儿童的语言发展是认知发展的一个有机组成部分，语言能力是儿童认知能力的一个方面，也是主体与客体相互作用的产物。语言是伴随着认知发展而发展的，认知结构发展到一定阶段，才出现语言。Vygotsky 则认为儿童的语言发展在认知发展中起着重要作用，语言的发展带动认知的发展。语言作为儿童与他人进行社会交往的工具，具有交际功能，在形成儿童智力行为中起着指导和调节的作用，语言的发展是在社会文化历史环境中实现的。

　　传统语言观认为，自然语言具有独立于人的思维和运用之外的客观意义，词语也具有明确的、能客观描述现实的语义；物体有其独立于人之外的内在特性，语言就是表现其特性的外在符号；语言是封闭的、自足的体系。而认知语言学认为，人的语言能力从属于人的一般认知能力，语言能力跟一般认知能力没有本质上的差别，语言能力的发展跟一般认知能力的发展有着极为密切的联系。认知语言观强调人的经验和认知能力在语言运用和理解中的作用，语言具有开放性和依赖性，语言和认知是不可分的。认知是语言的基础，语言能促进认知的发展。同时，语言是巩固和记载认知结果的工具。通过观察语言现象，可以研究语言概念形成过程以及语言使用和理解过程中的认知。

二、外语教师的语言教学观

教学观（也称教学理念）是教师对教学活动的本质与过程的认识、理解以及所持的相应观点与态度，是教学活动的基本指导思想。

从教学理论与教学技能的关系来看，教学观可分为三种（Zahorik，1986），即科学—研究观（science-research conceptions）、理论—哲学观（theory-philosophy conceptions）和艺术—工艺观（art-craft conceptions）。

科学—研究观认为教学是以实验和经验性调查为基础的科学研究活动。它包括三种形式：（1）利用学习理论。教学原则是在对记忆、迁移、动机等在学习过程中起重要作用的心理因素进行研究的基础上确立的。例如外语教学法中的听说法就是基于行为主义的学习理论，认为语言学习是刺激—反应的联结，是通过大量操练、模仿的结果。（2）遵循实验模式，即通过实证研究得出有效的课堂教学模式，并将其用于教学实践中。（3）效仿教学效果好的教师，并通过访谈和课堂观察等形式来学习和模仿他们的课堂行为。

理论—哲学观与基于实证研究的科学—研究教学观截然相反，它主张通过推理、理性思辨和逻辑论证对课堂行为进行解释和证实。同时，它重视以人们对教师、学生、课堂以及教育的作用所持的价值判断作为教学的思路。因此，理论—哲学观的教学观认为教学的目的就是为了提升某种价值，如道德的、伦理的或政治性的价值。

艺术—工艺观强调教师个体的技能和个性。艺术—工艺教学观认为良好的教学本质就是创造和个性化的体现。优秀的教师能根据某一情境的需要，创造和采用与此情境相应的教学实践活动。

在此基础上，Freeman & Richards（1993）提出了一个语言教学三分法模式：以科学为基础的教学观，主要来自试验和实证调查；以一定的理论和价值为基础的教学观，即人们对教师、学习者、教学环境以及教育在社会中的作用的看法；第三类是注重教师自我评估、反思和分析能力为中心的艺术观，强调创造性和个性化，认为外语教学是艺术和技巧的融合与实施。技巧是指教师对某一领域知识、对某一领域知识的教学以及对一般意义上的教学知识的理解和掌握。艺术是指在教师与学习者的交流过程中，教师作出决策时所依据的知识与经验的结合。具体内容见表7.3：

表 7.3 三种教学观指导下的外语教师行为

科学—研究教学观要求教师应该
• 理解通过研究得出学习原理 • 根据这些原理制定出教学任务和教学活动的标准 • 根据该标准,对任务活动中的学生表现进行监控,确保取得理想的效果
理论—哲学教学观要求教师应该
• 理解某系列教学行为所依据的理论和原理 • 根据该理论/原理选择教学大纲、教材和教学任务 • 监控教学以确保教学与理论/原理保持一致 或者 • 理解对某系列教学行为起支撑作用的价值和信念 • 选择与该价值/信念一致的教学手段（技巧、程序） • 监控教育手段的实施过程以确保教师始终奉行该价值/信念
艺术—工艺教学观要求教师应该
• 将每一个教学情境都看作是独一无二的 • 找出该情境的特征 • 根据这些特征,尝试各种教学策略、教学程序和教学技巧 • 对该情境中的教学策略进行评估和反思 • 如此循环反复,形成一个有内在一致性、个性化的课堂教学实践的回路,以满足各种情境的特殊性

继而,Freeman & Richards（1996）从心理学和哲学的视角总结了三种被人们普遍接受的外语教学观:（1）行为主义教学观——教学作为行为（teaching as doing）,教学是那些可以观察到的课堂行为,是可操作的技艺,可以直接演练、传授和模仿;（2）认知理论教学观——教学作为思维（teaching as thinking）,认为虽然教学表现为话语和活动等行为过程,但教学行为是计划和决策的体现,支配教师计划和决策的是教师的思维过程,认识"教学"首先要认识教师的认知;（3）建构主义和解释主义的教学观——教学作为解释（teaching as interpreting）,强调教学是教师的一种生存状态,并进一步认为教师需要根据他们对特定教学环境和个人经验的理解与解释来作出计划与决策,而这种理解和解释又需要受教师个人长期积累的知识和信念支配,并非可以套用的统一原则。

外语教学观的演变,即从教学行为到教学作为决策,再到教学作为个人理解,反映研究者对教学本质认识的逐步深化。随着这种认识的不断深化,外语教师教育实践实现了从强调教学技术的"教师培训"模式到强调自我决策、自我反思的"教师发展"模式的转变。

语言观是语言教学观形成的基础，语言教学观决定着外语教学的过程和结果。

第四节　外语教师专业教育模式

外语教师专业发展，除了教师个人具有专业发展意识之外，在很大程度上仍然依赖于师资培养。Wallace（1991）将教师成长的历程概括为三种模式：匠才/学徒模式（craft model），应用科学模式（applied science model）和反思性模式（reflective model）。

一、匠才/学徒模式

匠才/学徒模式是通过有经验的教师对新教师的言传身教实现的，有经验的教师只需要告诉新教师要做什么并演示如何做，但并不解释教学方法背后的原则或原理，新教师靠观察、模仿经验教师的教学方法，积累自己的教学经验，不断提高教学质量。该模式如图 7.1 所示：

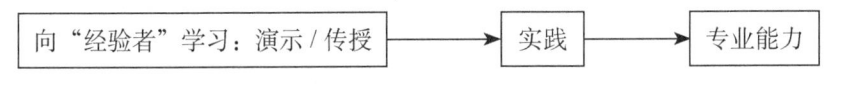

向"经验者"学习：演示/传授 → 实践 → 专业能力

图 7.1　匠才/学徒模式（Wallace，1991）

二、应用科学模式

随着心理语言学和社会语言学等学科的兴起，教师教育中的应用科学模式应运而生。应用科学模式指新教师学习与外语教学有关的理论课程，在理论指导下形成教学思路和方法，并将其应用于教学中。

应用科学模式（如图 7.2 所示）认为，教师的专业能力是受学科内容的专业知识和教育学、心理学的原理所制约的。在该模式中,"教学实践"被认为是学科内容知识和教育学、心理学的原理的合理运用。教师的专业程度就是凭借这些专业知识、原理的熟练程度来保障的。该模式侧重于对教学内容再处理、教师课堂教学环节组织、教学过程调控、课堂管理、突发事件处理、师生互动中的技艺的追求。

应用科学模式是向接受培训的教师自上而下地传授一整套理论的培养模式。这些理论来自各学科的研究成果,而接受培训的教师在接受理论之后应自觉地在教学实践中将其付诸实施。这种培训模式是研究者通过"过程—结果"研究(process-product research)概括出优秀教师的若干特征后,确定其行为中有规律性的"变量"(如提问的方式、课堂活动的时间安排等),并将其作为教师培训中的教学内容和目标。尽管这些研究成果易于操作,便于培训,但却忽视了外语教学的复杂性。外语教学是一个复杂的过程,教师、学生、教学环境等因素的差异使外语教学不能用简单的某一个或者某一些理论/方法来规约、限定。这种通过寻求"优秀教师"外部特征的培训模式不能充分解释教师发展的内部机制。

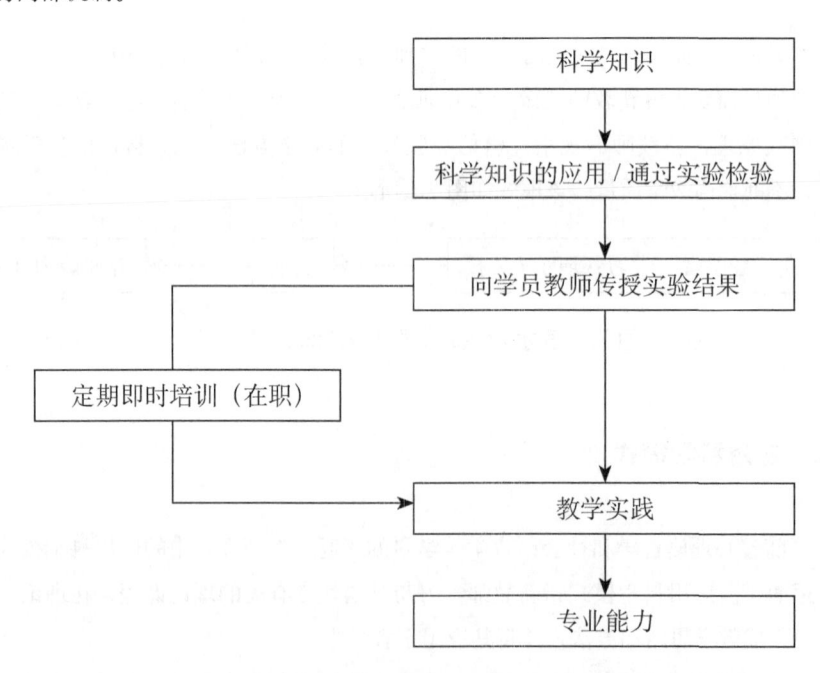

图 7.2 应用科学模式(Wallace,1991)

三、反思性模式

反思（reflection）是教师基于自己的教学活动来分析自己作出某种行为、决策及所产生结果的过程，是一种通过提高参与者的自我察觉水平来促进能力发展的手段。教师对自己教学的反思有助于教师自身教学能力的提高。

教师的反思涉及两个不同层面：一是指向教师的专业行为与活动，目的是促进教师对专业行为的改进，提高教学成效；二是指向教师专业成长过程，把教师自身的专业发展作为对象，以改进专业结构和推进专业发展为主要目标，对当前自我专业发展状况进行思考，使教师更加明确今后专业发展的方向。前一种反思内容涉及教师平时的教学知识、技能和风格以及教学过程中隐含的教学假设和教育理念等；后一种反思内容涉及教师的专业结构发展阶段和目标（张大均，2015）。

教师的反思主要有三种（Killion & Todnem，1993）：（1）行动后反思（reflection-on-action），是个体在行为完成之后对自己的行动、想法和做法进行的反思；（2）行动中反思（reflection-in-action），个体在作出行为的过程中对自己在行动中的表现，自己的想法、做法进行反思。（3）为行动反思（reflection-for-action），这种反思是前两种反思的预期结果，即"行动后反思"与"行动中反思"的目的最终形成超前性的反思，从而形成在行动之前再三思量的良好习惯。首先，教师计划自己的行动，通过"行动中反思"观察所发生的行为，把自己当作是局外人，以此来理解自己的行为与学生的反应之间的动态的因果联系。尔后，教师又进行"行动后反思"和"为行动反思"，分析所发生的教学实践，并得出用于指导以后教学决策的结论。如此更替，成为一个连续的过程。

反思性教学理论主张在教师培养过程中培植教师的反思意识，鼓励教师去反思自己的教学理念，观察和评估教学行为、教学过程以及引发这些行为的认知内涵，使其不断地自我调整、自我建构，从而使教学实践与教育理念不断达到和谐、统一。反思是过去和现在、理论和实践之间的一座桥梁，反思使以往的经验成为有教育意义的经验（Dewey，1938/1963）。《礼记·学记》也曾论述过教学反思对教师成长的作用："……学然后知不足，教然后知困。知不足，然后能自反也；知困，然后能自强也。故曰：教学相长也。"

美国心理学家 Posner（1989）曾提出一个教师成长的公式：经验＋反思＝成长。他指出，没有反思的经验是狭隘的经验，而在反思性教学中，教师可以通过对自己教学经验的解释，来增进其对教学现实的理解，提高自己的教学水平，培养自己的职业能力。反思不仅是一种能力，更是一种意识，是教师职业生活的态度和方式。这种生活态度和方式能够促进教师的自我觉察水平，有助于新手教师向专家型教师的发展。

反思性模式指新教师在教学实践、观察他人教学或回忆自己的教学的基础上，通过自我反思、与他人研讨等方式形成教学理论或思路，再将其应用于实践中，以使自己的教学质量在螺旋式循环过程中不断得到提高。反思性模式强调教师将专家的理论研究与自身的实践相结合，并在实践总结的基础上不断变化和完善个人的知识体系，即通过"行动中的反思"（reflection in action）形成"行动中的理论"（theory in action）。其核心是实践与反思的交替进行，并以理论知识与经验知识共同为依据，最终促成教师专业能力的发展。该模式鼓励教师反思自己的教学，并在教学实践中验证他人的发现，形成自己的信念。

反思性模式的产生是由教育实践活动的特点所决定的。教育实践和教育情景具有生成性的特点，无固定的模式和技能技巧可以套用，所以，教师必须凭借自己对教育教学的理解和领悟，对灵活多变的情景创造性地作出自主判断和选择。因此，在长期的实践中积累起来的、在"行动中反思"得来的缄默知识是教师发展的基础。

在外语教学领域，间接获得的理论知识一般包括英语历史、语言学、学习心理学、心理语言学、社会语言学、教育管理与行政、英语教学法等方面。由实践产生的反思和由反思推进的实践的不断循环，成为语言教师专业能力发展的动力源。外语教师专业教育/发展的反思模式如图 7.3 所示：

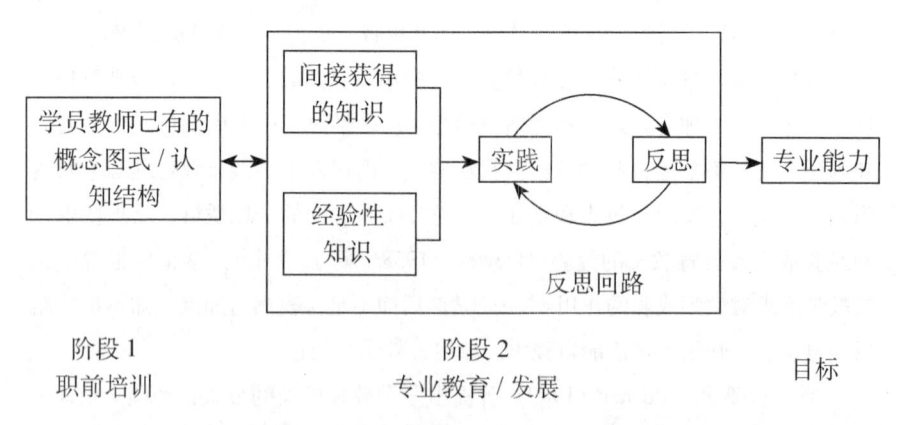

图 7.3 反思实践模式（Wallace，1991）

根据这一模式，间接获得的知识与经验性知识并驾齐驱，成为教师实践与反思的源泉，是教学实践和反思的核心和理论基础，也是教师自我发展的基础。实践与反思循环周期是一个对专业知识和经验知识不断反思的实践过程。通过不断地反思和实践这个循环过程，以达到理想的专业能力的形成，即教师经过不断反思的过程最终实现了专业能力的养成和提高。反思教学能力表现为教师的教学推理（pedagogical reasoning）与课堂互动中的应变决策（interactive decision making）。

反思性教学模式注重教师实际教学能力的培养，在实践中体现外语教学理论和方法。反思性教学模式不仅关注相关教育心理学理论和语言学理论的传授，而且还关注教师的内在感受和自主建构。通过教师自身的内在体验，这些客观知识被自主建构为教师自身的"个人知识"，这样的知识才具有内在的价值。只有教师亲历实践，在实践中运用知识，并进行反思和研究，才能更好地理解和掌握知识，最终促进教师的专业发展。

Richards & Nunan（2000）认为，反思性教学的实施需要教师具备以下各项能力与理念：

1）使用目的语的能力：(1) 听、说、读、写各项能力；(2) 关于语言、语言的使用、文化及其相互关系的知识。

2）对于目的语如何教的理解：(1) 关于如何教任何一门科目的理论和实践的基础知识；(2) 关于如何通过学校教育传授语言的理论和实践的基础知识。

3）在教学环境下学科知识和教学知识的运用实践：(1) 计划如何以综合方式进行语言、语言使用以及文化教学；(2) 培养如何以其他方式进行语言、语言使用和文化教学；(3) 如何以综合方式开展语言、语言使用以及文化教学的实践。

4）将教学过程视为一种将艺术与技巧有机融合的机会：(1) 观察同行教师如何教学；(2) 在一个将实践和错误作为标准并鼓励和期待冒险的环境下，对所观察到的现象加以讨论；(3) 联系教学实践，对关于语言、文化、教学以及语言教学的理论观点加以讨论；(4) 联系教学实践，将某个学校的教学氛围与文化用于个体学习者或某一组学习者；(5) 在检验和讨论之后，提供重新计划、重新教学和重新评估课堂的机会。

5）对教学的评估：(1) 评估学校的教学策略是否正确；(2) 评估学习者学

习和使用目的语的情况；（3）评估对检验教学效果的数种方式所具有的知识及其使用情况。

Richards & Lockhart（2000）认为，语言教师的任何一项教学活动都反映出他们对语言及语言教学的认识，反思性教学就是教师对课堂上所发生的事情加以注意，通过教学日记、问卷调查、座谈、录音或录像、听课等研究方式来研究、思考自己的教学行为，从而加深对外语教学的认识和理解。反思性教学是教师对教学实践中所出现的问题进行内省和思考的过程，它力求找到一种解决问题的方法和策略，以达到教师自我发展的目的。因此，反思性教学是教师自我发展的有效途径。

教师在教学活动之后要注重反思教学过程，善于总结经验，改进不足之处。反思是教师着眼于自己的教学活动过程来分析自己作出的某种行为、决策以及所产生的结果的过程，是一种通过提高参与者的自我觉察水平来促进能力发展的手段。只有具有反思的意识和能力，才能对自己所学的理论、所持有的信念和经验以及教学实践进行深入的反思和分析，才能超越理论的局限、观念的偏颇，才能摆脱经验权威的影响，使理论和经验在碰撞与互动中不断升华，从而成长为一名反思型和研究型的教学专家。

教师要想成长为反思型和研究型的教学专家，就必须强化教学反思意识，掌握科学的反思方法。一般来说，教师的反思方法包括以下三种策略：一是教师主体自身的反思策略，如反思日记、教师个人研究等，这种反思策略体现的是教师与自我的对话。二是教师主体与他人交流的反思策略。从交流主体来看，教师既可以与专家交流、也可以与教师同行交流、还可以与学生交流。三是教师进行理论文献的反思，教师结合自身实践批判性地阅读反思性教育理论与实践方面的文献。

教师的教学反思主要包括以下两个方面的内容：

一方面，教师应反思自己的教学理念。教学理念包括学习者需求、认知方式、学习策略、语言的功能、语言教学的目的、教学原则、教师角色和教学方法等。学习者是学习的主体，教师可以通过需求分析来了解学习者的需求，了解学习者的智力因素和情感状态。只有先充分了解学习者，教师才能有的放矢，取得较好的教学效果。同时，教师要对语言功能、语言教学目的、教学原则等有一个正确的认识，并在这种正确认识的指导之下，在教学活动中对教师角色进行正确定位，采用适当的教学方法。

另一方面，教师应反思自己的教学行为。教学行为包括教学计划、课堂决策、教学活动的设计与组织、课堂管理等。教师在教学活动之后要经常反思自己的教学行为，养成写教学日志的习惯，及时将教学体会记录下来，以便审视自己的教学行为；也可以用微格教学的方式将自己的教学实践活动记录下来，回观并分析整个过程，对自己的教学行为进行深入分析，形成自我审视的习惯。通过对以上环节的反思，教师可以适时地作出调整，如对教学计划进行必要的调整，对教学活动的各个环节进行分析、评估等，以此来改进后续的教学效果。

第五节 外语教师研究能力培养

"教师成为研究者"的观点最早由英国课程专家 Sternhouse（1975）提出。Sternhouse 认为，教师是教室的负责人，是检验教育理论的理想的实验者。教育科学的理想是每一个课堂都是实验室，每一名教师都是科学共同体的成员，教师自主发展的有效途径是教师成为研究者。20 世纪 80 年代以来，"教师成为研究者"的观念已逐渐深入人心。教师要有能力对自己的教育行动进行反思、研究和改进，并提出改进建议。

一、外语教师研究能力现状

随着全球化时代的到来，伴随着改革开放和现代化进程的加快发展，我国进入了转型时期。教育的发展和变革成为国家事业中的一项中心任务，教师发展和角色转变成为时代和社会发展的必然要求。在这种背景下，未来教师职业特点会发生以下变化（申继亮，2006）：

（1）教师的职能从传统的教书匠变为学习的引导者，同时，教师自身也必须是学习型的人。

（2）教师成为学生心理健康的维护者和学生的心理教育者。

（3）新型的教师应该是行动研究者。教师以教育教学实践场景为研究场所，以教育教学实践中遇到的实际问题为研究对象，强调研究活动和教育活动的统一。

(4) 未来教师是教育创新者。

教师的教育研究能力是判断教师是否专业的标准。然而，长期以来外语教师研究能力不强，研究状况不容乐观，形成这样的局面有主观、客观两方面的原因。外语教师队伍数量严重不足，长期处于超负荷运转状态，致使外语教师全身心地投入到课堂教学中，无暇进行教学研究。除此之外，长期以来科学研究被蒙上了一层神秘的面纱，外语教师普遍认为科学研究是其他学科的事情，与外语学科无关，外语学科没有研究可做。科学研究不是自己分内的事情，自己的任务就是搞好课堂教学。虽然很多外语教师长期工作在教学第一线，有着丰富的教学经验，但由于缺乏理论知识和研究方法的引领，只能谈体会、讲经验，无法找到外语教育教学规律，难以将宝贵的教学经验升华至理论层面。近年来，随着外语教育教学改革的深入以及学术交流的增加，越来越多的外语教师认识到了外语科研的重要性，逐渐有了做科研的意识，但由于缺乏相关系统知识的培训，没有掌握正确的科研方法，因而不知道外语科研应该从何入手。

二、外语教师研究能力培养

除了对语言本体进行研究之外，外语教师的研究重点应该是课堂教学改革，研究核心是课堂教学的优化和课堂教学效率的提高。外语教师要学习并掌握一些基本的研究方法，提升自己的研究能力，这样才能在面对复杂的教育现象时，有意识地进行观察、分析、思考，在不断探索中寻找规律、发现新知，以此来改进教学工作。以下将为外语教师简要介绍一些研究方法和步骤：

1. 研究及其相关属性

1) 研究的定义和分类

研究是一个系统的寻求解决问题方法的过程。从类别上来讲，研究通常分为定性研究和定量研究两大类。无论是认识论还是方法论层面，定性研究和定量研究都有着本质的不同，即对问题研究切入的视角、研究设计、数据收集方法、数据分析和解读都有所不同。定性研究是根据社会现象或事物所具有的属性和在运动中的矛盾变化,从事物的内在规定性来研究事物的方法,强调研究对象是研究者的主观认识与界定。在外语研究中,定性研究主要有访谈、课堂观察、日记(教学日记和学习日记)等方法。定量研究是确定事物某方面量的规定性的研究方法,通过对研究对象的特征按某种标准进行量的比较来测定对象特征的数值,或求出某些因素间的量的变化规律。在外语研究中,定量研究主要有实验、问卷调查、描述性研究等方法。

2)研究的属性

研究的主要属性有归纳性论证(inductive reasoning)、演绎性论证(deductive reasoning)、信度(reliability)和效度(validity)等。

定性研究和定量研究反映了两种不同的思维方式。定性研究以归纳性思维为主,是从个别到一般的思维过程。当研究者发现某一群体中一个、两个,乃至多个个体具有同一种特征时,就可以形成如下假设:这一群体中的所有个体都具有这种特征。定性研究以观察材料为出发点,研究者事先对实验对象没有形成任何看法,具有描述性特征,研究成果是描述或假设,不是结论。课堂观察、田野工作等是比较典型的定性研究。

定量研究以演绎性思维为主,是从一般到个别的思维过程,也就是说,研究者在对某一群体作出一般性描述或假设之后,还要通过具体的实例(个体)来验证这个假设是否成立。定量研究以假设为出发点,研究者事先对实验对象进行了预测,因而使研究具有验证性,研究成果是结论。教学实验、调查等是比较典型的定量研究。

信度和效度是研究的两个重要属性,同时也是衡量和评价研究的重要标准。信度是指研究方法、程序(步骤)以及结果具有可重复性,可分为内在信度和外在信度。内在信度是指在同样的条件下,数据收集、分析和解释能在多大程度上保持一致。外在信度指不同的研究者在相同或相似的背景下重复研究以及研究结果的一致性。一般来讲,定量研究经过严格控制变量和实验条件,研究结果具有可复制性,因此,定量研究具有较高的信度。

效度指某一个研究揭示事物规律的真实程度。它直接反映研究目的的实现程度,是评价研究及其结论的最根本的尺度之一。效度分为内在效度和外在效度。内在效度指研究结果能被解释的程度,而外在效度指研究结果能被推广到其他条件、时间和背景中的程度。一般来讲,定性研究具有较强的主观性,研究结果不易被复制和推广，导致研究信度较低，但定性研究能较深入地探讨和挖掘事物的内在规律，因而研究效度较高。

2. 研究步骤和方法

研究是一个系统的、由多个步骤构成的过程。一般来说，无论是定性研究还是定量研究，均由七个步骤组成（外语研究也不例外）：确定选题、形成研究问题、文献综述、研究设计、收集数据、分析和解读数据、通报研究成果。以下将对科研步骤逐一进行解析。

1）确定选题

选题往往是研究者根据自身的兴趣或研究的需要而定，也可根据所占有的文献资料的质和量来确定，既不能过大，也不能过小。选题过大，可能会由于研究者自身的知识结构、时间、精力等因素所限而难于驾驭；选题过小，难于发现各事物之间的有机联系。另外，选题要有研究意义，研究结果应该对某一研究领域现有的研究成果有所补充，要对学术界有所贡献。

很多时候，选题来自教学实践，教学是刺激思维、激发灵感、产生问题的重要途径，是科学研究的重要源泉。课堂教学与科学研究之间并不是彼此分割、对立的，而是相互联系、相互促进的，因此，我们不能在教学与科研之间人为地划上一条分水岭。

在选题过程中，常常会出现的问题有：

第一，选题太大，过于空泛。我们经常看到有这样的选题，例如"外语课程体系建设""外语教育改革"等，这样的选题包含的内容很多，往往需要由一个团队共同协作完成，不是单靠一个研究者能够独立解决的，也不是单凭一篇论文能够说明和涵盖的。一个好的研究应该是"小题大做"，从"小"入手、由表及里、深入探讨和挖掘，才能获得有意义的结果。

第二，研究方向缺乏稳定性和一致性。有的教师尽管花费了大量时间去了解和熟悉不同的领域，但这种做法可能会导致他们的科研论文选题涉及领域庞杂、研究内容五花八门、研究方向不稳定，并不利于教师自身对于某一领域问题进行深入、细致的研究。写文章、做课题要先从某一领域的某一"点"（研究问题）开始，随着时间的推移和研究的深入，"点"会聚少成多，逐渐形成

"面",研究者再通过触类旁通、融会贯通,做到纲举目张,进而找出不同的"点"之间的有机联系,最后形成稳定的研究方向,同时,也能为后续研究打下坚实的基础。

2) 形成研究问题

研究问题是研究的中心和焦点,没有问题的研究不能称其为研究。选题确定之后,要先对选题加以细化,形成研究问题,才能使研究具有可操作性。例如当确定研究学生的情感因素对英语学习的影响之后,接下来要细化到某一个(或几个)情感因素,如动机、焦虑等,具体研究问题可以是:"学生的英语学习动机现状如何?""学生的动机水平与英语学习成效之间存在着什么关系?"等。

研究的主要特点之一是探索性,因此研究问题不应有任何导向性。我们常常发现有的论文中的研究问题带有明显的导向性,例如"学生的动机水平与英语学习成效的相关性如何?"等。其实,在开展研究之前,人们(包括研究者)并不知道"动机水平"和"学习成效"两者之间存在着什么关系,它们可能是相关关系,也可能是因果关系或者其他关系。

研究问题确定之后,可以在此基础上形成研究假设。研究假设具有一定的推测性,必须至少包括两个变量,说明两个(或两个以上)变量之间的关系。研究假设的提出虽然有一定的依据,但它们只是研究者的主观判断,可能被证实,也可能被推翻,还可能部分被证实、部分被推翻。

3) 文献综述

文献综述是研究的一个重要组成部分。文献综述是文献综合评述的简称,指在全面收集、阅读大量研究文献的基础上,经过归纳整理、分析鉴别,对所研究的问题在一定时期内取得的前期研究成果、存在的问题以及新的发展趋势等进行系统、全面的叙述和评论。文献是一切研究的基础,文献综述在论文写作中占据着重要的地位,文献综述的好坏直接关系到论文的成功与否。同时,文献综述质量的好坏与研究者的研究能力息息相关。通过文献综述,读者可以了解到作者熟知某一研究领域的主要问题,使读者对作者的研究能力、研究背景产生兴趣和信心,从而促使读者尽快阅读该研究论文。

一篇好的文献综述要有综合性,研究者应该广泛阅读相关文献,对文献中的数据、研究方法、研究结果等进行梳理和整合，而不是将所有研究进行罗列和堆砌。一篇好的文献综述要有评价性，要能批判性地分析以往的研究设计和研究发现，找出其中不足的地方，并肯定值得借鉴的地方。

以下是两篇对相同文献的综述（Nueman, 1994, 引自张庆宗, 2008），试作比较：

综述 1

Smith (1990) conducted an experiment on fear and self-esteem with 150 undergraduates. In the study he tested subject self-esteem and then exposed subjects one at a time to a fear-inducing situation. He found that those with lower self-esteem felt greater fear. Jones and Jones (1982) surveyed elderly residents. The respondents who had the greatest independence, self-esteem, and physical health, had the lowest degree of fear of being the victim of crime. In a study of college women, Rosenberg (1979) found that the greater independence one felt, the less the fear of being left alone in a darkened room. DeSallo's study (1984) of 45 college males found that those who had the greatest self-esteem felt the least degree of failure. Yu (1988) found the same for college females. Hong (1980) conducted a telephone survey of 200 welfare recipients and found no relationship between feelings of independence and fear of crime.

综述 2

People with greater self-esteem appear to be less fearful. Laboratory studies with college students (DeSallo 1984; Smith 1990; Yu 1988) find a strong negative relationship between self-esteem and fear. The same relationship was found in a survey of elderly people (Jones and Jones 1982). Only one study contradicted this finding (Johnson 1985). The contradictory finding may be due to the population used (prison inmates). In general, it appears that self-esteem and fear are negatively related. Self-esteem is strongly related to feelings of independence (see Gomez 1977; Zarnoth 1985), and independence was found to decrease feelings of fear of crime (Jones, 1982; Rosenberg 1979). Only Hong (1980) did not find a significant relation between independence and fear of crime. It was the only study that studied welfare recipients.

从以上两个例子可以看出，综述 2 明显比综述 1 要好。尽管综述 1 文字表达比较清晰、流畅，但它只是将相关文献进行简单的罗列和排序，并没有对这些文献进行评价。而综述 2 则有机地整合了相关文献，中心意思明确，文字简洁。主题句（划线句子）提纲挈领，分别整合了自尊与恐惧、自尊与独立性关系的研究，同时，对文献进行了客观的评价，使读者对所综述的文献有一个直观、清晰的认识。

4）研究设计

研究设计是一篇论文的方法论部分，主要包括以下几个方面的内容：

（1）明确研究目的和选择研究对象

在做某一项研究之前，首先必须有一个明确的研究目的，有了目的，研究才有方向。在教学实践中，当我们发现学生的"学"和教师的"教"存在一些问题之后，受问题驱使，我们就会尝试着做一些研究，试图找到解决这些问题的答案，这就是研究的目的所在。

研究目的确定之后，可以根据研究的性质来确定研究对象。在选择研究对象时，除了要考虑研究目的之外，还要考虑研究结果的概括性程度和研究的可行性因素。例如如果是定量研究，可以通过随机抽样的方式，选取一定数量的学生，将其分为控制组和实验组做教学实验；也可以直接做问卷调查，以这种方式获得的研究结果通常具有较高的信度，可以推及同类学生。如果是定性研究，可以选取少数几名学生来做案例研究、深度访谈或观察等，这样获得的研究结果具有较高的效度，但信度较低。总之，确定研究对象取决于研究目的和研究者的主客观条件。

（2）选择研究类型和收集数据的方法

在开展研究之前，要选择研究类型，是定性研究还是定量研究，或者是定性、定量研究相结合。选择什么研究类型与研究问题密切相关，也与研究者的个人因素有关，总之，研究者应该根据自己的主客观条件和研究问题的要求，选择适当的研究类型。

确定研究类型之后，要选择收集数据的方法。定量研究可以采用调查、实验等方法，定性研究可采用访谈、观察、个案研究等方法。在外语研究领域，运用比较多的方法有实验、调查、访谈、课堂观察等。每一种方法都有各自的优缺点。同一研究中尽量采用多种方法收集数据进行三角论证，使研究结果更具有说服力。

(3) 界定研究变量

界定研究变量是操作层面的一个重要环节，但同时又是一个容易被忽视的环节。界定研究变量，赋予变量一定的操作定义，从而使研究变量变得更具体、可操作、能控制并且能被检验。有的作者在论文中没有对相关变量进行界定就有如下表述："Good readers use more metacognitive reading strategies than poor readers."读过以上句子之后，我们不知道"good readers"和"poor readers"分别代表什么样的群体，他们的阅读水平如何。因此，作者在研究设计中首先要对相关的变量进行界定，例如"good readers"和"poor readers"在目前的研究中分别代表什么水平的阅读者，在某一标准化阅读测试中处于哪一个分数段等。

(4) 选择研究材料和测量工具

在外语研究领域，人们常用的研究材料有教材、视频录像、卡片等。测量工具主要有测试、问卷、日记（教学日记和学习日记）和有声思维等。

(5) 确定研究程序

研究程序包括确定测量研究变量的方法和实施研究的步骤，研究材料的组织和呈现方式等。研究程序在研究设计中非常重要，它引导读者跟随研究步骤，明确知晓数据的来龙去脉、研究者如何一步一步得出结论。因此，研究程序不能省略，尤其在定量研究中，研究程序使研究的可复制性成为可能。我们发现有些研究中并没有研究程序，那么研究数据从何而来？我们对此一头雾水。这不禁让人猜测：该研究到底做了没有？数据是否是杜撰出来的？

5) 收集数据

当研究设计完成之后，研究者可以运用事先确定的测量工具去收集数据。数据的具体形式主要由研究课题性质、研究类型决定。如果是定量研究，数据是数字的形式；如果是定性研究，数据则是文字的形式。有的数据可以一次性获得，如问卷调查；有的数据需要经过多次测量获得，如测量儿童在某一实验条件下的词汇习得情况等。

收集数据时需要注意的问题：测量工具要有一定的信度和效度。如果测量工具没有信度和效度，那么，所收集的数据就缺乏信度和效度。我们常发现，有的访谈问题缺乏信度和效度，具有明显的导向性，基本上是研究者想要得到什么信息，就问什么问题。例如在调查学生学习动机情况时，如果研究者就问："在学习英语时，你有强烈的学习动机吗？"，那么学生一定会趋利避害地回答："有！"这无疑会影响数据的真实性，影响研究的信度和效度。

定量研究主要的数据收集方法有：封闭式问卷调查法、测试法等，定性数据的收集方法有：访谈、观察、日志／日记、开放式问卷调查法、内省法等。以下介绍几种常用的方法：问卷调查、测试、访谈、观察、日志／日记、内省法（张庆宗、吴喜艳，2019）。

（1）问卷调查法

问卷是以书面形式提出问题，向被选取的调查对象了解情况或征询意见的调查方法。问卷调查可以涉及多方面的问题：背景性的问题（主要是被调查者个人的基本情况）、客观性问题（是指被调查者的各种行为和经历）、主观性问题（主要是被调查者的观点、情感、态度、价值观等）。问卷调查可以是开放式也可以是封闭式。在定量研究中，我们通常使用封闭式问卷调查。问卷发放的形式多样，现在常用的有直接发放、邮寄、电子邮件等。

（2）测试法

在第二语言研究中，测试法经常被用于收集数据。研究中需要使用标准化测试，以保证测试的信度和效度。标准化测试可以分为不同的种类。按用途分类，语言测试可分为四种，即水平测试、成就测试、学能测试和诊断测试；按测试方式分类，测试可分为离散式测试和综合式测试；按解释分数的方法，测试可分为常模参照式测试和标准参照式测试。

（3）访谈

访谈是社会生活中较为常见的活动，也是定性研究主要的数据收集方法之一。访谈法是通过研究者和受访人面对面的交谈来了解受访人的心理和行为的研究方法。从访谈的结构来看，可以分为结构式访谈、半结构式访谈和非结构式访谈。研究者可以借助录像机、摄像机等辅助工具记录访谈过程。

结构式访谈对访谈过程高度控制，研究者按照事先设计好的访谈提纲进行访谈。访谈提纲的问题要具体、详尽、明确。与每一位受访者都要按照相同的顺序谈及所有问题。结构式访谈最大的优势是便于操作，研究者可以把握谈话的主题，与不同受访者之间的交谈内容具有可比性。但结构式访谈也存在一些不足，例如收集的语料有限、仅限于所问的问题、受访者很难展开话题。

非结构式访谈具有很大的自由度，受访者可以围绕话题自由展开谈话。交谈往往是自发的、发散性的，目的是创造一个轻松的交流环境。研究者无须准备详细的访谈提纲，只需一些指导性的问题即可。非结构式访谈可以获得较为丰富、深入的信息，但这需要研究者与受访人之间建立一种和谐的关系。

半结构式访谈介于二者之间，多数应用语言学研究采用半结构式访谈。研究者事先设计了一系列相关的开放性的研究问题，在交谈过程中，受访人可以围绕话题畅所欲言。研究者在访谈中扮演听话人和引导者的角色。

（4）观察

观察法是研究者根据研究提纲或观察表直接观察研究对象，从而获取深度信息的有效方法。在第二语言研究中，我们可以用观察法来研究外语课堂内语言的使用情况、互动等其他教学活动。为了记录所观察现象的细节，研究者可以用录音机、录像机等设备来辅助观察。常见的观察方法有：核对清单法、级别量表法和记叙性描述。

课堂观察的内容一般包括：

自我观察（一边讲课一边观察）：观察对象主要是学生的学习行为、人际间互动情况和对教师授课的反应等。

观察他人（听课）：观察讲课教师的行为，包括教材运用、讲解能力、提问技巧、教学沟通、多媒体运用、学生行为管理、教学准备、组织教学和评价教学，也包括讲课教师的课堂观察能力、学生的非学习性行为等。

（5）日记

日记也是获得深度信息的有效方法，要求参与者记录教育生活的点点滴滴，这些经历可以反映参与者的认知和情感状态。研究者根据研究目的，告知参与者日记写作的目的和内容。

除了学生的学习日记之外，还有教师的教学日记。教学日记是教师对教育生活事件的定期记录，将真实的生活场景转化为文字、语言符号加以记载，以此来梳理自己的教学行为。通过教学日记，教师可以定期回顾与反思日常的教学情景。在不断回顾与反思的过程中，教师对教学实践、教学问题和自我认知方式与情感的洞察力，也会不断得到增强。教学日记通常需要每天或几天记录一次，至少是每周记录一次。一般来说，教学日记不是简单地罗列教育生活事件，而是通过聚集这些事件，让教师更多地了解自己的教学信念和教学行为。以下是一位本科实习生的一篇教学日记：

"今天上了第四节课,发现英语说的越来越少了,大部分课堂指令的发送,知识点的讲解几乎全是用汉语讲的。今天这节课我多少有点发怒的成分。因为上语法课,大量的时间用在了提问和分析句式上了,虽然整个课堂控制的还行,抓住了学生的注意力,但讲课的进程却大打折扣,大概只讲了四分之一的内容。也不知怎么的只分析了几个句子,做了几道练习题一节课就结束了。而影响课程进度和让我有些不满的主要是领着学生分析了好几遍的句子学生还是分析不出来。下课后,带着有些抱怨的语气向老师诉说,老师的一席话却让我一下子无地自容了。

我主要向老师抱怨学生分析句式分析不出来,课进行不下去。老师给我提供了一种方法,由于讲的是主语从句,老师的方法是先找出连词,然后顺着连词往后推第一个谓语就是从句的,下一个自然就是主句的,这样一来整个句子也就分析出来了。而我上课用的却是找谓语的方法,先找出主句的谓语,其他成分也就一目了然了。由于我对句子很熟悉了就以为这个方法很简单。

事后反思,觉得自己真是误人子弟呀!分析句式主要目的就是分清主句和从句,而我把要实现的目的当成了已知项,认为主句从句就在那摆着,找个谓语还不简单嘛。哎!自己教学方法不对还埋怨学生笨,真是丢死人了。幸而亡羊补牢,对于教学方法还得慢慢地探索、一点点地总结。"

(6) 内省法

内省法是将思维过程口述出来的研究方法,内省法亦称为口述法。内省法探究的是人们的认知过程。根据口述的时间与完成特定任务的时间之间的关系,口述可分为共时口述和事后口述。前者是口述者在完成特定任务的同时讲述自己的心理认知状况,即有声思维;后者是口述者在完成特定任务后回忆和追述自己的认知心理过程。

研究者在采用口述法之前需要仔细研究口述材料,决定需要停顿的地方,以便参与者口述自己的认知过程。一般来讲,语篇中意群之间、小句之间以及句子之间等地方可以停顿。预先设计的停顿的地方不能妨碍参与者对语篇的理解以及在线思维过程。当参与者不知道说什么时,研究者会提示他:"你正在想什么?""你是如何理解的?"等等。这个过程需要录音、转写和分析。

事后口述是在听力或阅读任务完成之后进行的。为了提高事后口述的信度和效度,Dörnyei(2007)提出以下建议:完成任务与口述之间的时间间隔要尽可能缩短,最好不要超过24小时;语境信息越多,口述的效果越好。就听力任务来说，将原材料重新听一遍比看听力原稿更好一些；要求被试回忆可以直接提取的信息，如"你听到这里时，想到了什么？"；不要提前告诉被试有关事后口述测试的事情；尽量让被试主动提供信息；如果可能的话，口述可以使用被试的母语；口述的过程需要进行测试。

人们的思维过程非常复杂，一般的研究方法很难挖掘出人们的认知过程，内省法为探究个体认知心理过程向前迈进了一步。由于被试的认知水平和语言水平不同，对他们认知过程的口述也存在质和量的差异。在有声思维法中，被试的认知过程可能还会受到干扰。在事后口述法中，遗忘的问题不可忽视。

6) 分析和解读数据

由于定性研究没有预设的研究问题、明确的变量以及对变量和环境的控制，因此，对数据的解释要求研究者有高度的分析能力和解释能力。人们往往觉得定性研究实施起来比较容易，不需要太多的设计和控制，但当数据（如课堂录像）回来之后，却一筹莫展，找不到头绪，不知从何下手进行分析。这就要求研究者对数据进行多次分析和筛选，力求找出反复出现的趋势和规律，形成假设。在定性研究中，研究者作为研究的一分子，参与到研究中，因此，对数据的解释具有较强的主观性。

定量研究的数据是通过严格控制变量和实验环境获得的，数据的获得比较直接，数据形式比较直观。在定量研究中，研究者将自己置于研究问题之外，整个研究过程不带任何主观色彩，因此，对数据的解释具有较强的客观性。

定量数据分析方法通常被分为两大类：描述性统计方法和推断性统计方法。描述性统计方法主要研究如何整理数据，描述一组数据的全貌，表述一个事物的性质等。表示数据集中趋势的有平均数、中位数和众数等，表示数据离散情况的有全距、标准差、方差等。其中人们常用的有平均数和标准差。有的论文作者撇开标准差，只比较平均数是不能充分说明问题的，因为在两组数据的平均数相同、标准差不同的情况下，标准差数值较大的一组说明该组数据离平均数更远，反之，则更近。在平时的教学效果考察中，我们希望在平均数相同的情况下，标准差越小越好，说明学生之间成绩差异不大；但在选拔甄别考试中，则希望在平均数相同的情况下，标准差越大越好，这样，就能轻而易举地将优秀学生选拔出来。

推断性统计方法主要研究通过观察和分析一小部分数据来概括和推断它所代表的总体特征的方法。在外语研究领域中，人们常用的统计方法有 t 检验、相关分析、方差分析、回归分析等。

t 检验，亦称 student t 检验（Student's t test），主要适用于样本含量较小（例如 $n<30$）的情况，用以比较两平均数之间的差异是否达到显著性水平。t 检验分为独立样本 t 检验和配对样本 t 检验。独立样本 t 检验是比较两组的均值是否具有显著性差异。配对样本 t 检验是对同一总体两个样本的比较，同一组被试在实验前和实验后的比较，同一组被试在实验条件下和控制条件下的比较。

相关分析是用数理统计法建立两个随机变量之间的关系。两变量之间联系的方向分为三种情况：第一，两变量变动方向相同，即一种变量变动时，另一种变量也同时发生与前一变量同方向的变动，称为正相关；第二，两变量变动方向相反，即一种变量变动时，另一种变量同时发生与前一变量变动方向相反的变动，称为负相关；第三，两变量之间没有关系，即一变量变动时，另一变量作无规律的变动，称为零相关。

方差分析主要用于分析数据中的不同来源的变异对总变异的影响大小，从而确定自变量对因变量的重要性。单项方差分析检验一个因变量在一个具有两个以上水平的单一变量各组的平均值之间是否具有显著性差异。

回归分析是通过观测值寻求自变量与因变量之间的函数关系的一种统计方法，它所要解决的问题是：在相关变量间建立数学关系式，即回归方程；检验回归方程存在的统计合理性，并对各自变量对因变量影响的显著性进行检验；利用回归方程进行预测和控制，并了解这种结果的精确程度。回归分析分为一元回归和多元回归分析。一元回归研究一个自变量和一个因变量的关系。多元回归探究多个自变量与因变量之间的关系，还可以计算自变量对因变量的预测力。

7) 通报研究结果

最后一个步骤是将研究结果撰写成文，以会议交流或发表论文的形式报告给学术界的同行，互相学习，取长补短。论文写作要符合学术写作规范。

总之，开展科学研究是一个过程，需要长时间的积累，不能一蹴而就。只要大家有科研的意识，掌握正确的科研方法，平时在教育教学实践中做有心人，善于发现研究问题，就一定能找到解决问题的研究方法，在外语科研领域有所作为。

第六节 外语教师专业成长途径

教师如何在专业结构的各个方面获得成长，成为一名专家型教师？有学者（Glatthorn，1995）认为，教师专业发展是一个连续体：一端是经由职业发展各个阶段顺其自然地获得专业发展，这是基于经验累积的被动发展，称为职业发展（career development）；另一端是有组织地促进教师成长的在职教育，称为教师培训（staff development）。培训又分为校方组织的培训和教师个人的自我培训。自我培训指教师个体有意识地主动发展、自我更新。教师自我培训的途径有很多。英国课程论专家 Sternhouse（1975）曾明确提出教师专业发展的三个途径：系统的理论学习、研究其他教师的经验和在教室里检验已有的理论。这三个发展途径对外语教师的专业成长也有较强的借鉴意义。

一、理论学习

理论指概念和原理的体系，是系统化了的理性认识。正确的理论是客观事物的本质和规律的正确反映；理论来源于社会实践，并指导人们的实践活动。

教师理论学习的重要性在于：首先，理解和把握教育教学的真谛、确立新的教学观念，需要一个不断将外在的教育教学理论内化的过程；其次，教育教学实践中反映出来的问题只有上升到理论层面，才能深入了解问题的本质，找到解决问题的方法。没有理论的支撑，只能知其然，不能知其所以然。联合国教科文组织《1998年世界教育报告——教师和变革世界中的教学工作》曾提到："人们逐渐认识到，教育职业同其他职业不一样，是一种'学习'的职业，从业者在教师职业生涯中自始至终都要有机会定期更新和补充他们的知识、技能和能力。"因此，教师只有不断地进行理论学习，才能在较高层面上更新知识结构、提升专业能力。

理论学习的内容既包括陈述性知识（有关"是什么"的知识，如新理论、新思想和新观念），也包括程序性知识（有关"如何做"的知识，如教学策略和教学技能等）。只有不断加强理论学习，才能随时了解教育教学的最近动态，掌握新的教学方法，学习使用新的教学技术，不断更新和重构自己的知识体系，从而更加有效地进行教学。

教师的专业成长是一个终身学习的过程，教师学习不仅是一个个体的学习过程，也是一个集体的学习过程。教师只有在集体与个体互动的学习中，才会获得真正的专业成长。近年来，作为一种新的教师专业发展方式——专业学习共同体（professional learning community）逐步发展起来。专业学习共同体是某一个学校或校际某一类教师组成一个专业性群体，全体成员在共同目标指引下以学习为主导和纽带，具有高度的凝聚力和旺盛的生命力。专业学习共同体通常由"文化构建""多样化发展""共同愿景"和"知识共享平台"构成。文化构建就是教师不断地进行反思，生成"自觉""自律"和"协作"的教学专业文化智慧。多样化发展提供了教师之间个人知识和隐性知识共享的机会和实践园地。共同愿景的建立旨在鼓励每一个教师发展个人愿景，同时，促进由教师个人愿景组成的共同愿景融入学校的发展理念之中。

近年来，国内外关于外语教师专业发展途径的研究陆续出现（Goker, 2006；徐锦芬、李霞，2019；Johnson，2006；Goodnough，2018），其中有关教师学习共同体的研究尤其值得关注，如共同体对外语类专业教师教学能力（郭燕、徐锦芬，2015）、研究能力（郑新民、阮晓蕾，2018）的影响，以及共同体中的教师合作学习对教师发展的影响（文秋芳，2017）。文秋芳、张虹（2019）对跨院系多语种教师专业学习共同体建设的理论与实践进行了探索，提出四要素理论框架（确定研究的系统问题、构建新理论框架、实践新理论、反思与阐释）对跨院系多语种教师专业学习共同体建设具有较强的应用性。张虹、文秋芳（2020）考察了专业学习共同体对一所外语类大学跨院系12位多语种教师发展的影响，研究发现专业学习共同体对教师的道德层面、研究层面、教学层面和情感层面均产生了显著影响。文秋芳（2021）分析比较了短期专题研修班、专业学习共同体和虚拟专业学习共同体三种教师学习模式，虽然这三种学习模式有各自的优势和不足，但在提升教师专业成长方面均有一定的积极作用。

英国著名学者Strevens（1977）认为，理想外语教师的特征包括：教师个人素质、教学能力和专业理解等三个方面。外语教师培训方案包含四个基本要素，即选拔、个人继续教育、作为教师或教育人员所接受的普通专业教育以及作为外语教师所接受的特殊教育。其中外语教师的特殊教育是培训课程的核心部分，分为技能层面、知识层面和理论层面的内容，其中技能层面指熟练掌握英语、教学技巧、课堂活动和管理学习的技能，知识层面指有关教育的知识、大纲与教材教具的知识以及有关语言的知识。

外语教师要注重学习，树立终身学习的观念，学习是获得发展的唯一源泉。外语教师可以独自学习，也可以通过参加专业学习共同体进行学习。

首先，学习语言学理论与外语学习理论。外语教师必须具备一定的语言学理论知识，应该对语言的本质特征、语言分析方法、最新的语言学理论发展趋势等有所了解，同时更要了解外语学习过程的特殊性及有关的语言学习理论。

第二，注重外语理论与实践。外语教师应该时刻把提高和完善自己的外语实践能力，即听、说、读、写、译的能力摆在重要的位置，但同时也应该重视关于语音、语法、词汇和语用方面的知识，并且将理论运用于实践。

第三，教育心理学理论与教学实践并重。外语教师应该具备基本的教育心理学知识，了解课堂教学的一般性原则和学生的心理特点，同时应该研习本学科的各种教学流派的形成和特点，掌握外语教学中一些最基本的教学原则和方法。

二、研究其他教师的经验

教育教学过程中充满了各种不确定性，仅掌握理论知识远远不够，还必须在实践中学习鲜活的教育教学知识和技能。案例教学和课堂观察是两种典型的研究其他教师经验的"做中学"专业发展途径。

1）案例教学

案例教学最突出的特征是案例的运用。案例是既包含有问题或疑难情境，同时也包含有解决这些问题的方法的真实发生的典型事件（郑金洲，2012）。案例教学法就是运用案例进行教学的方法，是通过对一个个带有问题的具体、真实的教育情境的描述，引导教师对其进行讨论的一种教学方法。教师首先要选出适当的案例，将其撰写出来，然后进行讨论。选择案例有几个基本要求：

第一，要突出事件中的矛盾；第二，要有完整的情节；第三，叙述要具体、明确；第四，把事件置于具体的时空背景中；第五，要能揭示教师和学生复杂的心理活动。总之，案例来自真实的教育教学实践，是发生在教师身边的事情。通过案例分析和讨论，教师学会如何处理类似情境下发生的问题。

开展案例教学成为一种有效的观摩和分析的学习形式。在西方国家，案例教学几乎成为所有专业和职业教育的一种主要方法。Flanders（1970）将他的相互作用分析法运用于实习生和在职教师培训。结果发现，经过这种训练的实习生和教师更能理解学生的想法。

案例教学鼓励学生独立思考，注重能力获取，强调师生互动、生生互动，并且具有应用灵活、情境丰富等特点。通过在案例中创设"类实践环境"，教师对学生进行启发式教学，学生进行体验式学习，自主寻找答案，增强解决问题的能力，从而做到理论联系实际。案例介于理论和实践之间，观念与经验之间，理想与现实之间。案例教学具有如下特征：为教师提供真实的课堂情境；呈现内隐知识并提供多元表征；提供向专家学习的机会。

教师在设计、撰写教学案例时应遵循以下原则：教学案例是一类事件，是对一个具有教育意义的实际情境的描述，它讲述的是一个故事，叙述的是这个故事的产生、发展的历程，具有动态性；教学案例是一个包含问题的事件，必须包含问题或疑难情境在内；教学案例是真实而又具有教育意义的典型事件，它必须具有典型的教育意义，能给学习者带来一定的启迪价值。教学案例是不能杜撰和抄袭的，它所反映的是真实发生的事件，是各种事实的真实再现。

教学案例的写作特点：以记录为目的；以记叙为主，通过讲故事来说明道理；教学案例的思维方式是从具体到抽象，是归纳性思维。

2）课堂观察

课堂观察又称观课或听课，通常包括三个环节：一是听课前制订较详细的观察计划，并确定观察的对象、内容以及观察的大致程序；二是听课过程；三是听课后的讨论分析。组织化的课堂观察比非组织化的课堂观察效果好。对优秀教师的观摩是当前采用较多的一种方法。观摩可以是现场观摩，也可以是观看优秀教师的教学录像。以下就听课内容、听课方法、听课记录以及课后讨论等方面进行论述：

听课内容的确立：要根据不同的听课目的来确定听课的重心。如果听课的目的是探讨学生对课程内容的掌握情况，听课的重心就应该放在授课教师的讲解情况、提问以及回答问题方面；如果听课的目的是探讨教师如何照顾差生，那么听课时要留意的问题是教师的讲解是否深入浅出、目光在差生身上停留的时长是否合适、布置的练习是否与差生的能力相匹配等。

听课方法：要根据听课的目的采用适当的定量或定性的方法。如果要关注课堂事件的计数，如教师提问的次数，就采用定量方法；如果要关注意义、影响及个体和群体对某事件的理解，就采用定性方法。

听课记录：听课记录有多种方法，各有区别，应综合使用。其中笔录最简单易行，但较浪费时间，并且容易有所遗漏。录音提供的声音信息可以反复回放，但缺失视觉信息。同步录像既不影响听课，又能如实地记录下来可重复使用的声音和图像，但有可能影响师生的教学活动。

课后讨论：讨论应围绕课前商定的关键问题、重点难点问题进行；鼓励不同见解，以开放的心态探求答案，避免权威意见占支配地位；最后从具体的言行上总结出理论和规律，以提高教师的理论水平和迁移能力。

外语教师要积极观摩和分析优秀外语教师的教学活动。对优秀外语教师的课堂教学进行观察和分析，分析他们的教学活动特点、知识经验结构特征和教学行为等内容；或者观看优秀教师的视频课例，感受他们精湛的教学艺术，观察他们如何遵循教学法则和美学原则的要求，灵活运用语言、表情、动作、心理活动、图像组织、调控等手段，充分发挥教学情感的功能，进行有效教学的过程。观摩后通过组织研讨和评课，使教师最大限度地理解和把握专家型教师驾驭专业知识、解决问题和监控课堂的能力，寻找差距，进而精进自身的教学能力。

三、教师参与研究

教师参与研究的形式有许多类型，比较常见的有"校本教学研究"。校本教学研究是一种特殊的教学研究制度和方式，以学校为基地，以教师为主题，以教师在教育教学实践中遇到的问题为对象，以提升学生学习结果、促进教师专业发展和提高学校教育质量为目的。校本教学研究的基本形式是"行动研究"。

行动研究是指在自然、真实的教育环境中，教育实际工作者按照一定的操作程序，综合运用多种研究方法与技术，以解决教育实际问题为首要目标的一种研究模式。行动研究有以下特点（张大均，2015）：教育行动者开展的研究，即研究者与行动者（教育教学实践者）合二为一，研究者即行动者；对教育行动开展的研究，即研究问题来自教师教育教学工作中遇到的具体的实际问题；为教育行动开展的研究，即研究目的是为了解决教育教学实践中的实际问题，以改进教育质量；在教育行动中开展的研究，即在真实的课堂教学环境中把研究与实践合二为一，教学不是单纯的教学活动，而是被研究着的教学活动。可见，行动研究正是 Sternhouse 提出的"在教室里检验已有理论"的具体应用。

行动研究可以归纳为以下三种类型（郑金洲，2004）：

1）行动者用科学的方法对自己的行动进行研究。这种类型强调使用测量、统计等科学方法来验证有关的理论假设，结合自己实践中的问题进行研究。它可以是一种小规模的实证研究，也可以是较大规模的验证性调查。

2）行动者为解决自己实践中的问题而进行研究。这种类型使用的不仅仅是统计数据等科学的研究手段，而且包括参与者的个人资料，如日记、谈话录音和照片等。研究的目的是解决实践活动中行动者面临的问题，而不是为了构建理论。

3）行动者对自己的实践进行批判性反思。这种类型强调以理论批判和意识启蒙来引起和改进行动，实践者在研究中通过自我反思追求自由、自主和解放。

外语教师不仅是一名教师，同时也应该是一名研究者。研究是一种态度、是一种精益求精的职业追求和信仰。在研究过程中，教师要发挥自身主体性，研究自己的教育教学，提升自我素养，提升教育教学质量。研究如何让教育的意义在学生身上得以实现，如何让学生健康全面的发展，如何让自己在教育过程中体验教育生活的幸福。

教师可以开展行动研究，在学校真实的教学环境中发现问题、研究问题并解决问题。教师行动研究旨在不断革新和改善教育行动；同时，它有助于教师个人行动理论的产生和发展。行动研究与专家研究的区别在于：(1) 研究问题可以是来自于自己的日常教学经验中的任何问题，而不一定是大的课题；(2) 研究途径可以是任何非正式的探索方法，包括做笔记、写日志、谈话记录等，而不一定要像专家那样恪守研究套路；(3) 教师可以形成研究者团体，包括教师之间、教师与学生之间的联系等。因此，行动研究是一种学习途径，一种教师专业发展的途径，并且有一个螺旋上升、不断发展的过程。

行动研究的主要步骤有：发现问题、形成假设和验证假设。

1）发现问题：这是行动研究的起点，教师关注教学活动中的特定问题，并从课程、学生、教师本身等方面收集有关的资料。研究问题可以是来自于教师日常教学中的任何问题，不一定是大的课题。收集资料的几种主要方法包括：

观察：对课堂教学活动进行观察和记录。课堂观察的内容可以预先设定，这样观察结果更具有针对性；也可以不预先设定观察内容，这样观察的范围会更宽泛，没有局限性。

问卷与访谈：通过问卷可以便捷地获得大量的、比较客观的数据。尽管访谈接触被试的数量不大，但通过访谈可以了解被试深层次的想法和动态。

教师日志：记录教学事件，真实反映教学过程。

学生日志：学生将自己的学习方法、学习体会记录下来。教师可以通过学生日志反思自己的教学，对教学活动作出必要的调整，以取得更好的教学效果。

2）形成假设：在发现问题之后，教师要广泛地查阅文献，查询与当前问题相关的信息，并在此基础上形成假设，力图找到解决问题的方法和途径。

3）验证假设：教师要根据假设，进一步有针对性地收集数据，通过统计分析来验证假设，解决教学中的实际问题。

外语教师要善于将教学体验和教学心得提炼、升华，从中找出一般性的规律，用不同的产出形式，如向同行介绍自己的教学方法和手段、出版专著、发表文章、编写教材等来丰富外语研究领域。

思考题：

1. 外语教师的语言观是如何影响语言教学观的？
2. 概述反思性外语教师专业发展模式。
3. 论述外语教师专业成长途径。

第八章 语言知识和语言技能教学

第一节 语言知识教学

语言知识由语音、词汇和语法等三个部分组成，是构成语言系统的基本要素。语音是语言的物质外壳，词汇是语言的建筑材料，语法是遣词造句的规则，三者之间的关系是相互依存、互相制约的。掌握语言知识是获得语言技能的重要前提，因此，语言知识的教学在培养学生语言技能、交际能力中起着重要的作用。本节将对语音、词汇和语法教学进行逐一探讨。

一、语音教学

语音是语言存在的物质外壳和物质基础，语音、语调正确与否直接影响人们的交际效果。Bolinger（1993）在《语言要略》一书中曾提出："语言就是声音，要学习一种语言必须学会发音"，因为"语言组织中的语音是必不可少的"。由此可见，一个学习语言的人，首先必须掌握该门语言的发音系统，培养良好的语音素质和能力。语音教学的目的是对学生进行语音训练，使学生达到发音正确，语调自然，语流顺畅的要求。

1. 英语与汉语语音体系之间的差异

每一种语言都有其特有的语音系统和发音规律。中国学生在学习英语语音的发音规律时，总是或多或少地受到母语发音习惯的影响，会不自觉地将汉语中的语音规则照搬或套用到新学的英语语音系统中去，结果影响了他们对新的语音系统的掌握。大量的教学实践和研究证明，英汉语音体系之间的差别在不同程度上影响了中国学生对英语语音发音规律的掌握。

从语音系统来看，英语和汉语属于两种不同类型的语言。英语是以语调区别意义的"语调语言"（intonation language），而汉语则是以声调区别意义的"声调语言"（tone language），这两种语言在音位的数量及其组合方式上是完全不同的。这些音位系统上的差异往往是造成中国学生语音负迁移的主要原因。例如初学英语的中国学生常将 thin 读成 sin，将 blow 读成 below，这是一种负迁移，是因为英语中有 /θ/ 这个音位和 /bl/ 这类辅音音素组合而汉语没有所导致的。又如英语既有以元音结尾的开音节词，也有以辅音结尾的闭音节词；然而汉语的"字"都是单音节的，基本上都属于开音节。由于汉语的这种语音上的特征，初学英语的中国学生往往容易在读英语闭音节词时，在结尾的辅音后面不自觉地加上一个元音，即把 work 读成 worker，把 bet 读成 better 等等。

除了音素的差别之外，在句子层面上，英汉发音的差别也很大。一个中文句子，如果字数多，句子长，朗读时所需时间就长。英语则不然，它所需时间的长短，主要取决于重读音节的多少，这就涉及强读和弱读的技巧。英语弱读形式是中国人学习英语的又一大难点。把弱读形式读成强读形式会使语句听起来没有节奏，本应该重读的音节不能突出，从而造成交际时对方的误解。中国学生说英语时有以下特点：一是重音太多，二是句子中停顿太多。

英汉语言的对比研究能帮助我们发现语音教学中的重点和难点。通过对比、分析英语和汉语语音体系之间的差异，可以了解英语语音教学中的难点，减小母语对学习和掌握英语发音的负面影响。

2. 语音教学内容

1）单音教学

单音教学是语音教学的基础部分。在单音教学中，首先应借助录音让学生听音，感知所学音素的正确发音，然后，教师讲解发音要领，当学生掌握正确的发音方法后，再进行模仿练习。

教师要有针对性地设计一些练习，可以将最小对立体（minimal pairs）安排在一起让学生进行操练，例如在学习 /b/ 和 /p/ 这两个音之前，教师先解释这两个音有什么不同，接着让学生听音、辨音，然后再让学生进行操练。

2）语流教学

在学生掌握了单音的正确发音方法之后，语音教学就应以语流教学为重点。语流教学包括节奏、重音、语调等方面的内容。

节奏：节奏指语句中各音节的轻重、长短和快慢之间的关系。英语话语的节奏按重音定时，即它的话语说起来所需的时间不由它有多少个词、多少个音节决定，而由它有多少个句子重音决定。英语节奏的特点是：在英语语流中，重读音节和非重读音节间隔出现，形成鲜明的对比；重读音节间隔出现的时间大致相等（近似音乐的节拍）。中国学生掌握这一特点比较难，他们习惯于将每个音节、每个词都清楚地读出来，而不会将几个非重读音节压缩在一起快速地说出来。在教学中，教师在充分讲解节奏这一特点之后，可用手打着节拍，让学生模仿练习。

重音：重音包括单词重音和句子重音。单词重音一般有重读音节、次重读音节和非重读音节之分，每个单词至少有一个重音音节。句子重音是连续话语中被重读单词所接受的重音，它与重读单词的单词重音位置基本一致，英语节奏中的重音指的就是句子重音。句子重音的一般规律是：实词通常重读，功能词通常不重读。但这个规律并不是一成不变的，为了表达的需要，一些通常接受句子重音的单词，可能失去句子重音；而另一些通常不接受句子重音的单词又可能获得句子重音。以实词为例，实词通常是句中重读的单词，但如果该实词在本句或前面一句中已经出现过，不再含有重要的信息时一般不再重读。而功能词通常是句中的非重读单词，但由于信息表达的需要，也可以以重读的形式出现。总之，重音的位置主要取决于说话人的意愿和他所希望表达的意思。这一点应当在教学中向学生反复讲解清楚并持续不断地加以训练，尤其是朗读训练，注意元音的弱化、连读，以及不完全爆破等技巧。

语调：语调具有语义功能和态度功能，语调通常根据说话双方所要表达的意思而发生变化。英语语调是中国学生学习的一个难点，汉语是声调语言，声调决定词的意义，中国学生由于受母语调的影响，讲英语时习惯用降调。因此，在教学中，既要引导学生注意一般规律，如加强对基本语调、声调、声调组的训练，又要应对一些特殊情况，如利用包含称呼语、插入语和引语的长句进行朗读训练，使学生认识到它们的调型取决于其在句中的位置，而调型的位置又取决于其语义的重要程度，逐渐分析调型结构及其特点，从而把握好语调规律。

二、词汇教学

1. 词汇知识和词汇能力

在许多研究者看来，语言即词汇。Wilkins（1972）认为："没有语法，只能传递少量信息；没有词汇，任何信息都无法传递。"McCarthy（1990）也认为："不管学习者第二语言的语法掌握得多好，不管他的发音多么标准，但如果缺乏足够的词汇，便不能用第二语言成功地进行交际。"由此可见，词汇是语言的建筑材料，而词汇学习是语言学习的关键。

对词汇知识的研究包括广度和深度两个方面。广度研究主要指词汇数量的研究，旨在探讨满足交际需要的最基本的词汇量。词汇深度研究指对词汇知识不同层面进行的研究，即有关单词的各种信息。Schmitt & McCarthy（2002）指出词汇知识应包括以下六个方面：(1) 形式——发音和拼写；(2) 单词结构——基本自由词素或粘合词根词素；(3) 该词在短语或句子中的词法行为；(4) 词义——指称意义（包括意义的多重性和隐喻外延）、情感意义及语用意义；(5) 词汇关系，如同义、反义和上下义等；(6) 通常搭配。Taylor（1992）指出词汇知识包括十个方面，即母语对等词、发音和拼写、概念意义、语法行为、搭配、多义性、联想意义、语域、书面词汇、口头词汇等。总之，完整的词汇知识至少应包括两个方面：形式（发音和拼写）和语义（主要包括某一单词与相关词项的横向和纵向的意义关系，如搭配行为、近义词和反义词等）。词的意义关系又包括横组合和纵聚合两个层面，前者指句子中各成分的组合关系，其中以搭配关系为典型代表；后者则指整个词汇系统中各词项之间的复杂关系，其中以近义关系、反义关系及上下义关系最为常见。

词汇能力包括各种词汇知识，以及在具体语境中运用语言的能力。Bogaards(2000) 总结出词汇能力有以下几个方面：形式(口头和书面)、意义(概念意义和意义关系)、词形（派生和复合）、句法、搭配和语篇（风格、语域和得体性）。因此，要获得词汇能力，学习者要掌握各种词汇知识，其中重要的是掌握词汇的横组合和纵聚合关系，即词汇的语境限制和该词在词汇系统中的语义价值。

2. 词汇教学内容

20世纪90年代以来，词汇教学研究取得了丰硕的成果，人们对词汇及词汇教学的认识不断加深，总结出词汇教学主要包括以下几个方面：

（1）词汇形式：包括发音、拼写、词根和词源等形式。

（2）使用词汇的语法规则：包括词语的屈折变化和派生形式，如英语名词的单、复数，代词的性、数、格，动词的人称、时态、语态变化等。

（3）搭配：指词与词之间固定的关系，包括词组与习惯的词序等。

（4）功能：指在不同的场合确切使用各类不同词汇及同义词等。

（5）意义：包括词汇的字典意义，词汇的语内意义（如同义、反义、多义、上下义关系）和词汇的语外意义（如各种含义、联想义、比喻义、风格文体意义和社会文化意义）等。

词汇通常被分为两大类，即接受性词汇和产出性词汇。接受性词汇指学生能理解其最基本词义的词汇，而产出性词汇则指在口语或书面语表达中学生能自主使用的词汇，产出性词汇一般要求不少于3000—5000个单词。一个人的接受性词汇和产出性词汇之和就等于他的全部词汇总量。在词汇教学中，教师在重视产出性词汇教学的基础上，应同时注意传授处理和记忆接受性词汇的策略和方法，帮助学生实现从接受性词汇向产出性词汇的转化，以促进听、说、读、写能力的全面发展。

根据不同的教学目的和特点，词汇教学可以分为直接词汇教学法和间接词汇教学法。直接词汇教学法是将词汇教学明确作为教学目标的一部分，对词的结构、意义和用法进行分析、讲解和操练；间接词汇教学法是通过其他学习活动，如阅读和听说等，间接地达到扩大词汇量的目的。

3. 词汇习得策略教学

伴随着第二语言习得研究而兴起的是人们对语言习得和外语学习策略进行的大量研究。在外语学习过程中，除了一般性的外语学习策略之外，还有针对学习语言知识和培养语言技能的策略。在词汇习得方面，学习者通常使用四种主要的策略：（1）语境猜测，即利用语篇中的线索或者语境提示猜测生词的意思；（2）利用构词法知识，即了解一些常用的前/后缀知识及各种复合词的构成方法,以扩大词汇量,增强词汇辨识能力;(3)使用字典,即通过字典找出单词的意思并且学习关于词语的其他信息,如检查发音、拼写、语法形式、语体、语域、用法、例句等;(4)记忆策略,即进行专门的词汇记忆策略教学,训练学生运用适合自己的方法和策略来促进记忆,如联想记忆、分类记忆、利用影像或声音记忆、利用身体反应或感觉辅助记忆等。

教师要有针对性地对学生进行一定的词汇学习策略培训和教学,让学生掌握和运用适当的词汇学习策略和方法,在词汇学习中做到举一反三、事半功倍。

三、语法教学

语法是语言的组织规则,其实质是用形式化、程式化的手段来组织语义、语用信息,语法规则能帮助人们更好地对输入的语言材料进行符号切分,从而达到准确的理解。

随着人们对语言本质的认识,语法的定义也被赋予新的内涵。《朗文语言教学及应用语言学辞典》(Richards 等人,2000)将语法定义为:"语法是对语言结构及语言学单位如单词、片语在该语言中组合成句的方式的描写,通常包括这些句子在整个语言体系中的意义及功能。"这个定义不仅肯定了语法作为语言静态形式的一面,而且也指出了语法作为语言动态功能或语言行为的一面。

语法是系统地整合语言单位的有效工具,是语言能力的重要组成部分,是规范、准确和逻辑性表达的基础。语法教学使语言输入更系统化、更易于理解,语法教学是培养学生综合运用语言知识能力的重要途径之一。

1. 语法教学内容

在语法教学中,应该培养学生掌握一些常用词组和惯用句型,这不仅有助于提高学生的表达能力,还有助于提高学生的理解能力。

1) 句型教学与语法知识教学相结合

人们表达自己的思想和理解别人的思想都需要掌握各种不同的句子结构和语法知识,但在外语教学初始阶段,学生掌握的语言材料较少,如果过早地给学生讲解语法知识，他们会感到难以理解。因此，教师可以先通过句型教学的方法来教授语法，使学生直接理解和掌握句子的意思和结构。在学生接触了一定的语言材料后，再进行归纳总结，引出定义和规则，使学生有效地掌握句型和相关语法知识。

2）语法规则和语法意义教学相结合

语法教学要将语法规则和语法意义教学结合起来。语法教学不能局限在对语法规则的讲解和训练上，不能只注重语法结构和形式，还应该考虑语法意义的教学，否则学生即使掌握了规则，也不能正确使用。英语中有很多项目具有相同的语法功能，但意义却有所差别，如英语中有许多介词，其意义、用法区别非常复杂。因此，语法规则的讲解要与语法意义相结合，将语法规则放到具体的语言交际环境中，通过适当的语境来传达语法信息，提高学生语法运用的准确性。

2. 语法教学方式

语法教学的目的是培养学习者的语法意识和语法敏感性。Ellis（2013）认为，向学习者教授语法的最佳途径不是语法实践，而是对学习者语法意识的培养。在语法教学实践中，人们经常采用的语法教学方式主要有演绎法和归纳法。

1）演绎法

演绎法是从一般性原理走向个别结论的方法，即依据某类事物共同具有的一般属性和关系，来判断该类事物中个别事物所具有的属性和关系的思维方法。采用演绎法进行语法教学时，教师首先简明扼要地向学生讲解语法规则，随即举例说明，用具体的语言材料解释抽象的语法规则，然后给学生布置大量的练习进行操练，从而使学生掌握语法规则。

演绎法是从一般到个别、从整体到部分、从抽象到具体的方法。这种方法简便易行，且效率较高。

2）归纳法

归纳法是依据某类事物的部分对象都具有某种属性，并分析出制约着这种情况的原因，从而推出这类事物普遍具有这种属性的推理方法。采用归纳法进行语法教学时，教师先让学生接触一定数量的具体的语言实例，学生在理解句子结构和意义的基础上，进行大量的句型操练。在学生初步掌握了句型范例后，教师再引导学生观察、分析、归纳出新的语法规则。

归纳法是从个别到一般、从部分到整体、从具体到抽象的方法。这种方法能充分发挥学生的主体性，让学生进行发现式学习，比较符合学生的学习心理过程，并且学习效果好，记忆保持时间长，但这种教学方式比较耗时，不适合初学者。

在语法教学实践中，既没有纯粹的演绎法，也没有纯粹的归纳法，演绎法和归纳法相辅相成，互为补充。具体采用哪种教学方式要取决于教学的目的、教学的性质和学生的语言水平等因素。

第二节　语言技能教学

英语学习通常被归结为四种技能的学习：即听、说、读、写的学习。听和读是接受性技能（receptive skills），说和写是产出性技能（productive skills）。接受性技能和产出性技能之间是相辅相成和相互促进的关系。

一、听力教学

1. 听力的心理过程

听力理解是一个非常复杂的心理过程，它是借助语言材料建构意义的过程，是外界语音输入信息与人们已有的内部认知结构相互作用的结果。学生不但要能理解所听材料的主旨要点，获取事实性的具体信息，而且要进行有关判断、推理、引申，理解说话者的意图、观点和态度等。

听力理解涉及语言的语音、音位、韵律、词汇、句法、语义和语用等方面的知识及其运用，它要求学生具有一定的言语感知能力和听辨能力，在较短的时间内及时处理语言中的声音信息和言语中的语言信息。听力不同于阅读、写作等活动，阅读、写作允许学习者长时间停留在某一个语言点上进行思考，而听力则要求学习者在瞬间作出反应，不仅要对新的语言信息进行加工和处理，还要对现有相关的语言知识进行搜索、提取，在现有语言知识的基础上理解新的语言信息。如果此时听者不采用相应的策略，那么旧的信息很快就会被新的信息所取代。

言语感知和言语听辨是一个复杂的过程，因为语言的声音没有稳定不变的声学特征，同一个音素由不同的人说出来、甚至由同一个人在不同时间说出来都可能有所不同。对于外语学习者来说，这一过程显得尤其复杂。有些语言学家认为，听力是一个"复杂、动态而又脆弱（complex, dynamic and fragile）的过程"（Celce-Murcia，1995，引自左焕琪 2002）。

2. 自下而上和自上而下的听力模式

在听力信息加工处理过程中，主要有两种加工方式：一种是自下而上的加工方式（bottom-up processing），另一种是自上而下的加工方式（top-down processing）。

自下而上的加工方式是以词语为先导，采用由低级到高级逐步扩展的方式对语言进行解码活动。听者首先从材料中获取文字信息，然后进行语义、语法处理。这一信息处理过程不断地进行，材料的内容也随之不断地被理解。

自上而下的加工方式是知觉系统运用已有知识和经验为先导去搜寻主要意义的过程。在语音材料输入大脑后很短的时间内，听者以已有的知识、材料的特定内容及语法知识为基础，开始对材料的意义进行预测。在信息处理过程中，听者的预测不断被证实或否认，直至最终完成对所听材料的理解。自上而下的加工方式加速信息的吸收或同化，有助于消除歧义。

以上两种处理方式并不是截然对立的，而是相互补充的。输入的信息激活了低级水平的图式，而低级水平的图式又激活高级水平的图式；高级水平图式通过自上而下的加工来填补低级水平图式中加工材料时语言知识的不足。这两种方式同时在词的水平、句法水平、语义水平和解释水平进行，并相互发生作用。

3. 图式理论与听力理解

图式这一概念最早是由康德（Immanual Kant）提出来的。早在 1781 年，康德在他的《纯粹理性批判》中提出"先验图式"这一概念，指出只有当新概念与个人固有的知识发生联系时，才真正具有意义。Bartlett（1932）创建并发展了"图式理论"（schema theory），试图说明人们的背景知识在语言理解中的作用。Bartlett 在《记忆：实验研究和社会心理学》中指出：对以往事件和经验的记忆，实际上是受文化态度和个人习惯渲染的心理重建，而不是对当时观察的直接回忆。图式是对过去反应和经验的组织形式。只有当新经验与图式发生联系并成为其中一部分时，才能被理解、被接受，即任何语言文字，无论是口头的还是书面的，本身并无意义，而是听者或读者根据自己原有的知识构建意义。此后，该理论被广泛应用于认知心理学和阅读心理学，详细解释阅读理解过程中的心理活动，为描述和预测复杂的理解过程提供了一种理想的模式。有些学者应用图式理论研究听力理解的过程，建立了图式听力理论。

图式听力理论认为：图式是知识的单位，它集合了关于某一特定事物的具体构成知识，为人们提供一种积极的准备状态，在听力理解中起着非常重要的作用。听力理解是听者将自己现有的语言知识、相关的背景知识和听力材料中新的语言信息对接的过程，因此，听者所固有的图式是决定听力理解能否成功的关键。

在听力过程中，当图式被激活后，人们便对即将要叙述的内容产生一种预期。如听到"Go to the School"这个单元的标题时，立即激活大脑中有关学校的图式，这种激活使听者能预期文中所述的事件与学校有关，从而帮助听者更好地理解将要听到的内容。另外，听者还可以根据听力材料的标题、段落主题句、关键词等猜测全篇的主题和大致内容，从而产生符合作者意图的预测，然后验证预测是否正确。这样，听者就可以在已掌握和需要掌握的知识中建立某种联系，激活相关图式，预测听力材料大意、作者的态度等，从而正确理解听力材料。

4. 影响听力的因素

影响听力理解的因素主要有两大类，分别是外部因素和内部因素。外部因素指与听力材料相关的因素，内部因素指学习者因素。

1）听力材料因素

听力材料对听力的影响主要表现在以下几个方面：

(1) 语音、词汇和语法结构的特点和难度

语音：听者要掌握标准的读音，熟悉连读、重读、弱读、爆破、同化等英语发音特点，了解美式英语与英式英语发音的异同。除了具有一般的语调知识外，还要特别注意语调的表意功能。因为同一句话用不同的语调来表达，可能传递的是说话者不同的情绪和态度。

词汇：词汇是构成一切语言的基础。要想快速提高听力水平，听者必须有足够的词汇量，同时，要注意积累词组、习惯用语、成语、同义词、近义词及谚语等方面的知识。

语法：在语法结构方面，语言材料中生疏而复杂的句子结构和与汉语相悖的逻辑表达方式都会对听觉认知起干扰作用，造成理解上的障碍。因此，在听力过程中，需要对句式加以甄别，捕捉信息词，以便理解说话人的意思。

(2) 听力材料话题的深度和广度

听力材料话题的深度和广度要适中，不宜过多超出听者的社会文化背景知识。当听力材料包含某些特定的文化内容时，如果听者对此一无所知，即使听力材料中没有任何生词或特殊的语言现象，听者仍然会有理解上的障碍。

(3) 说话人的表达方式等

说话人的态度、表达方式是否直接明了，说话人的口音是否清晰等都会影响听力效果。

2) 学习者内部因素

学习者的内部因素对听力的影响主要表现在以下几个方面：

(1) 学习者对语言知识（语音、词汇、语法等）的掌握

影响听力理解的内部因素之一是学习者对语音、词汇、语法结构等语言知识的掌握程度。学习者的语言知识越丰富，语言能力越强，其听力水平就越高。

(2) 学习者的感知能力和听辨能力

在听力信息加工过程中，学习者的感知、听辨能力、注意力、短时记忆和长时记忆也起到非常重要的作用。

(3) 学习者的背景知识

背景知识在听力理解中起着很重要的作用，它能起到预期、补充和对信息的选择性加工等作用。听力材料中关于日常生活的素材多数与国外的文化有

关，尤其与英语国家的文化背景知识密切相关，浅显的科普材料会涉及一些专业方面的知识，如最新的科技、经济等方面的知识和信息。如果学习者不了解这方面的知识，就无法理解相关的听力材料。学习者的背景知识越丰富，听力理解就越容易，反之则越难。

（4）学习者所使用的听力策略

学习者在听力过程中所使用的听力策略是否得当也会影响听力理解的效果。听力理解策略指听者为理解说话人话语的意义而有意识地采用的一系列对策、方法和技巧。学习者要掌握和合理运用元认知策略、认知策略和情感策略。

（5）学习者的情感状态

学习者的情感状态是影响听力理解的另一个重要因素。学习者要学会调控自己的情感状态，要对自己充满信心，尽快消除不利情感因素的影响，尤其要克服焦虑情绪。

5. 听力教学方法

在听力教学中，可以采用以下方法提高学生的听力水平。

1）提高听音辨音的能力

听音辨音主要是辨别音素等语音特征的能力，以及把这些语音特征、单词和语法结构联系起来的能力。在进行这种技能训练时，要注意训练学生辨别单词中音素的能力，例如对比辨别音素 /e/ 和 /æ/、/i/ 和 /i:/、/ʌ/ 和 /ɑ:/、/s/ 和 /z/、/v/ 和 /w/ 等。为了帮助学生克服听力障碍，还要注意辨别同化、连读、省略音和不完全爆破等各种语音上的变化。

2）注意句子重音、语调、句型和句法等语法知识基础

句子重音：在英语句子中，重音对表达意义起着重要的作用，分不清句子中的重音往往会错误地理解意思。通过理解重读单词或词组的语意，不但可以找到谈话的关键和中心意思，而且还可以由此对谈话者的真正意图作出正确的推理。

语调：语调的主要功能在于表示说话者的态度、意图或情感，相同的句子

用不同的语调说出来会产生不同的意义，语调意义的重要性往往超出语音和词汇意义本身。因此，在听的过程中，有时候虽然只听到只言片语，或者仅仅是谈话的部分内容，也能根据说话者的语调作出正确的反应。

句型和句法：熟悉英语的基本句型可以帮助学生对所听的谈话内容和情景作出较快的反应。例如"Would you mind...?"这一句型通常用来表示请求、要求等。"Why don't you / we...?"句型则往往表示提出建议或意见。句法包括时态、语态、单复数等语法概念，掌握了句法，可以帮助学生对所听的内容作出正确的推理。

3）培养学生运用听力策略的能力

为了训练学生对语言信号的感知速度和准确度，并提高他们听力反应的自动性，对学生进行听力策略的教学、培养学生运用听力策略的能力是十分必要的。在听力理解过程中，使用较多的听力策略包括：自我监控策略、记忆策略、切分话语策略、推理策略等。

（1）自我监控策略。在听一篇课文时，不论是听力强还是听力弱的学习者，都会在听的过程中出现注意力瞬间终止的现象。当发生这种情况时，听力强的学习者会立刻意识到其注意力的不集中，并很快能自觉地把注意力重新集中在听力材料上；而听力弱的学习者则常常只顾前不顾后，一旦遇到生词，就停止了听音，陷入对生词的猜测中，无法使自己的注意力重新回到所听的材料上。因此，学习者要不断地监控自己的听力过程，并及时作出调整。

（2）记忆策略。在听力过程中，学习者要采取一定的记忆策略，才能记住大段文章或会话中的全部细节，诸如年、月、日、星期、时间、年龄、价格、人名和地点等。要善于利用英语语音中特有的停顿、节奏，抓紧时间快速记下有用信息。

（3）切分话语的策略。心理语言学实验表明，听者对不同长度的信号在反应时间上并无明显的区别，一个意群被感知的速度不会低于音素被感知的速度。因此，听者要依据讲话者的语调和停顿把口头话语切分成尽可能长的意群，如果听者的切分与讲话者的停顿相吻合，就会大大缩短听者对语言符号反应的时间，使听者能有效地利用讲话者的停顿，对语段作出更准确的理解。

（4）推理策略。推理策略是运用已有知识和课文中的新信息去猜测意义的策略。在真实的交际环境中，大量信息的获得不是单靠简单地输入词句结构就可以实现的,而在很大程度上要依靠利用现有知识、讲话的具体语境和讲话者之间的关系等隐含线索对输入的新信息进行逻辑推理来实现。因此,要培养学习者预测、推测和判断的能力,准确理解所听材料的中心内容,根据不同的语言特点和各种语言线索预测和判断出那些没有用语言表达出来的意义(即言外之意)或没有直接提供答案的问题。此外,还应该利用上下文的连贯意思或语法结构等推测生词的含义。

4) 了解目的语国家社会文化背景知识

目的语国家社会文化背景知识(英语国家的社会、文化、历史等知识)对听力理解也有很大影响。东西方社会文化差异很大,这些差异同时也反映在语言、生活习惯和行为准则等方面。许多学生对英语国家的文化背景知识缺乏了解,没有掌握英语中一些词语的联想意义、社会意义及语用规则,因而出现了即使听清楚了每一个单词及句子,但还是不解其意、造成误解的情况。要提高英语听力水平,就必须跨越由文化差异造成的文化障碍,有意识地去了解英语国家文化,了解英语国家人们的日常言语行为和语言习惯,并有意识地培养使用英语思维的能力。

二、阅读教学

1. 阅读概述

1) 阅读的含义

阅读是通过视觉感知语言信号后,大脑处理、加工与理解信息意义的心理过程。与通过听觉获取信息的听力相比,阅读虽然具有可以反复琢磨、仔细推敲文字等有利方面,但它不能借助于说话情景、说话人的语音、手势语、体态语等外界因素,从对话的"意义谈判"中得到启示,而是全靠读者自己的思维能力、语言能力与知识水平来理解语言。

Grabe (1991) 总结了多年来的实验与研究,指出外语阅读包含六个要素:(1) 自动认字技能 (automatic recognition skills); (2) 词汇与语言结构知识 (vocabulary and structure knowledge); (3) 语篇结构知识 (formal discourse structure knowledge); (4) 社会与文化背景知识 (content/world background knowledge）；(5) 综合、评价技能与策略（synthesis and evaluation skills/strategies）；(6) 监控阅读的元认知知识与技能（metacognitive knowledge and skills monitoring reading）。在外语阅读中，这六个方面的知识和技能缺一不可，他们既分工明确，又相互联系和配合。

2）阅读的心理过程

阅读的心理过程包括以下几个阶段：

第一阶段：阅读起始于通过视觉准确、迅速、自动地辨认出词汇。研究表明，阅读时人的眼动几乎涵盖语言材料的每一个单词，停留在每个单词上的时间保持在五分之一秒至四分之一秒之间。

第二阶段：自动辨认单词之后，阅读进入单词语音和意义加工阶段。此时，单词的语音与意义触发了记忆中有关它的语义、词法、句法等方面的知识。在这一阶段，读者有意识地在记忆中搜索、提取各种相关信息。

第三阶段：在单词的音像表征完成之后，单词的语音与意义逐渐联结成一系列短语和句子的音与义，并导致理解的产生。

第四阶段：与此同时，读者过去已有的，与所阅读的单词、短语和句子相关的知识，包括语言、社会文化以及阅读材料的题材、体裁等方面的知识都涌现出来，为争取理解提供条件。

第一、二阶段是阅读的低级阶段，第三、四阶段是阅读的高级阶段。初学者往往在低级阶段费时很多，阅读理解能力自然就差；阅读水平高的读者低级阶段已实现自动化，他们的精力可以集中到高级阶段。

3）阅读的特点

阅读过程具有互动性、目的性和批评性三个特点。

(1) 互动性。阅读理解既是读者学习和使用语言文字的过程，也是读者运用和处理已有知识的过程。阅读过程是一个复杂的、积极的过程，是读者与作者之间双向互动的过程，是读者采用自下而上和自上而下相结合的方式，将自己已有知识与阅读材料进行联系，从而重构意义的过程。在阅读过程中，读者是积极的参与者，读者自身的知识和先前的经验在阅读过程中起着非常重要的作用。

(2) 目的性。阅读有不同的目的，例如为特定信息阅读，如对某个话题感兴趣而阅读或根据指令完成一项阅读任务；为娱乐目的阅读，如读报纸、杂志、小说；为交际目的阅读，与朋友同事保持联系，如读信件或邮件，交流国际国内时事；为语言知识阅读，主要是外语学习者进行的阅读活动。不同的阅读目的在一定程度上决定着阅读者运用不同的阅读技巧。

（3）批评性。阅读不只是心理语言学的过程，它还是一种社会行为。阅读是一种通过书面语体的手段来解释和重构事实、信息和意义的社会行为，是在日常生活、职业环境和学术环境中的全体和个体文化空间内发生的行为，因此，阅读是在阅读各种文化。没有单纯的阅读行为，读者在阅读中总是带有自己的立场、观点来看待所读材料中的世界观、价值观和意识形态。阅读是读者与语篇之间的互动过程，在这个过程中，读者要么接受语篇中隐含或阐述的观点，要么对这些观点进行驳斥。读者学会阅读，也就学会了构建自己的世界观。

2. 阅读模式

1）自下而上的阅读模式

从传统的观点来看，阅读是一种单一方向的活动，是一个将字符构成单词、单词构成语句、语句构成语篇的过程。在这种观点的支配下，人们认为每一个字词、每一个句子、每一个段落都具有意义，并且这种意义是脱离作者和读者而独立存在的。因此人们把阅读的重点几乎完全放在语言理解上，而不是放在读者身上。只要读者具有语音、词汇和语法的基本知识，就能运用这些知识去识别和理解所阅读到的单词、短语和句子。相应地人们将阅读中出现的问题完全归结于语言知识的欠缺，例如语篇中出现的新单词、不熟悉的语法规则等。

自下而上的阅读模式的缺点在于没有对语篇层次上的语言意义、阅读理解必须具备的分析、推断等思维能力以及有关的社会文化知识加以重视。这种模式可用于外语初学者，但对于大多数外语学习者来说，仅仅采用自下而上的阅读模式是不能从根本上提高阅读能力的。

2）自上而下的阅读模式

20世纪70年代，在心理学与心理语言学理论的基础上诞生了与自下而上的阅读模式相反的自上而下的阅读模式。

人们逐渐认识到，阅读这种看似被动的技能实则需要读者的积极参与，阅读是语篇和读者之间相互作用的过程，即是读者的背景知识（图式）和语篇这一输入信号相互作用从而达到理解的过程。在这个过程中，读者不仅要运用词汇、句法等语言知识，还要运用与语篇相关的背景知识，对语篇内容不断地作出预测，然后选择适合的输入信号来肯定或排斥这种预测。

Goodman（1967）认为阅读是在一个平面上几个要素相互作用的结果，而非单一方向性的活动，阅读是"一场心理语言的猜测游戏"（a psycholinguistic guessing game），是一个主动思考的过程。Goodman 强调非视觉信息在阅读过程中的作用，将非视觉信息形象地称为"眼睛后面的一切"（behind the eyes），认为发生在"眼睛后面的一切"与视觉信息——书面文字符号有着同等重要的意义。在阅读过程中，读者运用高层次的知识来理解低层次的结构，从而达到对语篇的理解。Goodman 认为低层次的结构指构成语篇的语言和篇章结构；高层次知识指读者的全部知识结构的总和，包括对英语国家的社会和文化背景知识的掌握、对所读材料内容的熟悉程度、个人的生活经验和语言知识等方面。

F. Smith（1971）是另一位强调阅读中的"相互作用"的学者。他认为，非视觉信息在阅读中有着十分重要的作用，指出在阅读中百分之十的信息来自语篇本身，另外百分之九十则属于非视觉信息。

3）阅读互动模式

虽然 Goodman 等人批判了自下而上的阅读模式，但他们完全摒弃词汇和语法的做法也不符合阅读理解的实际过程。如果一个人连字都不认识，即使他有很强的猜测与分析推断能力，恐怕也很难看懂一篇文章。因此，Hudson（1982）和 Carrell（1988）等人吸取了各家之长，提出了阅读互动模式（The Interactive Approach），主张阅读是读者与所读语言材料之间相互沟通、相互作用的过程。它不是自下而上的阅读模式和自上而下的阅读模式的简单相加，而是两者所包括的多种因素互相影响、共同运作的结果。

Stanovich（1980）提出了阅读能力的层次模式。他指出，在阅读过程中，有几个层次的因素在起作用，包括词语识别、句法分析、语境知识等。阅读时，各个层次的知识互相补偿。

3. 阅读教学原则

在外语阅读教学中，教师要遵循以下教学原则：

1) 培养学生的阅读兴趣和阅读习惯

阅读应该是一项愉快和有益的活动。只有当学生有了这种感受时，才会喜爱阅读，才会将阅读变为一种自觉自愿的行为和有效获取语言知识的手段，从而达到最佳的阅读效果。提高阅读能力不仅要培养学生的阅读兴趣，还要使学生养成良好的阅读习惯，有计划、有规律地进行阅读，把阅读列入每天的学习计划中。

2) 帮助学生掌握阅读策略

有效的阅读策略包括略读(skimming)、查读(scanning)、预测、猜测词义、识别指代关系等。

略读是一种快速浏览阅读方式，其目的是了解文章的大意。学习者可以有选择地进行跳跃式的阅读，通常速度要达到约每分钟 400 词，但理解的精确度较低，大约理解全文的 50%。略读时主要阅读文章的开头、结尾及段落的主题句，浏览与主要内容有关的信息词，如表达逻辑关系的提示词、标点符号（破折号、小括号、冒号）、特殊信息点（如时间、数字、大写字母等）。

查读是另一种快速阅读方式，其目的是从较长的文字资料中既快又准确地查寻特定的细节内容。查读时主要关注以下信息：主题词或关键词、标题或图表、版式和印刷特点、专有名词等。

预测是阅读过程中重要的一个环节。学习者可以借助逻辑关系、语境等线索，对文章的主题、体裁、结构以及相关的词汇进行预测。对文章主题和体裁的预测可借助文章的标题。对结构的预测包括三个层次上的推理。文章通常由三大部分构成：开篇、正文、结尾。其中，正文部分还会有过渡承转的词或起衔接作用的段落。通过这些过渡手段，读者可以跟上作者的思路。除了在篇章层次上进行预测以外，还可以在段落层次上进行预测。文章的扩展方式有：按时间顺序、空间顺序、过程顺序，或使用例证法、定义法、分类法、因果法、演绎法、归纳法、比较与对比法等。熟悉段落的扩展方式对捕捉主题句和划分段落层次十分有利。句子层次上的结构预测可以帮助读者忽略冗余的信息，从而提高阅读效率。

猜测词义。人们通常通过上下文以及一些词汇结构知识来推断词性和词义，如利用语篇中出现的定义线索（如 which means、in other words、that is、namely 等）、同义词和反义词、构词法等方式来猜测词义。

识别指代关系是正确理解文章的有效手段。作者为避免重复，使用名词、代词、副词、助动词替代上文中提到的名词、时间、地点、动词，或使用同义词或近义词代替已出现的名词、形容词等。

综上所述，帮助学习者掌握有效的阅读策略以提高阅读能力，是阅读教学中的一个重要任务。

3) 鼓励学生广泛阅读

在外语学习中，阅读是一个重要的环节。一方面，学习者可以通过阅读获得必要的语言输入，扩大词汇量，巩固语法知识，增强语感，提高语言理解水平；另一方面，学习者可以通过阅读获取新的知识，提高认知水平，增强分析问题和解决问题的能力。

根据图式理论，要正确理解阅读材料，除了语言知识之外，读者还必须具备与阅读材料相关的心理图式。因此，要提高阅读的能力，读者必须不断拓宽知识面，了解目的语国家的社会文化背景知识。阅读文章时，一方面从单词、短语、句子等语言形式上进行字面理解，另一方面要在理解字面内容的基础上，利用自己原有的文化背景知识构建语篇意义。

可见，丰富的文化背景知识对阅读理解非常重要。所以，要鼓励学生广泛阅读，多读一些具有时代气息，反映不断变化的社会、语言、文化以及相关学科知识的读物；有意识地积累文化背景知识，了解英语国家的社会、地理、历史、发展现状、文化传统、风俗习惯，提高跨文化交际意识，加深对阅读材料的理解。

三、口语教学

1. 口语表达过程

口语是人与人之间面对面地口头表达的语言，它是人类社会使用最频繁的交际工具。从语言发展历史来看，口语产生于书面语之前，因而它是书面语的基础。著名语言学家 Hatch（1992）对口语和书面语进行了区分：(1) 口语的交互性（reciprocal）比书面语强。凡是使用口语的人都有面对面交流的对象，说话人与听话人随时交流，互相提示与补充；(2) 大量的口语是无计划、无准备的，而书面语通常是有计划、经准备而形成的；(3) 口语比书面语更依靠交际时特定的情景与场合（contextualization）；(4) 书面语语体一般比口语正式。

口语有着鲜明的言语行为功能。其主要功能有：问候、介绍、告辞、请求、致谢、赞美、祝贺、道歉、原谅、建议、同意与不同意、批准与不批准、承认与否认、同情、鼓励、申诉、劝说、允许、许诺等。在语言结构上，口语较多地使用短语、并列从句、问答与祈使句，并且允许出现重复、停顿、补充、修正等现象。此外，口语在年龄、性别，特别是文化等方面的差异比书面语更突出。

从信息加工的角度来看，口语过程是一个动态的、双向的语言信息传递与交流的过程，它涉及口语信息发出者、口语信息和口语信息接受者三个因素之间的互动关系。口语信息发出者根据一定的愿望选择恰当的方式或渠道发出信息；口语信息接受者接收和理解信息后作出相应的反馈。这时口语信息的发出者同接受者的位置互换或角色互易，开始进行第二轮信息交流。如下图 8.1 所示：

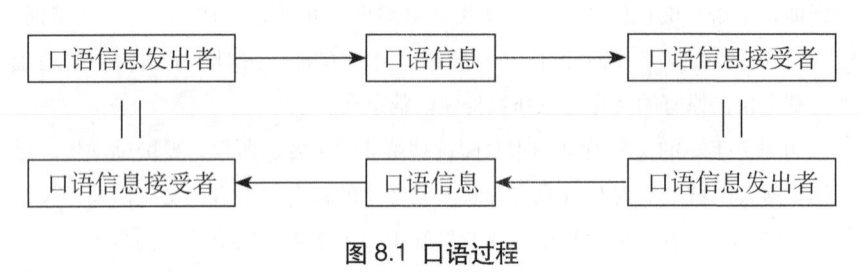

图 8.1 口语过程

上图 8.1 显示，口语是由"双向主体"进行双边口语交流活动的过程，它对信息发出者和信息接受者都提出了很高的要求。首先，口语信息发出者需要尽可能运用标准的语音语调、适当的语速和正确的句法结构，以利于口语信息接受者对话语和语境的理解。口语的本质特征是"可理解性"（intelligibility）。"可理解性"是口语交流的前提，也是进一步交流的基础。在特定的时间、空间和场景里，口语信息接受者越是能准确识别和跟踪口语信息发出者的话语，口语信息的可理解性就越强。而不正确、不准确、不恰当的语音、语调、语速和句法结构都是不利于"理解"的障碍。例如口语信息发出者不自觉地"吞音""加音",或用其他音素来代替正确的发音,或者不恰当地使用重音、节奏、语调、词语之间的连接,以及运用不正确的句法结构,甚至不断重复、更正自己或重新组织语句,都会干扰口语信息接受者对信息的理解。

会话者需在极短的时间内迅速进行口语信息的输入、筛选、分类和总结,再将有关口语信息进行二次归纳和整理后输出,完成意义构思、语言选择、口头表达等一系列活动。口语过程的这些特点决定了口语表达具有一定的难度。

口语与阅读、写作、听力的最大的不同之处在于,口语会话要求说话者完全"暴露"在听众面前,如同演员在舞台上进行表演一样。口语交际中的这种"暴露"现象或说话者需要从人群的背景中凸现出来的特点,对学习者而言无疑是一种很大的心理压力或挑战。许多学生常常担心自己在会话中出现错误,害怕丢面子而羞于开口,从而失去了自我表达和自我表现的机会,其口语意识和能力受到极大抑制,这往往容易导致其口语能力很难得到提高。

2. 口语教学方法

1) 口语教学阶段

英语口语教学是一个循序渐进的过程,根据教学内容的重点可大致分为三个阶段:

(1) 语音阶段。这一阶段的重点是音标。在口语学习的初级阶段,教师应对音标的发音进行系统的讲解,及时发现学生存在的问题,逐个指出,督促学生练习并对错误发音予以纠正。一些带有普遍性的问题要常讲常练,力争早日扫除音标发音障碍。

(2) 朗读阶段。这一阶段的重点是通过模仿掌握正确的语调、节奏、重音等规则,形成正确的朗读习惯。教师在这个阶段要进行大量的示范,并指导学生根据个人爱好,选择一种口语类型进行模仿,反复练习,直至建立正确的发音习惯,克服原有的不良习惯,读出标准地道的英语。

(3) 表达阶段。这一阶段要求学生实现从读到说的飞跃,用英语进行口头表达。为达到这个目标,教师应首先督促学生储备大量的口语表达方式,并设置各种情境进行练习和巩固,直到学生能够熟练地进行口语交流,达到口语教学的最终目的。

2）口语教学方法

（1）增强学生口语表达的信心

口语教学应该在一种轻松愉快的氛围中进行。因此，在教学中教师要营造一种宽松和谐的课堂氛围，注意活跃课堂气氛，充分调动学生的情感内因，激发其学习动机、内驱力和自信心，缩小师生之间的心理距离，尽快引导学生积极参与到课堂教学中来。在开始阶段，可多设计集体回答的问题，让课堂活跃起来。在让个别同学回答问题时，问题应由简入繁，让学生充满信心、心态轻松地回答。为了锻炼学生胆量，每次上课前可安排一至两名学生到讲台上向全班同学做一个简短汇报，汇报人可以随意挑选内容，如新闻、笑话、日常生活中的人与事等。通过这些活动，既可以锻炼学习者的胆量，又能增强学习者口语表达的信心。

（2）使学生养成朗读背诵的习惯

对于英语作为外语的中国学生而言，除语音正确外，还需注意口语的语调和语感，即对升调、降调、意群、连读、节奏、轻重音、不完全爆破音的掌握。朗读训练和听力模仿是强化语言输入的一种形式，是培养学生语感、强化听说能力的重要环节和有效措施。因此，应注意培养学生的朗读习惯，可以朗读单词、词组和范文。经常性的反复朗读和背诵，会使有关的词汇和短语在大脑中形成条件反射，当需要用时，便可"脱口而出"。坚持这种训练方法，循序渐进，口语便会自然而然地得到提高。

（3）听说结合

在自然的语言交际活动中，听和说通常是相辅相成的。在口语实践中，听不懂的地方通过对方的解释就可以理解清楚了，听懂的内容稍加练习就会说了，而会说的内容听起来也比较容易。听力课可以拓展为听说课，在听懂的基础上加入说的部分。涉及说什么和怎么说的问题时，就需要教师精心准备讨论的题目，其内容要与所听材料有关，贴近学生的生活，使之有话可说。

（4）利用课外语言实践培养学生口语能力

口语是实践性很强的一项技能。单靠课堂实践学习口语是远远不够的，必须通过大量的以学生认知为基础的语言实践才能实现。因此，要设法将英语学习渗透到学生的学习、生活、休息和娱乐等各种场合中去，引导学生在课外尽可能多地开展英语实践活动。如鼓励学生在日常生活中尽可能地用英语交流，经常组织英语晚会、英语角、英语演讲等活动，想方设法营造出一种近似于习得的外语学习环境，从而提高学生的口语能力。

（5）有效地使用交际策略

为了有效地进行口语交际，学习者有必要了解和掌握一些交际策略，例如迂回策略、回避策略、求助策略、借助形体语言策略等。

四、写作教学

写作产生于社会交际的需要。据文献记载，人类的写作已有6000多年的历史。外语写作比使用母语写作难度更大，它不仅要求学习者必须能用外语遣词造句并熟练掌握拼写、标点等写作基本知识，而且要求学习者以外语思维方式合乎逻辑地表达思想。

写作与口语都是用语言表达思想感情的一种形式，但它们有各自不同的特点。写作中的书面语正式、严谨，具有较强的逻辑性，而口语可以有多次重复和停顿，并可以根据信息反馈调整口语的内容；口语可以自然习得，而写作能力必须经过长期的学习和练习才能获得。

1. 写作的心理过程

认知心理学派认为语言表达（主要指口语和写作）是一种复杂的认知技能，是一个积极构建和表达意义的过程。这种复杂的认知技能要经过三个心理阶段：构建、转化和执行（Anderson，2004）。根据Anderson的解释，构建阶段的心理过程是：确立目标——确立中心思想和选材——搜寻大脑中储存的信息、选取适合目标的信息并组织信息。在此阶段，读者对象、社会背景、语言手段都是要构建的内容。在转化阶段，写作是将所构建的意图和计划转化为语言表象，这个表象主要是句子和语块。写作的执行即动笔写作，动笔写作过程中作者可能暂停、回读，甚至重新构建。写作的三个心理阶段并不是截然分开的，也不是经过一次流程就能完成的，三个阶段不停地循环、交错，贯穿写作始终。如图8.2所示：

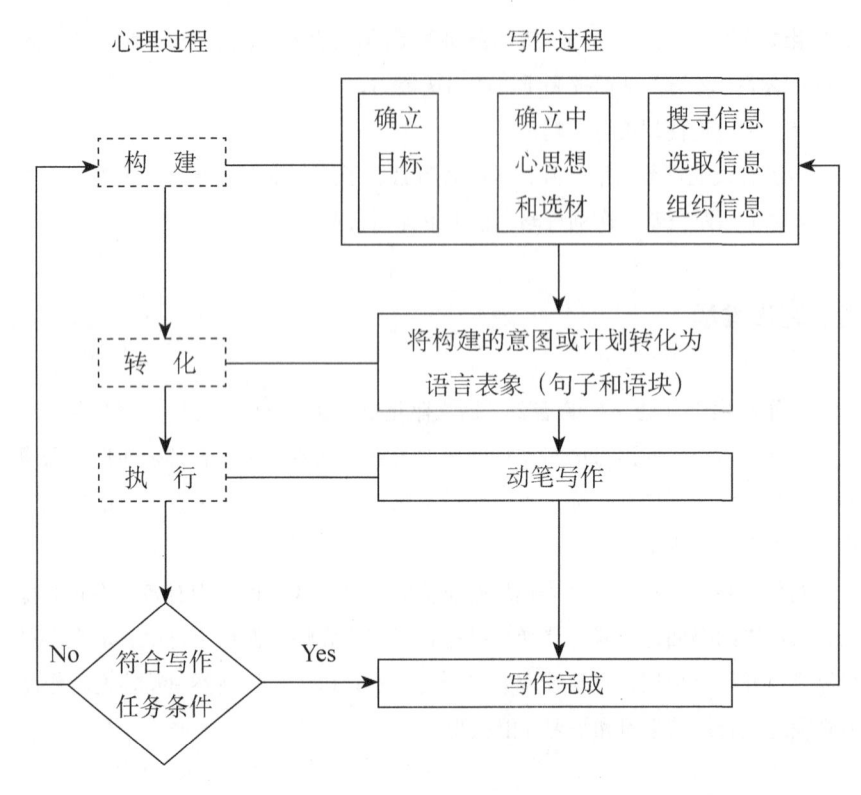

```
心理过程                        写作过程

         ┌─────────┐      ┌──────┐ ┌──────┐ ┌──────┐
    →    │  构 建  │  →   │ 确立 │ │确立中│ │搜寻信息│    ←
         └─────────┘      │ 目标 │ │心思想│ │选取信息│
              ↓           │      │ │和选材│ │组织信息│
         ┌─────────┐      └──────┘ └──────┘ └──────┘
         │  转 化  │  ──→  将构建的意图或计划转化为
         └─────────┘       语言表象（句子和语块）
              ↓                      ↓
         ┌─────────┐            ┌─────────┐
         │  执 行  │  ────→     │ 动笔写作 │
         └─────────┘            └─────────┘
              ↓                      ↓
     No   ╱符合写作╲   Yes     ┌─────────┐
    ←────╱ 任务条件 ╲────→     │ 写作完成 │    →
         ╲         ╱            └─────────┘
          ╲_____╱
```

图 8.2 写作的心理过程

从认知学习理论的视角来看，英语写作的本质是：(1) 英语写作是一个学习过程。如同听力、阅读、口语一样，英语写作是英语学习的一个有机组成部分，影响英语学习活动的所有心理因素同样对写作学习产生影响。(2) 英语写作是用英语表达的过程。这个过程不同于新信息的获得，也不同于其他语言学习过程，如听力、阅读等，它具有语言产出的性质，要完成从思维到语言编码、再到写码的过程，有其自身的特点和规律。在这个过程中，选择和组织信息的能力显得尤为重要，而信息往往纷繁复杂，通常包括读者对象、社会背景、语言手段等，其中语言手段如文体、衔接手段、修辞等的选择和组织是语言产出的重要制约因素。(3) 写作是一个积极的思维过程。这一点尤其表现在语言表达的构建阶段。选择信息并将大量的信息流组织起来是每位写作者都要经历的过程，而且这一过程中思维模式和方法的不同会在很大程度上影响写作的结果。

2. 写作理论

与外语阅读和口语教学理论研究相比，外语写作教学研究的历史比较短，直到 20 世纪 80 年代，外语写作教学理论的研究才初具规模，逐渐成为一个热点问题。研究者从语言学、认知理论等不同的领域对写作过程进行了研究，提出了不同的写作理论，对英语写作教学产生了深刻的影响。其中，影响较大的有结果教学法、过程教学法和体裁教学法。

1）结果教学法

结果教学法（product approach）是一种基于句子层面的写作教学模式，它强调学生的遣词造句能力，要求加强句子组合和语法练习，是一个从句子入手，发展到段落，再到篇章的过程。学生写作的结果是教师关注的重点。结果教学法注重语言知识的运用，强调文章中要使用适当的词、句法和衔接手段，强调主题句、段落的组织与结构。

结果教学法一般将写作分为四个环节：

（1）熟悉范文（familiarization）：教师选择一篇范文进行讲解，分析其修辞选择模式和结构模式，介绍修辞特点和语言特点。

（2）控制性练习（controlled writing）：教师为学生提供比较详细的范文，就范文的结构（分几个段落、每段的要点等）、范文中出现的单词、短语和句型等，要求学生进行替换练习，将它们放在作文中，学生在教师的指导下逐渐过渡到段落写作。在写作的初级阶段，控制性作文为学生设置了许多规定，帮助他们掌握基本的写作方法。但控制性作文阶段不宜延续过长，以免束缚学生思维的发展。

（3）指导性练习（guided writing）：指导性练习对学生的限制明显减少，允许学生在写作内容和语言形式上有所发挥。学生模仿范文，使用经过训练的句式尝试写出类型相似的文章。如给出文章的第一段，要求学生续写；或给出第一段与最后一段，要求学生写中间几段。给出的段落内容很灵活，给学生想象的空间，学生的观点可能完全不同。

（4）自由写作（free writing）：在自由写作阶段，学生可以自由发挥，可以自由表达自己的思想，使写作技能成为自身机能的一部分，用于现实写作中。

结果教学法是我国目前使用最为广泛的一种英语写作教学法，国内许多英语写作教材就是按这种教学法设计和编写的。结果教学法的理论基础是行为主义学习理论，写作教学过程被看作是教师给予刺激、学生作出反应的过程。教师是教学的主体，写作过程完全是在教师的支配下完成的，学生没有创作、想象的空间，写作成了简单的语言输入和输出过程。这种教学方法的结果是：学生为教师而写作，只注意形式而忽略内容，写出来的文章空洞无物、结构生搬硬套、表达平淡无味。另外，大多数作文题目脱离现实，没有考虑到学生作为写作主体的交际需要，致使他们对写作失去信心。写作成了应付差事，影响了学生创造性思维的发展和写作技能的提高。

2) 过程教学法

有些研究者认为，写作是一种将思想转化为书面语篇的过程，其中包括一系列认知活动，如使用解决问题的策略等。为了揭示这些心理过程，研究者采用口头报告、观察和访谈等方法，要求被试将写作过程中的心理活动用语言讲述出来。通过这些方法，研究者建立了一些写作过程模式，其中最具影响力的是 Flower & Hayes (1981) 所提出的模式。该模式主要包括三个部分：作者的长时记忆（作者对主题和读者的了解以及所存储的写作计划模式）、任务环境（写作的主题、读者和写作要求以及目前已经完成的部分）和写作过程本身。写作过程包括计划（产生思想、确立目标和组织）、用语言表达思想和检查三个阶段。

过程教学法（process approach）的理论基础是交际理论，强调写作的认知过程，强调作者的主体意识和能动作用。过程教学法不再把重点放在语法、篇章结构等语言知识上，而是放在制定计划、寻找素材、撰写草稿、修改编辑等写作过程和技能上。过程教学法将教学活动的目标既指向写作认识活动的结果，又指向写作认识活动的过程，引导学生积极参与写作认识活动，强调学生要独立思考、收集材料、组织材料、对材料加以内化，并从中发现知识，掌握规律，在理解写作过程的同时学会和掌握写作方法。

过程教学法的具体实施主要分为以下七个步骤（Keh, 1990）：

(1) 输入阶段。输入阶段是写作之前的准备阶段，包括进行构思的多种活动：自由联想、列提纲、阅读、调查报告等。教师可根据具体的写作要求，让学生集体讨论或个人思考，进行自由发挥和联想。在自由联想的基础上，教师可以要求学生口头说出或写下与主题相关的想法和观点。阅读材料可以是相关主题的各种读物,学生在阅读的同时,随时写下自己的观点和体会。调查报告是让学生采访同学以外的人来扩大资料来源的范围。以上这些活动可以让学生体验到收集素材、进行构思的各种不同方法。

在此阶段,教师可以采用提问的方式,启发学生根据写作的题材、主题、写作目的、读者期望、作者的观点、立场、态度、语气以及文章的基本结构进行提问,所提问题通常涉及 Who、What、When、Where、Why 和 How。提问之后,教师要帮助学生根据所收集的素材,确定预期读者和写作目的,拟写提纲。提纲可采用关键词、词组、主题句等形式,之间用数字标明,这样便于学生梳理思路,合理组织篇章。

(2) 写初稿。写初稿是进一步整理思想、确定写作内容的过程。此阶段要求学生将自己的构思用语言表达出来,学生必须十分清楚预期读者,把握写作方向。教师要监控这一过程,与学生交谈,组织学生讨论,及时给学生提供反馈信息,要求学生将重点放在内容表达上,不必过多考虑构思的句子是否正确、选词是否得当等这些形式问题。

(3) 同学互评。将学生分为两人或三人一组,让他们根据教师设计的与作文相关问题对同学作文进行评价,这些问题只涉及作文的内容,不涉及形式。例如"你认为作者的写作目的是什么?""你认为作文的大意是什么?"等等。

(4) 写二稿。写二稿时,主要以同伴的反馈信息为依据,充分考虑以下问题:文章主题是否突出,内容是否充实,结构安排是否合理,问题是否恰当,句型是否正确,有无语法错误,用词是否得当,表达是否准确,内容与写作目的是否一致,开头、结尾是否合理,细节是否典型、充实,论点、论据是否正确,有无大小写、拼写等错误。

(5) 教师批阅。教师批阅包括对学生作文的描述、定义、一致性等因素所作的指导,如了解大意、列出提纲、写出评语、指出优缺点、提出建议等。

(6) 师生交流。教师和学生进行个别交流,让学生讲述文章大意,回答教师在评语中提出的问题。在解决了内容问题后,教师可就形式问题向学生作讲解。

(7) 定稿。学生将从各个方面反馈的意见进行汇总,重新考虑修改之后,完成最终作品。学生将定稿和所作的各种笔记、提纲、初稿等交给教师,教师对文章的总体作出评价,同时还要指出定稿与初稿相比有哪些改进。

过程教学法有以下不足：强调写作的过程，忽略了语言基础知识的教学；各类文章的写作都采用同样的过程，忽略了不同体裁文章篇章结构的区别；花费的时间过长，特别是单独与学生的交流费时更多；同学反馈会导致水平较差的学生缺乏对同学作文的批判性思维能力，无法作出有效的评估而使得评估流于形式；不利于进行限时作文写作技能的培养。

3) 体裁教学法

体裁教学法（genre approach）是 20 世纪 80 年代中期以来出现的一种新的教学法，适合不同年龄和层次的学习者。体裁教学法是建立在语篇体裁分析的基础上，将体裁和体裁分析理论运用于教学中，围绕语篇的图示结构开展教学的方法。

在写作教学中，体裁教学法认为写作教学首先要帮助学生提高体裁意识、提高学生对与体裁密切相关的修辞结构和语言特征的认识。体裁教学法的目的是：引导学生掌握不同体裁语篇的交际目的和篇章结构；让学生认识到语篇不仅是一种语言建构（linguistic constructs），而且是一种社会意义建构（social meaningful constructs）；引导学生掌握语篇的图式结构，同时了解语篇的建构过程，从而帮助学生理解或撰写某一体裁的语篇。体裁教学法强调社会环境对写作的影响，交际目的是体裁的决定因素，不同的体裁（如求职信、收据、法律文书、新闻报道等）实现不同的交际目的。

体裁教学法的主要教学步骤包括：

（1）范文分析。教师通过范文介绍某一特定体裁，分析体裁结构、语言特点，帮助学生掌握体裁语篇的特征，着重分析与该体裁相关的社会语境和交际目的。范文分析是体裁教学的重要环节，通过对范文的分析，学生对这一体裁的形式和内容有了全面的了解，在大脑里建立了相关的图式，为以后的写作阶段打下了坚实的基础。

（2）模仿写作。根据体裁分析的结果，学生开始撰写这一体裁的文章，其中包括阅读、搜集和整理资料、写作等阶段。模仿写作不是简单地照搬范文，而是通过模仿将范文体裁的结构特点和语言特点内化到知识结构中去。通过模仿写作使学生能够更加深入地体会到某一体裁的结构特征和语言风格，加深其对特定的语篇结构的理解，然后让学生选定某个题目进行讨论，从而独立创作这一体裁的文章，实现语言的交际目的。

(3) 独立写作。学生选定一个题目进行研究，然后写出这类体裁的文章。

体裁教学法有以下不足：体裁的规约性可能导致教学活动陷于呆板和枯燥之中，学生写作出现千篇一律的现象；容易造成以语篇为中心的课堂教学倾向，教师容易偏重对语篇的描述和复制，忽略学生创造性写作活动的开展；由于体裁种类繁杂，课堂教学难以穷尽学生将来可能遇到的所有体裁；对写作技巧不够重视。

3. 写作教学

在写作教学实践中，人们经常采用以下教学方法：

1) 读写结合法

读与写结合是外语写作教学的主要方法之一。Krashen 的可理解性输入假说认为决定二语习得的关键是学习者接触大量可理解的、略高于自身水平的信息。没有语言输入，写作也就成了无源之水。阅读为写作提供了所需的输入，大量的阅读能帮助学生扩大词汇量，通过上下文语境掌握词汇的准确用法和句法知识；同时，阅读各类题材和各种内容的文章，可以增强学生的文化背景和其他学科知识，提高他们的认知能力；再者，通过语篇分析能培养学生建构篇章的能力。

通过阅读，在学生对英文写作特点和技巧有了初步认识之后，可以让学生进行大量的写作实践，如写读书报告、读书札记和书评，或写出所阅读文章的提纲等；也可以让学生仿写题材类似的文章。将写作与阅读融为一体，可以将语篇结构的分析、语言知识的传授和写作技能的训练结合起来，达到以读促写，以写带读的目的。这样既能从更高层次上对阅读材料进行准确、深入的理解，又能使每一篇阅读材料成为学习写作的范文，从而保证学生在大量阅读中有充分的写作模拟训练。

2) 英汉对比教学法

写作既是语言活动，也是思维活动。思维模式往往会影响谋篇布局的基本框架，随着学生英语水平的提高，运用英语思维的能力也会逐步增强。教师在教学实践中可以通过加强英汉对比的方法，引导学生领会英汉两种语言在构词、造句、谋篇和思维模式方面的差异，促使学生在英语写作中最大限度地实现汉语正迁移。

3）作文法

在运用作文法时，可以根据实际情况采用作文结果教学法、过程教学法和体裁教学法进行写作教学。

总之，在外语听、说、读、写四项技能中，写作对学习者的要求最高，它不仅要求学生具有用外语遣词造句的能力，而且还需要用外语进行创造性思维，是一个十分复杂的过程。

思考题：

1．概述语言知识教学与语言技能教学的关系。
2．语法教学对培养语言能力有什么作用？
3．写作的结果教学法和过程教学法的本质区别是什么？

第九章 外语教学法流派述评

19世纪以来，随着心理学的发展和语言学流派的不断涌现，不同的外语教学法也随之应运而生。外语教育历史主要分为以下几个阶段：（1）古典语言教学阶段。早在1880年以前，欧洲大陆的外语教学以教授古典语言（古希腊和拉丁语）为主，运用语法翻译法，目的是阅读古典文献。（2）现代语言教学萌芽阶段。第一次世界大战之后，外语教育目标的变革对外语教学法提出了更高的要求，人们更加强调日常生活语言的运用，直接教学法开始盛行。由于受行为主义心理学的影响，人们认为语言学习是刺激—反应的结果，是习惯形成的过程。在这一背景之下，结构主义语言学影响甚广，语言被当作工具来教和学，于是产生了听说法和视听法等。（3）现代语言教学发展阶段。以Chomsky为代表的心灵主义语言学（Mentalistic Linguistics）对Skinner的《言语行为》提出了挑战，认为语言习得机制是人类与生俱来的，语言发展是认知发展的不可分割的一个部分，这些观点促成了认知教学法的产生。（4）现代语言教学深入阶段。到了20世纪70年代以后，人们逐渐意识到语言教学的目的是培养学习者实际的语言交际能力，语言教学的重点不仅仅是传授语言知识和语言技能，更是培养语言交际能力，语言是交际的工具，因此，产生了交际法。受人本主义心理学的影响，人们除了关注语言教学本身，也十分关注学习者因素在语言学习过程中的作用，由此产生了沉默法、暗示法、咨询学习法、全身反应法等教学法。以下将从结构派、功能派和人文派这三种心理学和语言学流派的视角对各外语教学法进行述评。

第一节 外语教学法——结构派

结构派教学法有两个主要特征：语言结构是语言教学的主要内容；教师是教学的主体，是课堂教学的中心。

一、语法翻译法

语法翻译法（Grammar-Translation Method）是外语教学法中最古老的一种教学方法，产生于中世纪，距今已有几千年的历史。当时，人们主要以语法和翻译为手段教授古典语言，如拉丁文、古希腊文等，主要目的是阅读经典文献，了解和吸收古代文化。到了18、19世纪，一些学校开始开设英语、法语等现代语言课程，于是，语法翻译法逐渐从教授古典语言过渡到教授现代语言。

在语法翻译法中，词汇和语法是教学的主要内容。人们认为，学习外语就是学习它的词汇和语法，句子是语言教学和语言练习的基本单位。语言是由一组描写规则构成的，掌握一种语言意味着学习者了解这些规则，并能迅速、准确地将母语翻译成第二语言或将第二语言翻译成母语。教学用母语进行，母语是学习第二语言时必不可少的语言媒介。翻译是讲授生词和新课文的基本手段。语法翻译法的主要特点体现在以下几个方面：

（1）语法体系的完整性和整体性。语法翻译法借助"希腊—拉丁语法"的规则，形成了非常完整、系统的语法教学体系。这一语法教学体系有利于外语学习者认识目的语的形式、词类、句子组合等，有助于外语初学者较好、较快地掌握目的语的整个结构。

（2）语法翻译法主张用母语进行教学，体现了外语学习的功能，即两种语言形式的转换，进而达到语际信息交流的目的。学生练习的方式有单句填空、造句、背诵课文和写作文等。

（3）语法翻译法重视词汇和语法知识的系统传授。词汇教学多采用同义词与反义词对比和例句示范法，语法解析多采用演绎法，即教师给出规则或结论并要求学生记忆这些语法规则。

（4）语法翻译法强调对书面语的分析，注重原文的学习。教学中所使用的教材以文学材料为主，认为文学语言优于口语，在听、说、读、写四项技能中，重读写、轻听说。

在长期的语言教学实践中，语法翻译法一直占据着重要地位。语法翻译法能帮助学生牢固掌握系统的语法知识，学生的阅读和翻译水平较高；采用母语授课，能消除语言交际障碍，既减轻了教师的压力，又提高了教学效率；不需要过多的语言设备和教具;测试教学效果的手段简单。

由于语法翻译法是基于对古典语言的学习和研究,在现代外语教学实践中,它不免带有一定的局限性:(1)忽视口语教学。虽然学生掌握了词汇和语法知识,但口语表达能力较弱。(2)过分强调教师在课堂教学中的主体地位,忽视了对学生自主学习能力的培养。(3)教学形式比较单一。基本上采用教师讲解,学生听讲的模式,师生之间、生生之间缺乏互动。(4)忽视了语言教学中的社会文化因素和语言学习者的认知、情感等内在因素。

尽管语法翻译法有以上不足之处,但它经受住了19世纪80年代到20世纪初进行的外语教学改革的冲击,并在之后的现代外语教学的发展过程中与直接教学法、听说法、视听法、交际法等其他教学法相互竞争,精彩纷呈,在外语教学领域占有重要的地位。

二、直接教学法

19世纪中叶,资本主义在欧洲得到进一步发展,各国之间的交往,尤其是通商贸易日益增多,语言不通成了人们交往的严重障碍。因此,社会急需掌握外语并能用外语进行口头交际的外语人才。直接教学法就是在这种社会背景之下产生的。

直接教学法(Direct Method)以培养学习者直接用外语进行思维和交际的能力为主要目标,以机械的口语训练为主要特征,通过用外语进行会话、交谈和阅读来教外语。直接教学法认为,在任何两种语言中,许多单词在语义、搭配、用法上都不存在一一对应的关系,如果在外语教学中将翻译作为唯一的手段,就会导致学生在表达时错误百出,词不达意。直接教学法认为外语学习应与儿童习得母语一样,起始于接近生活的口语,而不是文学作品中的书面语。因此,直接教学法重视口语,用在具体情境中接触外语的方法来代替背诵语法规则,以对语言的实际使用来代替对语言的翻译。直接教学法将听、视、联想、模仿、手势、图画、实物等外部直观方式与口授法、口授逻辑法等内部直观方式结合使用,使学生理解句子的含义。

直接教学法提出了以下教学原则:

(1)直接联系原则:学习者在学习一个新词语的同时,也学会了这个词语所代表的事物或意义。教外语应使每一个外语词语在不经过母语翻译的情况下同它所代表的事物或意义直接发生联系。

(2) 句本位原则：句本位原则能够保证学生所学外语的纯正性。教外语应以句子为单位，这样，学生既能学到句子的正确表达法，又能学到单词在句中的用法，同时还能学到自然、纯正的语音语调。

(3) 模仿原则：直接教学法认为语言是一种习惯，习惯的养成在于多模仿、多练习，因此，外语教学应以模仿和练习为主。

(4) 以归纳法教授语法规则的原则：学习外语要让学生掌握大量的实际语言材料，然后引导学生从他所积累的感性语言材料中分析、归纳、总结出语法规则，用以指导后续的学习。

(5) 以口语为基础的原则：直接教学法强调口语和语音教学，强调语音语调的正确性，主张教授活的语言。

(6) 以当代通用语言为基本教授内容的原则：直接教学法主张教授当时社会通用的语言，学了即能用于日常交际之中。

直接教学法强调直接学习外语和直接使用外语，有利于培养学生的口语交际能力，但也有其自身的局限性。它的不足之处在于：直接教学法强调了外语教学的实用目的，但忽视了外语教育和教养目的，导致了学生口语流利但普遍缺乏语文修养的状况；直接教学法夸大母语在外语教学中的消极作用，一味排斥母语在外语教学中的使用；不能很好地处理口语和书面语的关系；强调儿童习得母语和掌握了母语之后学习外语的共同规律，而忽视了二者之间的差别，将外语学习等同于母语学习；直接教学法的教学效果如何在很大程度上依靠教师娴熟、流利的外语技能，然而，在教学实践中，并不是所有教师对外语的精通程度都能达到直接教学法的要求。

三、听说教学法

听说教学法（Audio-Lingual Method）产生于美国 20 世纪 40 年代后期，起源于美国的陆军口语法。当时，美国参加第二次世界大战，要派大量的士兵出国作战，迫切需要士兵掌握所去国家的语言。因此，他们请来语言学、心理学、教育学等不同领域的专家，研究外语速成教学法，对士兵进行外语培训。

于是，军队特别培训项目（The Army Specialized Training Program，ASTP）于1942年成立，到1943年初，美国已有55所大学承担了军队外语人才的培训任务。由于项目注重的是听和说的技能，训练的方法主要针对如何提高士兵的听说技能，于是听说法就产生了。军队特别培训项目持续了大约两年的时间，取得了显著的实践效果，引起了语言学界的普遍重视。第二次世界大战后，该方法被推广应用到外语教学中。

听说法是结构主义语言学和行为主义心理学理论的综合应用。结构主义语言学认为语言是一套结构，许多语言结构是通过各种句型得以体现的。掌握一种语言，首先要掌握该语言的各种句型，特别是常用句型。行为主义心理学认为语言是一种习惯，而习惯又是经过大量的、反复的"刺激—反应"才能形成，乃至牢固。行为主义心理学提出的刺激、反应、强化、形成习惯等理论和观点与句型操练相结合是听说法的核心内容，换言之，听说法是一种以掌握语言结构为目的、模仿操练为手段的语言教学法。

听说法的基本教学原则可以归纳为：

（1）听说领先原则：听说法强调听说领先，教授新句型时一般先口头操练到一定的熟练程度之后才转入书面文字，即先听说，后读写，听说是重点和基础。

（2）反复实践形成习惯原则：该原则是根据行为主义心理学"刺激—反应"学说提出来的。语言学习是习惯的形成，而语言习惯的形成主要靠反复操练。在课堂上，教师除了用外语授课之外，还大量使用录音、录像和电影等多媒体手段，强化学生的反应，使学生巩固所学的内容。

（3）句型操练原则：学习语言就是学习、掌握句型。掌握了全部句型就掌握了语言结构，也就掌握了语言。美国结构主义语言学反对传统语法，根本不承认有"语法规则"。受结构主义语言学的影响，听说法相信经验，轻视理性（这里指语法规则）。听说法的课堂活动主要是对话和句型操练。

（4）限制使用母语原则：听说法流派认为，既然外语运用是一种习惯，那么只有通过用外语本身进行大量的句型操练才能有效地形成这一习惯，因此，在课堂教学中，要尽量不用或少用母语和翻译。

（5）及时纠正错误原则：及时纠正错误，培养正确的语言习惯。根据行为主义心理学理论，习惯一旦形成，便很难更改。语言既然是一种习惯，那么语言错误必须要及时纠正，否则错误的语言习惯会导致语言石化现象的发生。

（6）通过语际、语内结构对比以确定教学重点和难点原则：通过系统地对比分析语际（interlingual）、语内（intralingual）结构，了解目的语和母语的异同之处，作为选择、处理教材和确定课堂教学中重点和难点的依据。

（7）充分利用现代化教学技术和手段原则：现代化教学技术和手段可以为学习者提供多听、反复听、多练、反复练的机会，弥补了以往课堂教学的不足。

听说法的长处是能在较短的时间内培养学生初级的外语口语和听力能力。不足之处是：把语言的学习视同为习惯的形成，只重视句型操练，并按听、说、读、写的顺序进行教学以形成语言机能，忽视了语法规则的指导作用；只重视语言的形式和结构，忽视语言的内容和意义。

四、视听教学法

视听教学法（Audio-Visual Method）产生于 20 世纪 50 年代的法国，是在直接教学法和听说教学法的基础上发展起来的。它是一种借助电教手段，通过让学生视、听在一定情境中呈现的整体、真实的目的语材料，从而使他们理解所学语言材料的结构和含义的教学方法。

视听教学法流派认为，语言不仅仅是一种由语音、词汇、语法组成的抽象系统，它是人与人之间、社会团体之间的交际工具。学习语言应从交际中的话语或句子入手，学习语言的顺序应是"话语→句子→单词→音位"。

另外，人们使用语言进行交际时受情境的制约，因此，在教学中使用外语和图像结合创造类似母语学习的情境和过程，能帮助学生加速掌握运用外语的能力。从行为主义心理学的角度来看，声音加图像的"整体性刺激"比单纯的声音刺激会收到更佳的学习效果。

视听法的基本教学原则中有许多与听说法的教学原则相同，如：听说领先原则；句型操练原则；限制使用母语和翻译原则；对比母语和外语两种语言以确定难点和重点原则等。但视听法不同于听说法的一个重要原则是语境教学原则：视听法除了强调听说之外，还强调要从生活情景出发来安排教学活动；广泛使用电教设备和手段，使语言和形象紧密结合，让学生在情境中整体感知外语的声音和结构，边看画面边练习听说。

视听法的教学步骤为：(1) 呈现：利用电教手段为学生呈现有意义的教学内容。(2) 讲解：教师利用图像、有选择地听录音和回答等手段进行讲解。(3) 记忆：通过重放录音和幻灯片等练习，重复记忆对话。(4) 运用：教师运用多种方法组织学生运用所学的内容。

视听法的不足之处是：过分强调视觉直观作用，忽视对抽象词汇和语法结构的处理和讲解；过分重视语言形式训练，忽视交际能力的培养；过分重视语言整体结构，忽视分析语言的有机构成；忽视书面语的作用，学生的阅读和写作能力得不到相应的发展。

五、认知教学法

认知教学法（Cognitive Approach）产生于 20 世纪 50 年代的美国，是强调在教学中充分发挥学生智力的作用，重视对语言规则的理解，培养学生全面运用语言能力的一种教学法。认知教学法最初是由美国的心理学家 Carroll (1964) 在《语法翻译法的现代形式》一文中提出来的，它保留了语法翻译法的一些基本特点，如重视语法的作用、用母语授课、使用翻译手段、以文字为依托等，但它克服了语法翻译法的片面性，吸收了其他教学流派的长处，尤其是以认知心理学、心理语言学为理论基础，发展了语法翻译法，因此，有人又把它叫作新语法翻译法。

认知教学法有坚实的语言学、心理学和教育学的理论基础，主要以 Chomsky 的转换生成理论、Piaget 的"发生认识论"和 Bruner 的结构主义教育理论为依据。认知教学法包含以下三个方面的内容：(1) 语言具有规则性和创造性。语言是受规则支配的体系，人类学习语言的过程先是从学习和理解语言规则入手，接着是应用语言规则，再是掌握以句子结构为重点的语言知识，进而创造性地使用语言。(2) 外语教学要以学生为中心，充分发挥学生的主体作用。学生在外语学习过程中，通过观察、分析、归纳发现语言规律来掌握语言知识。(3) 学习外语应该是外部刺激和主体相互作用的结果，而不单纯是主体对外部刺激的被动反应。

认知教学法的教学原则可以归纳为：

(1) 以学生为中心原则：认知法强调学习的过程是认知的过程，学生是认知的主体。在学习过程中，学生主动进行信息加工，建构知识。教师要根据学生的认知特点和认知过程合理安排教学。

(2) 有意义学习和操练原则：认知法强调认知，强调有意义的学习，反对单纯依靠机械操练来培养语言习惯，强调在理解语言知识和规则、建立内在联系的基础上操练外语。认知法的教学过程可以概括为"语言知识的理解→语言能力的形成→语言运用（语言行为）"三个阶段。认知法所指的"语言能力"是转换生成语法理论所主张的内化语法规则的能力，它体现在听、说、读、写四种技能中。

(3) 听、说、读、写并进原则：学习外语的最佳途径是调动各种感官通道进行综合训练，因此，认知法主张耳听、口说、眼看、手写齐头并进，对听、说、读、写进行全面综合的训练。

(4) 有效利用母语原则：母语是学生已有的语言经验，是外语学习的基础，因此，认知法主张在外语学习中要有效地利用母语。

(5) 广泛利用多媒体教学原则：利用教学媒介使外语教学情境化、交际化，从而达到交际化操练的目的。

(6) 对错误进行分析和疏导原则：容忍学生的语言错误，不能见错就纠，要对错误进行分析、疏导，只纠正主要错误。

认知教学法的突出贡献在于将心理学、教育学的理论用于指导和解释外语教学，而不是简单规约外语教学。

第二节　外语教学法——功能派

功能派教学法的主要特点是以语言交际功能意念项目为纲，以培养语言交际能力为教学目的，强调语言是交际的工具。学生通过交际活动来掌握语言工具，"交际"贯穿外语教学的全过程。

一、交际教学法

交际教学法（Communicative Approach）兴起于 20 世纪 70 年代的英国，

是以培养交际能力为目的，以语言交际功能意念项目为纲的一种教学方法。交际能力是根据交际的目的、语境、身份、谈话对象、谈话内容等说出恰当得体的话语能力，包括语法能力、语篇能力、社会语言能力和策略能力。英国语言学家 Wilkins 将语言意义分为两类：意念范畴（如时间、顺序、数量、地点和频度等概念）和交际范畴（如要求、否定、邀请、抱怨等），并以此作为制定语言交际教学大纲的基础。

交际教学法的理论基础主要来自 Hymes 的交际能力理论和 Halliday 的功能语言理论。Hymes 认为一个具有交际能力的人必须同时具备语言知识和使用语言知识的能力。交际能力包括以下几个方面的内容：(1) 合乎语法：即某种说法在形式上是否（以及在什么程度上）可能；(2) 适合性：即某种说法是否（以及在什么程度上）可行；(3) 得体性：即某种说法是否（以及在什么程度上）得体；(4) 实际操作性：即某种说法是否（以及在什么程度上）实际实现了。Halliday 认为语言的主要功能包括：(1) 工具功能（instrumental function）：即用语言获取他物；(2) 调节功能（regulatory function）：即用语言控制他人的行为；(3) 互动功能（interactional function）：即用语言与他人交流；(4) 人际功能（personal function）：即用语言表达个人的感情和思想；(5) 启发功能（heuristic function）：即用语言进行学习和发现；(6) 想象功能（imaginative function）：即用语言创造一个想象的世界；(7) 表达功能（representational function）：即用语言交流信息。

Widdowson 的语言交际观也是交际教学法的重要理论之一。Widdowson (1978) 认为：语言是表达意义的系统；语言的基本功能是交际；语言的结构反映其功能和交际用途；语言的基本单位不仅是语法和结构特征，还包括反映在话语中的功能和交际意义的范畴，语言系统与它们在话语中的交际价值之间存在着密切关系。Canale & Swain (1980) 认为交际能力应该包括四个方面的能力：语法能力（grammatical competence）、社会语言能力（sociolinguistic competence）、话语能力（discourse competence）和策略能力（strategic competence）。

交际教学法主张教学应该以语言的表意功能为纲，强调语言"以言行事"的功能，即"以言叙事""以言做事""以言成事"等言语行为。交际教学法强调语言是人们交际的工具，应将培养学生的交际能力放在首位，强调教学过程的交际化。交际教学法继承了语法教学的观点，不排斥语法，但反对以语法为纲。交际教学法也不排斥母语。

交际教学法的特点可以归纳为：

(1) 语言是交际的工具。学会一种语言不仅要掌握语言形式，还要培养在不同的场合恰当运用语言的能力。强调语言运用的得体性（appropriateness）。

(2) 交际教学法大纲以意念、功能、交际活动为内容，强调在教材中使用自然、地道、真实的语言材料，如从各种书籍与报纸杂志节选的文章或电影、电视和电台报道片段等。

(3) 教学过程本身就是交际过程。在教学过程中，教师将言语交际作为教学的出发点，创设交际环境，将交际活动贯穿整个教学过程。

(4) 采用多种教学手段组织教学。交际教学法主张采用各种不同的教学方式和手段进行教学，以满足真实交流的需要。

(5) 课堂教学以学生为中心。在课堂教学中，学生是交际活动的主体。课堂活动的形式多种多样，可以是个人活动，也可以是小组活动。

(6) 正确对待学生的语言错误。交际教学法以培养学生语言交际能力为目的，更加关注学生表达意念和交流思想的能力，更加关注语言表达的流畅性，而不是精确性。语言错误在语言学习过程中不可避免，不要有错必纠，语言能力的形成是多次试误的结果。

(7) 综合运用言语交际活动的各个要素，如情景、功能、意念、社会因素、心理因素、语言知识和语言技能等，将听、说、读、写技能看作是综合的言语活动。

交际教学法首先是作为一种外语教学思想而不是一种教学法而存在的。交际教学法的教学思想不要求人们采用固定的、一成不变的教学模式和程序，而要根据实际情况来确定具体的教学方法。交际教学法的优点是培养学生掌握交际能力，教学过程交际化，能够促进实用英语的发展。其不足之处是缺乏确定语言功能项目的标准、范围及教学顺序的科学依据。

二、活动教学法

活动教学法是交际教学法的一个分支。英国语言学家 Jeremy Harmer 是活动教学法的主要倡导人之一，他比较系统地探讨了外语教学，并明确以"平衡"命名自己的教学思想，提出了平衡活动教学法（The Balanced Activities Approach）。平衡活动教学法在活动教学法中比较具有代表性。

Harmer（2000）的平衡活动教学法以交际性教学原则为理论基础，从学生课堂活动的角度来探讨教学法，探讨如何在这些活动中达到一种平衡。平衡活动教学法认为教师的任务就是要确保学生能参与各种各样的活动，而这些活动是有益于语言学习和语言习得的；他还提出教学计划应该使语言输入和语言输出之间达到一种平衡；教学内容应与学习者的需要相平衡；课堂教学活动要与激发学习者的学习兴趣相平衡；教师的控制程度、学习者的自主程度与教学流程之间应该保持平衡。总之，在整个教学过程中教师、学生和教材三者之间应该达到平衡。

在活动教学法中，"活动"有宏观和微观两个层次上的意义。宏观层次指教学大纲设计，即活动是大纲设计的主导思想，是连接大纲与课堂教学的纽带，教师必须按大纲的要求有步骤、有计划地实施。而微观层次是指课堂教学活动。教学的实质是交际，是师生之间思想、感情和信息的交流，教学中师生主体作用的发挥是通过活动来展现的；师生构成双重主体，他们之间是平等、合作、协商的关系；强调教师主体作用在于精心设计活动，组织活动，推动学生参与活动，保证学生自觉主动地进行信息输入和输出。信息的输入和输出是通过活动来实现的。

活动教学法的大纲设计和教学程序有以下特征：

（1）大纲设计：活动教学大纲的教学内容包括主题（themes）、话题（topics）和活动（activities）三个部分。主题可以分为若干话题，再进一步分为若干小话题（subtopics），直至分到适合学生水平的单位（units）。活动通常分为三种类型：语言成分的综合教学、以意义为中心的情景化活动和以语言使用为目的的交际活动。

（2）教学程序：活动教学法对教学程序的要求极富弹性，并不苛求严格依据某种一成不变的模式来教学。教师可以根据课堂教学的实际情况，自由确定其教学活动。活动教学法的基本教学程序为 PPP（Presentation, Practice, Production）模式。其教学原则特征是：课堂程序以呈现新的语言为起点，以交际运用为终点，中间经历一个语言实践阶段。基本程序如下：

第一，呈现活动：呈现新的语言内容时要力求生动形象，使学生的智力、心理、体力都处于积极状态，以保证英语信息的输入和加工的顺利进行。呈现包括五个步骤：导入、启动、讲解、复用和活用。

第二，练习活动：练习活动是指新语言项目呈现后所进行的旨在训练听、说、读、写技能的活动。这些活动具有交际性，如信息沟活动（information-gap activities）、社交谈话（social talk）等。目的是为了操练语言，为下一步的交际活动做好准备。

第三，交际活动：用所学语言真实地、自由地交流思想，共同完成某项任务的活动称为交际活动。这些活动包括转述指令、解决问题、角色扮演、编述故事等。

活动教学法的核心是活动，教师的作用是组织课堂教学活动，创造和谐的师生关系，保证学生参与各种不同的活动。

第三节　外语教学法——人文派

人文派教学法的出现是受人本主义心理学的影响。人本主义心理学认为，在学习过程中，学生的认知因素和情感因素都起着非常重要的作用。人文派教学法强调，在教学过程中，教师要处理好师生之间的人际关系，关注学生的情感世界，营造良好的外语学习氛围，减少学习外语的压力和焦虑。

一、全身反应法

全身反应法（Total Physical Response）是 20 世纪 60 年代由美国心理学教授 James Asher 提出来的，是一种通过协调语言和身体动作来教语言的教学方法。Asher 在观察幼儿学习母语时，发现幼儿在会说话之前，已经进行了大量的"听"的活动。幼儿在听（输入）的过程中，用手、头等身体部位的动作作出回应（输出）。Asher 认为成人学外语与儿童学习母语的过程是一样的，儿童在学会说话之前通过动作对语言指令作出反应，那么也应该允许成人在学习外语的过程中，有一段时间保持沉默，只用身体动作来表示是否理解了所接受的语言。由此他提出了外语学习的全身反应法。

在全身反应法中，Asher 肯定了情感因素在语言学习中的作用，认为一种对学生的言语输出不作过高要求并带有游戏性质的教学方法可以减轻学生的心理负担，培养其愉快的学习情绪，从而提高学习的效率。

全身反应法将语言和动作结合起来。教师口头发布指令，学生做动作，对教师的指令作出回应，这样做可以减轻学生进行语言输出时的压力。由于指令可以派生出无数的句子，因而学生可以在实践的同时学到许多词汇与语言结构。

全身反应法的教学原则是：

（1）理解能力先于输出能力，即听先于说。在语言学习过程中，先培养学生的听力理解能力，口语教学应推迟至学生具备听力理解能力之后，这样可以减少学生学习语言的焦虑。

（2）通过听所获得的技能可以迁移至其他语言技能中，如听力理解能力可以迁移到阅读、口语、写作等技能中。

（3）教学应强调语言的意义，而不是语言的形式。全身反应法关注的是学生对语言意义的理解和掌握，而不是语言的形式。

（4）教学应将学习者的语言焦虑减轻至最低程度。全身反应法强调在教学过程中，教师要创设轻松、愉快的学习环境，充分发挥学生情感因素的积极作用，降低焦虑感，增强学习成效。

全身反应法的总体目标是在初级阶段培养学生的口语能力，而理解则是达到这一目的的手段。

Asher 认为动词，尤其是祈使句中的动词是语言的中心内容，语言学习和语言运用都要围绕它来展开。Asher 还认为目的语的大部分语法结构和成千上万的词汇都可以通过教师熟练使用祈使句而掌握，因此，祈使句操练是全身反应法中的主要课堂活动，主要用来调动学生的身体行为和活动。其他的课堂活动包括角色扮演和幻灯片放映等。

在全身反应法中，学生的任务是听和做，其角色是听众和演员，他们必须认真听每一个指令以准确作出身体上的反应。学习者不能控制、左右课堂教学内容。

在全身反应法中，教师是导演，对教学起着十分积极和直接的作用。教师决定教什么、如何教，因此，在教学之前，教师必须认真做好准备，甚至将课堂上每一个指令都写下来。

全身反应法自问世以来，在外语教育界引起了很大的反响，但也有一定的局限性。它主要适用于初级阶段的外语教学，不能教授复杂的、难度较大的语言项目；另外，它的有效性还需要更多的教学实践来证明。

二、沉默法

沉默法（The Silent Way）是 20 世纪 70 年代早期由美国心理学家 Gattegno 提出来的。它主张在外语教学中，教师应尽量少讲话（保持沉默），多组织学生开展活动，学生应尽量多说话、多练习。Gattegno 认为，外语教学方法应该建立在心理学的基础上，要重视学生，突出学生的主体性，以学生为中心，要注重培养学生的独立性、自主性和责任心。

在沉默法教学中，教师经常使用两套教具：彩色棒和彩色挂图。彩色棒长短不一，用来教词汇（如颜色、数字等）和句法（如时态、语序等）。彩色挂图用来介绍发音、语法方面的知识。

沉默法的总体目标是通过语言的基本要素的训练培养初学者听和说方面的能力。沉默法采纳的是结构式的教学大纲，根据语法项目和词汇安排课程，新的语法结构和词汇被分割成小的组成部分逐一教给学生。

Gattegno 将语言学习看作是一种发现问题、创造性地解决问题的活动，是一个通过自我意识和自我挑战实现个人成长的过程，学习者必须培养独立性、自主性和责任心，才能变无序的学习为有序的学习。

在沉默法中，学生的角色是多种多样的，有时作为一个独立的学习者，有时作为小组活动的一个成员，学生必须自行决定什么时候应该扮演什么角色。沉默法要求学生多听、多思考，在动脑的基础上开口。沉默是引起记忆的关键，是记忆的有效途径。在沉默中，学生更能集中注意力完成学习任务，沉默对语言发生、集中神经组织能产生积极、有效的作用。

沉默法的主要特色是教师保持沉默。教师必须学会自我控制，对学生的成功和失误不轻易表露自己的情绪。总之，教师要尽可能给学生创造一个鼓励冒险、提高学习效率的环境。

沉默法的教学原则可以归纳为：

（1）教从属于学。学生的学是第一位的，学生的学比教师的教更重要。学生是学习的主体，学生依靠自己，并对自己的学习负责。

(2) 教师主要利用教具进行教学。教师先教发音，主要通过彩色挂图等让学生理解和操练单词、词组和句子的语音、语调等。然后再进行句型、结构和词汇的操练。教师每说一句话，就通过彩色棒进行直观演示，接着让学生进行练习，直到练会为止。

(3) 口语领先。沉默法首先培养学生的听、说能力，特别是用准确的语音、语调进行说话的能力，然后再培养他们的读、写能力。

(4) 教师不改正学生的错误。教师不轻易改正学生的错误，教师的主要任务是帮助学生建立一套内在的判断正误的标准，从而让学生自己改正错误。

沉默法的优点是：重视学生的主体性，重视师生之间的情感因素。大量的语言实践活动有利于培养学生的语言能力和思维能力。沉默法的不足之处是：教师话语是语言输入的重要来源之一，教师在大多数时间里保持沉默，使学生失去了重要的语言输入源。

三、暗示法

暗示法（Suggestopedia）是20世纪70年代由保加利亚心理疗法专家Lozanov根据心理治疗的原则提出来的一种外语教学法。暗示法将心理学和生理学理论结合起来运用于外语教学，旨在通过各种暗示手段激发学生的学习动机，挖掘学生的学习潜力，消除学生的焦虑、紧张等情绪，从而最大限度地提高学生的学习效率。

暗示法强调教室的布置、音乐的使用、教师的权威作用等，Lozanov认为权威性（authority）、稚化（infantilization）、双重交流（double-planedness）、语调变换、节奏和音乐是暗示法的重要特色。

Lozanov认为，人们往往对来自权威方面的信息记忆最深，受其影响也最大，权威性能显著增强学生对学习材料的记忆。Lozanov提出了一系列使学生感受学校和教师权威性的做法，如学校的声誉、教师的自信、教师与学生的距离、教师的积极态度等。

稚化主要帮助成年学生通过参加各种活动，如角色表演、游戏、唱歌和体育活动等找回孩提时的自信、自发性和接受能力，从而消除他们的紧张情绪。

在交际活动中，说话人发出的信息有两个层次：第一个层次是语言的内容，第二个层次是伴随语言内容的非语言信息。双重交流指学生不仅受直接的教学影响，还受教学环境（如教室的布置、背景音乐、教师的个性和教态等）的影响，这些边缘刺激对学生的学习同样具有重要的影响。

不同的语调可以表达不同的内容，对听者产生不同的效应。在教学中，教师采用不同的语调，可以表达真实的信息、强化言语的内容，同时避免学生因单调的重复而产生厌烦心理，使学生对教材的记忆效果更好、更持久。

暗示法的教学原则可以归纳为：

（1）大量使用语言材料。要保证给学生充足的语言输入，并以学生最可能接受和记忆的方法将语言材料呈现给学生。

（2）有意识和无意识的统一及整体大脑活动的统一。不仅要调动学生的有意识活动，还要充分发挥学生的无意识作用，激发动机，挖掘潜力；注重开发大脑的右半球在语言学习中的作用，使大脑左右两半球协调配合，提高学习效率。

（3）提倡愉快、不紧张和放松式学习。创造舒适优雅的学习环境（音乐伴奏、教师和蔼可亲），消除学生紧张的心理状态，促使大脑轻松自如地活动，以增强学生的记忆力。

（4）借助母语进行翻译和对比。在教学中，教师适当借助母语对比、解释、翻译某些语言难点，以便学生更好地理解新的语言材料。

（5）鼓励学生大胆使用目的语，尽量少纠正错误。鼓励学生在理解的基础上多进行练习；教师尽量少纠正学生的语言错误，维护学生自信心。

暗示法的优点是：重视学生全部的身心活动，使学生调整出一个最佳的学习心理状态，并将所有注意力都集中到所学的内容上。不足之处是：忽视语言知识的传授和语言规则对语言运用的指导作用，因而在一定程度上会影响语言交际能力的培养。

四、社团语言学习法

社团语言学习法（Community Language Learning）产生于20世纪60年代初的美国，创始人Curran将外语学习过程比作病人就医咨询、寻求医生帮助的过程，认为学习者在外语学习中遇到的问题和人们在心理咨询过程中遇到的问题非常相似。该教学法认为，成人学习外语时，特别是在自己努力学习而又遇到挫折时，常在精神上感受到来自学习同伴的压力，需要通过教师的鼓励与协助来妥善消除这些消极因素。

社团语言学习法将心理咨询理论和方法应用于外语学习，重新解释了教师和学生在语言课堂上的角色，认定他们应该是顾问（counselor）和咨询者（client）的关系。在教学过程中，师生之间要相互信任、相互支持。教师要为学生提供一个安全的学习环境，有安全感的学生能自由地、直接地参与语言学习和思想交流。注重调动学生情感因素的作用，帮助学生认识自己、接受自己。社团语言学习法推崇全人教育理念，认为学习是学习者个人的发展过程，教师要为学生服务，帮助他们达到学习目标。

Curran 认为课堂学习气氛是一个决定性因素。他提出了 SARD 的方法，侧重于改善学生的学习情绪，尽可能减轻学生的学习压力和课堂上担惊受怕的心情。其中 S 代表安全感，A 代表注意和进取，R 代表记忆和反思，D 代表辨别。

安全感（security）：在教学过程中要消除学生的紧张情绪，使学生产生一种集体学习的安全感。只有当学生有了安全感时，才能更好地学习。

注意—进取（attention-aggression）：注意是信息加工的前提，因此，学生必须高度集中注意力，始终处于一种进取状态，积极参与课堂教学活动。

记忆—反思（retention-reflection）：当学生全身心投入到学习中时，所记忆的东西就内化为学生所掌握知识的一部分。在课堂教学中，教师要安排一段沉默时间，让学生思考、反省所学课程内容。通过发现、再认、记忆、思考等学习步骤后，学生对语言材料的记忆可以保持更长久。

辨别（discrimination）：指学生对自己和其他同学使用外语知识具有的辨别正误和差异的能力，并能凭借语言材料类别推断出语言各要素之间的关系、功能和属性等。学生的分辨能力越强，越能将在课堂上学到的语言知识运用到实际交际中去。

社团语言学习法的教学过程大致如下：

上课时，师生围坐一圈，教师与学生十分平等地讨论问题，学生之间关系融洽，这使学生有安全感，自愿加强合作学习。任何一位学生都可以提问或发表自己的看法，初学者可以使用母语。教师使用外语重复学生的问题和观点，直到学生可以重复教师的话，并将他们所重复的话录音下来。另外一位学生对这位同学提出的问题或发表的观点作出回应，初学者可以使用母语。教师再用外语重复该学生的回应，然后学生重复教师的话，并录音下来。这样，学生运用外语进行的谈话就形成了。教师将学生的录音放给他们听，并帮助学生分析句子的特点。

　　社团语言学习法重视学生的学习心理，强调学生的自主学习能力，但是忽视了教师在外语学习过程中的指导作用；此外，要想成功地运用社团语言学习法进行语言教学，教师必须经过特殊咨询培训，否则很难获得预期效果。

思考题：

1．外语教学法流派分类的心理学基础分别是什么？
2．概述交际教学法产生的背景和意义。
3．人文派的外语教学法中学习者身份的界定和教师角色的定位是什么？

第十章　语言测试和语言学习评价

语言测试与语言教学的关系非常密切，是语言教学过程中的一个重要的有机组成部分。随着测试实践的深入，语言测试不断从语言教学法、语言习得理论、学习理论、认知科学中汲取学科内容，从心理测量学中获得方法和手段，已逐渐成为语言学的一个分支学科。

语言测试主要用于外语教学和外语研究，是衡量外语教学成效的重要手段。语言测试为外语教学提供反馈信息，对教学具有积极的反拨作用，测试结果对改进教学方式、提高教学质量有着不可低估的作用。语言学习评价是根据数据或资料对学生的学习过程或结果进行的分析和评定。

第一节　语言测试

一、语言测试概述

1. 语言测试的发展

语言测试是随着语言教学理论的发展而发展起来的。在语言教学理论发展的不同时期，由于人们的语言观不同，所采用的语言测试的方法和内容也不尽相同。纵观语言测试发展的历史，语言测试大致经历了以下几个变化时期：

1）前科学时期（1960年以前）：在此时期，语言教师缺乏对语言本质的认识，只是将语言作为一个符号体系，将语言看作是一门知识，测试中对技巧、技能的考查没有量度依据，语言测试测什么，以及如何测，完全由教师的经验和主观判断来确定，当时测试主要采用短文写作—翻译法，通常包括翻译、写作和语法分析等项目。书面语是该测试模式的主要形态，而口语和听力等实践性较强的语言形态则被排除在外。测试结果主要依据教师的主观判断。

2) **心理测量—结构主义时期**（以 1961 年 Robert Lado 发表的"语言测试"一文为转折标志）：在这个阶段，以 Bloomfield 为代表的美国结构主义语言学家第一次提出语言是一套形式结构的论断。以 Skinner 为代表的美国行为主义心理学家认为语言行为是刺激—反应的过程，是习惯形成的结果。受结构主义语言学和行为主义心理学的影响，人们认为语言学习就是通过大量练习、模仿获得语言机能和语言习惯的过程。同时，心理测量学理论对语言测试也产生了很大的影响。心理测量学认为语言可以分解为语言技能（听、说、读、写）和语言成分（语音、词汇、语法），一个人的语言能力通过运用这些语言技能和语言成分得以体现。因此，心理测量学—结构主义语言学测试的主要形式是离散项目测试，与前科学语言测试相比，更加注重听说技能，尤其是听的技能。Lado（1961）是听说法的倡导者，对离散项目测试的形成有着积极的影响。他认为语言是一个交际习惯系统。这些习惯涉及形式、意义及其在句子、从句、短语、单词、词素、音位等层次的分布。离散项目测试在 20 世纪 50 至 60 年代占统治地位，到 80 至 90 年代仍然是主流。

3) **心理语言学—社会语言学时期**：从 20 世纪 60—70 年代开始，语言测试步入后现代测试阶段，即心理语言学—社会语言学语言测试时期。这一时期的语言测试深受语用学、话语分析、社会语言学、心理语言学和功能语言学等多种语言学理论的影响。有学者认为心理测量—结构主义测量模式将语言脱离了其赖以生存的语言环境，而语言不是离散项目的综合，语言具有创造性，语言的形式和功能是一个有机的整体。Oller（1979）提出了反映社会语言学和心理语言学的测试观点，即语言应该作为语用期待语法（pragmatic expectancy grammar）来考查，也就是说，一个人如果具有关于某种语言的知识，就应该知道某个词或某句话是否在某一特定上下文或情景中出现。心理语言学—社会语言学测试模式强调语境，认为语言测试的语境既包括语言的语境，又有情景的语境。语言成分和语言技能不再是语言测试的焦点，取而代之的是综合语言测试。

心理语言学—社会语言学测试模式采用综合测试法，主张测试要在一定的语境中进行，在考试中不刻意区分各单项语言成分、技能和能力，强调两项和两项以上的综合评估。综合测试较常采用的题型是综合题，如完形填空、综合改错、听写等。综合测试比离散测试更接近语言的现实,即语言的使用在语篇中进行,可进行客观评分。心理语言学—社会语言学测试模式向语言的交际迈近了一步,语言测试项目出现在相关的语境中,语言的各成分,如语音、词汇和语法不分家。但是综合测试更倾向于语言理解能力,不能完全测试出语言能力,特别是对语言产出能力有所忽视。虽然这种测试模式评分信度较高,但测试的效度低,对语言教学有不良的反拨作用。

4) 交际语言测试时期(20 世纪 80 年代至今):Chomsky 在 1965 年提出了语言能力和语言表现的概念。语言能力指理想的母语使用者所具有的关于语法规则的知识,是不能被直接观察到的。语言表现指个人对语言的实际运用。人们在某些场合对语言的实际运用,由于受心理、生理和社会等因素的影响而发生偏离语法规则的现象,不一定能真实地反映他们的语言能力。1972 年,社会语言学家 Hymes 提出了交际能力的概念,认为使用语言不但要能够按照语法规则产出形式合格的句子,而且还应具有在不同的语境中合理使用这些句子的能力。20 世纪 80 年代 Canal 和 Swain 提出了交际模式,该模式认为交际能力包括语法能力、社会语言能力、语篇能力和交际策略能力。到了 90 年代,Bachman 提出了一个新的语言交际能力模式,该模式认为交际能力是将语言知识和语言使用的场景结合起来创造并解释意义的能力,它主要由语言能力(language competence)、策略能力(strategic competence)和心理生理机制(psychophysiological mechanisms)三部分组成(Bachman & Palmer,1999;Bachman,1999)。该模式认为语言的使用是各种知识、技能和心理过程交织在一起相互影响、相互作用的动态过程。以上不同学者的理论和观点对外语教学产生了深远的影响,交际教学法出现了,于是交际语言测试便应运而生。人们对语言能力的重新认识,使得这一时期的语言能力评价标准涵盖语言知识、语言功能和语言使用等三个主要方面。交际语言测试考察的重点是在一定语境中运用语言的能力,即交际语言能力。

交际语言测试将语言当作一套行为(即听、说、读、写等语言行为),并采用单项目试题(即分别检测听、说、读、写等语言行为)和混合项目试题(即用全面综合测试检查听、说、读、写综合能力)相结合的方式来进行测试。交际语言测试强调语言的意义、语境、语言的真实性、语言的运用能力等。交际语言测试强调测试任务的真实性和交际性;强调考查学生的语言使用(use)情况，而非语言的用法（usage）；强调考查学生完成某个交际任务的能力，而非某个语言机能或某个语言点的掌握情况。

交际式语言测试的特点是：(1) 测试设计有"信息沟"（information gap），要求学生从已知信息中获取未知信息；(2) 测试各项目之间具有关联性；(3) 根据学生的语言需求确定测试内容、语言技能等；(4) 侧重全面测试语言能力，包括语言知识、语言功能、语用等（Bachman, 1999；Heaton, 2000）。交际语言测试是从交际法教学方法发展起来的，与其他语言测试方法的不同之处在于：它强调测试任务的交际性和真实性，不仅测试语言知识，而且将测试的重点放在运用语言的能力上，强调考察学生语言的交际能力。虽然交际语言测试效度较高，但阅卷速度慢，不便用于大规模考试。

2. 语言测试的定义和种类

《朗文语言教学及应用语言学辞典》（Richards 等人，2000）将测试定义为"任何衡量能力、知识或表现的做法"。Carroll（1968）将测试定义为"用来获取某些行为的做法，其目的是从这些行为中推断出个人具有的某些特征"。

总的来说，测试通常用量化指标（如分数、等级）来解释或区分考生的语言行为，是一种具体的、为获取某一行为样本而设计的定量分析方法。

按照不同的学习阶段、考试目的、语言项目以及对成绩的诠释，测试可分成以下不同的类型。

从测试目的来看，测试可分为：水平测试（proficiency test）、学业成就测试（achievement test）、诊断性测试（diagnostic test）和编班测试（placement test）。(1) 水平测试检测学习者的语言综合运用能力和对语言的整体掌握情况，不与特定的课程相联系，如托福（TOEFL）、雅思（IELTS）、出国人员英语水平测试（EPT）、大学英语四六级等考试均属于水平测试。(2) 学业成就测试检测学习者对某一特定课程或教学大纲的掌握情况。学业成就测试与教学大纲联系密切，所测试的内容必须在教学大纲的范围内。(3) 诊断性测试可以显示学习者对某些语言知识和技能的掌握情况，可以及时发现问题，为老师提供教学效果或教学质量方面的信息，从而增强教学的目的性和针对性。诊断性测试在教学过程中可以随时使用，不受阶段的限制。(4) 编班测试用于测试考生的水平，将他们编入不同的班级。

根据对测试成绩解释的不同，测试可分为：常模参照考试（norm-referenced test）和标准参照考试（criterion-referenced test）。(1) 常模参照考试旨在将某一个考生的分数与同一考试中其他考生的分数进行比较，区分好、中、差等若干个等级，也就是说，对一个考生成绩的解释是相对于其他考生的成绩而言的。(2) 标准参照考试通常根据某一既定标准来解释考生的成绩，即衡量考生是否达到了预期标准。

根据评分方法的不同，测试可分为：主观考试和客观考试。(1) 主观考试是按照阅卷人个人判断进行评分的考试，没有统一规定的标准答案。常见的主观考试有翻译、写作考试。主观考试通常信度低，效度高。(2) 客观考试有标准答案，信度很高，但效度不高。客观考试通常包括多项选择题和正误判断题。

根据语言考试项目的不同，测试可分为：离散项目测试（discrete-point test）和综合性测试（integrative test）。(1) 离散项目测试是测试单个语言项目的测试。离散项目测试的理论基础是语言由不同的部分，如语法、语音、词汇等成分构成，各组成部分可以单独进行测试。离散项目测试通常采用多项选择题的形式，每道题只考查一个语言知识点。离散项目测试主要测量学生的语言知识，而不是语言能力。(2) 综合性测试可以同时测试多项语言知识和技能，主要考察学生的综合语言能力。综合性测试的特点是在语境中考查学生的语言知识和技能，侧重考查语言的意义，而不是语言的形式。

二、语言测试的信度

信度（reliability）是衡量语言测试的一个重要标准。信度指某一测试的多次测量结果在多大程度上具有一致性。简言之，就是测试结果的可信度、可靠度，也就是考分的一致性。语言测试信度的高低主要说明测试结果在多大程度上反映了受试者真实的语言行为。如果某一个测试在不同情况下或对不同的人进行施测时，都能得出相同的测试结果，那么该测试就具有较高的信度。测试的信度通常用相关系数来表示，相关系数一般在 0.00 与 1.00 之间，相关系数越大，信度就越高，反之，相关系数越小，信度就越低。人们通常用以下三种方法来测定测试信度：重复测试法、平行卷测试法、对半分析法。

1. 重复测试法

重复测试法（test-retest method）就是对同一组学生使用同一份试卷来确定试卷的信度。两次测试之间需间隔一段时间，否则学生在第二次测试时会凭借记忆答题，构成启动效应。重复测试法需要控制一些变量，如要控制学生在两次测试期间进一步学习新的内容而获得进步等。

2. 平行卷测试法

平行卷测试法（parallel-form method）指同一测试用不同的试卷来测量学生完全相同的语言技能或能力。不同的试卷使用相同的测试方法，并且在测试的内容、题量、题目的难度、试卷的长度等方面都必须保持吻合。一般来说，如果平行试卷测得的分数相近，就表明这次测试是有效的。

3. 对半分析法

对半分析法（split-half method）指根据试卷两个对半部分（如单号题目的得分和双号题目的得分，或前一部分试题的得分和后一部分试题的得分）的相关系数的计算来估计试卷的信度。两个部分分数的一致性越高，试卷的信度也就越高。因此，对半分析法通常用来测定内部一致性信度（internal consistency reliability）。

三、语言测试的效度

效度（validity）是衡量语言测试的另一个重要标准。语言测试效度是指测试是否或者在多大程度上测量了它所期望测量的内容，考生的成绩是否合理地说明了该考生的语言能力。语言测试的效度表明的是一种相关性（relevance），即测试与测试目标的关联程度。效度主要包括以下几个方面的内容：表面效度（face validity）、内容效度（content validity）、标准关联效度（criterion-related validity）和结构效度（construct validity）。表面效度、内容效度和结构效度测试的是内在效度（internal validity），标准关联效度指测试结果是否或在多大程度上与一些外在标准相关,因此它测试的是外在效度(external validity)。

1. 表面效度

表面效度指测试的"表面可信度或公众的可接受度"(surface credibility or public acceptability)(Ingram,1977),即:表面效度指测试是否达到预先设想的测量知识或能力的程度,通常由观察者的主观判断而定。例如阅读测试中如果有许多学生尚未掌握的词汇,那么,该阅读测试就缺乏表面效度。

2. 内容效度

内容效度指测试内容包括所要测试的语言技能、语言结构等方面具有代表性的要素,以测试能够充分测出所要测量技能的程度为基础。例如语音技能测试如果只测试正确发音所需技能中的一部分,如只考单音发音,而不考该单音在单词、语句中的发音,其效度就会很低。

3. 标准关联效度

标准关联效度指该测试与某一个"独立并且相当可靠的学生能力测试工具"(Hughes,1989)之间的关联程度。这里的标准是指后者。如果两者之间的关联度高,就表明前者具有标准关联效度。标准关联效度包括同期效度(concurrent validity)和预测效度(predictive validity)。

同期效度指该测试与某一个旨在测量同一技能的测试的相关程度。由于后者被用作验证前者标准关联效度的标准和尺度,因此,在选择标准试卷时,要注意试卷本身的信度和效度,标准试卷的难度要与被比较试卷的难度相近,其题型也要与被比较试卷保持一致。预测效度指某一测试是否能较好地预测出被试者将来的语言水平。

4. 结构效度

结构效度是语言测试的主要效度,是一切其他效度的基础。"结构"在测量学中是指待测量的属性或事物,在语言领域中可以指"交际能力""英语能力"等。由于人类社会在发展进程中不断发现需要测量的事物,因而设计出合适的测量手段或工具至关重要。检验有关测量工具能否有效地用来度量某个属性——即"结构"——就是建立该工具的结构效度。结构效度指测试项目反映某个理论的基本方面的程度。例如某一交际能力测试和交际能力理论的关系越大,该测试的结构效度就越高。

Alderson 等人(2000)认为,可以用定性和定量这两种方法来确定测试的结构效度。定性方法是由专家依据相应的结构理论来评定测试题目或任务与所要测量的结构之间的对应关系;也可以使用语篇分析法研究受试的"产品"(即产出的语言),并将其语言和语用特征与结构定义加以比较。定量方法有:测试项目的相关分析、测试成绩和考生特征之间关系的分析以及因素分析等。

5. 效度与信度的关系

如上所述,信度是指测试结果(分数)的可靠性,主要说明考试结果与语言行为之间的关系。效度是指测试达到预定目的的程度,反映所测试的语言行为与语言能力的关系。一项测试如果没有信度,也就无所谓效度,信度是效度的前提或必要条件。然而,有信度的测试未必就一定有效度。例如用一份信度较高的听力试卷去测试学生的阅读能力,即使测试结果具有较高的稳定性,该测试也不具有效度。

对于一项测试来说,信度与效度都是必不可少的。效度要求语言测试注重语言的整体性、艺术性以及测试题目的多样性(diversity),测试的内容和形式应尽量接近语言运用的实际。信度要求语言测试强调语言的科学性,将语言进行分割处理,注重测试题目的同质性(homogeneity),使语言测试的内容与形式脱离语言运用的实际。因此,任何测试都难以兼有极高的信度和极高的效度。例如以离散项目测试为主要特征的结构主义语言测试能保证较高的信度,而强调以真实的语言为测试内容的交际测试能保证较高的效度。因此,语言测试应侧重考虑效度要求,并在此基础上尽可能地追求信度。有时为了提高效度而牺牲一定程度的信度是必要的,然而,如果为提高信度而牺牲效度,测试就变成了准确测量所要测量目标以外内容的工具(Weir,1990)。

四、语言测试设计

语言测试设计的过程通常是：先根据教学大纲拟定有关语言能力的理论定义，再确定分项指标，然后拟定操作定义，并具体说明指标的测试方法和步骤，最后编写试卷。

1. 明确考试目的

在评估考试质量的诸多标准中，最重要的一个标准是考试的效度，即考试是否测量了人们所希望测量的知识和技能，是否达到了测试的目的。因此，明确考试的目的是教师设计试卷的依据，又是最终评价考试质量的标准。

要明确考试目的，应该认真研究、领会教学大纲中各阶段的教学目的、目标和教学要求，并思考以下几个方面的问题：

（1）所测量的知识和技能对培养学生的语言能力和交际能力起什么作用？

（2）通过本阶段的学习，要求学生形成哪些语言行为？最终要达到的目的是什么？

2. 确定考试内容

考试内容是考试规范中的一个重要组成部分。首先，它是考试内容效度的具体体现；其次，它是考试结构效度的重要保证，没有内容效度就无法确定结构效度。考生对语音、语法、词汇等语言知识的掌握是通过他们的行为表现出来的，因此，在决定考试内容时，除了要考虑语言本身的内容外，更要考虑学生掌握了这些知识后所表现的语言行为，以此来考查学生运用语言的能力，如考查学生"提出请求""发表意见、评论""询问、给予信息""问路""描述人物、地点、物体""叙述事件"等语言能力。

3. 决定考试题型

考试题型取决于考试的目的和考试的内容，同时，还要考虑各类考题自身的特点，使所选用的题型能最大限度地符合考试目标和考试内容的要求。

在外语测试中，人们经常选用以下题型：多项选择题、正误判断题、匹配题、补全句子题、完形填空题、信息转换题、简答题、论述题等。

(1) 多项选择题：是目前考试中用途最广、最常见的题型。多项选择题通常由两部分组成：题干（stem）和备选项（options、responses、alternatives、choices）。题干可以是直接提问或者以不完整的句子形式出现，目的是为了设置问题情境。备选项中包括正确选项（answer、correct option、key）和干扰项（distractors）。备选项数目不等，有三项、四项或五项，大部分考试以四项为常用形式。

多项选择题具有以下特点：评分客观且易操作，评卷信度高；多项选择题是一题一个考点，考试目标明确；多项选择题既能测试语言知识（如语法、词汇等），又能测试语言技能（如阅读理解、听力理解等）。

不足之处在于：无法测试语言能力的运用；普遍存在考生猜测答案的现象；命题工作耗时费力，对命题人员的业务素质要求高；多项选择题是一种间接考试的形式，是否具有效度一直是人们关注的问题。

(2) 正误判断题：一般由一个句子组成。该句子可以表述一个事实，也可以表明一个观点。正误判断题侧重考查学生的判断能力，在阅读理解或听力理解中是一种常用题型。

正误判断题具有以下特点：命题难度不大；评分客观，信度较高；题目覆盖面广。

不足之处在于：一道题目只能包括一个考点；由于只有正误两个答案，因此猜测答案的概率较高，学生有 50% 的机会选择到正确答案。

(3) 匹配题：是一种用途较广的考题形式，可以用来考核词汇知识、语法知识、对概念的理解、事实或观点之间的关联等。匹配题一般由两大部分组成：匹配栏与被匹配栏。匹配题不仅可以考查学生识记能力或理解能力，还可以考查学生的简单语言运用能力。不足之处在于：不适于测量较高层次的教学目标，无法测试学生的综合语言运用能力。

(4) 补全句子题：一般由一个或多个句子组成，其中个别词或句子被删去，学生必须按照要求填入恰当的词或句子以补全意义。补全句子题的特点是：编写题目较容易；考试目的明确；既能测试语言知识，又能测试语言运用能力。补全句子题评分有一定的难度。

(5) 完形填空题：是补全句子题在形式和内容上的一种延伸，分为有提示、无提示、多项选择、混合选择等类型。完形填空的理论依据来自格式塔心理学（The Gestalt Psychology）。该理论强调经验和行为的整体性，主张以整体的动力结构观来研究心理现象。例如当人们观察物体形状时，会下意识地将形状中的空缺部分补上去。同样，如果一篇短文中去掉了几个词，就像有空缺的图形一样，人们也会根据前后的线索，将它们填补上去，使之成为完整的文章。完形填空发明之初是用来测试文章的可读性的，后来被广泛应用于语言测试之中。完形填空题的特点是：可以同时测试一种以上的语言知识或技能；题型变化多，因此命题具有灵活性；不仅能测试语言知识，还能测试语言的简单运用。

完形填空命题注意事项：明确考试要点，例如是考查实词还是虚词？或两类词都要考？不宜删除材料中第一句中的单词或词组，应保留第一句的完整性，有助于学生理解短文的大意；提供详细答案和评分要求。

(6) 信息转换题：是将文字内容转换成图表，或将图表转换成文字，常用于阅读、口语、听力和写作考试中。信息转换题的特点是：强调语言的运用；要求学生同时运用一种以上的语言技能；与现实语言运用环境关联度大，具有较高的真实性。不足之处是：考生一种技能的水平可能会影响其他技能水平的发挥。

(7) 简答题：通过学生的简短回答来测试学生在某一方面的能力或技能，是测试阅读和听力的一种有效形式。简答题的特点是：直接考查学生的能力，不存在猜题的可能性；强调语言的产出技能；可以满足不同层次测试的要求，如测试学生对阅读（听力）材料细节的理解、对阅读（听力）材料大意的理解、对阅读（听力）材料隐含意义的理解等。

简答题命题注意事项：提示部分要说明答题要求，如使用完整句还是非完整句、字数的限制等；提供详细的评阅标准，规定具体的评分细则。

(8) 论述题：要求学生根据考试要求详细表达自己的观点或见解，答题要求具有逻辑性、合理性、完整性和流畅性。论述题常用于测试写作能力和高层次阅读理解。论述题的特点是：直接测试学生的能力；具有较高的效度和真实性；强调学生的思维能力和语言运用能力。

论述题的不足之处是：没有标准答案，评分难度大，因而影响考试的信度；需要人工阅卷，比较费时耗力。

4. 试卷设计与编写

1) 考试项目复查

试卷编写之后，应由编写者本人或他人再复审一遍。复审可以从下列几个方面检查试卷的质量：(1) 试卷是否有效测试了学生的某一个学习行为；(2) 测试不同学习行为（能力）是否采用了相应的题型；(3) 考试要求是否陈述清楚；(4) 考试项目难度是否适中，应将题量和难度结合起来考虑，题量太多会增加学生答题的难度；(5) 试题覆盖面是否具有内容效度，是否在教学大纲的框架范围内。

2) 考试项目排序

考试项目排序一般采用下列原则：(1) 将测量同一类学习行为（或能力）的项目编排在一起。一般来说，将测量同一学习行为的项目集中在一起，并标以适当的标题，这样有助于老师根据考试结果找出学生的学习问题。(2) 将形式相同的项目集中在一起。在可能的情况下，将形式相同的项目集中在一起，如将所有的选择题集中在一起，所有的问答题集中在一起，这样每大类试题只需要选取其中的一个进行答题说明就可以了。这样做还可以提高考生的答卷效率，因为学生做同一类题目只要运用一种回答方法即可。在大规模考试中，客观题往往由机器阅卷，主观题由人工阅卷。将试题按主、客观实体编排，也有利于评卷。(3) 根据从易到难的原则编排试题。考卷开始部分的试题应该容易些，然后逐步加大难度，难度大的题项放在最后。这样的编排方式能减少学生的考试焦虑，增强答题信心。(4) 按所测量的不同技能排序。如果一份试卷测试多项技能或能力的话，一般按照听、读、写的顺序来编排题项，即测试听力理解能力的项目放在最前面，测试阅读理解能力的项目放在中间，测试写作能力的项目放在最后。测试语法或词汇的项目，可放在阅读项目之前或之后。

五、语言技能测试

1. 听力测试

听力理解是由外界语音输入信息与人们内部的认知结构相互作用的结果，

是一个十分复杂的心理过程。从心理语言学的视角来看,听力理解分为三个不同的层次:(1)语音识别:主要通过知觉加工对以听觉形式呈现的语言刺激进行初步的编码加工。(2)句子理解:句子的理解过程以语音识别为基础,通过对字词的语音进行编码以达到对字义的确切把握。在此基础上,还必须对句子进行句法分析和语义分析。(3)语段理解:在一般情况下,人们听到的不是单个独立的句子,而是由一系列的句子组成的语段。语段理解的基础是单句理解,但又高于句子理解。

听力测试要充分考虑听力理解的特殊性。听力测试的目的是测试学生理解不同体裁和不同场合话语的能力,从测试学生理解正式课堂内话语的交际能力,到测试学生理解课堂以外非正式场合话语的能力,逐渐过渡到测试学生理解目的语国家人们在各种场合所说话语的能力。

听力测试的方法很多,人们普遍使用的有多项选择题、正误判断题、填空题、转换题、简答题、听写题等。

多项选择题可用于不同听力层次的测试,可以用来考查学生分辨音素、识别单词、理解句法结构、理解文体信息、理解文章大义、理解文章的具体信息等能力。

正误判断主要用于测试初级听力技能,如分辨音素、语调或识别单词的能力等。

填空题的一种形式是补全句子,另一种形式是完形填空。完形填空对听力要求较高:它不仅要求学生听懂内容,而且还要根据上下文填上合适的单词或词组。

转换题可用来测试理解大意或主要信息、具体信息的能力。转换题的一种形式是重新排序题,另一种形式是信息转换题。

简答题是一种简易有效的测试题型,为了统一评分标准,命题时可以对简答题回答字数有所限制,可以采用单词回答、非完整句回答或完整句回答等形式,使简答题能更有效地达到测试目的。

听写作为一种传统但有效的测试形式,在教学与评估中得到了广泛的运用。听写属于综合性考试,与多项选择题一样,可以用来测试不同层次的听力能力。听力测试不仅测试学生的听力理解,还可以反映学生的记忆水平。一般来说,听写可分为单句听写(sentence dictation)或段落听写(paragraph dictation)。段落听写可分为标准听写（standard dictation）和填空听写（partial/spot dictation）。

听写的评分有以下几种方法（邹申、杨任明，2011）：

（1）如果听写是一个独立的测试项目，总分可定为 100 分。每 1 个错误（拼错、漏写或增加单词、顺序颠倒、语法错误等）扣 1 分，扣完为止。其中重复出现的拼写错误只扣一次分。

（2）根据比例扣分：如一篇听写共有 100 个词，满分为 10 分。当听写中有 25 个错误时，占总词数的 25%。也就是说，这篇听写失去了总分的 25%，即 2.5 分，因此得 7.5 分。

（3）另一种处理错误的方式是将错误分类，然后分别算分。常见的方法是：标点符号错误，每 4 个扣 1 分；拼写、语法等其他错误，每 2 个扣 1 分，扣完为止。

2. 口语测试

口语是一个动态的、双向的语言信息传递与交流的过程，它涉及口语信息发出者、口语信息和口语信息接受者三个因素之间的互动关系。这种"双向主体"的交流过程对信息发出者和信息接受者都提出了很高的要求。首先，口语信息发出者需要尽可能运用标准的语音语调、适当的语速、正确的句法结构，明白无误地表达自己的思想，这样才有利于口语信息接受者对话语和语境的理解。口语的本质特征是"可理解性"（intelligibility），"可理解性"是口语交流的前提，也是进一步交流的基础。由于在正式或非正式场合中，会话者都需在极短的时间内迅速进行口语信息的输入、筛选、分类和总结，再将有关口语信息进行二次归纳和整理后输出，完成意义构思、语言选择、口头表达等一系列活动。口语过程的特点决定了口语表达的难度，因此，口语测试要针对口语过程的特点，有效地测量出考生的口语水平。

1）口语测试形式

口语测试大致可以分为以下三大类：直接型口试、间接型口试和半直接型口试。

直接型口试是在一个接近真实语言使用的语境中考查学生的语言使用和表达能力，具有较高的卷面效度。然而，由于直接型口试瞬间性较强，由此增加了评分的难度；其次，直接型口试需要培训大量考官，并且逐个测试考生，耗时费力；第三，人工评分结果主观性较强，从而影响测试的信度；第四，考官的语言水平和情绪影响考生口语水平的发挥。直接型口试主要有面试型口试（oral interview test）、小组讨论（group discussion）、对话（dialogue）、简短谈话（short talk）、看图说话（picture talk）、复述（retelling）、朗读（reading aloud）等形式。其中面试是最常用和最真实的口试形式，是一种在自然语境中测试口语整体能力的有效手段。

间接型口试主要是以纸笔方式进行的口语考试。最常见的是使用多项选择题形式测试学生的语音、语调、重音、口语交际等知识，由此间接、片面地推断出学生的口语能力。该类考试的评分稳定性较高，但缺乏效度，不能真实地反映学生的口语能力。

半直接型口试，即录音口试（laboratory oral test），是将统一、具有真实性的考题事先录制好，让考生按照要求，有针对性地对录制的考题进行口头操作（或提问和回答，或个人独白，或对话和讨论），考生所有的口语活动均被录制下来。测试时不需要考官与考生面对面地交谈，一个考官可以同时测试大批考生，节省人力、物力；考生口语水平的发挥不受考官的语言水平和情绪的影响；相同的考题使测试的信度得到保证。该类口试可以增强评分的客观性、降低费用，并能较好地保证考试的质量，适合于大规模的口语考试。

2）评分标准

口语测试的评分标准可以分为两类：整体评分法（holistic scoring）和分析评分法（analytic scoring）。

分析评分法是将口试表现分解为若干个考查点，如语音语调、词汇、语法、流利程度、准确性、内容的相关性等，不同的考查点有不同的分值、可作不同的加权处理，各考查点的得分总和即为口试的总分。整体评分法是凭评分员的总体印象打分。整体评分法的优点是能从总体上把握考生的口试表现，评分的速度比较快；而分析评分法由于注意口试表现的各组成部分，评分速度稍慢一些，但评分更为准确一些。

3. 阅读测试

阅读是英语学习过程中的一个重要组成部分,是听、说、读、写等技能中一项重要的语言技能。人们通常认为阅读有以下目的:(1) 生存需要(reading for survival):这类阅读一般是为了立即满足某种需求,如阅读路标、确定行走路线等;(2) 学习需要(reading for learning):通过这类阅读活动达到学习语言、获取知识和信息的目的。(3) 休闲需要(reading for pleasure):是人们在闲暇之时通过阅读活动获得快乐的一种阅读方式(Wallace, 1992, 引自邹申、杨任明, 2011)。

人们必须具备一定的阅读能力才能顺利地进行阅读活动。那么,什么是阅读能力呢?Lennon (1962) 根据因素分析的方法得出结论,认为阅读能力由以下四个部分组成:(1) 一般言语因素:主要指学生所掌握的词汇量和对词汇的熟悉程度;(2) 对语义明确的文字内容的理解:主要指学生对文章字面意义的理解能力;(3) 对隐含意义的理解能力:指对书面材料的内容进行推理的能力;(4) 鉴赏能力:指学生理解作者的写作意图、情感和思想的能力。

人们的阅读方式主要有精读和泛读:(1) 精读(intensive reading),也叫分析性阅读,主要用于学习课文中的语言知识项目,巩固和扩展学生的词汇和语法知识,同时,正确理解文章的观点、论证过程和结论,深入领会作品的精髓。(2) 泛读(extensive reading),也叫综合性阅读。泛读通常阅读速度较快,接触的阅读材料较多。这种阅读方式不追求对阅读材料的透彻理解,只要求浏览全文,掌握大意,讲究阅读的流畅性。通过泛读,学生可以接触大量的语言知识,可以巩固和加强精读效果,从而进一步提高阅读能力。

在选取阅读测试材料时,要控制好阅读材料的长度,保证阅读材料的真实性和多样性,把握阅读材料的难易度,力求阅读材料有充分的信息点。

阅读测试主要有三种形式:多项选择题、正误判断题和简短回答题。

多项选择题是一种非常普遍的阅读测试题型,在各类考试中都得到了广泛的运用。考生通过在多个选项中选择某一正确答案来表示其对某一阅读部分的正确理解。在考试中采用多项选择题有以下优点:无论是机器阅卷还是人工阅卷,评分既简单、可靠,又客观、公正,信度高;在大型考试中,采用多项选择题,用机器阅卷,可以缩短整个考试、阅卷的过程,从而降低考试成本。

但多项选择题也存在着不足,在所有题型中,多项选择题受到的批评最多,如考生可以猜测答案,因此,仅仅根据得分很难判断考生的真实水平;选项很难编写,尤其是干扰项的编写;易于作弊。

正误判断题和多项选择题一样,也是一种常用的题型。在对初学者的阅读测试中,这种题型用得很多。它的优点是易于编写,缺点是学生的猜测率较高。

简短回答题也是一种测试阅读能力的常见题型,答案具有开放性,评分具有主观性。简短回答题的优势在于:简短回答形式多样化,如问答题、信息转换题、完形填空题、选择性填空等形式;命题方法简单,提问范围广。简短回答题可以激发考生的兴趣,并且考生无从猜测答案,能够较真实地反映考生的阅读水平和能力。

简短回答题的不足在于:学生的回答受其表达能力的影响。有的学生虽能理解文章的内容,但因表达能力有限,无法将自己对文章的理解用文字表达出来。

从世界范围来看,英国、美国测试界在题型选择上有着明显的差异。美国的 TOEFL、GRE 采用多项选择题型,而英国则坚持采用除多项选择以外的题型——主要以简短回答的形式——作为主要测试手段,即使是大规模的测试也不例外,如 IELTS 考试。

4. 写作测试

写作是英语学习中的一个重要的技能,主要反映学生的语言产出能力。一篇作文能测量学生对词汇、语法等语言知识的掌握情况,同时,也能反映学生的逻辑思维、思想组织、语言表达等能力。由于写作测试是一种行为测试(performance test),以学生实际使用语言的表现为评价依据,因此对教学具有积极的反拨效应(washback effect)。

外语写作通常分为初级、中级、高级三个阶段。在初级阶段,学生的写作主要停留在句子层面上,造句以模仿为主。对该阶段的测试应放在句子结构和词汇运用的正确性上。在中级阶段,学生写作的重点转移到话语层面,写作不仅要注意形式的正确,还要考虑内容的贴切,以及句子之间、段落之间的衔接性和连贯性。在高级阶段,写作已进入了自由发挥的境界,写作以表达内容为主,语言形式的运用服从于内容表达的需要。因此,文章的构思、文体的运用、表达的效果是衡量写作质量的标志。

写作测试作为一种综合性的测试,主要测试学生的语言基本知识、文章的谋篇布局和内容的选择、文体和修辞手段的运用等能力。

1) 写作测试形式

写作测试一般有主观题和客观题。

主观题主要采用命题作文的形式,通常有提纲式作文、图表作文、主题句作文、书信作文等。命题作文要求学生描述事实、阐述观点、发表评论等,对写作的内容不作限制,评分具有主观性。一般来说,命题作文由三部分组成:提示(prompt)、题目(topic)和要求(requirement)。提示的作用是提供写作情景(context),例如为什么要写、写给谁等。要求部分包括作文的长度或字数、作文的评分要求等。

客观题有多项选择题、补全句子、完形填空、转换题(如改写句型)等形式。多项选择题主要测试学生对词汇、语法知识的掌握和运用情况。补全句子、完形填空、转换题等题型主要测试学生的谋篇和组织能力、对不同文体的把握能力等。

2) 评分标准

写作测试的评分标准通常可以分为两类:整体评分法和分析评分法。

整体评分法将作文看作一篇完整的文章,阅卷人员根据阅后的总体印象打分,但这个总体印象是有明确的档次特征的。整体评分法将所阅作文样本分成几个档次,每个档次与一个分数或分数段相对应。每个档次还必须明确该档次作文的特征,如内容、语法、组织、表达等方面,各档次之间存在明显的区别。阅卷人员注重的是作文的整体质量,而不是局部现象和特征。如 CET 写作和 TOEFL 写作所采用的就是整体评分法。

分析评分法将作文的特征分解为具体的成分,如语法、思想内容、组织结构、表达和连贯性等。评阅人根据要求给每个成分评分,如思想内容占总分的 50%,组织结构占总分的 10% 等,各个成分的分数总和即为总分。IELTS 写作所采用的就是分析评分法,即考官根据具体的评分细则给考生的作文分项打分。

第二节 语言学习评价

Weiss（1972）认为："评价是指为作出某种决策而收集资料，并对资料进行分析，作出解释的系统过程。"Bachman（1999）指出，决策的正确与否，一方面取决于决策者本身的能力，另一方面取决于收集到的信息的质量。在其他条件等同的情况下，如果收集到的信息越可靠，相关性越强，那么，作出正确决策的可能性就越大。学习评价（assessment/evaluation）主要指教师通过搜集学生在课堂中的信息，对学生的学习状况进行判断和决策，并制定出最适合学生发展的教学计划的过程。教师对学生的学习效果进行测量的各种手段都是学习评价，如测试、作业、论文等。按照评价在教学中产生的时间、作用和功能，可以分为形成性评价和终结性评价。

Scriven（1967）在"评价方法论"一文中指出，评价可以根据不同的作用分为形成性评价（formative evaluation）与终结性评价（summative evaluation），能促进课程发展的评价可称为形成性评价，为判断课程整体质量提供信息的评价则是终结性评价。Bloom（1969）将形成性评价引入教学领域，Bloom认为形成性评价是为教和学提供反馈和纠正的评价，终结性评价是在课程结束后判断学习者学习成果的评价。

一、形成性评价

Cowie & Bell（1999）发展了形成性评价的概念，认为形成性评价是教师和学生在学习过程中识别和回应学生学习以加强学习的过程。Black & William（2009）提出形成性评价可以泛指能够为教师和学生提供帮助以改进教学的一切活动，并总结了形成性评价的五种实践活动：分享成功标准、课堂提问、批注标记、同伴评价和自我评价以及总结性测试的形成性使用。2005年，经济合作与发展组织（Organization for Economic Co-operation and Development）也强调，形成性评价需在教学过程之中，对学生学习进度和理解程度进行多次互动式的评价，以便了解学生的学习需求并调整教学。2018年，美国中小学教育官员理事会下设的形成性评价研究机构——学习者与教师形成性评价委员会（Formative Assessment for Students and Teachers，简称FAST）指出有效的形成性评价是有计划、处在进行中的过程；形成性评价是学习和教学；有效的形成性评价需要综合教学的各项实践活动；形成性评价的目的是提高学生对学科知识的理解、培养学生成为自我学习的指导者。虽然众多学者与组织从不同角度定义了形成性评价，但大家就形成性评价的三个核心要素（分别是信息的收集和运用、反馈、促进教与学）达成了共识，这三个核心要素构成了形成性评价的基本内容和目的。

综上所述，形成性评价是指在教育活动过程中，为不断了解活动进行的状况以便能及时对活动进行调整，保证活动目标的实现而进行的评价。形成性评价是一种具有动态性的评价，伴随活动过程进行，目的是了解学生的学习情况和教学效果，及时发现在教和学过程中存在的问题，从而有助于教师调整教学计划，改进教学方法，弥补教学中的不足，同时，也向学生经常性地、快速地提供反馈信息，使学生了解自己完成某一学习任务的情况，及时调整学习策略，调控学习过程，提高学习质量。

形成性评价关注的是形成、服务功能。形成性评价强调：（1）测量教学单元所要达到的学习结果，不能把形成性评价的结果等同于学习成绩。（2）使用测量的结果来诊断和改进教学，测验、考查的分数通常不计入成绩册，也不评定学生的等级或名次。（3）测量必须根据教学目的来编制，凡是课程中的重点部分均需要测量。（4）只关注学生是否达到学习目标，并不比较学生之间的成绩。

然而，形成性评价无论是对于教师还是对于学生来说都具有一定挑战性。形成性评价要求教师调整角色，使其能够与学生展开平等对话，并在教学过程中纳入学生反馈的环节，而学生则需要承担主动学习的角色，做一名自主学习者，对自己的学习活动多思考、多反思，从而形成自己的判断。

近年来，国内外学者纷纷对形成性评价展开了研究。Lantolf & Poehner（2011）提出的动态评价（dynamic assessment，DA）以及 Turner & Purpura（2016）提出的以学习为导向的评价（learning-oriented assessment，LOA）都属于形成性评价，越来越受到重视。其中 LOA 摒弃了以大规模、标准化为特征的传统测试模式，转向对课堂教学进行全程评价。DA 和 LOA 都将学习置于评价的中心，DA 建立在 Vygotsky 的社会文化理论以及最近发展区的理念上，LOA 包括情境、情感、互动、教学、学习、语言水平等多个维度。金艳(2013)

认为大学英语是一个课程体系，对课程体系的评价需要采用多样化的评价方法，改变以考代评现象，发挥评价的审核和发展功能。金艳、何莲珍（2015）在总结全国大学英语教学调研中指出，大学英语教师高度认可形成性评价和常态化评价数据库的作用。调研结果表明，大学英语课堂评价方式多样，以教师评价为主，学生互评和自评为辅，也使用自动评分系统为学生提供反馈信息，但是在高校和学生中普遍存在对形成性评价不够重视等问题。袁树厚、束定芳（2017）对国内近15年来外语教学形成性评价研究做了详尽回顾，指出形成性评价的政策和条件研究均有待加强。金艳（2020）在对大学英语形成性评价进行调查后发现，大学英语课堂评价的主要方式是教师课堂反馈和课后反馈，其次分别是学生互评、自动评分系统反馈以及学生自评。大学英语学习过程的跟踪评价主要采用学生课堂表现评价、平时测验以及期中和期末考试。大学英语形成性评价遇到的主要困难是教师缺乏评价相关知识和能力，更缺乏设计和实施评价的时间。

在外语教学中，形成性评价重视语言学习过程，认为语言学习和测试是一个不可分割的整体，测试是促使教师改进教学、学生改进学习的有效手段。因此，形成性评价鼓励教师摆脱应试的束缚，开发有意义的课程，鼓励学生开展合作式学习，摒弃不必要、不友好的竞争。外语学习是一个复杂的认知过程，是学习者的认知因素、情感因素、社会文化因素相互作用的结果。在教学过程中，教师开展形成性评价，适时、客观地评价学习者的学习风格、学习策略、学习动机等因素，对学习者及时调整学习策略、改进学习方法、激发学习动机、发挥学习潜能和增强学习效果至关重要。

在形成性评价中，外语教师要遵循以下原则：（1）紧扣教学目标：教师要明确教学大纲对学生掌握语言知识、获得语言能力的要求，保证所有的评价活动均应该围绕教学目标展开，做到有的放矢、客观实际地评价学生的学习。（2）为学生提供高质量的信息反馈：教师的反馈信息不能仅仅停留在学习结果的对错、好坏之上，还应该在此基础上，为学生今后的学习提供建设性意见。（3）评价主体多元化：教师是评价的主体，学生、家长、同伴也同样可以是评价的主体，这样才能确保评价的全面性和客观性，使评价具有更高的信度。（4）评价方式多样化：形成性评价可以通过课堂活动记录、学习档案记录、周记、问卷调查、访谈和座谈、学生讨论、日志等方式全面地评价学生的学习过程和结果，使评价更全面、效度更高。

二、终结性评价

终结性评价是指在某项教育活动结束时，对活动结果进行的评价。通常情况下，终结性评价在一门课程或教学活动结束后，如单元、章节、科目、学期结束时进行，目的是判断是否达到教学目标，检查教学的有效性和教材教法的适当性，考核学生的学习效果，确定学生的最终学习成绩。终结性评价与后续的教学准备密切相关，如教学目标的制定、教学内容的讲解、教学资源的配备、编班分组等，同时，对学生以后的学习情况有预测作用。终结性评价的结果要将学生的成绩计入成绩报告单，作为某种资格的认定或升级、留级的根据。

终结性评价的评价对象是综合性的，它既可以包括对学生综合素质和学习能力的评价，又可以包括对其学习成绩的评定。终结性评价关注的是鉴定、甄别功能。学校举行的期中测验、期末考试、年终考核均属于终结性评价。终结性评价的优点在于简便易行，也较为客观，结果容易被人们理解和接受。但是由于它是一种后测评价，具有事后检验的性质，因此，不利于评价对象自身的改进。

在外语教学中，如果教师只对学生的学习结果作出终结性评价，只看学习结果，不问学习过程，那么，就无法对教师教学和学生学习进行改进和完善，不利于外语教学的改革和进步。

三、形成性评价与终结性评价的区别

对学生的评价不仅包括以标准化考试为代表的终结性评价，也包括以学习为目的、注重学习过程的形成性评价。终结性评价一般在学期末或某学习阶段结束后进行，以学生的学习成绩作为评价对象，为学生此阶段的学习提供鉴定性评价。它是检验教学成果的一个重要手段，但无法评价教学过程这一重要环节，而形成性评价则弥补了这一不足：通过形成性评价的各种手段和方法，师生均可不断获取反馈信息，及时调整教学手段和学习方法，提高学习的效果。表10.1总结了形成性评价与终结性评价的区别。在外语教学中，教师要做到形成性评价和终结性评价并重，二者不可偏废。

表 10.1 形成性评价与终结性评价的区别

	形成性评价	终结性评价
评价的目的	调整教学各个环节和学生的学习行为；认清学生现有水平和学习目标之间的差距，帮助指导学生学习；了解教学效果，探索教学中存在的问题	评判学习效果，确定学生的最终成绩；判断是否达到教学目标，检查教学的有效性和教材教法的适当性
评价的时间	教学／学习过程中即时反馈	一门课程或阶段性教学活动结束后，如单元、章节、科目、学期结束时
评价者	教师、辅导员、家长、学生及同伴等	学校和教师
评价的方法	观察、日记、问卷、访谈、文献和资料分析、自我评估等	测验、考试
评价的结构	灵活、适应性	固定、高度结构化
评价的工具	非正式	正式
评价结果的处理	测验分数不计入成绩册，不评定学生的等级或名次	对学生的成绩进行分组，记入成绩报告单，作为某种资格认定或升级、留级的根据
评价的影响	诊断性的，基本上起积极的作用	判断性的，有时有负面作用

思考题：

1．概述语言测试信度和效度之间的关系。

2．概述语言测试的设计过程。

3．什么是形成性评价和终结性评价？它们对外语学习和教学有什么影响和作用？

参考文献

Alderson, J. C., Clapham, C. M. & Wall, D. (2000). *Language Test Construction and Evaluation*. Beijing: Foreign Language Teaching and Research Press.

Anderson, J. R. (1983). *The Architecture of Cognition*. Harvard University Press.

Anderson, N. J. (2004). *Exploring Second Language Reading: Issues and Strategies*. Beijing: Foreign Language Teaching and Research Press.

Armstrong, S., Peterson, E. & Rayner, S. (2012). Understanding and defining cognitive style and learning style: A Delphi study in the context of educational psychology. *Educational Studies*, 38(4): 449-455.

Arnold, J. (2000). *Affect in Language Learning*. Beijing: Foreign Language Teaching and Research Press.

Ashton, P. T. & Webb, R. B. (1986). *Making a Difference: Teachers' Sense of Efficacy and Student Achievement*. White Plains, N.Y.: Longman.

Babad, E. (1990). Measuring and changing teachers' differential behavior as perceived by students and teachers. *Journal of Educational Psychology*, 82(4): 683-690.

Babad, E. (1993). Pygmalion – 25 years after interpersonal expectations in the classroom. In P. D. Blanck (ed.). *Interpersonal Expectations: Theory Research and Applications* (pp. 125-153). Cambridge: Cambridge University Press.

Bachman, L. F. & Palmer. A. S. (1999). *Fundamental Considerations in Language Testing*. Shanghai: Shanghai Foreign Language Education Press.

Bachman, L. F. & Palmer, A. (1999). *Language Testing in Practice*. Shanghai: Shanghai Foreign Language Education Press.

Bailey, K. M. (1983). Competitiveness and anxiety in adult second language learning: Looking at and through the diary studies. In H. W. Seliger & M. H. Long (eds.). *Classroom Oriented Research in Second Language Acquisition* (pp. 67-102). Rowley, Mass: Newbury House.

Bandura, A. (1977). *Social Learning Theory*. New York: Prentice-Hall.

Bartlett, F. C. (1932). *Remembering: A Study in Experimental and Social Psychology*. Cambridge: Cambridge University Press.

Benson, S. & DeKeyser, R. (2019). Effects of written corrective feedback and language aptitude on verb tense accuracy. *Language teaching Research*, 23(6): 702-726.

Berliner, D. C. (1995). Teacher expertise. In L. W. Anderson (ed.). *International Encyclopedia of Teaching and Teacher Education* (2nd ed.) (pp. 46-52). Oxford: Pergamon.

Bialystok, E. & Fröhlich, M. (1978). Variables of classroom achievement in second language learning. *The Modern Language Journal*, 62(7): 327-336.

Bialystok, E. (1978). A theoretical model of second language learning. *Language Learning*, 28(1): 69-83.

Bialystok, E. (1982). On the relationship between knowing and using linguistic forms. *Applied Linguistics*, 3(3): 181-206.

Bialystok, E. (1991). Achieving proficiency in a second language: A processing description. In R. Phillipson et al. (eds.). *Foreign/second Language Pedagogy Research* (pp. 63-78). Clevedon, England: Multilingual Matters.

Bickerton, D. (1981). *Roots of Language*. Ann Arbor, MI: Karoma.

Bickerton, D. (1983). Creole language. In WSY Wang (ed.). *The Emergence of Language: Development and Evolution* (pp. 116-123). New York: Freeman.

Bickerton, D. (1984). The language bioprogram hypothesis. *The Behavioral and Brain Science*, 7(2): 173-221.

Bickerton, D. (1999). How to acquire language without positive evidence: What acquisitionists can learn from Creoles? In M. Degraff (ed.). *Language Creation, and Language Change: Creolization, Diachrony, and Development* (pp. 49-74). Cambridge, MA: MIT Press.

Bills, R. E., Vance, E. L., & McLean, O. S. (1951). An index of adjustment and values. *Journal of Consulting Psychology*, 15(3): 257-261.

Black, P. & William, D. (2009). Developing the theory of formative assessment. *Educational Assessment, Evaluation and Accountability*, 21(1): 5-31.

Bloom, B. S. (1956). Taxonomy of educational objectives: The classification of educational goals. *Handbook 1: Cognitive Domain*. New York: Mckay.

Bloom, B. S. (1969). Some theoretical issues relating to educational evaluation. *Teachers College Record*, 70(10): 26-50.

Bloomfield, L. (2001). *Language*. Beijing: Foreign Language Teaching and Research Press.

Bogaards, P. (2000). Testing L2 vocabulary knowledge at a high level: The case of the

Euralex French tests. *Applied Linguistics*, 21(4): 490-516

Bolinger, D. (1993). *Aspects of Language*. Beijing: Foreign Language Teaching and Research Press.

Borg, S. (1999). The use of grammatical terminology in the second language classroom: A qualitative study of teachers' practices and cognitions. *Applied Linguistics*, 20(1): 95-124.

Borg, S. (2003). Teacher cognition in language teaching: A review of research on what language teachers think, know, believe, and do. *Language Teaching*, 36 (2): 81-109.

Borg, S. (2011). The impact of in-service teacher education on language teachers' beliefs. *System*, 39(3): 370-380.

Borkowski, J. G., Weying, R. S., & Carr, M. (1988). Effects of attributional retraining on strategy-based reading comprehension in learning-disabled students. *Journal of Educational Psychology*, 80(1): 46-53.

Boudreau, C., MacIntyre, P. D., & Dewaele, J. M. (2018). Enjoyment and anxiety in second language communication: An idiodynamic approach. *Studies in Second Language Learning and Teaching*, 8(1): 149-170.

Bower, G. H. & Hilgard, E. R. (1981). *Theories of Learning*. Englewood Cliffs, NJ: Prentice Hall.

Branden, N. (1994). *The Six Pillars of Self-esteem*. New York: Bantam Books.

Braun, C. (1976). Teacher expectation: sociopsychological dynamics. *Review of Educational Research*, (46): 185-213.

Brophy, J. E. & Good, T. L. (1970). Teacher's communication of differential expectations for children's classroom performance: some behavioral data. *Journal of Educational Psychology*, 61(5): 365-374.

Brown, H. D. (1980). The optimal distance model of second language acquisition. *TESOL Quarterly*, (14): 157-164.

Brown, H. D. (2014). *Principles of Language Learning and Teaching*. NJ: Person Education.

Bruner, J. S. (1960). *The Process of Education*. New York: Vintage Books.

Bruner, J. S. (1966). *Toward a Theory of Instruction*. Cambridge, Mass.: Harvard University Press.

Bruner, J. S. (1973). *Going Beyond the Information Given*. New York: Norton.

Budner, S. (1962). Intolerance of ambiguity as a personality variable. *Journal of Personality*, 30(1): 29-50.

Burns, A. (1992). Teacher beliefs and their influence on classroom practice. *Prospect*, 7(3): 56-66.

Busse, V. (2013). How do students of German perceive feedback practices at university? A motivational exploration. *Journal of Second Language Writing*, 22(4): 406-424.

Byrne, B. M. (1984). The general/academic self-concept nomological network: A review of construct validation research. *Review of Educational Research*, 54(3): 427-456.

Calderhead, J. (1987). Cognition and metacognition in teachers' professional development. Paper presented at the Annual Meeting of the American Educational Association.

Canale, M. & Swain, M. (1980). Theoretical bases of communicative approaches to second language teaching and testing. *Applied Linguistics*, 1(1): 1-47.

Carrell, P. (1988). Interactive text processing: Implications for ESL and second language classrooms. In P. Carrell, J. Devine & D. Eskey (eds.). *Interactive Approaches to Second Language Reading* (pp. 239-259). Cambridge: Cambridge University Press.

Carroll, D. W. (2008). *Psychology of Language*. Beijing: Foreign Language Teaching and Research press.

Carroll, J. B. & Sapon, S. M. (1959). *Modern Language Aptitude Test – Form A*. New York: The Psychological Corporation.

Carroll, J. B. (1964). *Language and Thought*. Eaglewood Cliffs, NJ: Prentice-Hall.

Carroll, J. B. (1968). The psychology of testing. In A. Davies. (ed.). *Language Testing Symposium: A Psycholinguistic Approach* (pp. 46-49). London: Oxford University Press.

Carroll, J. B. (1973). Implications of aptitude test research and psycholinguistic theory for foreign language teaching. *International Journal of Psycholinguistics*, (2): 5-14.

Carroll, J. B. (1981). Twenty-five years of research on foreign language aptitude. In K. C. Diller (ed.). *Individual Differences and Universals in Language Learning Aptitude* (pp. 867-873). Rowley, Mass: Newbury House.

Carroll, J. B. (1990). Cognitive abilities in foreign language aptitude: Then and now. In T. S. Parry & C. W. Stansfield (eds.). *Language Aptitude Reconsidered* (pp. 11-29). Englewood Cliffs, NJ: Prentice-Hall.

Chang, L. Y. H. (2010). Group processes and EFL learners' motivation: A study of group dynamics in EFL classrooms. *TESOL Quarterly*, (44): 129-154.

Chapelle, C. A. & Roberts, C. (1986). Ambiguity tolerance and field independence as predictors of proficiency in English as a second language. *Language learning*, (36): 27-45.

Chapelle, C. A. (2002). Field-dependence/field-independence in the L2 classroom. In J. M. Reid (ed.). *Learning Styles in the ESL/EFL Classroom* (pp. 158-168). Beijing: Foreign Language Teaching and Research Press.

Chaudron, C. (1988). *Second Language Classrooms: Research and Teaching and Learning*. Cambridge: Cambridge University Press.

Chesterfield, R. & Chesterfield, K. (1985). Natural order in children's use of second language learning strategies. *Applied Linguistics*, 6(1): 45-59.

Chomsky, N. (1965). *Aspects of the Theory of Syntax*. Cambridge, Mass.: MIT Press.

Clahsen, H. & Muysken, P. (1986). The availability of universal grammar to adult and child learners: A study of the acquisition of German word order. *Second Language Research*, 2(2): 93-119.

Clahsen, H. & Muysken, P. (1989). The UG paradox in L2 acquisition. *Second Language Research*, 5(1): 1-29.

Clark, K. (1965). *Dark Ghetto: Dilemmas of Social Power*. New York: Harper & Row.

Clément, R., Gardener, C. & Smythe, P. C. (1980). Social and individual factors in second language acquisition. *Canadian Journal of Behavioural Science*, 12(4): 293-302.

Cohen, A. D. & Macaro, E. (2007). *Language Learner Strategies: Thirty Years of Research and Practice*. Oxford: Oxford University Press.

Cohen, A. D. & Henry, A. (2019). Focus on the language learner. In N. Schmitt & M. P. H. Rodgers (eds.). *An Introduction to Applied Linguistics* (pp. 165-189). New York: Routledge.

Cohen, A. D. & Wang, I. K. H. (2018). Fluctuation in the functions of language learner strategies. *System*, 74: 169-182.

Cohen, A. D. & Weaver, S. J. (2006). *Styles- and Strategies-Based Instruction: A Teachers' Guide*. Beijing: Foreign Language Teaching and Research Press.

Cohen, A. D. (2012). *Strategies in Learning and Using a Second Language*. Beijing: Foreign Language Teaching and Research Press.

Constantine, M. G., Okazaki, S. & Utsey, S. O. (2004). Self-concealment, social self-efficacy, acculturative stress and depression in African, Asian and Latin American international college students. *American Journal of Orthopsychiatry*, 74(3): 230-241.

Coopersmith, S. (1967). *The Antecedents of Self-esteem*. San Francisco: Freeman.

Corder, S. P. (1967). The significance of learners' errors. *International Review of Applied Linguistics*, 5: 161-169.

Corder, S. P. (1971). Describing the language learner's language. *Interdisciplinary*

Approaches to Language: 57-65

Covington, M. V. (1992). *Making the Grade: A Self-worth Perspective on Motivation and School Reform.* New York: Cambridge University Press.

Cowie, B. & Bell, B. (1999). A model of formative assessment in science education. *Assessment in Education: Principles, Policy & Practice,* 6(1): 101-116.

Cvencek, D., Kapur, M. & Meltzoff, A. N. (2015). Math achievement, stereotypes, and math self-concepts among elementary-school students in Singapore. *Learning and Instruction,* 39: 1-10.

Dansereau, D. F. (1985). Learning strategy research. In Segal, J. W. *et al.* (eds.). *Thinking and Learning Skills: Relating Learning to Basic Research* (pp. 209-240). Hillsdale, NJ: Lawrence Erlbaum.

Dewaele, J. (2009). Individual differences in second language acquisition. In W. Ritchie & T. Bhatia (eds.) *The New Handbook of Second Language Acquisition* (pp. 623-646). Bingley: Emerald Group Publishing Limited.

Dewaele, J. M. & Dewaele, L. (2017). The dynamic interactions in foreign language classroom anxiety and foreign language enjoyment of pupils aged 12 to 18: A pseudo-longitudinal investigation. *Journal of the European Second Language Association,* 1(1): 12-22.

Dewaele, J. M. & MacIntyre, P. D. (2014). The two faces of Janus? Anxiety and enjoyment in the foreign language classroom. *Studies in Second Language Learning and Teaching,* 4(2): 237-274.

Dewaele, J. M., Witney, J., Saito, K. & Dewaele, L. (2018). Foreign language enjoyment and anxiety: The effect of teacher and learner variables. *Language Teaching Research,* 22(6): 676-697.

Dewey, J. (1938/1963). *Experience and Education.* New York: Collier Books.

Dörnyei, Z. & Ottó, I. (1998). Motivation in action: A process and model of L2 motivation. *Working Papers in Applied Linguistics,* 4: 43-69.

Dörnyei, Z. & Skehan, P. (2003). Individual differences in L2 learning. In C. Doughty & M. Long (eds.). *The Handbook of Second Language Acquisition* (pp. 589-630). Malden, MA: Blackwell publishing.

Dörnyei, Z. (1994). Motivation and motivating in the foreign language classroom. *The Modern Language Journal,* 78(3): 273-284.

Dörnyei, Z. (2005). *The Psychology of the Language Learner: Individual Differences in Second Language Acquisition.* Mahwah, NJ: Lawrence Erlbaum Associates.

Dörnyei, Z. (2007). *Research Methods in Applied Linguistics*. Oxford: Oxford University Press.

Dörnyei, Z. (2009). The L2 motivational self system. In Dörnyei, Z. & E. Ushioda (eds.). *Motivation, Language Identity and the L2 Self* (pp. 9-42). Bristol: Multilingual Matters.

Dörnyei, Z. (2012). *Motivation in Language Learning*. Shanghai: Shanghai Foreign Language Education Press.

Dörnyei, Z. & Ryan, S. (2015). *The Psychology of the Language Learner Revisited*. New York, NY: Routledge.

Dörnyei, Z., Ibrahim, Z. & Muir, C. (2015). 'Directed Motivational Currents': Regulating complex dynamic systems through motivational surges. In Z. Dörnyei, P. D. MacIntyre & A. Henry (eds.). *Motivational Dynamics in Language Learning* (pp. 95-105). Bristol: Multilingual Matters.

Dulay, H. & Burt, M. (1977). Remarks on creativity in language acquisition. In M. Burt, H. Dulay & M. Finocchiaro (eds.). *Viewpoints on English as a Second Language* (pp. 95-126). Regents, New York.

Dulay, H., M. Burt & Krashen, S. (1982). *Language Two*. New York: Oxford University Press.

Dunn, R. & Dunn, K. (1978). *Teaching Students Through Their Individual Learning Styles: A Practical Approach*. Reston, VA: Reston Publishing.

Eccles, J. & Wigfield, A. (1995). In the mind of the actor: The structure of adolescents' achievement task values and expectancy-related beliefs. *Personality and Social Psychology Bulletin*, 21(3): 215-225.

Ehrman, M. (1998). The Modern Language Aptitude Test for predicting learning success and advising students. *Applied Language Learning*, 9: 31-70.

Ellis, R. (1984). *Classroom Second Language Development*. Oxford: Pergamon Press.

Ellis, R. (1987). *Second Language Acquisition in Context*. Englewood Cliffs, N.J.: Prentice Hall.

Ellis, R. (2013). *The Study of Second Language Acquisition*. Shanghai: Shanghai Foreign Language Education Press.

Ellis, R. (2015). *Understanding Second Language Acquisition*. Oxford University Press.

Ely, C. M. (1986). An analysis of discomfort, risktaking, sociability and motivation in the L2 classroom. *Language Learning*, 36(1): 1-25.

Ely, C. M. (2002). Tolerance of ambiguity and the teaching of ESL. In J. M. Reid (ed.).

Learning Styles in the ESL/EFL Classroom (pp. 95-126). Beijing: Foreign Language Teaching and Research Press.

Erlam, R. (2005). Language aptitude and its relationship to instructional effectiveness in second language acquisition. *Language Teaching Research*, 9(2): 147-171.

Fessler, R. (1985). A model for teacher professional growth and development. In P. J. Burke & R. G. Heideman (eds). *Career-Long Teacher Education*. Springfield, Illinois: Charles C. Thomas.

Flanders, N. A. (1970). *Analyzing Teaching Behavior*. MA: Addison-Wesley Publishing Company.

Flower, L. & Hayes, J. R. (1981). A cognitive process theory of writing. *College Composition and Communication*, 32(4): 365-387.

Flynn, S. & Manuel, S. (1991). Age-dependent effects in language acquisition: An evaluation of the "critical period" hypothesis. In L. Eubank (ed.). *Point Counterpoint: Universal Grammar in the Second Language* (pp. 117-145). Amsterdam: John Benjamins.

Flynn, S. (1987). *A Parameter-setting Model of L2 Acquisition*. Dordrecht: Reidel.

Flynn, S. (1996). A parameter-setting approach to second language acquisition: Experimental Studies in Anaphora. In W. C. Ritchie & T. K. Bhatia (eds.). *Handbook of Second Language Acquisition* (pp. 121-158). San Diego, CA: Academic Press.

Freeman, D. & Richards, J. C. (1993). Conceptions of teaching and the education of second language teachers. *TESOL Quarterly*, 27(2): 193-216.

Freeman, D. & Richards, J. C. (1996). *Teacher's Learning in Language Teaching*. Cambridge: Cambridge University Press.

Freeman, D. (1989). Teacher training, development, and decision making model: A model of the teaching and related strategies for language teacher education. *TESOL Quarterly*, 23(1): 27-45.

Freeman, D. (1996). Redefining the relationship between research and what teachers know. In K. Bailey & D. Nunan (eds.). *Voices from the Language Classroom: Qualitative Research in Second Language Education* (pp. 88-115). Cambridge: Cambridge University Press.

Freudenberger, H. J. (1974). Staff burnout. *Journal of Social Issues*, 30: 159-165.

Fullan, M. & Hargreaves, A. (1992). Teacher development and educational change. In M. Fullan & A. Hargreaves (eds.). *Teacher Development and Educational Change* (pp. 1-9). London: Falmer.

Fuller, F. & Bown, O. (1975). Becoming a teacher. In K. Ryan (ed.). *Teacher Education* (pp. 25-52). Chicago: University of Chicago Press.

Gagné, R. M. (1985). *The Conditions of Learning and Theory of Instruction*. New York: Holt, Rinehart & Winston.

Gardner, R. C. & MacIntyre, P. D. (1993). On the measurement of affective variables in second language learning. *Language Learning*, 43(2): 157-194.

Gardner, R. C. & Lambert, W. E. (1972). *Attitudes and Motivation in Second Language Learning*. Rowley, Mass: Newbury House.

Gardner, R. C. (1985). *Social Psychology and Second Language Learning: The Role of Attitudes and Motivation*. London: Edward Arnold.

Gass, S. & Mackey, A. (2012). *The Routledge Handbook of Second Language Acquisition*. New York, NY: Routledge.

Gass, S. M. & Varonis, E. M. (1994). Input, interaction and second language acquisition. *Studies in Second Language Acquisition*, 16(3): 283-302.

Gass, S. M. (2003). Input and interaction. In C. J. Doughty & M. H. Long (eds.). *The Handbook of Second Language Acquisition* (pp. 224-256). Malden, MA: Blackwell.

Gibson, S. & Dembo, M. H. (1984). Teacher efficacy: A construct validation. *Journal of Educational Psychology*, 76: 569-582.

Giles, H. & Niedzielski, N. (1998). Italian is beautiful, Danish is ugly. In L. Bauer & P. Trudgill (eds.). *Language Myths* (pp. 85-93). London: Penguin.

Giles, H. (1973). Accent mobility: a model and some data. *Anthropological Linguistics*, 15: 87-105.

Glatthorn, A. (1995). Teacher development. In L. W. Anderson (ed.). *International Encyclopedia of Teaching and Teacher Education* (pp. 135-138). London: Pergamon Press.

Goker, S. D. (2006). Impact of peer coaching on self-efficacy and instructional skills in TEFL teacher education. *System*, 34: 239-254.

Goodman, K. S. (1967). Reading: A psycholinguistic guessing game. *Journal of the Reading Specialist*, 6(4): 126-135.

Goodnough, K. (2018). Addressing contradictions in teachers' practice through professional learning: An activity theory perspective. *International Journal of Science Education*, 40(17): 2181-2204.

Grabe, W. (1991). Current development in second language reading research. *TESOL Quarterly*, 25(3): 375-406.

Green, J. M. & Oxford, R. L. (1995). A closer look at learning strategies, L2 proficiency, and gender. *TESOL Quarterly*, 29(2): 261-297.

Greenfield, P. M. & Smith, J. H. (1976). *The Structure of Communication in Early Language Development*. New York: Academic Press.

Greenwald, A. G. & Farnham, S. D. (2000). Using the implicit association test to measure self-esteem and self-concept. *Journal of Personality and Social Psychology*, 79(6): 1022-1038.

Gregersen, T., Meza, M. D., MacIntyre, P. D. & Meza, M. D. (2014). The motion of emotion: Idiodynamic case studies of learner's foreign language anxiety. *The Modern Language Journal*, 98(2): 574-588.

Gregorc, A. F. (1979). Learning teaching styles: Potent forces behind them. *Educational Leadership*, 36(4): 236-238.

Griffiths C. (2013). *The Strategy Factor in Successful Language Learning*. Bristol: Multilingual Matters.

Griffiths, C. & Oxford, R. L. (2014). The twenty-first century landscape of language learning strategies: Introduction to this special issue. *System*, 43(21): 1-10.

Griffiths, C. (2015). What have we learnt from 'good language learners'? *ELT Journal*, 69(4): 425-433.

Grigorenko, E., Sternberg, R., & Ehrman, M. (2000). A theory-based approach to the measurement of foreign language learning ability: the Canal-F Theory and Test. *The Modern Language Journal*, 84(3): 390-405.

Guiford, J. P. (1967). *The Nature of Human Intelligence*. New York: McGraw-Hill.

Halliday, M. A. K. & Matthiessen, C. (2008). *An Introduction to Functional Grammar*. Beijing: Foreign Language Teaching and Research Press.

Hamilton, J. O. (1974). Motivation and risk taking behavior: A test of Atkinson's theory. *Journal of Personality and Social Psychology*, 29(6): 856-864.

Hargreaves, A. (1998). The emotional practice of teaching. *Teaching and Teacher Education*, 14: 835-854.

Harmer, J. (2000). *How to Teach English*. Beijing: Foreign Language Teaching and Research Press.

Hatch, E. (1992). *Discourse and Language Education*. Cambridge: Cambridge University Press.

Heaton, J. B. (2000). *Writing English Language Tests*. Beijing: Foreign Language Teaching and Research Press.

Heider, F. (1958). *The Psychology of Interpersonal Relations*. New York: Wiley.

Henry, A. & Thorsen, C. (2018). Teacher-student relationships and L2 motivation. *The Modern Language Journal*, 102(1): 218-241.

Hilgard, E. R., Atkinson, R. L. & Atkinson, R. C. (1979). *Introduction to Psychology*. New York: Harcourt Brace Jovanovich.

Horwitz, E. K. & Young, D. (1991). *Language Anxiety: From Theory and Research to Classroom Implications*. Englewood Cliffs, NJ: Prentice Hall.

Horwitz, E. K., Horwitz, M. B. & Cope, J. (1986). Foreign language classroom anxiety. *Modern Language Journal*, 70(2): 125-132.

Hoyle, E. (1980). Professionalization and deprofessionalization in education. In E. Hoyle & J. Megarry (eds.). *World Yearbook of Education: Professional Development of Teachers* (pp. 42-54). London: Kogan Page.

Hsieh, P. H. & Schallert, D. L. (2008). Implications from self-efficacy and attribution theories for an understanding of undergraduates' motivation in a foreign language course. *Contemporary Educational Psychology*, 33(4): 513-532.

Hsieh, P. H. & Kang, H. S. (2010). Attribution and self-efficacy and their interrelationship in the (South) Korean EFL context. *Language Learning*, 60(3): 606-627.

Huang, X. & Van Naerssen, M. (1987). Learning strategies for oral communication. *Applied Linguistics*, 8(3): 287-307.

Huberman, M. (1993). The model of the independent artisan in teachers' professional relations. In J. W. Little & M. W. McLaughlin (eds.). *Teachers' Work: Individuals, Colleagues, and Contexts* (pp. 11-50). New York: Teachers College Press.

Hudson, T. (1982). The effects of induced schemata on the "short circuit" in L2 reading: Non-decoding factors in L2 reading performance. *Language Learning*, 32(1): 1-31.

Hughes, A. (1989). *Testing for Language Teachers*. Cambridge: Cambridge University Press.

Ingram, E. (1977). Basic concepts in testing. In J. P. B. Allen & A. Davies (eds.). *Testing and Experimental Methods* (pp. 11-37). Oxford: Oxford University Press.

James, W. (1890). *The Principles of Psychology*. Cambridge, MA: Harvard University Press.

Jamieson, J. (1992). The cognitive styles of reflection/impulsivity and field independence and field dependence and ESL success. *The Modern Language Journal*, 76(4): 491-501.

Jenkins, J. (2007). *English as a Lingua Franca: Attitude and Identity*. Oxford: Oxford

University Press.

Joe, H. K., Hiver, P. & Al-Hoorie, A. H. (2017). Classroom social climate, self-determined motivation, willingness to communicate, and achievement: A study of structural relationships in instructed second language settings. *Learning and Individual Differences*, 53: 133-144.

Johnson, J. S. (1992). Critical period effects in second language acquisition: The effect of written versus auditory materials on the assessment of grammatical competence. *Language Learning*, 42(2): 217-248.

Johnson, J., Prior, S. & Artuso, M. (2000). Field dependence as a factor in second language communicative production. *Language Learning*, 50(3): 529-567.

Johnson, K. E. (2006). The sociocultural turn and its challenges for second language teacher education. *TESOL Quarterly*, 40(1): 235-257.

Kagan, J. L. (1966). Impulsive and reflective children: Significance of conceptual tempo. In J. Dkrumboltz (ed.). *Learning and the Educational Process*. Chicago: Rand McNally.

Kant, I. (1781/1963). *Critique of Pure Reason*. London: Macmillan.

Karmiloff-Smith, A. (1986). From meta-process to conscious access: Evidence from children's metalinguistic and repair data. *Cognition*, 23(2): 95-147.

Katz, L. (1972). Developmental stages of preschool teachers. *The Elementary School Journal*, 73(1): 50-54.

Kealey, D. J. (1989). A study of cross-cultural effectiveness: theoretical issues, practical applications. *International Journal of Intercultural Relations*, 13(3): 387-428.

Keefe, J. W. & Monk, J. S. (1986). *Learning Style Profile Examiner's Manual*. Reston: AV: National Association of Secondary School Principals.

Keh, C. L. (1990). A design for a process approach writing course. *English Teaching Forum*: 10-12.

Khalaila, R. (2015). The relationship between academic self-concept, intrinsic motivation, test anxiety, and academic achievement among nursing students: Mediating and moderating effects. *Nurse Education Today*, 35(3): 432-438.

Khezerlou, E. (2013). Teacher self-efficacy as a predictor of job burnout among Iranian and Turkish EFL teachers. *Procedia-Social and Behavioral Sciences*, 70: 1186-1194.

Killion, J. P. & Todnem, G. R. (1993). A process for personal theory building. In A. E. Woolfolk (ed.). *Readings & Cases in Educational Psychology*. Boston, MA: Allyn and Bacon.

Kinsella, K. (2002). Understanding and empowering diverse learners in the ESL classroom. In J. M. Reid (ed.). *Learning Styles in the ESL/EFL Classroom* (pp. 170-194). Beijing: Foreign Language teaching and Research Press.

Klein, J. & Weiss, I. (2007). Towards an integration of intuitive and systematic decision making in education. *Journal of Educational Administration*, 45(3): 265-277.

Knopke, H. J. & Diekelmann, N. L. (1981). *Approaches to Teaching Primary Health Care*. Toronto: C. V. Mosby.

Koga, T. (2010). Dynamicity of motivation, anxiety and cooperativeness in a semester course. *System*, 38(2): 172-184.

Kolb, D. A. (1984). *Experiential learning: Experience as the Source of Learning and Development*. Englewood Cliffs, NJ: Prentice Hall.

Krashen, S. (1981). *Second Language Acquisition and Second Language Learning*. Oxford: Pergamon Press.

Krashen, S. (1983). Newmark's ignorance hypothesis and current second language acquisition theory. In S. Gass & L. Selinker (eds.). *Learning Styles in the ESL/EFL Classroom* (pp. 135-153). New York: Heinle & Heinle Publishers.

Krashen, S. (1985). *The Input Hypothesis: Issues and Implications*. London: Longman.

Kurk, M. (2018). Change in foreign language anxiety: A classroom perspective. *International Journal of Applied Linguistics*, 28(1): 31-57.

Lacey, C. (1977). *The Socialization of Teachers*. London: Methuen.

Lado, R. (1957). *Linguistics across cultures: Applied linguistics for language teachers*. Ann Arbor: University of Michigan Press.

Lado, R. (1961). *Language Testing*. London: Longmans, Green and Co.

Lam, R. (2014). Promoting self-regulated learning through portfolio assessment: Testimony and recommendations. *Assessment & Evaluation in Higher Education*, 39(6): 699-714.

Lamb, M. (2016). The motivational dimension of language teaching. *Language Teaching*, 50(3): 301-346.

Lamber, W. E. (1963). Psychological approaches to the study of language: Part II: On second-language learning and bilingualism. *The Modern Language Journal*, 47(14): 114-121.

Lambert, W. E. (1973). Culture and language as factors in learning and education. In F. E. Aboud & R. D. Meade. (eds.). *Cultural Factors in Learning and Education* (pp. 130-233). Bellingham, Washington State College.

Lantolf, J. & Poehner, M. (2011). Dynamic assessment in the classroom: Vygotskyan praxis for second language development. *Language Teaching Research*, 15(1): 11-33.

Lantolf, J. P. & Thorne, S. (2006). *Sociocultural Theory and the Genesis of Second Language Development*. Oxford: Oxford University Press.

Larsen-Freeman, D. & Long, M. L. (2000). *An Introduction to Second Language Acquisition Research*. Beijing: Foreign Language Teaching and Research Press.

Leithwood, K. (1992). The principal's role in teacher development. In M. Fullan & A. Hargreaves. (eds.). *Teacher Development and Educational Change* (pp. 86-103). London & Washington, D. C.: The Falmer Press.

Lenneberg, E. H. (1967). *The Biologiocal Foundation of Language*. New York: Johm Wiley & Sons.

Lennon, R. (1962). What can be measured. *The Reading Teacher*, 15(5): 326-337.

Lindgren, H. C. & Fisk, L. W. (1976). *Psychology of Personal Development*. New York: John Wiley & Sons.

Lohbeck, A., Nitkowski, D. & Petermann, F. (2016). A control-value theory approach: Relationships between academic self-concept, interest, and test anxiety in elementary school children. *Child & Youth Care Forum*, 45(6): 887-904.

Long, M. & Robinson, P. (1998). Focus on form: Theory, research and practice. In C. Doughty & J. Williams (eds.). *Focus on Form in Classroom Language Acquisition* (pp. 15-41). Cambridge: Cambridge University Press.

Long, M. (1981). Input, interaction and second language acquisition. In H. Winitz (ed). *Annals of the New York Academy of Sciences* (pp. 259-278). New York: The New York Academy of Sciences.

Long, M. (1983). Native speaker/non-native speaker conversation and the negotiation of comprehensible input. *Applied Linguistics*, 4(2): 126-141.

Long, M. (1996). The role of linguistic environment in second language acquisition. In W. C. Ritchie & T. K. Bhatia (eds.). *Handbook of Second Language Acquisition* (pp. 413-468). San Diego, CA: Academic Press.

Long, M. (2007). *Problems in SLA*. Mahwah, NJ: Lawrence Erlbaum Associates.

Lortie, D. (1975). *Schoolteacher: A Sociological Study*. Chicago, IL: University of Chicago Press.

Lyster, R. & Ranta, L. (1997). Corrective feedback and learner uptake: Negotiation of form in communicative classrooms. *Studies in Second Language Acquisition*, 19(1): 37-66.

MacIntyre, P. D. & Gardner, R.C. (1994). The subtle effects of language anxiety on cognitive processing in the second language. *Language Learning*, 44(2): 283-305.

Mackey, A. (1999). Input, interaction and second language development: An empirical study of question formation in ESL. *Studies in Second Language Acquisition, 21*(4): 557-587.

Marsh, H. W. & Shavelson, R. (1985). Self-concept: Its multifaceted, hierarchical structure. *Educational Psychologist*, 20(3): 107-123.

Marsh, H. W., Relich, J. D. & Smith, I. D. (1983). Self-concept: The construct validity of interpretations based upon the SDQ. *Journal of Personality and Social Psychology*, 45(1): 173-184.

Maslach, C. & Jackson, S. E. (1981). The measurement of experienced burnout. *Journal of Occupational Behavior*, 2(2): 99-113.

Maslach, C. (1976), Burnout. *Human Behavior*, 5(9): 16-22.

Maslow, A. H. (1954). *Motivation and Personality*. New York: Harper.

Maslow, A. H. (1968). *Towards a Psychology of Being*. New York: Van Nostrand.

Mayer, R. E. (1988). Learning strategies: An overview. In C. E. Weinstein, E. T. Goetz & P. A. Alexander. (eds.). *Learning and Study Strategies* (pp. 11-22). San Diego, CA: Academic Press.

Mboya, M. M. (1995). Perceived teacher's behaviors and dimensions of adolescent self-concepts. *Educational Psychology*, 15(4): 191-199.

McCarthy, M. (1990). *Vocabulary*. Oxford: Oxford University Press.

McDonald, F.J. & Elias, P. M. (1976). The effects of teaching performance on pupil learning. *Beginning Teacher Evaluation Study, Phase II, Final Report, Vol. I*, Princeton, N.J.: Education Testing Service.

Mckeachie, W. H., Pintrich, P. R., Lin Yi-guang, Smith, D. A. & Sharma, R. (1990). *Teaching and Learning in College Classroom: A Review of the Research Literature*. Ann Arbor: Regents of the University of Michigan.

McLain, D. L. (1993). The MSTAT–I: A new measure of an individual's tolerance for ambiguity. *Educational and Psychological Measurement*, 1(53): 183-189.

McLaughlin, B. (1987). *Theories of Second Language Learning*. Baltimore, MD: Edward Arnold.

McLaughlin, B. (1990). Restructuring. *Applied Linguistics*, 11(2): 113-128.

Meisel, J. (1991). Principles of Universal Grammar and strategies of language learning: Some similarities and differences between first and second language acquisition. In L.

Eubank (ed.). *Point Counter-point: Universal Grammar in the Second Language* (pp. 231-276). Amsterdam: John Benjamins.

Merton, R. K. (1948). The self-fulfilling prophecy. *Antioch Review*, 8(2): 193-210.

Miller, G. A. (1956). The magical number seven plus or minus two: Some limits on our capacity for processing information. *Psychological Review*, 63(2): 81-97.

Mruk, C. (1999). *Self-esteem: Research, Theory and Practice*. New York: Springer Publishing.

Myers, I. B. (1998). *Introduction to Type: A Guide to Understanding Your Results on the MBTI Instrument*. Mountain View, CA: Consulting Psychologists Press.

Naiman, N.M., Frohlich, M. & Stern, H. H. (1978). *The Good Language Learner*. Toronto: Ontario Institute for Studies in Education.

Nel, C. (2008). Learning styles and good language learners. In C. Griffiths (ed.) *Lessons from Good Language Learners* (pp. 49-60). Cambridge: Cambridge University Press.

Nelson, K. (1973). Structure and strategy in learning to talk. *Monographs of the Society for Research in Child Development*, 38: 1-135.

Nemser, W. (1971). Approximative systems of foreign language learner. *International Review of Applied Linguistics*, 9(2): 115-124.

Neumann, J. (1933). *Anxiety and Illness before Examination*. Gutersloh: Bertels.

Nisbert, J. & Shucksmith, J. (1986). *Learning Strategies*. London: Routledge & Kegan Paul.

Norton, R.W. (1975). Measurement of ambiguity tolerance. *Journal of Personality Assessment*, 39(6): 607-619.

Nunan, D. (2000). Action research in the language classroom. In J. C. Richards and D. Nunan (eds.). *Second Language Teacher Education* (pp. 62-81). Beijing: Foreign Language Teaching and Research Press.

O'Malley, J. M. & Chamot, A. (1990). *Learning Strategies in Second Language Acquisition*. Cambridge: Cambridge University Press.

O'Malley, J. M., Chamot, A., Stewner-Manzanares, G., Russo, R. P. & Kupper, L. (1985). Learning strategy used by beginning and intermediate ESL student. *Language Learning*, 35(1): 21-46.

Odlin, T. (2001). *Language Transfer: Cross-linguistic Influence in Language Learning*. Shanghai: Shanghai Foreign Language Education Press.

Oller, J. (1979). *Language Tests at School: A Pragmatic Approach*. London: Longman.

Oller, J. W. & Ziahosseiny, S. M. (1970). The contrastive analysis hypothesis and spelling errors. *Language Learning*, 20(2): 183-189.

Ortega, L. (2005). For what and for whom is our research? The ethical as transformative lens in instructed SLA. *The Modern Language Journal*, 89(3): 427-443.

Oxford, R. (1990). *Language Learning Strategies: What Every Teacher should Know*. Boston: Heinle and Heinle.

Oxford, R. (1996). Employing a questionnaire to assess the use of language learning strategies. *Applied Language Learning*, 7: 25-45.

Oxford, R. (1999). Anxiety and the language learners: New insights. In J. Arnold (ed.) *Affect in Language Learning* (pp. 58-67). Cambridge: Cambridge University Press.

Oxford, R. (2002). Gender differences in language learning styles: What do they mean? In J. M. Reid (ed.) *Learning Styles in the ESL/EFL Classroom* (pp. 34-46). Beijing: Foreign Language Teaching and Research Press.

Oxford, R. L. (2018). Language learning strategies. In A. Burns & J. C. Richards (eds.). *Learning English as a Second Language* (pp. 81-90). Cambridge: Cambridge University Press.

Pask, G. (1976). Styles and strategies of learning. *British Journal of Educational Psychology*, 46(2): 128-148.

Pask, G. (1988). Learning strategies, teaching strategies, and conceptual or learning style. In R. R. Schmeck (ed.) *Learning Strategies and Learning Styles* (pp. 83-100). New York: Plenum Press.

Penfield, W. & Milner, B. (1958). Memory deficit produced by bilateral lesions in the hippocampal zone. *Archives of Neurology and Psychiatry*, 79(5), 475-497.

Penfield, W. & Roberts, L. (1959). *Speech and Brain Mechanisms*. Princeton, New Jersey: Princeton University Press.

Phipps, S. & Borg, S. (2009). Exploring tensions between teachers' grammar teaching beliefs and practices. *System*, 37(3): 380-390.

Piaget, J. (1952a). *The Language and Thought of the Child*. London: Routledge and Kegan-Paul.

Piaget, J. (1952b). *The Origins of Intelligence in Children*. New York: Basic Books.

Pimsleur, P. (1966). *The Pimsleur Language Aptitude Battery*. New York: Harcourt, Brace, Jovanovic.

Piniel, K. & Csizér, K. (2015). Changes in motivation, anxiety and self-efficacy during the course of an academic writing seminar. In Z. Dörnyei, P. MacIntyre & A. Henry (eds.) *Motivational Dynamics in Language Learning* (pp. 164-194). Bristol:

Multilingual Matters.

Politzer, R. L. (1983). An exploratory study of self-reported language learning behaviors and their relation to achievement. *Studies in Second Language Acquisition*, 6(1): 54-68.

Pope, A., McHale, S. & Craighead, E. (1988). *Self-esteem Enhancement with Children and Adolescent*. New York: Pergamon Press.

Posner, G. J. (1989). *Field Experience: Methods of Reflective Teaching*. New York: Longman.

Rajadurai, J. (2007). Intelligibility studies: a consideration of empirical and ideological issues. *World Englishes*, 26(1): 87-98.

Reber, A. S. (1976). Implicit learning of synthectic languages: The role of instructional set. *Journal of Experimental Psychology: Human Learning and Memory*, 2(1): 88-94.

Reid, J. M. (2002). *Learning Styles in the ESL/EFL Classroom*. Beijing: Foreign Language Teaching and Research Press.

Richards, J. C. & Lockhart, C. (2000). *Reflective Teaching in Second Language Classroom*. Beijing: Foreign Language Teaching and Research Press.

Richards, J. C. & Nunan, D. (eds.). (2000). *Second Language Teacher Education*. Beijing: Foreign Language Teaching and Research Press.

Richards, J. C. (2001). *Beyond Training*. Beijing: Foreign Language Teaching and Research Press.

Richards, J. C., Platt, J. & Platt, H. (2000). *Longman Dictionary of Language Teaching & Applied Linguistics*. Beijing: Foreign Language Teaching and Research Press.

Rigney, J. W. (1978). Learning strategies: A theoretical perspective. In H. F. O'Neill et al. (eds.). *Learning Strategies* (pp. 165-205). New York: Academic Press.

Robinson, P. (2002). Effects of individual differences in intelligence, aptitude and working memory on adult incidental SLA: A replication and extension of Reber, Walkenfield and Hernstadt (1991). In P. Robinson (ed.). *Individual Differences and Instructed Language Learning* (pp. 211-266). Amsterdam: John Benjamins.

Robinson, P. (2005). Aptitude and second language acquisition. *Annual Review of Applied Linguistics*, 25: 46-73.

Rogers, C. R. (1969). *Freedom to Learn: A View of What Education might Become*, Columbus: Charles Merill.

Rosemary, E. (2005). Language aptitude and its relationship to instructional effectiveness in second language acquisition. *Language Teaching Research*, 9(2): 147-171.

Rosenthal, R. (1973). The Pygmalion effect lives. *Psychology Today*, 7(4): 56-63.

Rosenthal, R. & Jacobson, L. (1968). *Pygmalion in the Classroom*. Holt, Rinehart & Winston.

Rotter, J. B. (1966). Generalized expectancies for internal versus external control of reinforcement. *Psychological Monographs*, 80(1): 1-28.

Rubin, D. L. (1992). Nonlanguage factors affecting undergraduates' judgments of nonnative English-speaking reaching assistants. *Research in Higher Education*, 33(4): 511-531.

Rubin, J. (1975). What the "good language learner" can teach us. *TESOL Quarterly*, 9(1): 41-51.

Rubin, J. (1981). Study of cognitive processes in second language learning. *Applied Linguistics*, 2(2): 117-131.

Rumelhart, D. E., McClelland, J. L. & the PDP research group (eds.). (1986). *Parallel Distributed Processing: Explorations in the Microstructure of Cognition* (Vol. 1). Cambridge, MA: The MIT Press.

Schachter, J. (1988). Second language acquisition and its relationship to Universal Grammar. *Applied Linguistics*, 9(3): 219-235.

Schmitt, N. & McCarthy, M. (2002). *Vocabulary: Description, Acquisition and Pedagogy*. Shanghai: Shanghai Foreign Language Education Press.

Schumann, J. (1978a). *The Pidginization Process: A Model for Second Language Acquisition*. Rowley, Mass: Newbury House.

Schumann, J. (1978b). The acculturation for second language learning. In R. Gingras (ed.). *Second Language Acquisition and Foreign Language Teaching* (pp. 27-50). Washington, D.C.: Center for Applied Linguistics.

Schumann, J. (1978c). Social and psychological factors in second language acquisition. In J. C. Richards (ed.). *Understanding Second and Foreign Language Learning: Issues and Approaches* (pp. 163-178). Rowley, Mass: Newbury House.

Schumann, J. (1986). Research on the acculturation model for second language acquisition. *Journal of Multilingual and Multicultural Development*, 7(5): 379-392

Schunk, D. H. (1982). Effects of effort attributional feedback on children's perceived self-efficacy and achievement. *Journal of Educational Psychology*, 74(4): 548-556.

Schunk, D. H. (1983). Ability versus effort attributional feedback: Differential effects on self-efficacy and achievement. *Journal of Educational Psychology*, 75(6): 848-856.

Scovel, T. (1978). The effect of affect on foreign language: A review of the anxiety research. *Language Learning*, 28(1): 129-142.

Scovel, T. (1988). *A Time to Speak: A Psycholinguistic Inquiry into the Critical Period for Human speech*. Belmont: Wadsworth Publishing Company.

Scriven, M. (1967). The methodology of evaluation. In R. W. Tyler, R .M. Gagné & M. Scriven (eds.). *Perspectives of Curriculum Evaluation* (pp. 39-83). Chicago, IL: Rand McNally.

Selinker, L. (1972). Interlanguage. *International Review of Applied Linguistics*, 10: 209-231.

Shavelson, R. J. & Bolus, R. (1982). Self-concept: The interplay of theory and methods. *Journal of Educational Psychology*, 74(1): 3-17.

Sheen, Y. (2007). The effect of focused written corrective feedback and language aptitude on ESL learners' acquisition of articles. *TESOL Quarterly*, 41(2): 255-283.

Shulman, L. (1987). Knowledge and teaching: Foundations of the new reform. *Harvard Educational Review*, 57(1): 1-21.

Skaalvik, E. & Skaalvik, S. (2010). Teacher self-efficacy and teacher burnout: A study of relations. *Teaching and Teacher Education*, 26(4): 1059-1069.

Skehan, P. A. (1986). The role of foreign language aptitude in a model of school learning. *Language Testing*, 1986, 3(2): 188-221.

Skehan, P. A. (1989). *Individual Differences in Second-Language Learning*. London: A Hodder Arnold Publication.

Skehan, P. A. (1991). Individual differences in second language learning. *Studies in Second Language Acquisition*, 13(2): 275-298.

Skehan, P. A. (1999). *A cognitive Approach to Language Learning*. Shanghai: Shanghai Foreign Language Education Press.

Skehan, P. A. (2002). Theorizing and updating aptitude. In P. Robinson (ed.). *Individual Differences and Instructed Language Learning* (pp. 69-93). Amsterdam: John Benjamin.

Skehan, P. A. (2015). Foreign language aptitude and its relationship with grammar: A critical overview. *Applied Linguistics*, (36): 367-384.

Skinner, B. F. (1938). *The Behavior of Organisms*. New York: Appleton-Century-Crofts.

Skinner, B. F. (1957). *Verbal Behavior*. Acton, MA: Copley Publishing Group.

Slobin, D. I. (1973). Cognitive prerequisites for the development of grammar. In C. A. Ferguson & D. I. Slobin (eds.). *Studies of Child Language Development* (pp. 175-208). New York: Holt, Rinehart & Winston.

Slobin, D. I. (1985). Crosslinguisitc evidence for the language-making capacity. In D. I. Slobin (ed.). *The Crosslinguisitc Study of Language Acquisition* (pp. 406-605). Hillsdale, NJ: Lawrence Erlbaum Associates.

Smith, F. (1971). *Understanding Reading*. New York: Holt, Rinehart, and Winston.

Smith, L. E. & Nelson, C. L. (1985). International intelligibility of English: directions and resources. *World Englishes*, 4(3): 333-342.

Sokolik, M. E. & Smith, M. (1992). Assignment of gender to French nouns in primary and second language: A connectionist model. *Second Language Research*, 8(1): 39-58.

Spada, N. & Lightbown, P. M. (2020). Second language acquisition. In N. Schmitt & M. P. H. Rodgers (eds.). *An Introduction to Applied Linguistics* (pp. 111-127). New York: Routledge.

Sparks, R. & Ganschow, L. (2001). Aptitude for learning a foreign language. *Annual Review of Applied Linguistics*, 21: 90-111.

Stanovich, K. E. (1980). Toward an interactive-compensatory model of individual differences in the development of reading fluency. *Reading Research Quarterly*, 16(1): 32-71.

Steffy, B. E. (1989). *Career Stages of Classroom Teachers*. Lancaster, PA: Technomic Publishing Company.

Stern, H. H. (1975). What can we learn from the good language learner? *Canadian Modern Language Review*, 31(4): 304-319.

Stern, H. H. (1999). *Fundamental Concepts of Language Teaching*. Shanghai: Shanghai Foreign Language Education Press.

Sternberg, R. J., Grigorenko, E. L. & Zhang, L. F. (2008). Styles of learning and thinking matter in instruction and assessment. *Perspectives on Psychological Science*, 3(6): 486-506.

Sternhouse, L. (1975). *An Introduction to Curriculum Research and Development*. London: Heineman.

Strevens, P. (1977). *New Orientations in the Teaching of English*. Oxford: Oxford University Press.

Swain, M. (1985). Communicative competence: some roles of comprehensible input and comprehensible output in its development. In S. Gass and C. Madden (eds.). *Input in Second Language Acquisition* (pp. 165-179). Rowley, Mass: Newbury House.

Swain, M. & Lapkin, S. (1995). Problems in output and the cognitive processes they generate: A step towards second language learning. *Applied linguistics*, 16(3): 371-

391.
Tafarodi, R. W. & Swann, W. B. (1995). Self-liking and self-competence as dimensions of global self-esteem: initial validation of a measure. *Journal of Personality Assessment*, 65(2): 322-342.
Tarone, E. (1983). On the variability of interlanguage systems. *Applied Linguistics*, 4(2):142-164.
Taylor, L. (1992). *Vocabulary in Action*. Prentice Hall.
Thorndike, E. L. (1913). *The Psychology of Learning*. New York: Teachers College, Columbia University Press.
Tremblay, P. F. & Gardner, R. C. (1995). Expanding the motivation construct in language learning. *The Modern Language Journal*, 79(4): 505-518.
Turner, C. E. & Purpura, J. E. (2016). Learning-oriented assessment in second and foreign language classrooms. In Tsagari, D. and J. Banerjee (eds.). *Handbook of Second Language Assessment* (pp. 255-274). Boston, MA: De Gruyter Mouton.
Van der Beek, J. P. J., Van der Ven, S. H. G., Kroesbergen, E. H. & P. P. M. Leseman. (2017). Self-concept mediates the relation between achievement and emotions in mathematics. *British Journal of Educational Psychology*, 87(3): 478-495.
Van EK, J. A. & Alexander, L. G. (1980). *Threshold Level English: in a European Unit/ Credit System for Modern Language Learning by Adults*. Elmsford, NY: Pergamon Press.
Vigil, N. A. & Oller, J. W. (1976). Rule fossilization: A tentative model. *Language Learning*, 26(2): 281-295.
Vygotsky, L. S. (1962). *Thought and Language*. Cambridge, MA: MIT Press.
Vygotsky, L. S. (1978). *Mind in Society*. Cambridge, MA: Harvard University Press.
Wagner-Gough, K. & Hatch, E. (1975). The importance in input in second language acquisition studies. *Language Learning*, 25(2): 297-308.
Wallace, M. (1991). *Training Foreign Language Teachers: A Reflective Approach*. Cambridge: Cambridge University Press.
Ward, C. & Kennedy, A. (1992). Locus of control, mood disturbance, and social difficulty during cross-cultural transitions. *International Journal of Intercultural Relations*, 16(2): 175-194.
Ward, C. (1996). Acculturation. In D. Landis & Bhagat, R. (eds.). *Handbook of Intercultural Training* (pp. 124-147). Thousand Oaks, CA: Sage.
Wardhaugh, R. (1970). The contrastive analysis hypothesis. *TESOL Quarterly*, 4(2): 123-

130.

Weiner, B. (1979). A theory of motivation for some classroom experiences. *Journal of Educational Psychology*, 71(1): 3-25.

Weiner, B. (1982). An attributionally-based theory of motivation and emotion: Focus, range, and issues. In N. T. Feather (ed.). *Expectancy, Incentive, and Action* (pp. 163-204). Hillsdale, N. J.: Erlbaum.

Weiner, B. (1985). An attributional theory of achievement motivation and emotion. *Psychological Review*, 92(4): 548-573.

Weinstein, E. C. & Underwood, V. L. (1985). Learning strategies: The how of learning. In J. W. Segal, S. F. Chipman & R. Glaser (eds.). *Thinking and Learning Skills* (pp. 241-258). London: Lawrence Erlbaum Associates Publishers.

Weir, C. J. (1990). *Communicative Language Testing*. New York: Prentice-Hall.

Weiss, C. H. (1972). *Evaluation Research: Methods for Assessing Program Effectiveness*. Englewood Cliffs, N.J.: Prentice-Hall.

Wen, Qiufang & Johnson, R. K. (1997). L2 learner variables and English achievement: A study of tertiary-level English majors in China. *Applied Linguistics*, 18(1): 27-48.

Wenden, A. & Rubin, J. (1987). *Learner Strategies in Language Learning*. Englewood Cliffs, NJ: Prentice-Hall.

Wenden, A. (1998). Metacognitive knowledge and language learning. *Applied Linguistics*, 19(4): 515-537.

Wesche, M. (1981). Language aptitude measures in streaming, matching students with methods, and diagnosis of learning problems. In K. C. Diller (ed.). *Individual Differences and Universals in Language Learning Aptitude* (pp. 119-154). Rowley, Mass: Newbury House.

West, C. & Anderson, T. (1976). The question of preponderant causation in teacher expectancy research. *Review of Educational Research*, 46(4): 613-630.

Whitman, R. (1970). Contrastive analysis: Problems and procedures. *Language Learning*, 20(2): 191-197.

Widdowson, H. G. (1978). *Teaching Language as Communication*. Oxford: Oxford University Press.

Wilkins, D. A. (1972). *Linguistics and Language Teaching*. London: Edward Arnold.

Williams, M. & Burden, R. L. (1997). *Psychology for Language Teachers: A Social Constructivist Approach*. Cambridge: Cambridge University Press.

Williams, T. (1976). Teacher prophecies and the inheritance of inequality. *Sociology of*

Education, 49(3): 223-236.

Witkin, H. A. (1967). A cognitive-style approach to cross-culture research. *International Journal of Psychology*, 2(4): 233-250.

Witkin, H. A., Moore, C. A., Goodenough, D. R. & Cox, P. W. (1975). Field-independent and Field-dependent Cognitive Styles and Their Educational Implications. *Educational Testing Service*, 47(1): 1-64.

Wolff, H. (1959). Intelligibility and inter-ethnic attitudes. *Anthropological Linguistics*, 1(3): 34-41.

Woods, D. (1996). *Teacher Cognition in Language Teaching*. Cambridge: Cambridge University Press.

Yan, Z. & Fitzpatrick, K. (2016). Acculturation and health behaviors among international students: A qualitative approach. *Nursing & Health Sciences*, 18(1): 58-63.

Yerkes, R. M. & Dodson, J. D. (1908). The relation of strength of stimulus to rapidity of habit formation. *Journal of Comparative Neurology and Psychology*, 18(5): 459-482.

Yeung, A. S., Chui, H. S., Lau, I. C. Y., McInerney, D. M., Suliman, R. & Russell-Bowie, D. (2000). Where is the hierarchy of academic self-concept? *Journal of Educational Psychology*, 92(3): 556-567.

Young, D. J. (1991). Creating a low-anxiety classroom environment: What does language anxiety research suggest? *The Modern Language Journal*, 75(4): 426-439.

Zahorik, J. (1986). Acquiring teaching skills. *Journal of Teacher Education*, 37(2): 21-25.

Zhang, F. & Liu, Y. (2014). A study of secondary school English teachers' beliefs in the context of curriculum reform in China. *Language Teaching Research*, 18(2): 187-204.

Zhang, J., Mandl, H. & Wang, E. (2010). Personality, acculturation, and psychosocial adjustment of Chinese international students in Germany. *Psychology Report*, 107(2): 511-525.

Zheng, H. (2013). The dynamic interactive relationship between Chinese secondary school EFL teachers' beliefs and practice. *The Language Learning Journal*, 41(2): 192-204.

Zimmerman, B. J. (1990). Self-regulated learning and academic achievement: An overview. *Educational Psychologist*, 25(1): 3-17.

Zimmerman, B. J. (1998). Academic studying and the development of personal skill: A self-regulatory perspective. *Educational Psychologist*, 33(2-3): 73-86.

Zimmerman, B. J. (2000). Attaining self-regulation: A social cognitive perspective. In M. Boekaerts, P. Pintrich, & M. Zeodmer (eds.). *Handbook of Self-regulation* (pp. 13-

39). Academaic Press.

Zimmerman, B. J. & Schunk, D. H. (1989). *Self-regulated Learning and Academic Achievement: Theory, Research, and Practice*. New York: Springer-Verlag.

安会云、吕琳、尚晓静（2005），学习风格研究综述，《现代中小学教育》（4）：4-7。

奥苏伯尔·D. P.（1994），《教育心理学——认知观点》，余星海、宋钧译。北京：人民教育出版。

毕重增、黄希庭（2005），中学教师成就动机、离职意向与倦怠的关系，《心理科学》，（1）：28-31。

边永卫、高一虹（2006），英语学习自传性文本中的自我认同建构，《外国语言文学》，（1）：34-39。

蔡龙权、宋学东（2009），交际、变异、标准：关于英语语音在中国的取向，《上海师范大学学报（哲学社会科学版）》，（6）：113-127。

常海潮（2012），学习策略在歧义容忍度和英语水平之间的中介效应研究，《外语界》，（2）：81-88。

陈鸿（2019），大学生自尊、自我概念对英语合作学习的影响机制研究，《开封教育学院学报》，39（2）：99-100。

陈琦、刘儒德（2019），《当代教育心理学》（第3版）。北京：北京师范大学出版社。

陈向明（2003），实践性知识：教师专业发展的知识基础，《北京大学教育评论》，（1）：104-112。

陈英（2019），二语动机自我系统、自我效能感、语言焦虑和课堂口语参与动机行为的关系研究，《外语学刊》，（1）：63-70。

程念祖、龚正行（1996），考试焦虑与个性特征及家庭教育初步分析，《中国心理卫生杂志》，（5）：221。

褚远辉、陈时见（2010），从教学工作的性质与特点看教师的"职业倦怠"，《课程·教材·教法》，30（1）：103-107。

戴运财（2006），语言学能对二语习得的影响，《外语教学与研究》，（6）：451-459。

丁凤琴、马淑娟（2013），大学生情绪智力及与自尊和学业满意度关系，《中国公共卫生》，（4）：568-570。

丁蕙、屠国元（2014），教师期望对学生自我概念形成的实证研究，《湖南师范大学教育科学学报》，13（5）：80-84。

董连棋（2021），中国英语学习者外语焦虑与学业成绩的关系：基于元分析的论证，《外语界》，（1）：54-61。

范丽恒（2010），教师差别行为在教师期望效应中的调节作用，《心理研究》，3（6）：88-92。

范丽恒、金盛华（2008），教师期望对初中学生心理特点的影响，《心理发展与教育》，24（3）：48-52。

范琳、李梦莉、史红薇、梁俊君（2017），高校英语教师自我概念、教学效能感与职业倦怠现状及关系研究，《外语教学理论与实践》，(1)：53-59。

范舒怡（2020），小学生自尊与情绪智力的关系研究，《中小学心理健康教育》，(5)：4-9。

付蓓（2019），定向动机流视角下的英语口语学习自我概念发展变化———一项非英语专业大学生的历时跟踪个案研究，《外语界》，(4)：50-57。

高觉敷、叶浩生（2005），《西方教育心理学发展史》。福州：福建教育出版社。

高强、刘琳（2013），大学英语教师听力教学信念及其与教学实践关系探究，《外语界》，(2)：33-41。

高一虹、李玉霞、边永卫（2008），从结构观到建构观：语言与认同研究综观，《外语教学与研究》，(1)：19-26。

高一虹等（2004），《中国大学生英语学习社会心理：学习动机与自我认同研究》。北京：外语教学与研究出版社。

龚德英、黄曦、张大均（2014），农村小学生英语课堂焦虑及其与英语自我概念的关系研究，《现代中小学教育》，30（8）：67-71。

古德·T.、布罗菲·J.（2002），《透视课堂》，陶志琼等译。北京：中国轻工业出版社。

顾钧仪（2020），学术英语阅读行为研究：影响因素及作用机制，《外语电化教学》，(6)：92-98。

顾明远（1998），《教育大辞典》（增订合卷本）。上海：上海教育出版社。

顾世民、李莉萍（2018），英语写作策略与写作自我效能感的相关性研究———一项基于数据分析的实证研究，《外语电化教学》，(2)：25-31。

关晶、石运章（2015），动态系统理论视角下非英语专业学生英语课堂焦虑实证研究，《解放军外国语学院学报》，(5)：91-99。

郭燕、徐锦芬（2015），我国大学英语教师专业发展共同体建设研究，《外语界》，(5)：79-87。

郝玫、王涛（2012），场依存/场独立认知风格学习者的英语输出研究，《解放军外国语学院学报》，(4)：56-59。

胡桂英、许百华（2002），初中生学习归因、学习自我效能感、学习策略和学业成就关系的研究，《心理科学》，(6)：757-758。

黄冬梅（2021），翻转课堂对大学生英语学习焦虑影响的实证研究，《解放军外国语学院学报》，(5)：26-33。

黄希庭、杨雄（1998），青年学生自我价值感量表的编制，《心理科学》，(4)：289-382。

金艳（2013），大学英语课程评价体系的构建，《山东外语教学》，（5）：56-62。

金艳（2020），大学英语评价与测试的现状调查与改革方向，《外语界》，（5）：2-9。

金艳、何莲珍（2015），构建大学英语课程综合评价与多样化测试体系：依据与思路，《中国外语》，（3）：4-13。

李成陈（2020），情绪智力与英语学业成绩的关系探究——愉悦、焦虑及倦怠的多重中介作用，《外语界》，（1）：69-78。

李航（2017），英语写作自我效能感对非英语专业大学生写作成绩的影响研究，《外语教学理论与实践》，（3）：57-63。

李航、刘儒德（2013），大学生外语写作焦虑与写作自我效能感的关系及其对写作成绩的预测，《外语研究》，（2）：48-54。

李航、刘儒德、刘源（2013），大学生外语写作自我效能感在写作焦虑对写作成绩影响中的中介效应，《心理发展与教育》，（4）：385-390。

李红、马莉、张小红（2019），起始年龄和语言学能与二语语法学习成效的关系，《现代外语》，（4）：527-539。

李茜、郑萱（2021），教师情感研究方法述评与展望，《外语界》，（4）：80-87。

李小撒、王文宇（2020），教师情感研究三十年：理论视角、研究主题与发展趋势，《语言教育》，（4）：19-24。

李叶、田学红（2002），初中学生学业自我概念与学业成就的相关研究，《湖北民族学院学报（哲学社会科学版）》，（3）：76-79。

李永鑫、杨瑄、申继亮（2007），教师教学效能感和工作倦怠的关系，《心理科学》，（4）：952-954。

李子华、晏静露、张兴利、刘正奎（2016），9-15岁儿童自我概念发展及其与英语学习效能感的关系，《中国特殊教育》，（6）：91-96。

连榕（2004），新手—熟手—专家型教师心理特征的比较，《心理学报》，（1）：44-52。

林崇德（2018），《发展心理学》（第三版）。北京：人民教育出版社。

刘电芝（2001），《学习策略研究》。北京：人民教育出版社。

刘广增、胡天强、张大均（2016），中学生人际关系及其与自尊、人际信任的关系，《中国临床心理学杂志》，（2）：349-351。

刘广增、潘彦谷、李卫卫、孟亚运、张大均（2017），自尊对青少年社交焦虑的影响：自我概念清晰性的中介作用，《中国临床心理学杂志》，（1）：151-154。

刘俊（2002），后方法时代教学法的重新定义，《中小学英语活页文选》，（13）：。

刘丽红、姚清如（1996），教师期望对学生学业成绩的影响，《心理科学》，（6）：348-350。

刘萍（2014），大学英语教师自我效能感和职业倦怠的关系研究，《外语教学》，（6）：68-72。

刘儒德（2019），《教育心理学：原理与应用》。北京：中国人民大学出版社。

刘润清（2013），《西方语言学流派》。北京：外语教学与研究出版社。

刘晓陵、张进辅（2000），高一学生物理成绩、学习归因以及学业自我概念关系的研究，《西南师范大学学报（自然科学版）》，（3）：326-331。

刘毅、吴宇驹、邢强（2009），教师压力影响职业倦怠：教学效能感的调节作用，《心理发展与教育》，（1）：108-113。

中国大百科全书总编辑委员会《心理学》编辑委员会（1991），《中国大百科全书：心理学》。北京：中国大百科全书出版社。

庞维国（2003），《自主学习：学与教的原理和策略》。上海：华东师范大学出版社。

邵瑞珍等（1997），《教育心理学（修订本）》。上海：上海教育出版社。

申继亮（2006），《新世纪教师角色重塑：教师发展之本》。北京：北京师范大学出版社。

施良方（2008），《学习论》。北京：人民教育出版社。

史晓婷、霍祥湖（2018），中国留学生群体朋辈支持体系需求分析及启示，《科教导刊（下旬）》，（18）：167-169。

束定芳、庄智象（2008），《现代外语教学——理论、实践与方法》（修订版）。上海：上海外语教育出版社。

宋凤宁、欧阳丹（2005），教师期望：概念、理论模式及实证研究，《外国中小学教育》，（3）：13-16。

宋广文、韩树杰（2007），场依存—独立认知方式干扰抑制的比较，《心理与行为研究》，（2）：100-104。

宋广文、王立军（1998），影响中小学教师期望的因素研究，《心理科学》，（1）：83-86。

孙有中、张虹、张莲（2018），《国标》视野下外语类专业教师能力框架，《中国外语》，（2）：4-11。

谭顶良（1995），《学习风格论》。南京：江苏教育出版社。

唐进（2014），中学英语教师职业认同、工作倦怠与教学效能感的调查与研究，《外国语言文学》，（1）：19-25。

王初明（2004a），自我概念与外语语音学习假设，《外语教学与研究》，（1）：56-63。

王初明（2004b），英语语音自我概念与实际英语语音水平，《外语界》，（5）：62-67。

王芳、许燕（2004），中小学教师职业枯竭状况及其与社会支持的关系，《心理学报》，（5）：568-574。

王立非、葛海玲（2016），论"国家标准"指导下的商务英语教师专业能力发展，《外语界》，(6)：16-22。

王幼琨（2016），非英语专业学生自我效能感、归因与英语成绩关系的结构方程模式研究，《西华大学学报（哲学社会科学版）》，(3)：96-102。

魏运华（1997），自尊的结构模式及儿童自尊量表的编制，《心理发展与发育》，(3)：29-36。

文秋芳（1995），英语成功者与不成功者在学习方法上的差异，《外语教学与研究》，(3)：61-66。

文秋芳（1996），《英语学习策略论》。上海：上海外语教育出版社。

文秋芳（2012），英语国际语的教学框架，《课程·教材·教法》，(1)：77-81。

文秋芳（2017），大学外语教师专业学习共同体建设的理论框架，《外语教学理论与实践》，(3)：1-9。

文秋芳（2021），我国高校外语教师三种专业学习模式的比较及其启示，《外语教学理论与实践》，(1)：1-8。

文秋芳、常小玲（2012），为高校外语教师举办大型强化专题研修班的理论与实践，《外语与外语教学》，(1)：1-5。

文秋芳、张虹（2019），跨院系多语种教师专业学习共同体建设的理论与实践探索，《外语界》，(6)：9-17。

吴一安（2005），优秀外语教师专业素质探究，《外语教学与研究》，(3)：199-205。

吴一安、刘润清、P. Jeffrey（1993），中国英语本科学生素质调查报告，《外语教学与研究》，(1)：36-46。

武和平（2001），九十年代外语/二语学习动机研究述略，《外语教学与研究》，(2)：116-121。

徐锦芬、李霞（2019），社会文化理论视角下的高校英语教师学习研究，《现代外语》，(4)：842-854。

闫嵘、张磊（2015），任务复杂度、任务难度和自我效能感对外语写作的影响，《外语界》，(1)：40-47。

严文华（2007），跨文化适应与应激、应激源研究：中国学生、学者在德国，《心理科学》，(4)：1010-1012。

叶澜、白益民、王枬、陶志琼（2001），《教师角色与教师发展新探》。北京：教育科学出版。

叶仁敏、K. A. Hagtvet（1989），中学生的成就动机、测验焦虑、智力水平与学业成绩关系的探讨，《应用心理学》，(3)：52-58。

殷明、陶玲霞、刘电芝（2018），学习策略选择、执行与转换的影响因素探析，《苏州大学学报（教育科学版）》，(1)：47-56。

余卫华、邵凯祺、项易珍 (2015)，情商、外语学习焦虑与英语学习成绩的关系，《现代外语》，(5)：656-666。

俞国良、辛自强 (2000)，教师信念及其对教师培养的意义，《教育研究》，(5)：16-20。

袁平华、黄师兰 (2017)，沉思—冲动型认知风格对英语学习者口语能力的影响研究，《天津外国语大学学报》，(5)：43-50。

袁树厚、束定芳 (2017)，我国外语教学中的形成性评价研究：回顾与思考 (2002—2016)，《外语教学理论与实践》，(4)：51-56。

曾昱、胡鹏 (2017)，留守初中生的人际主动、情绪智力、自尊与积极适应的关系，《中国心理卫生杂志》，(4)：295-300。

查德华、刘电芝 (2016)，大学英语优秀者学习策略综合研究，《外语界》，(4)：66-72。

张大均等 (2015)，《教育心理学（第三版）》。北京：人民教育出版社。

张虹、文秋芳 (2020)，专业学习共同体对多语种教师发展的影响，《外语界》，(2)：27-34。

张庆宗 (2004)，歧义容忍度对外语学习策略选择的影响，《外语教学与研究》，(6)：457-461。

张庆宗 (2008)，文献综述撰写的原则和方法，《中国外语》，(4)：77-79。

张庆宗 (2011)，高校外语教师职业倦怠的成因分析及对策思考，《中国外语》，(4)：66-70+75。

张庆宗 (2014)，《如何成为优秀的外语教师》。武汉：武汉大学出版社。

张庆宗、吴喜艳 (2019)，《新编应用语言学导论》。武汉：武汉大学出版社。

张文新 (1999)，《儿童社会性发展》。北京：北京师范大学出版社。

张学民、林崇德、申继亮、郭德俊 (2007)，动机定向、成就归因、自我效能感与学业成就之间的关系研究综述，《教育科学研究》，(3)：48-51+55。

赵海永、罗少茜 (2020)，语言学能对二语语法学习的影响，《西安外国语大学学报》，(2)：63-68。

郑海燕 (2010)，初二学生教师期望知觉、自我价值感与价值的关系研究，《华南师范大学学报（社会科学版）》，(3)：32-36。

郑海燕、刘晓明、莫雷 (2004)，初二学生知觉到的教师期望、自我价值感与目标取向的关系研究，《心理发展与教育》，(3)：16-22。

郑金洲等 (2004)，《行动研究指导》。北京：教育科学出版社。

郑金洲 (2012)，《教师如何做研究（第二版）》。上海：华东师范大学出版社。

郑磊（2013），多媒体环境下高校外语教师教学效能感研究，《外语电化教学》，(6)：76-80。

郑新民、阮晓蕾（2018），外语教师学习共同体中的论文写作实践探究——以如何提升研究问题质量为例，《外语界》，(4)：18-26。

仲伟合、王巍巍（2016），"国家标准"背景下我国英语类专业教师能力构成与发展体系建设，《外语界》，(6)：2-8。

周凌、张绍杰（2016），质量目标导向下的高校英语教师素质建构，《外语教学》，(6)：64-67。

周榕、陈国华（2008），英语专业大学生英美英语态度偏好与实际口音特点研究，《现代外语》，(1)：49-57。

周艳萍、李世忠、杨泽（2021），海外中国留学生跨文化适应的影响因素及其对策，《中国国境卫生检疫杂志》，(5)：337-339。

朱智贤（1989），《心理学大词典》。北京：北京师范大学出版社。

邹申、杨任明（2011），《简明英语测试教程》。北京：高等教育出版社。

左焕琪（2002），《外语教育展望》。上海：华东师范大学出版社。